中国社会科学院学部委员专题文集
ZHONGGUOSHEHUIKEXUEYUAN XUEBUWEIYUAN ZHUANTI WENJI

"知己"的学问

叶秀山◎著

中国社会科学出版社

图书在版编目 (CIP) 数据

"知己"的学问 / 叶秀山著 . —北京：中国社会科学出版社，2013.8
（中国社会科学院学部委员专题文集）
ISBN 978 - 7 - 5161 - 3123 - 7

Ⅰ . ①知… Ⅱ . ①叶… Ⅲ . ①西方哲学—文集 Ⅳ . ①B5 - 53

中国版本图书馆 CIP 数据核字 (2013) 第 192076 号

出 版 人	赵剑英	
责任编辑	徐 申	喻 苗等
责任校对	王兰馨	
责任印制	戴 宽	

出 版	中国社会科学出版社
社 址	北京鼓楼西大街甲 158 号（邮编100720）
网 址	http://www.csspw.cn
	中文域名:中国社科网 010 - 64070619
发 行 部	010 - 84083685
门 市 部	010 - 84029450
经 销	新华书店及其他书店

印刷装订	环球印刷(北京)有限公司
版 次	2013 年 8 月第 1 版
印 次	2013 年 8 月第 1 次印刷

开 本	710 × 1000 1/16
印 张	26.75
插 页	2
字 数	425 千字
定 价	86.00 元

前　言

　　哲学社会科学是人们认识世界、改造世界的重要工具，是推动历史发展和社会进步的重要力量。哲学社会科学的研究能力和成果是综合国力的重要组成部分。在全面建设小康社会、开创中国特色社会主义事业新局面、实现中华民族伟大复兴的历史进程中，哲学社会科学具有不可替代的作用。繁荣发展哲学社会科学事关党和国家事业发展的全局，对建设和形成有中国特色、中国风格、中国气派的哲学社会科学事业，具有重大的现实意义和深远的历史意义。

　　中国社会科学院在贯彻落实党中央《关于进一步繁荣发展哲学社会科学的意见》的进程中，根据党中央关于把中国社会科学院建设成为马克思主义的坚强阵地、中国哲学社会科学最高殿堂、党中央和国务院重要的思想库和智囊团的职能定位，努力推进学术研究制度、科研管理体制的改革和创新，2006 年建立的中国社会科学院学部即是践行"三个定位"、改革创新的产物。

　　中国社会科学院学部是一项学术制度，是在中国社会科学院党组领导下依据《中国社会科学院学部章程》运行的高端学术组织，常设领导机构为学部主席团，设立文哲、历史、经济、国际研究、社会政法、马克思主义研究学部。学部委员是中国社会科学院的最高学术称号，为终生荣誉。2010 年中国社会科学院学部主席团主持进行了学部委员增选、荣誉学部委员增补，现有学部委员 57 名（含已故）、荣誉学部委员 133 名（含已故），均为中国社会科学院学养深厚、贡献突出、成就卓著的学者。编辑出版《中国社会科学院学部委员专题文集》，即是从一个侧面展示这些学者治学之道的重要举措。

　　《中国社会科学院学部委员专题文集》（下称《专题文集》），是中国社会科学院学部主席团主持编辑的学术论著汇集,作者均为中国社会科学院学部委员、荣誉学部委员,内容集中反映学部委员、荣誉学部委员在相关学科、专业方向中的专题性研究成果。《专题文集》体现了著作者在科学研究实践中长期关注的某一专业方向或研究主题,历时动态地展现了著作者在这一专题中不断深化的研究路径和学术心得,从中不难体味治学道路之铢积寸累、循序渐进、与时俱进、未有穷期的孜孜以求,感知学问有道之修养理论、注重实证、坚持真理、服务社会的学者责任。

2011 年,中国社会科学院启动了哲学社会科学创新工程,中国社会科学院学部作为实施创新工程的重要学术平台,需要在聚集高端人才、发挥精英才智、推出优质成果、引领学术风尚等方面起到强化创新意识、激发创新动力、推进创新实践的作用。因此,中国社会科学院学部主席团编辑出版这套《专题文集》,不仅在于展示"过去",更重要的是面对现实和展望未来。

这套《专题文集》列为中国社会科学院创新工程学术出版资助项目,体现了中国社会科学院对学部工作的高度重视和对这套《专题文集》给予的学术评价。在这套《专题文集》付梓之际,我们感谢各位学部委员、荣誉学部委员对《专题文集》征集给予的支持,感谢学部工作局及相关同志为此所做的组织协调工作,特别要感谢中国社会科学出版社为这套《专题文集》的面世做出的努力。

《中国社会科学院学部委员专题文集》编辑委员会

2012 年 8 月

目 录

启蒙的精神与精神的启蒙

"启蒙"二字中国传统意思大概偏重于"开始读书识字"之类，而欧洲"启蒙"（Aufklärung，Enlightenment）的意思更指一种"精神"，而这种"精神"甚至标志着一个历史时代的特征。我们现在要探讨的"启蒙"的意义，主要为后者。

就哲学来说，我们的讨论，还是以康德在 60 岁（1784 年）写的一篇短文《答复这个问题"什么是启蒙？"》开始，在这个基础上，扩展开来，提出一些看法，请大家批评。

一

康德写这篇短文时，他的《纯粹理性批判》已在 1781 年发表（第一版），按我的看法，康德在他发表第一《批判》时，他的三个《批判》的思想框架已经有了，在《纯粹理性批判》里已经为《实践理性批判》和《判断力批判》留了"余地"。在第一《批判》里，康德不仅划清了"自由"与"自然"——"道德"与"知识"的界限，而且也为"目的论"打好了基础，而似乎只有"审美"部分是改变初衷的"新"思想。从康德以后所发表的大小零散的文章来看，他的许多文章都离不开他的三大《批判》的主要思路，我感到康德这篇论"启蒙"的短文，也需要从他的"批判哲学"的主要思想指引下来读，而且读了他的一些论文短文，还可以启发和加深对他的"批判哲学"的精神的理解。

据我所知，福柯正是把这篇短文与康德的三个《批判》联系起来读的，他也有一篇《什么是启蒙》的短文，我读了也很受启发。所以首先提出这一点，是因为包括福柯在内，一些人认为康德这篇短文也有不清楚的地方，或者真是这样的；但是目前被指出不清楚之处，也许并不是问题所在。

二

我们读康德这篇短文，要着重体会的正是他文章的第一段。顺便说，康德的著作，在当时就被认为难懂，除了文字方面的原因外（据说他的德文过于拉丁化），也是由于他写得过于精练，并且"预设"了他的读者对他的"批判哲学"的总体精神已经有所把握了，而他这种"估计"，不仅现在不对，当时也是有距离的。

这开头第一段第一句话用特殊字体印的，中文译文打上了重点号："启蒙运动就是人类脱离自己所加之于自己的不成熟状态。"我过去很注意"不成熟状态"这个意思，似乎也没有什么错误，但更加要注意的是前面的意思："人类""自己所加之于自己的"这个限定的意思。

"人类""自己所加之于自己的"就意味着并不是"自然""加之于"我们的，因而也就不是"读书识字"的意思，不是一般的提高"文化知识"的意思，而是另有更重要的意思在。

"自然""加之于"我们的"无知"状态，要通过"学习"来克服和提高，中国古代"蒙童"需要念《三字经》、《百家姓》，然后循序渐进，《大学》、《中庸》、《论语》、《孟子》等等，从"初识之无"开始，现在的儿童教育，也有循序渐进的一套，甚至还有"胎教"。这里所谓"启蒙"显然不是这类的意思，也就是说，"启蒙"的意思不是通常意义上的"知识性"的。通常的"知识"上的"无知"，并不是"人类""自己加之于自己"的。

或许，很有"知识"，很有"学问"的"科学家"、"学问家"，居然同样"需要""启蒙"，也会"被""自己所加之于自己的""限制"所"蒙蔽"。

"自然""所加之于"我们的"蒙蔽"需用"学习"来"开启"；"自己所加之于自己的""蒙蔽"则需用"勇气"来"开启"。

这段话最后，康德用拉丁诗人的话"Sapere aude！"来概括他的意思："要有勇气运用你自己的理智，这就是启蒙运动（启蒙时代）的口号。"

三

我在读"Sapere aude！"时，常常重点放在"Sapere"似乎也并不错，但是忽略"aude"这层意思就会不全面，更可能不准确，亦即，如果仅从"知识性"上理解这句话，那么康德后来说的"至少不赞成医生为我制订食谱"这个意思就会引起怀疑，甚至觉得康德老先生思想偏执和混乱。如今很多人都很注意养生，对于营养学家制定的各类食谱至少应该注意遵守，再说各行各业都有专门专业和技能，总要把许多事情"委托"出去的，不可能"事必躬亲"。

不过，我们如果把重点放在了"aude"上，问题可能容易解决些。

康德这里批评的是一种思想状态—精神状态："自己""在"一种"外在""环境限制"中感觉到很舒服，在"他人—他在"的"权威"的"监护—保护"中感到很"安全"，"大树底下好乘凉"；而感到如果"运用""自己"的"理智""独立""行事"，则感到"危险"，因"害怕"而失去"勇气"，康德引用这个口号，是要"找回—召回"这样一种"运用理性—理智"的"勇气"，而不仅仅是"好好学习"的意思。

"勇气"就不仅是"知识"问题，而且是"道德—德性"的问题，至少在康德"批判哲学"的语境中，不仅是《纯粹理性批判》所涉的"自然—必然"的问题，而且是《实践理性批判》所涉的"道德—自由"的问题。

于是，康德就有理由—有权利向社会呼吁：在"私人事务"上"遵守纪律"，而作为"思想者—学者"有权利，也要有"勇气"对于"既定纪律"提出"异议"，这种"异议"虽不一定要得到"鼓励"，但一定要受到"保护"，至少要"被允许"而不被"干涉"和"禁止"。

作为"思者"，"自己"要有"勇气"运用自己的"理智—理性""思考"问题；作为"他者"，不得"干涉""思者"的"思考"，并将"思考"的成果向"公众"进行"交流"，使"思者"成为"言者"，而"言者无罪"成为一个普遍法则，这样的"时代"，可以称得上是"启蒙的时代"。

四

"启蒙"之所以不仅是"学习"的问题，而更是"勇气"的问题，乃在于这个"蒙蔽—不成熟状态"是"人类（们）""自己所加之于自己的"，"启蒙"的问题是一个"思想"的"问题"，一个"精神"的问题，"启蒙"作为一个"时代"和"运动"应是一个"摆脱—解脱""精神—思想枷锁"的问题，而这个"枷锁"是"思想—精神""自己所加之于自己的"，因而，所谓"启蒙"作为一种"时代"的"精神"，是"精神""自己解放自己"的精神，也就是真正意义上的"思想解放"的精神。

五

如果将"启蒙"的问题限于通常的"文化知识"、一般的"文化教养"问题，则黑格尔在《精神现象学》中所批评的"启蒙"与"信仰"各自的片面性和空疏性，的确是很深刻的，因为各自都把自己的"理念"置于了一个脱离现实的"彼岸"，而把这个"彼岸"硬要"运用—拉回"到现实的"此岸"来，则出现康德业已揭示了的"二律背反"，是足以暴露各自的空疏性的。

然则康德这里所理解的"启蒙"，也同样是精神性和思想性的问题，是精神—思想的一个"自我""超越"，"自我""克服"，"自我""解放"的问题，因而在这个意义上，康德的"批判哲学"同时也"预示"了黑格尔（包括之前的费希特、谢林）哲学的出现。

黑格尔哲学，正是"精神—理性""自己"经过层层的"否定"的"发展"，把"（精神）自己所加之于自己的""不成熟状态"加以"克服"，而走向一个"成熟的状态"，黑格尔把精神解放的最后状态——也是最初的本原状态叫做"绝对"，亦即"精神"的"历史发展"，使"理性""认识"到"现实"的"世界"并不能够"限制—埋葬""精神"的"自由"，在这个世界中就有着这种"自由"，而事实上，一切的"枷锁"和"限制"都是"精神""自己所加之于自己的"。

在这个意义上，不仅康德的"批判哲学"被黑格尔称作"（只是）启蒙哲学"，他自己的"绝对哲学"也正是一种"精神""自我""解放"的"启蒙哲学"。

说到黑格尔哲学，我们居然又回到了康德那篇短文的开头第一句："启蒙运动就是人类脱离自己所加之于自己的不成熟状态。"黑格尔的《精神现象学》正是揭示"人类""精神"如何一步一步地"走出""自己加之于自己的不成熟状态"，"走向""精神—思想""解放"的大路上；对于这样一条"解放之路"的"知识"，不是一般的"日常知识"，而是"哲学的知识"，是"精神""认识""自己解放自己"的"知识"。

在这个意义上，"Sapere aude！"的"sapere"有了哲学深层次的意义，"aude"也有了它自己的取向："哲学"的"知识"，"真理"的"知识"，不仅需要"学习"，而且更需要"勇气"。

为什么"哲学知识"需要"勇气"？

六

"哲学知识"具有何种特点竟然仅仅"勤奋好学"不够，还需要"勇气"？我们还要回到康德的"批判哲学"。

对于康德哲学，我们通常有一个印象，他的所谓"批判"的工作，主要是要为"理性"所涉各个"领域"划清"界限"的，"理性"在"（科学）知识"和"（意志）道德"拥有"先天的立法权"，而这两个"领域"有自己的不同的"疆界"，如果混淆了二者的"疆界"，"理性"使用了含有不同"原则—原理"的"立法权"，就必然引起不可克服的"矛盾—二律背反"，因为在"知识领域"，"理性"为"自然""立法"，而在"道德领域"，"理性"则为"自由""立法"，而"自然"和"自由"是截然不同的，遵循着绝对不同的"原理—原则"，混淆了它们，就如同"侵犯"了各自的"疆域—领土"那样，"战争—争斗"就成为"不可避免"。

对于这种"划疆而治"的"原则"，人们需要的是"谨慎"，于是人们看到，康德的《纯粹理性批判》所做的工作，大量的是为了"防止""理论理性——即理性在理论上的运用"的"僭越"。"理性"在"知识领域"里的这种合法工作，康德叫做"知性"，"知性为自然立法"但不得"僭越"到"道德领域"里去行使"权力"。

七

应该说，康德的"批判哲学"的确有这一层意思，可能还是主要的意思，所谓"批判"，也就是要"厘定""理性"在各个不同领域的"合法性"。

不过，人们在把康德这层意思仔细研究之后，逐渐地发现他这种"理性""裂土分疆"的"批判精神"，似乎并非他的哲学的全部"精神"；以前人们批评康德哲学，把哲学的问题"割裂"开来，"理性"好像一个个贴好标签的小盒子，不同的"事情""存入"相应的盒子里，各就各位，如同中药铺里的药材柜子一样。这样，人们在做哲学的时候，主要是以一种"谨小慎微"的态度，这时候的"勇气"和"决断"似乎只是把哪些事情放到哪些盒子里去的问题。

康德这层"批判哲学"的"精神"，受到许多的批评，尼采说他是孔尼茨堡里的中国圣人，且不说尼采怎样误解了中国的圣人孔子，但这个批评只能刺痛康德哲学的一个方面的毛病。

八

不错，康德的"批判哲学"的工作为"理性""设定"了各种"界限"，谆谆"告诫"要恪守划好了的"疆界"，不得鲁莽行事，不得"越权"，但是就在《纯粹理性批判》里，康德已经指出，即使"批判哲学"已经"设定"了"知性—理性在知识领域"的权利范围，指出了"僭越"的"危险性"：必定产生"二律背反"，"理性"仍然常常会"越过""界限"，陷于"矛盾"，这就是说，"理性"有"僭越"的"倾向"。

实际上，《纯粹理性批判》已经为"理性"的"僭越""留有了余地"，常常提示着在"科学知识—经验知识"之外，尚有一个"超越"的"领域"在，在"自然领域"外，尚有一个"自由"的"领域"在。

在某种意义上，"理性"有"僭越"的"倾向"，而就整体来说，"理性"也有"僭越"的"合法权力"。"理性"之所以拥有这种"合法僭越"的"权力"，乃是因为：一切的"界限"都是"理性""自己""设定"的，用那篇论"启蒙"的短文中的话来说，就是"人类（理性）""自己所加之于自己的"。

既然"界限"是"理性""自己""设定"的，那么过去我们常说的"自己立法自己遵守"、"遵守自己的法"固然很有道理，而"自己""废弃""原有之法"，"重新设定""新法"也是"合理合法"的。

"理性"这种"合理合法"的"僭越精神"，20世纪后半期法国人谈得较多，前面提到的福柯论启蒙的短文，正是阐述这层道理，而且是"接着"康德的意思说的；还有一位更系统的法国哲学家德罗兹，在他的《什么是哲学》这本书里甚至说，康德在《判断力批判》里，把他以前精心设置的种种"界限"全都打乱了。

九

实际上，不仅在《纯粹理性批判》里康德指明了"理性"的"僭越""倾向"，也预留了"理性""僭越"的权力，而且在《实践理性批判》里"理性"已经"跨出了""僭越"的步伐，踏上了"僭越"的"征程"，把在"经验知识"领域里"断"为"僭越"的"自由"推上了哲学的巅峰。

"自由"为"不受限制"，"自由"为"无限"。

人们对于康德的"自由"有许多讨论和批评，指出它是"理性"的，而不是"感性欲望"的为所欲为，也指出它是"形式"的，缺少实际的"内容"，等等，也都是很有道理的。康德的"自由"概念，有许多不足之处需要进一步推进，许多工作留待后人去做。

康德的"自由"作为"道德"的"根据"，与"义务"、"职责"紧密相连，因此行使"自由"的"权利""如履薄冰"，是战战兢兢的，因而也是"谨慎"的，这个"谨慎"态度来自一个"僭越者"和"立（新）法者"应有的"责任",即承担"行使自由权利"的一切"经验—实际"的"后果"。"自然"的"因果"没有"责任"问题,而"自由"的"因果"必要"追究责任"。

于是,某种意义上说,"自由"本就是一种"僭越",在这个意义上,康德的"批判哲学"同时也蕴涵着"僭越哲学","批判精神"蕴涵着"僭越精神","自由精神"意味着"僭越精神"。"理性""自己所加之于自己的"种种"限制","限制"不了"理性"的"自由"。

十

当"理性""认识到"一切"界限"都是"自己所加之于自己的"之时,"精神"和"思想"得到"解放"。"理性""知道"一切"客观"的"法规—条例"都是"人类"按照"理性"自己的"指示—指导"所"设定"的,"精神"在这些"客观"的事物中"认出"了"自己",因此,"精神"就"有权"根据"理性"来"重新""设定"种种"界限"。

于是,"启蒙"也就是"精神"的"启蒙","理性"的"启蒙",亦即"自由"的"启蒙","僭越"的"启蒙"。

这个意义上的"启蒙",不是某些"先知先觉"来"启蒙""他人—群众",不仅是"开启民智",而且主要是"开启自己"。

"开启自己"亦即欧洲哲学之传统任务:认识你自己,对"理性"的"自己"—"自己"的"理性"有足够的"认识",亦即对"自己"的"自由"—"自由"的"自己"有充分的"信心",亦即对"自己"有"超越""自己所加之于自己的""限制—界限"的"权能(力)"有坚实的"了解"。"启蒙"的"精神"使"人们""了解到—认识到","理性"有"权能""设定""界限",也有"权能""超越""自己为自己设定"的"界限","理性"为"活泼"的"自由""精神"。

十一

走出"人类""自己所加之于自己的""不成熟状态"被有些人觉得是

"危险"的，康德在那篇短文中做了相当生动的描写，这在他的文章中不是很多的，他对那种在"他人""监护—保护"下的"安闲自得—无忧无虑"也有尖刻的讽刺，他甚至把这种情形比作初学走路的儿童难免要摔跤，而在这样的代价后，得到的则是自己独立的行走。

不仅如此，启蒙精神的实现，也不是一帆风顺，有时会有某种故有秩序（界限）的"纷乱"，"自由"的"实现化"，必伴随有"矛盾"，这一个"结果"，在《纯粹理性批判》中已经着重地揭示过："知性"的"僭越"必定带来"二律背反"。

在这个意义上，"启蒙"所需要的"勇气"，就不仅仅是"勇于""否定""自己所加之于自己的""限制"，"勇于""否定""（原有的）自己"，同时要"勇于""面对""自己"在"启蒙—前进"的"道路上""遇到"的"矛盾"，"认识"到一切"矛盾—纷争"同样也是"人类—理性""自己所加之于自己的"，因而也是"自己"有"权能"克服的。"矛盾"是"精神""启蒙"—"精神自由"必定要经过的"途径—环节"。

黑格尔的《精神现象学》正是按他的理解"描述"了这一"精神""启蒙"的"矛盾发展"的"历史过程"。

十二

于是在这个意义上，黑格尔哲学是"继续推进"了康德哲学的工作。

"自由""进入""经验世界"，"矛盾"就是必然的。黑格尔批评康德，说他把"自由"推向脱离"经验世界"的"彼岸"，是一个只能"思想"，不能"理解—认知"的"被思想体"，因而这个"彼岸"是没有任何"内容"的"纯粹形式"，黑格尔说，康德这个态度，是一种"逃避"，只是消极的。康德以为，如果按照他的"批判哲学"的"原则"，"划疆而治"，"各行其道"，就有"永久和平"的"可能性"；然则，康德也很清楚，这种"永久和平"只是一个"理想"，"理性"固然"先天"地"有权"确立这个"理想"，但并不能"保证"它的"现实性"，"现实性""在""时间"的"无限绵延"之外的"彼岸"。"彼岸"是对"此岸"的"超越"、"跳跃"，是一种"脱离"，一种"剥离"。康德的思想意味着，"自由"既然在"经验世界""制造"了"矛盾"就应该"退出"这个世界，待在它该待的地方，所以说是一种消极的"逃避—回避"的态度；只是康德也知道，这个"矛盾"在实际上是"不可避免"的。

"矛盾"之所以是"不可避免"的，是因为"精神"通过"理性""自己—自由""设定"自己的"对立面"，并不是原本就有另一个事物和"精神""对立着"。如果说真有"彼岸"世界的话，这个世界也是"此岸世界"自己"设定"出来的，一切"信仰"都是精神和理性的产物；"自己""设定"的"对立面"是不可能"逃避"的。

"彼岸"要通过"此岸"来取得"证明"，"此岸""证实"着"彼岸"，"剥离""此岸"的"彼岸"只能是无内容的纯形式。

于是，"精神—理性"正是通过"矛盾"的"运动"来"证明""自己"的"存在"和"权能"，在这个基础上，"精神"就有"勇气""克服""自己""制造"出来的"矛盾"，也有"智慧""运用"这种"克服"来"推进"精神自身的"发展"。

"精神""勇于""面对矛盾"，也"善于""处理矛盾"。"精神"的"启蒙"，已经做好了"科学地""运用""矛盾"来"推动""经验世界""历史发展"的"准备"。

十三

"精神"经过"启蒙"的"成熟"意味着："精神"认识到在"摆脱了""自己所加之于自己的""限制"后，"理性"必定具有的"僭越"倾向，也必定会"产生—制造""矛盾"，"精神"在"克服""矛盾"中又通过"理性""建立"起"新"的"秩序"，这种"新秩序"也会成为"新"的"限制"。为使自己"更加""成熟"，"精神"需要"另一次"的"启蒙"，"重新""认识到"这些"限制"原是"自己所加之于自己的"，这样，"精神"不断地要有"启蒙"的"勇气"，不断地在"克服"种种"矛盾"中"推进"自己，使自己"更加成熟"。在这个意义上，"启蒙"对于"精神"来说，是一个"永恒"的"任务"，是"（自由）精神"的"天职"。

在这个意义上，我们也可以说，黑格尔把"人类"的历史看成了一部"精神发展史"就是"精神启蒙史"，尽管他把"启蒙"限定在精神历史的某一个阶段，因为"精神"的发展历史，同时也就是"精神"有阶段性地"僭越""自己所加之于自己的""限制"，重新由"理性"经过"批判—厘定"自己的"界限"，"建立"一个"新"的"秩序"，在这个意义上，"历史"成为"新旧交替"的"过程"。

于是，在这个意义上，我们理解，在黑格尔眼里，"历史"是"精神""僭越"和"批判"的历史，也就是"自由"在"经验世界"不断"证明—显现"自己的历史。

十四

"精神"在"克服"种种"矛盾"中"证明"自己，"精神"在"经验世界""认出"了自己是"自由"的，种种"限制"都是"精神""自己所加之于自己的"，"精神"不仅在"彼岸"世界是"自由"的，在那个"设想"出来的世界，可以任"理性""自由驰骋"，而且即使在"现实的""此岸"世界，也是"自由"的，"精神""认识到"这种"此岸"的"自由"，是"启蒙运动"的"深化"和"成熟"的"标识"；因为"精神"不仅"认识到""无限制"的"彼岸"是"不受限制"的，而且即使在"有限制"的"此岸"同样是"不受限制"的，"精神"不必"逃避"到一个"世外桃源"去"享受""空洞"的"安逸"和"自由"，"精神"有"权能"就在"现实"的世界，"拥有"自己的"自主权"，"精神"这种"现实"的"自由"观念，是黑格尔推进康德的地方，但"精神"与"经验世界"的"独立自主"的"自由"观念乃是康德已经指出了的一个方向，他的《纯粹理性批判》奠定了一个思想的基础，他的《实践理性批判》和《判断力批判》以及那篇论"启蒙"的短文，都已经揭示了这个问题的存在。

十五

"自由"与"界限"的"对立—矛盾"，"僭越精神"与"批判精神"

的"对立—矛盾"是"二律背反",即,是两个"原理—原则"的"对立—矛盾",是"理性""自身""不同原理"的"矛盾",而不仅仅是"感觉经验"上的"区别"和"对立",像"冷—热"、"明—暗"等等,这种"原则"的区别,是康德奠定的,"自然"和"自由"是两个遵循"不同原理—原则"的"领域",这两个"领域"康德在《判断力批判》里努力将它们"结合"了起来,黑格尔的工作则比康德庞大得多,他"沟通"了"理论理性"与"实践理性",使"理性"的"精神"或"自由"的"精神""无所不在"。

"精神"不但在"自然"里"认出"了"自己—自由",而且在"社会"里"认出"了"自己","精神"通过"理性"为"自然"和"社会""立法","法—限制"是"理性""立"的,而"理性"的本质又是"自由—不受限制"的,"理性"要"确认"自己对"经验世界"的"自主的""立法权",在"受限制"的"经验世界""保存""自己","保存"自己的"独立自由","自由""进入"这个"感觉经验"的世界,按照康德,"矛盾—二律背反"就成为不可避免,按照黑格尔,这种"原理—原则"上的"矛盾"就充斥着经验的世界。

这就是说,"精神"要在"经验世界""确认"自己的"自由","矛盾"就是"不可避免"的,无可"逃避"的。也就是说,"矛盾"是"精神"在经验世界的历史发展中"确认""自己"的"自由"的"必然环节"。

十六

在某种意义上说,"精神"是"矛盾"的"制造者",但也是"矛盾"的"克服者",因为"精神"是"僭越者",也是"立法者","精神"的活力,概出于"理性"。

"理性"的"自由"就已经"蕴含"了"必然","无限制""蕴含"了"限制",在这个意义上,"精神""制造"出来的"矛盾","必然—必须"被"精神"自己加以"克服","自由""必定"要在"经验世界"里"显现"自己,亦即"证明—证实""自己",这是一种"自由"的"必然性—必须性"。

除非"疯癫","僭越者"也"必须—必要—必定"是"立法者"。"僭越者""必定"要"建构—建立""自己"的"秩序",建立自己的"界限",这些"界限"要经得住"批判精神"的"检验"。

这就是说,"自由者"的"僭越","矛盾"的"克服"以及"新秩序"的"建立"等等也都是"理性""扩展""自己"的"权利"范围,"开拓""自己"的"疆土"的历史发展"过程",而不是"私欲"的"膨胀"。

十七

"僭越者"既是"自由者",则他的"意志"也是"理性"的,按照康德的"批判精神","意志自由"是"道德"的道理上的根据,就是说,"僭越者"作为"自由者""承担着""无可推卸"的"责任","僭越者"在"为自由""立法"的"行为"中,担负着"责任",就是说,无论"后果""好坏","成败利钝",都有一份"责任",面对这种不可避免—逃脱不掉的"责任","僭越者"作为"自由者"在需要"谨慎"的同时,更需要"勇气"。"审慎"总是"有限的—受限制的",因为它是"知识性"的,而"勇气"则是"大无畏"的,是"德性"的。

"僭越"的"自由者"作为"始作俑者"在"因果"系列里是"第一因","第一因"的"自由者",也是"第一责任者",开的是"无限公司",做的是"无限"的"事业"。在它的"后果"还未出现的时候,"责任"就已经"存在",这种"预设"的"责任","迫使""自由者""谨慎"行事,但是"后果"既然必定要"进入""经验世界",则无论怎样"机关算尽",难免"受""偶然性""命运"的"作弄","知识"的"必然性"只是"理论"的,"僭越者"如果缺乏"责任"和"道德"的"信心"和"决断",没有"承担"一切"后果"的"勇气",那就不是"自由者",或者不是"已启蒙者",而只能是"循规蹈矩"的"谦谦君子"。

十八

"僭越者"这种"后果"的"严重性"，"责任"之"重大"，还在于他的"立法"是对"自由"的"立法"，而不是对"自然"的"立法"，也就是说，"理性"直接为"自己""立法"，而不是为一个"异己"的"感性世界""立法"。

"知性"为"自然""立法"只是"现象"的，"形式"的，而"理性"为"自由""立法"则是"本质—本体"的，"实质"的。

"自由者"为"另外"的"自由者""立法"，所立之"法"对"他者""适用"，也必定对"立法者"自己"适用"，"立法者"并不可能"置身"于"法外"。"自由"为"自由"所立之"法"，是最为"普遍"之"法"，没有"法外施恩"。

"自由者"不是"神"，"自由者"不在"彼岸"，"自由者""在""此岸"。"神"作为"立法者""在法之外"，"神"在"施展"他的"一击"之后，"遁逸"至"彼岸"，不在"自己"所立之"法"的"管辖范围"，因而他也有"理由"对"人世间""法外施恩"，"宽恕""忏悔者"的"罪恶"；人世间的立法者则无此种"特权"，因为只要"立法者""承认"他的"立法""对象"也是"自由者"，则，"立法者"及其"对象"都处于"平等"的地位，因而，"为自由者立法"也就是"为自己立法"。"自己立法自己遵守"。在这个原则的意义上，"立法者"、"执法者"并不"高于"其他的"自由者"。

"人世间""自由"是"最普遍—最全面"、"不受限制—无限"的"概念"，用黑格尔的话来说，是"绝对的概念"，"限制"是"理性自由—精神自由""自己所加之于自己的"，亦即，"限制"原本是"无限制""产生"出来的，"无限""蕴含着—孕育着""有限"，"有限""证实着""无限"。

康德说，"道德法则"是说所立之"法"对每个人都有效，人人应该"遵守"，如果设想人人都遵守而"法"仍然屹立，才是真正的道德法则。换句话说，如果哪怕只有一个人可以"被允许""不遵守"这条"法"，则这条"法"就不称其为"法"。

人世间的具体的"法"固然必定会受种种"限制"，但"法"的"精神"，"本质—本体"之"法"乃是"自由"之"法"，这种"法"的"精神"，即"自由"的"精神"，按康德的"批判哲学"的意思，"范导"着"经验世界"的"实际运行"。这个"运行"的"历史发展"过程，黑格尔曾做过许多的研究。

北京
2012 年 9 月 18 日

哲学作为爱自由的学问

在欧洲哲学的摇篮古代希腊，哲学被称作"爱智"，"爱"为"欲望—追求"，"哲学"为对"智慧"的"追求"。古代智者们心目中的"爱"固然更有一层"理智"的意思，但"爱"仍不易离开感性的层面，所以黑格尔要把它"提升"为一门特殊的"科学"，是对事物的一种"理性"的"把握方式"，而不仅仅是"爱"；其实此前康德已经重提古代"哲学"作为"至善之术"这一思想，而源自柏拉图的"至善"并非经验概念，而是一个"超出经验之外"的"理念"，对于此种"理念"的"追求—欲望—爱"，则非"感性"的"欲求"，而是"理性—精神"的工作，于是有"柏拉图式的爱"。如果把"感性追求"叫做"肉欲"的话，则这种"理性追求"或可叫做"灵欲"；而"灵欲"的实质意义也就是黑格尔的"科学"；而把"智慧"作为"灵欲"追求的"目标"，正是"哲学"所要做的事情。

然则在"爱智—philosophy"这个词中，把"目的"和"手段"颠倒过来考虑，"爱智"作为"关于""爱"的"智慧"，"爱"作为"目标"，而"智慧"则是一种"手段"，或"途径"。"爱智—哲学—philosophy"则是"关于""爱"的"智慧—学问"。就我接触到的哲学方面的材料，这是20世纪末法国诸家，譬如列维纳斯提出来的思路，他们是要重新回复"爱"所含有的"感性"因素，而又要将它置于"智慧"的光照之下，使之亦具有"超越性"，使"爱"也"智慧"起来。

的确，"哲学"自"娘胎—摇篮"里就带来一个"矛盾"，"爱智"原本是把两个矛盾的东西"结合"在一起，无论"以爱求智"或是"以智求爱"，都蕴涵着"智"和"爱"的矛盾。

"智"与"爱"的矛盾，是"理性"与"感性"的矛盾，在这二者的矛盾中"求—欲求""统一"，乃是"哲学"的"灵欲"，也正是古典哲学所谓的"思维"与"存在"的"同一性"。"同一性—identity"并非"铁板一块"，而恰恰是"异"中之"同"，"同""在""异"中，是对立—矛盾的"同一"。"同一"非（单纯的）"一"，而是"（相互）指证"，这原是"identity"的意思，"思想"与"存在""相互""指证"，则既非将"思维""等同""存在"，亦非将"存在""等同""思想"，而是"指证—指认—认出—识得""思想"是"存在"的，"存在"也是"思想"的，即："思想"是（关于）"存在"的"思想"，而"存在"又是"被""思想"的"存在"——巴克莱的"存在即是被感知"发展为"存在必可被思想"。

"智"与"爱"、"思维"与"存在"之所以会有这种"同一性"，其根据皆在"理性"之"自由"，"理性"具有"自己""设定—悬设""自己"的"功能"，也就是说，"理性"虽为"思想—思维"，却具有"现实性"，"理性""本身"具有"现实性"，亦即"理性"具有"感性"的"能力"，或者说，"理性—智慧"原本是一个"灵欲"。

"灵欲"不是"肉欲"。"肉欲"是"必需—被迫"的"欲望"，而"灵欲"则是"自由"的"欲望"。"爱智"即是"爱""自由"，如果"哲学"为"爱"的"学问—学术"，则也可以说，"哲学"为"爱自由的学问—学术"，或者"关于自由的学问—自由的学问"；或者"关于矛盾—对立"的"同一性"的学问。

这样，"哲学"作为"自由—矛盾"的"学问—学术"则又不是一门"静态"的"学问—学术"，而是"动态"的"学问—学术"。有矛盾才会有运动，才会有变化，才会有发展，在这个意义上，"哲学"作为"爱智"，就不仅仅是一个单纯的"思想"，而且也是"活动—action"，是一种"工作—work"，甚至也是"劳作—labor"；只是"哲学"这项工作与其他的工作又有不同，一般的工作常常是"迎接挑战"或者"迫于需要"，而"哲学"的"爱智"作为"灵欲"，乃是"自由"的"工作"，而所谓"挑战"和"需要"皆"出自""理性""自己"，而不"受制"于"感性欲求—肉欲"。于是，康德的所谓"至善之术"，黑格尔的"科学体系"，也就是"理性""自己"给"自己"提出来的"任务—工作"，盖因"至善"乃是"理性"自身的"悬设（康德）—设定（费希特）"，于是关于"至善"的"学术—科学"，亦即关于"理性"本身的"学术—科学"，在这个意义上，也就是"自由"的"学术—科学"。

这样，"自由"就成为"哲学—爱智"作为"学术—科学"的最为核心的概念和问题，或者称作"哲学"这门"科学"的"对象"也可以。

"自由"作为"哲学"的主题，有一个历史的发展过程，人们（哲学家）对它的认识，也有一个深化、成熟的过程。

一　"自由"的"知识"

"自由"的"知识"相对于"实用"的"知识"而言。

人类"迫于生存"，积累经验和技巧，迎接各种挑战，形成种种实用的知识，相互学习传授，或者代代相传，以增强"生存""能力"，"知识就是力量"，"知识"乃是"征服""自然"和"环境"的"能力"。培根强调的"经验—实验""知识"，以"综合—归纳"为"知识"之重心，在亚里士多德也曾涉及，只是他放在了较低层次，因为希腊人所强调的"知识"还有另一个层面，即"摆脱""实用"的"压迫"，以"知识""自身"为"追求""目标"的精神，即"追求""自由的知识"，"爱智"乃是"智慧"成了一个"追求""目标"，这种"爱"，仍是一个"灵欲"，而非"肉欲"。于是，亚里士多德虽然批评老师柏拉图，但他仍有《形而上学》传世，这本书虽为后人所编，无疑仍是亚里士多德的真实思想，"哲学"由"爱智"成为"形而上学"，在亚里士多德本人称作"神（圣）学—theology"，"自由知识"，乃是比"实用知识"更为"神圣"的。

为什么说"哲学"的"自由知识"要比"经验"的"实用知识"更加"神圣"？

"摆脱"了"当下""实用""束缚—逼迫"的"自由知识"是一种更为"普遍"，更为"持久"的"知识"，而在古代希腊人的观念中，"神"是比"人"更加有力，更加长久的一个"族类"，"神"是"不死者"，而"人"是"有死者"。

作为"有死者"的"人族—人类"为了"生存"，须得积累一定的"实用知识"，这种知识本质上是一些"技能—技术"，以"维持""生存"。

古代希腊人为"人族"作出的伟大贡献之一，在于他们并不"止于"

这种"实用性"的"技能技术"；他们"摆脱"这种"实用"的"关系"而"让""自然"不仅仅为"谋生"的"工具"，成为了"观察—思考"的"对象"，"使""自然"从"人"的"浑为一体"中"分"了出去，使"自然"成为"他者"，而"人"成为"自我"，于是形成了一种"主体"—"客体""分立"的思想方式。

这种"主客分裂"的思想方式，经常受到很严厉的批评，当然也是有理由的；但是当其时也，未尝不是一种进步。我们从某种视角来看，正是这种"分离—分裂""促进"了"科学—知识"的思想方式的发展，使人类—人族向"神族"逼近；正是这种"分立—分离""使—令""自然""自由"地成为"对象—客体"，也"使—令""人""自由"地成为"自我—主体"，"使—令"原本是"纠葛—混""在"一起的都"解（脱）放（开）"了。

"混在一起"并非哲学上的"同一"，"分"中才有"认同—指证"问题。"同一""非一"，"异（化）"而"同一"才是"自由"。

这种"自由"的"求知"态度，促成了"理论"性"知识"的形成，"科学知识"的形态是"理论"性的形态，是"理论"性"知识"。"理论知识"由"概念—判断—推理"构成体系，科学知识奠定在"理论"的"基础"上，古代的希腊人把这种基础的理论知识揭示、维护、发展起来，作为"提升—升华""人族"的重要环节，使"人族"也具有了某种意义的"不死性—神圣性"。

"科学"这种"自由"的"理论体系"努力把自己"提升"为"超越""时间—地点""局限"而具有更高"长久性"的"普遍""原理"。

古代希腊人努力使"知识""摆脱""时间"之"绵延"而进入"永恒"，尽管当时的"永恒"观念还相当含混，它是随着欧洲哲学历史发展才逐渐明朗起来的。

也正是在这个条件下，欧洲的"哲学"亦以"科学"的形态诞生于古代希腊。"哲学"作为"自由"的"学问—学术"，由"诗"进而"戏剧—对话"再进而"论说"可以看出一个在形式上适应其内容的"进化"过程，"哲学""依附"于"概念—判断—推理"的"理论"形态。

"哲学""追求""自由"，亦即"追求""不死—不变—永恒"，"哲学"不"局限""一时"—"一地",而"放之四海而皆准"。这是古代希腊人,包括柏拉图、亚里士多德在内的基本思路。

柏拉图的"理念"、亚里士多德的"真知识—alethe episteme"都是寻求"变幻"的"现象"之后的"真相—真理",预设了"事物"之"现象"不居,而"本质"常驻;"表象"为"变",而"概念""不变"。

"变化"总须"在""时间"中,"时间"之"绵延""瞬息万变","变"为"异","沧海桑田","昨是而今非",尝令诗人喟叹,哲人之不同于诗人,寻求"常驻"之"真理",而"超拔"于"现象—红尘"之"外",是为"超越"。"超越"于"时空"之"外",之"上",故曰"神圣","哲学"为原始意义上之"神(圣)学"。

"阴阳不测是为神",中国古人大概也感到事物人事幽冥,变化莫测;只是我们执著于这个花花世界,智者精力集中于要"破解""变幻之像",化"不测"为"可测",于是有种种"预测""阴阳"的"技术技巧",真的想要做那"神仙"才能做到的事情,而似乎在上述意义上的"科学"方面,照顾得不很够,慢慢的相比之下就吃了亏,甚至"中国一度科学不发达"也成了一个问题。

我想,欧洲如果没有希腊哲人的伟大贡献,也会在"知识—科学"问题上较长时间纠缠于变化万千的"现象",而不能直接事物之"本质",从而不能由一般的"经验技术""提升"为"理性"的"科学"水平。只有"理性""暂时""摆脱""现象",关注"本质",才能"真正""把握""现象"。"人族"的"智慧"只有在获得了"摆脱—否定""现象"之后,才有可能"直面""本质",而"摆脱—否定""现象""直面本质"也就是"摆脱感觉""回到理性本身",亦即"理性""自觉—觉悟"到"自身"的"自由",才有真正意义上"科学"的诞生,而一旦"科学"意识自觉,甚至"神—诸神—神圣性"也不能"逃脱""逻各斯—概念—科学"的"命运"。"诸神"也是一门"学问","神圣"成为一门"学问—科学",是为"哲学—爱智","爱—追求—欲望"也成为"智慧—学术—科学"。在"逻各斯"面前,古代好斗的希腊"诸神",个个都要"偃旗息鼓","鸣金收兵","等待"着"基督"来"一统天下"。

从某种意义说,"哲学""唤起—揭示"了"科学"的这种"自由",

"哲学"为"理性"之"自觉"。

柏拉图说，唯有"理念"为"真理—真知识"，而芸芸众生皆为"过客"，皆为"假相"；按照柏拉图的哲学路线，是从"理念""下降"为"现实"，而并非"现实""上升"为"理念"："现实"要"模仿""理念"，并非相反。柏拉图这个路线被合理地批评为"唯心主义"，因为"经验概念"都从"感觉经验""概括"而来，并非只有"下降"的路线，也有"上升"的路线。

然而康德后来指出，有一些"概念"不可能从"感觉经验"中"概括"出来，他有著名的"三大理念"：意志自由、灵魂不死和神，它们在"感觉经验"中没有"一一对应"的"对象"，但又非"胡思乱想"的产物，而是"理性"自身的"悬设—postulation"。

不过，即使是"经验概念"，同样也有一个"理性"自身"设定"的问题，因为康德自称的"哥白尼革命"，"让—令""客体"围着"主体""转"，说明了"主体"—"理性"在"经验知识"领域内"拥有""立法权"，这个"权力"是从古代希腊哲人那里就"赋予"了的。

古代希腊哲学"赋予"了"科学—知识"一种"自由"的"权力"：从单纯经验技术中"摆脱—解放"出来，"回到自身"，以"理性"的"概念体系""把握""事物"的"本质"，"把握"了"事物"的"逻各斯"（赫拉克利特），亦即把握了"事物"之"理"，"理"固在"事"中，但需得以"概念体系"的方式"揭示—显示"出来，在这个意义上，也是"理"在"理性"中，"理"在"自身"中。"理""自"成"体系"。于是"理"也是"在""时空""绵延"之"外"，之"上"，而"不在""时空"之中，"理"为"超越"。

甚至"时间—空间"也"服从""理"之"立法"的"权力"，因为这种"立法权"并非"权宜之计"的"人间"的"法律—law"，而是"先天—a priori"的，"理""法"是为"天条—天律"，是为"必然性"的"规律"。

然则这个"天律"就知识—科学来说，本身只是"形式"的，它的"内容"需得"感性经验"作为"知识对象"来"补充"，来"兑现"，在这个意义上，在"科学"的"理论性""知识"领域，"理性"的"自主—

自由"是"有限"的，它受"知识对象"的"感觉材料——sense data"的"限制"，只有那些无须"感觉材料""补充——兑现"的学科，如"数学"和"几何学"，才是"理性"完全"自主"的，而广义的"物理学"是一门"经验科学"，"理性"在这个领域里的"自主——自由""权"是受到限制的，而那完全"不受限制"的"数学"、"几何学"却又如同"逻辑"一样，是"形式科学"，被亚里士多德放在了"自然——物理"科学之外。

二　自由的道德

"理性""进入""感性世界"，亦即"进入""时空""绵延"，得不到"完全"的"自由"，"受制"于"瞬息万变"的"感觉材料"，于是"理性"所"建立"的"科学知识体系"，终究只能"保证——许诺"在"理论——形式"上的"可靠性"、"普遍性"和"必然性"，"理性"没有权利——不可能由"自身"就"推算——推衍"出"感性世界""实质性"的"变化——发展"，"科学"不是"算命"，"科学"对于"时空绵延"的"认知"只是"理论"的，"形式"的，"科学"不能"把握""时空""本身"，亦即无权"把握——认知——认识""事物""自身"，这个"自身"乃是"不可感"的"本质"，"科学"不支持对于"超感"事物之"把握"，在这里，"理性"为"自己"在"知识"领域的"权力——作用——功能""设定"了"界限"，超过这个界限，康德叫做"理性"的"僭越"。

康德自己说，他"限制""知识"是为"信仰""留有余地"，实际是为"理性""自由"的"升级——提高""开辟道路"。这个"升级"，不是"理性""离开——脱离——拔高""自身"，而恰恰是"回到""理性自身"。此话怎讲？

在"知识"领域，"理性"以"先天自由"之身"进入""感性世界"，发挥自身的"主观能动性"，到头来，只能将"异己"的"感觉材料"加以"规整"、"概括"，使之"概念化"而"建构——constitute"一个"理论体系"，对于那些"不受归化"的"顽固分子——异己分子"，"理性"只得"悬搁"起来，"置"而不论；然则这个"感性世界""自身"却始终保持着对于"理性"的"吸引力"，"引诱""理性""僭越"。"本质——自身"的"存在"不断地"提醒""理性"，似乎该"搁置"的不应是"事物本身"，而是"事物"的"感觉表象"。这大概是康德已经揭示而为黑格尔、胡塞尔所开发出来的思路。

康德"限制"了"知识"，为"信仰""留有余地"，谁"限制"了"知识"？是"理性""自己"；这个"余地"又"在"何处？"在""理性""自身"。"信仰""在""理性"中，即，"信仰"也是"理性"的，甚至"最是""理性"的，因而也就"最是""自由"的。在康德的意义上，"信仰"让"理性"从"感性世界"中"摆脱"出来，"回到""理性自身"。

康德这个"限制知识为信仰留有余地"的思想受到很多很严厉的批评，但是如果人们注意到，康德之所以提出这个论点尚有另一层意义，即将"信仰""置于""理性""自由"之中，避免通常的"盲目性"，从而对"教会"的"权威"具有一种"抵制"的意义，当有一层好的意义，才会引起"官方"的警觉，下达什么"缄默令"。

康德通过"道德""引向""宗教—信仰"，在"道德"领域，"理性"直面"自由"，而不必像"科学—知识"那样"进入—通过"一个"感性世界"。

"道德"是一个"责任"的世界，而最"严格"的"责任"却来自于"自由"，单纯"感觉世界"并无"职责"问题，说到"道德"，决不允许"参杂"半点"感觉经验"的因素。

这样，相对于"感性"领域而言，康德的"道德"领域是一个无须，也不允许"感觉材料""补充—兑现"的最为"形式"的领域。

康德这种由"纯粹形式"引申出来"纯粹内在"的"动机论"道德观，受到严厉的批评也是很应该的，相对于"实际"的"感性世界"的"干预"来说，康德的"道德自由"的确是一个"软弱的善良愿望"。

然而我们如果先将以"感性世界"为"对象"的"科学—知识领域""搁置"起来，则康德的"道德世界"本身倒也不仅是"形式"的，而是有"内容"的；只是这个"道德"的"内容"无须，也不允许、不可能由"感觉材料""提供—供给"出来，如"科学"那样，"感性"给"理性"一种"限制"，而恰恰是"理性""自己""提供"出来的。

就康德的思想来说，"自由""自身"就"有权—有能力"为"自己"

"设定—悬设""对象","提供""内容",于是,在某种意义上,这个"对象"和"内容"也就是"理性""自身""自由"地"创造"出来的。这就是康德强调的"实践理性"本身就有"现实性"的"能力—力量"。

"道德—责任—实践理性—理性的实践功能""悬设—创造""至善"作为"自己"的"对象"。

感性世界皆在"自然"的"关系"之中,本无"道德"可言,"道德"乃是"人"作为"自由者",亦即"理性者"的"必然"问题;"人"不仅"生活""在""感性"中,而且"生活""在""理性"中,甚至不仅"生活""在""感性"和"理性"的"关系"中,亦即不仅"生活""在""知识"中,而且"生活""在""道德"中。"人""有"一个"道德—伦理世界"。

"知识",特别是"经验实用""关系"中有"好—坏"之分,"道德—伦理""关系"中则"分""善—恶";"不好"不完全等于"恶","身体不好"固然也可以说成"身体恶化",通常"病"也是一种"恶",但是"病人"不等于"恶人"。日常语言到了需要区分时,也还是不容含混的。

"善—恶"并非通常意义上的"自然属性",而是"道德属性",是"理性—意志"的"概念—本质",这种本质,出自"理性""自身",因而是"自由"的,"咎由自取",无可"推卸",盖因"理性—意志—动机"全由"理性""自己""决定""自己",而不受任何"外来"因素"左右",全出自"主体—自由",而无"客体"借以"依傍"而可以"推诿","善—恶"皆是"理性""自己""设定""自己"。

通常意义上,经验的"自然""属性"由"经验概念"加以"概括—规范—把握",固然有"主体—理性—自由""立法"之作用在内,但是尚不可说全由"主体—理性"所"决定",在"知识"领域,"主体""立法权"尚属"形式"的,在这个领域内,事物之"属性"尚需"主体""根据""感性对象"所提供之"材料",分析研究,加以"判断",此种"判断"是否"正确",尚需由"客观对象"来"多次""检验";而道德"对象"既然原本是由"理性"自身所"悬设—设定"的,则此种"检验"的工作同样"完成"于"理性""自身",是"理性""自身—自我"的"检验",因而"道德"的"检验""标准",是"理性""本身",是一种"自由"的"检验"，而"善—恶"作为"道德"的"属性"，则是"自由"的"属性"，如果我们像通常那样，把"自然"的"属性"叫做"必然"的"属性"的话。这样，在"道德"领域，一切"概念"都是"自由"的"概念"，不只是"关于""自由"的"概念"，而是一切"概念"——包括通常所谓的"自然"的"概念"都有"自由"的意义，于是乎，凡"日月山川"至"桌椅板凳"不仅"属于""科学—知识"领域，而且"属于""道德"领域，"属于""道德世界"。"万物"无不打上"人"的"烙印"。

"万物静观皆自得"，就"万物"言，它们由"原始"的"天人合一"中"解放"出来，成为"知识""对象"，而由"理性主体"的"立法"作用将它们"连接—综合—组装"在一个"必然性"的"大箍"中，直至"道德"意识的出现，"万物"得到"第二次解放"。"道德世界"的"万物"之"属性"，纯由"理性""自身"所"设定—悬设"，全是"理性""自身""建立"的"对象"，在这个意义上，全是"理性"的"理念"。

康德哲学只承认"意志自由—灵魂不死—神"为"理念"，而从黑格尔到胡塞尔，峰回路转，人们又回到了柏拉图，认为由"哲学"之视野观，目之所接，无不为"理念"。

"小桥流水人家"，并非"指示—zeigen—made a sign""此地有什么"，固然"房屋"、"河水"和"桥梁"皆为"事物"，可以加以"研究"，也必有"研究"之后，才能"知道"；但无论我们"知道"这三件"东西"有多详尽，都"概括"或"分析"不出那"诗意"来，即是那《兰亭序》里的"此地有崇山峻岭"，也不仅仅是一个"指示牌—路标"，而即使是，则也是"道德世界"的"标志"。

海德格尔说"诗人""历数—列举""神圣"之"事物"，经"诗人"这一"列举"，则为"事物""二次""命名—name"。这次"命名"出来的不是"经验概念"，而是"理念"，是"理性"自身"设定"的"自由""概念"。

只是这里所谓"第二次"是按照"哲学史"的历史顺序说的，要按纯粹哲学的视角，或许应该颠倒过来，"理性""自由"的"命名"应是最为"原始"的，"理性""觉醒"的"第一个""世界"，乃是"理念的世界"，而"科学—知识"的"感觉的世界"，反倒是"后来""派生"的"事情"。

在这个意义上，"自由"的"道德世界"是最为"原始"的"世界"，这或许就是康德所说的"实践理性"相对于"理论理性"具有一种"优越—优先"的特点吧。

三 自由的存在

"自由"的"知识"或"自由"的"道德"，尽管在不同的程度、不同的意义上"设定—创造"了各自的"对象"，但是这些"对象"，似乎离"实在—实际"的"存在"越来越远，因而从各方面来说，也似乎越来越"形式"化，越来越"抽象"化，于是在古典哲学的视野中，无论"知识"还是"道德"，连同它们的"对象"都是"超越""时空"的；它们不是"穿越""时空"的"存在"，而是"超越""时空"的"理念"，于是人们很有理由说，它们——这些"对象""不存在"，或者为"非存在"，然而古典哲学却说，这些"理念"是事物的"本质"，比事物的"表象""更""实在"，从而似乎"不存在—非存在"比"存在（者）""更加""实在—现实—存在"，"理念"的"存在"乃是"永恒"的"存在"。

诚如康德所说，我们作这样的"思想—理解"固无"逻辑"上的"矛盾"，但是却有"实际"上的"矛盾"，我们要从"不存在—非存在""推论"出它们的"存在"来，不是不可以，但是"需要—缺少"一个"过程"，因为我们不允许将两个"矛盾"的"概念""立即""等同"起来而在"思想—理解"上不产生"抵触"，而"消除"这种"矛盾—抵触"则"需要""时间"。

于是，"理念"的"实际"的"存在"性，"需要""过程"，"需要""时间"，这项工作由黑格尔"开始"，至海德格尔总其"大成"。

就这项工作来说，黑格尔之所以仅仅"开始"，乃在于他还拘泥于"概念—推理"的"逻辑""过程"，将"历史""纳入"他的"逻辑""体系"，似乎"历史"的发展冥冥中正是那"概念—理念—推理"的"逻辑""过程"，因而"时间"的"绵延"为"逻辑推理""过程"所"扬弃"，"历史"的"时间"性为"哲学"的"逻辑"性所"扬弃"，"时空"为"超时空"所"扬弃"。在这个意义上，"理性—理念—自由"仍被"架空"

于"时空"之"外"或之"上"。

就这方面来说，海德格尔的工作与黑格尔的思路进程相反，他牢牢抓住"时间—空间"而"扬弃"了包括黑格尔在内的欧洲传统的"逻辑""框架"，使"理性—自由—理念—永恒"以及"概念—判断—推理"都又"回到""时间（空间）"的"绵延"中来。

于是，在海德格尔那里，"时间"与"存在"为"同一"，"存在"即是"时间"，"时间"亦即"存在"，引申开来，"理念—自由"就不仅仅是一个"理性""按照逻辑""必然"的"悬设—设定"，而是实实在在的"存在"；"理念"固是"理性""自由"的"设定"，但却是实实在在的"在实践中"的"创造"。"时间"即是"自由"的"存在"，亦即"创造"的"存在"。

海德格尔这一思路，就欧洲哲学的历史言，具有变革性的意义，他"使"传统的"存在"概念由"静态"转变为"动态"，正如许多人指出过的，必须要从"动词"的原始意义来理解海德格尔的"存在"，实际上，海德格尔"使"一切的"名词—概念"都"动"了起来，"时间""使—令"一切"事物"都"变"了，于是，海德格尔也转变了一个观念：过去认为唯有"不变—不死—永恒"才"存在"，如今人们看到的恰恰相反，唯有"变—死—时间"才"存在"。

我们看到，从这个思路出发，海德格尔就不能把"时间"看成"绵延"，而必须看成"有死的"，这样，海德格尔自觉地直接古代希腊哲学的源头。在他的思想中，"人"作为"Dasein"最根本的特性乃是"有死者"，或者如他强调的"会死者—有能力去死的"。

"死"的问题，是现代人非常关注的，而古人大概忙于"生计"无暇顾及，或者大都以豁达的机智加以"化解"，难以切中要害；海德格尔从"时间"之"断"——"有时间性—有时限性"的角度去揭示"死"的意义，发人深省。

从"Dasein"之"会死性—有时限性"海德格尔提出一个著名的论断叫"向死而生"，"死"为"终结—完成—目的"而"大全"。

海德格尔这个论断受到很多的批评，有些批评并非不着边际，只是觉得这个结论下得过于消极，但是言之凿凿，似乎说出了人们不愿意接受的

"真理"。

然而我们要说，海德格尔这里的论断似乎也有"片面性"。

"人"作为"Dasein""固有一死"，"人"的"精神"与"肉体"也是一并"死亡"，随之而来的，"人"之"理性—自由"也"会终止"，某种意义上，"人"之"死"为"回归自然"而"天人合一"了。

不过我们这里愿意进言者，"人"作为"自由者"不仅仅是"一"，而且为"多"，"我""自由"，"你"也"自由"，"他"也"自由"，"存在"作"自由"讲一复如是。"存在—自由"这个"多"的"层面"自海德格尔之后，已有一些人揭示出来，20世纪末法国激进诸公多有论述，而最为集中成系统的，莫过列维纳斯。

列维纳斯着重讨论"我—他"的关系，扭转"自我"中心论，也以此扭转—颠覆包括海德格尔在内的欧洲"存在论"传统，能否成功，尚有争议；但是他在"他—我"关系之"外"或之"上"提出一个"第三者""群"，作为"哲学"之"根源"，颇有启发作用。

我们暂时搁置列维纳斯的"人"作为"人质"的论断，仍将"人"作为"理性—自由者"来考虑——因为列维纳斯的"为他者"作为"责任者"或许其根据正在于"人"为"自由者"，则他的"第三者群"则仍可作"自由者群"理解。

有了"自由者群"，"人"仍然"固有一死"，但却能—会—有能力"再生"。"我""在""他者"中"再生"。

在这个意义上，我们就可以—有能力把被海德格尔"舍弃"的"宗教—基督教"的"问题"："拯救—再生"，吸收到"哲学"中来，加以"化解"，海德格尔这个"Dasein"的"意义"就不仅仅"限于""有死者—会死者"。

更有甚者，"时间"的意义，也就不仅仅"限于""有时限性"，而"回到"它的"绵延"。

这样，海德格尔那个备受批评的"向死而生"就同时也可以说成"向生而死"，"死"也许就会有一层很积极的意义了。

由此而来的变化，就是在海德格尔那里，"积极"的东西似乎都"存在"于"消极"的东西里，"生""在""死"里，"提前进入死"，"存在"

"存在"于"非—不存在"里，"存在""在""思—诗"里，"语言是存在的家"，"存在""住""在""语言"里，等等。

我们未尝不可以把这些话"颠倒"过来说，"非存在""在""存在"中，"死""在""生"中，"语言""住""在""存在"中，凡此种种，"消极"就"在""积极"里，则"化消极为积极"了。

这就是说，"要消亡—有死的—会死的"就"在""不死的"里，不仅仅"生""在""死"中，而且更是"死""在""生"中；"存在""在""非存在"中，更是"非存在""在""存在"中，用海德格尔的话引申开来说，也就是不仅仅"存在""在""存在者"中，而且更是"存在者""在""存在"中。

于是我们看到，"死东西""在""活东西"中；正是"活东西""保存—存留"了"死东西"，而不仅仅是相反。"活东西""让—令""死东西""复活—再生"，亦即"让—令""非存在""存在"，"使（之）存在"，这正是海德格尔要强调的"存在—Sein"的"动态"的意义。

之所以"人""有能力""让—令""死东西""再生—复活"，乃在于"有""另一个自由者""在"，"自由"之"在"，并非"数量"上之"唯一"，"他者"的"自由""拯救"了"我"的"自由"，"他者""使—让—令""我""存在"。

"他者""令""我""回归""自由"，亦即"回归""时间"之"绵延"；无论医学对于"死亡"作何种界定，"我"之"死"仍"会—有能力""继续""活""在""他者"之中。按海德格尔，这种"会""死"的"能力"，只有"人"作为"Dasein"才具备，但与海德格尔的思路相反，"人"的这种"能力"，并非在"生时"就"预见—觉悟—意识"到"死"，而是更进一步，在"必死"的基础上"预见—觉悟—意识"到"死"后之"复生—永生"，在这个意义上，人人都不仅仅是"向死而生"，而且更是"向生而死"。

就这方面来说，并不是"死""大于—高于—重于""生"，而是"生""大于—高于—重于""死"；并不是"必然""大于—高于—重于""自由"，而是相反。这里用得上康德那个"实践理性"对于"理论理性"具有"优先性"这个思想而加以引申，我们可以说，"生"、"自由""大于—

高于—重于""死"、"必然"。

"向生而死"揭示了"死"的"积极"意义，"死"是"为了""生"，"生"是"目的"，"死"是一种"手段—工具"，"死"并非"终结"、"大全"，而只是"生"的一个"环节"。

"生生不息"，"时间"是"永恒"的"绵延"；"自由""在""时间"中，"在""绵延"中。"自由"为"创造"，为"无"中"生""有"，"生"即是"创造"的"力量—能力"，由"非存在—无""生""出"存在"来，"生—时间—自由"的这种"能力—力量"具有"起死回生"的作用。"我"之"死"，为"他者"之"生""留有余地"，给"他者"以"创造—自由"之"机会—机遇"，是为尼采之"永恒轮回"。这个"轮回"固是"生死轮回"，而更是"生生轮回"，亦即"生生不息"。"生生不息"乃是"创造"之"不息—不灭"，"时间"之"永恒""绵延"亦即"永恒"之"创造"，"永恒"之"自由"。

康德认为"时间"之"绵延"并非"永恒"，因尚有"事物"之"变""在"，而唯有"终止"一切"变化"，对之进行"终审"，此种"道德判决"方是"永恒"；然则此时（末日）之"道德""善"则"善"矣，惜乎仅为"理念"。

"时间绵延"之"永恒"，乃是"存在"之"永恒"，亦即"自由"之"永恒"，"创造"之"永恒"。"存在"之所以具有"动态"，乃在于它以"自由"为"根基"。"自由—存在—时间"为"一"，这个"意义"的"一"，但"数量"是"多"。

"理念"以"自身"为"对象"，"理性"为"自己""设定""对象"；"存在"则以"他者"为"对象"。"我""固有一死"，"他者"—"另一个自由者"则"不死—永生"，"永生"即"永存"，在这个意义上，"自由者""永存"。

"他者—另一个自由者"为"群体"。"另一个自由者""使—令""我""再生"，而这个"一"既然又是"多"，则这个"自由者群"则"有权""给""我"以"公正—justice"。"自由者群""公正地""使—令—让""我""存在"，而且"无待""我"之"死"，已经在"行使""他们"的"权力"。不是"我"，而是"他者""令""我""提前进入死亡状态";而这个论断如从"向生而死"来看,其"积极"意义在于,无待"我""死",就能—有能力"看到""他者"并非"我"的"杀手",而是"我"的"再生父母"。

"我""相信"——对此"我"绝无形成"科学知识—经验知识"之可能——既然"有""他人""在","我"之"死"就不可能完全"夺去""我"之"自由"之"存在","我""创造—开创"的"绩业—工作"仍会"存在","继续""发挥作用",这也许就是伽达默尔所说的"有效应的历史"。

北京

2008 年 10 月 14 日

哲学的"未来"观念

西方的学术传统，哲学长期以来处于"无时间"或"超时间"的框架之内，哲学之"超越性"就意味着"超越""时空"，某种意义上说，也是古代希腊哲学的特点。"时间"问题对于西方哲学来说，长期以来是一个难点。

按照西方哲学的普遍的思路，在"形而上学—第一哲学—神学"之下，大体分成"本体论"、"认识论"和"逻辑学"这三部分，当然还有下属的"物理学"、"伦理学"等等。在哲学分支中，逻辑学具有核心地位，皆因古代希腊崇尚推论式的理解，认为只有"论证—证明"了的，才是可以理解的，而只有可以理解的，才是有意义的。

这种思想方式，可谓是一种几何学的方式。几何学或起源于古代埃及人为了测量尼罗河的一种技术，而希腊人则更进一步加以论证，使其成为一门科学。古代希腊人不满足于目测的直观，非要得到理论上之证明而不罢休，这种精神，也贯穿于古代希腊哲学精神之中，理论的思维方式，是希腊哲学的主导方式。

哲学似乎是比一般经验科学更为理论的。表面上看，古代希腊哲学的发展似乎沿着一条越来越"抽象"的道路在发展，它所思考的问题似乎越来越"大"，越来越"普遍"，走的是一条从"特殊"到"普遍"的道路。

然而，哲学如果只是从具体经验中越来越"抽象"，越来越"脱离""经验现实"，则就会"止于""形式"，于是"哲学"就会等同于"形式逻辑"，研究哲学的发展历史将会发现，哲学恰恰是要避免这种形式化的偏向。哲学是一门"科学"，而不仅仅是"技术"，它和一切其他科学一样，有自己的"内容"，这个内容是具体的，经验的。

然而，哲学又要"超越"于一般的日常经验之上，是一门"形而上学",不是"形而下学",它是"道学",而不是"器学",所以西方将"哲学"称作"meta‑physics","meta"和"physics"缺一不可,于是两者的"同一性"就成为哲学思考的重要问题。

在古代,这种"同一性"的基础皆在推论性、论证性、逻辑性。这是西方哲学的一个传统。

一　"不变"与"变"——向上的路和向下的路

"meta"既然要与"physics"结合,就意味着"不变"要与"变"结合。

"变化"和"运动"在古代是比较神秘的事情,但它们又是直观的事实,哲学既要包容现实的内容,就不能回避这样的事实,于是就有种种的哲学理论出来。大体上似乎有两种办法可以把它统一起来,一种是从"变"走向"不变",古代赫拉克利特叫做"向上的路";一种他叫做"向下的路",则是由"不变"走向"变"。前者是"综合—归纳"的路,后者是"分析—推衍"的路,而赫拉克利特说,这两条路实际上是同一条路,即都是把"变"与"不变"相"结合"的路。

我们现在也可以将这两条路叫做"经验(主义)"的路和"理性(主义)"的路,而这两条路线,在西方哲学史上是贯串始终的。

大体上说来,古代希腊在前苏格拉底时期以"向上的路"为主导,从"经验"上升到"理论",而苏格拉底至柏拉图以后的"理念论"则从"理念"下降为"现实",走的是"向下的路",只是亚里士多德说柏拉图的"理念"也是从"经验""概括"出来的,这大概只是亚里士多德的驳难,而实际上,柏拉图的理念论的确是主张"现实"要"模仿""理念"的。

我们感到,在古代,无论"向下的路"还是"向上的路",都要以"逻辑推论"为归依,才被认为是"可以理解"的。

赫拉克利特说过"一切皆流","人不能两次进入同一条河",但他又说,"万物的尺度为逻各斯"。"逻各斯"固然不是后来的"逻辑",但是它具有很强的"推理性"的意义,自是比较清楚的,因为它有"分寸"、"尺度"的意思,连"火"的燃、灭也都是"有分寸"的,不是"无序"的。

"序"大概来自于"数",而"数"和"天文"有关,这是古代毕达哥拉斯学派的长项,他们是古代的"推算"专家。古代的天文学依靠"目测",行之不远,大概主要依靠"推算"。

古代"空间"观念来自"几何学",而"时间"观念则来自"天文学"。于是,在古代,"时间"之"序",被"数学化",被"推算化"了。人间之"四时",季节之"变化","春去秋来","秋收冬藏","人事"亦在"变"中"有序",这个"序"则是"不变"的,"可以推算"的。

于是不论"天上"、"人间",凡"事"皆可"推"而"论"之。"论"为"理论",一种朴素的"理论"思维方式使"万物""可以理解"。"天上"、"人间"固然透着一种"神秘性","变化莫测",但仍是可以"推算"的,不过最深奥的"推测"技术,不是一般大众所能掌握的,只是有相当的难度,而并非"原则"上"不可测"——"阴阳不测是为神",并不排除有的"神人""能掐会算",能"通阴阳",大概中国古代《易经》就是这样一种高深的预测技术学的书籍。

古代能通"天文"、"地理"之学的都有点"神气",因为他们有高深的"预测"技术,时空之"序"只有他们能够"把握"。

而古代希腊人力图将这种"技术"也"科学化"、"学问化",使之成为能教可学的"知识",这就是"哲学"。希腊人创建"哲学—形而上学"这门学问,为世界各民族作出了伟大的贡献。

所谓"科学化",同样也是"可推论",并是一种可以"证实"和可以"证明"的学问。可以证实和可以证明,也就是可以"重复"的,可以重复的,就是人人可以把握的——这是科学精神所要求的。

"几何学"保证了"空间"的"可知","天文学"保证了"时间"的"可知"。"时序"和"天体"的"运行"都是"合规律"的,可以推算的,故而是为"序"。古代希腊哲人仰望天空(望天者)发出"惊赞"——惊赞"天体""运行"之"秩序"森严,思考这种"森严秩序"的"形而上学"(第一哲学)被亚里士多德称作"神(圣)学"(theology)。可见使"不测"成为"可测",在古代都带有某种神圣性,只是希腊人力图将这种"神圣性",也发展成一门"学问"(科学),邀请人人来"学习"。

无论"向上的路"或者"向下的路",都是一种"学问"之路,"可测"之路，"可知"之路。大体说来，"向上之路"通过"归纳"，而"向下之路"通过"分析"，而这两种途径，各自又都有自己的问题。

"归纳"的问题在于如何"归纳"出"必然性"来，即可以推算的道理来，更不用说如何"归纳"出"超越"（meta）来；"分析"的问题在于如何"分析"出"内容"来，而不是越"分析"越"抽象"。方法的问题带动出实质的问题。

从"经验"上升至"超越"的"形而上"，需要"跳跃"，而"逻辑推论"不允许"跳跃"，因而强调"归纳"的，有时竟会进入怀疑论；强调"分析"的，从"形而上"下降进入"经验"，像柏拉图那样要"现实""模仿""理念"，也不免受"独断论"之讥。两者的困难，仍然反映了"变"与"不变"之间的矛盾：无论从"变"到"不变"，或者由"不变"到"变"，皆为使得"变"成为"可以理解"、"可以测量"、"可以认知"，都会遇到不少困难。"向上的路"要使"变"中有"不变"，"向下的路"要使"不变"在"变"中保持自身。

在哲学的重重困难中，显示着解决困难的途径：如何理解"时间"、"有序"、"逻辑"、"理解"的关系，关键在于如何在哲学中理解"时间"。

二　"向后的路"与"向前的路"——"回溯"的观念与"前瞻"的观念

古代希腊哲学的传统是"回溯"的传统，所以我们常说，哲学是"追根寻源"的学问，这个"根"和"源"乃在于人类难以记忆的"远古"。从"远古"到"现时"，固然历经沧桑，面目全非，但是"从古""到今"，这个"时间"过程，乃是"有序"的，知道了"古"，就能"知道""今"，"古""今"是可以"推论"的，固有"通古今之变"、"博古通今"等等说法。"历史"（过去）就成为"现时"的"根"和"源"。"知根知底"乃是"真知"。

我们知道，古代希腊哲学前苏格拉底阶段侧重追求理解万物之"始基"（arche），似乎已经奠定了西方哲学的主题方向和路线。认识了万物的"始基"（起源），就是把握了"真理"。

"时间"的"度"的重点在"过去"，在"源头"。

当然，并不是说，古人不知道"现时"和"未来"，然则蕴涵着的思路为："时间"既为"有序"，则"知道"了"过去"就等于"知道"了"现时"，而"知道"了"现时"，也就（等于）"知道"了"未来"，因为"现时"和"未来"都可以从"过去""推论"出来。

"时间"成为了一个"有序"的"因果"系列。

"时间"转化为"因果"乃是将"现实"转化成"逻辑"，使之成为"可以推论"、"可以理解"的必要的和关键的一步。在亚里士多德的《形而上学》里，对于"原因"的认识，被认为是"知识"的重要的核心部分，而这样一种"原因"观念，又和赫拉克利特的"逻各斯"有密切的联系：如水流逝、瞬息万变的大千世界，只有从"因果"的关系上才能"理"出个"头绪"来，才能使之"有序"而加以把握、理解。

这样，古代的"时间"观就转化为一种"因果"观，似乎这种被"因果"化了的"时间"观念，就能够既保证了哲学的"可推论性"，又保证了它的"现实性"。"逻辑"与"历史"就可以在这个思路中得到统一。

于是，古代的"始基"（arche），就可以理解为是某些物质性的实体——水、气、火、四根、种子、原子等等，又同时可以理解为一个"原则"、"原理"（principle），从这里，能够"推导"出"结论"来。

"时间"就这样被"逻辑"化了，"直观"、"直觉"（intuition，Anshaung）也就这样被"概念"（Concept，Begriff）化了。

于是，"时间"又被"概念"化了，这样，"概念"又成为"历史"和"逻辑"相统一的关键环节。这种将"时间"、"现实"、"历史"、"概念"逻辑化的思路，在古代就受到种种怀疑论的责难，到了近代，休谟集此种责难之大成，指出从感觉经验"概括—概念化"不出"必然"的逻辑推论来，从"经验"到"理论"，从"偶然"到"（日常所谓的）必定"，只是一个"习惯"的普遍性，而没有"理论"上的必然的保证。这样，在休谟看来，一方面是感觉经验的习惯性，一方面是逻辑推论的必然性，两者并无过渡的环节，没有"同一性"可言。这就意味着："时间"不可能被"概念"化。我们看到，休谟这种思路理应得到很好的发挥，但是近代的欧洲哲学，似乎又在更高的层面上回到了古代希腊的哲学传统。近代德国从康德到黑格尔，在使"时间""概念"化的道路上走得更远了。

在康德哲学中，"时间"、"空间"是"（经验）存在者"的"直观形式"，这样保证了"时间"、"空间"的"现实性"，"存在者"必"在""时空"之中。然而，康德还说，"时空"作为"感性的直观形式"又不是从"感觉经验"中得来的，而是一种"先天的"（a priori）形式，只是这种"先天形式"不是"思想性"的，而是"感（觉）性"（直观）的。如同并非一切"概念"都是从"感觉经验"中"概括"出来的一样，也并非一切"直观"都是从"感觉经验"里得来的，有"先天的概念范畴"，也有"先天的直观"；"概念范畴"可以是"形式"的，"直观"同样也可以是"形式"的，并非一切直观都是"质料"的。这种"无质料"的"直观（形式）"，就是"时空"。和"先天概念"一样，"先天的时空"也是一种"纯粹的形式"，它的产生，不依赖于"感觉经验"，却是对"感觉经验"有效的，它们能使"感觉经验"成为"知识""对象"，没有它们的"建构"或"整理"，"感觉经验（本身）"（事物自身，Dinge an Sich）不能成为知识"对象"，是为"不可知"。

当然，我们不能说，康德把"时（空）间""概念"化，因为在康德哲学中，"时空"是"直观"，不是"概念"；但是我们可以说，康德把"时空""形式"化，而"形式"化是为"概念"化铺平道路的，其作用在于使"在时空中"的"事物"成为"有序"，成为"可知"的。"时间"的"形式"化，乃是为了"感性事物"之"因果"化。"时间"（时序，succession，sequence）是"因果"的"前提"、"条件"、"基础"，有了这个条件和基础，"概念"（先天概念）才有根据进入"直观"，使"感觉经验的世界"成为"知识的对象"。

这样，我们也看到，康德哲学的"时空"，乃是一种"形式"，并非"时空""自身"，康德明确说过，关于"时空本身"，我们"有限理性"（人类）是一无所知的，它就像"物自身"、"我自身"那样，是"不可知"的。

"时间"为"因果系列"的基础，康德认为，这样就既保证了"因果"概念的"先天""纯粹"性，而且又能保证这个"概念"是有"直观""内容"的。然而，既然"时空"仍然只是一种"形式"，此种"形式"的

"内容"乃是"接受"自"感觉经验"（质料），而这种"质料"到了"时空"之中，已非它们"自身"，而是经过"形式化"以后的"内容"，这就是康德所谓的"现象"、"表象"。

"表象"的"现象界"，在康德哲学中，是"在""时空"中的"因果系列"，这就是科学知识的"对象"和"内容"。"科学"的任务，回到了亚里士多德提出的任务：追溯事物的"原因"。于是，由"果"回溯"因"，成为科学知识的追求目标。

在经验科学的范围内，"因"、"果"乃是一个无限的而且是循环的系列，亚里士多德解释古代"始基"（arche）时说，出自此又复归于此，是谓"始基"，所谓"原始返终"，"终""始"乃是同一个因果系列中的环节。

在这种思想路线中，"时间"的"过去"、"现在"、"未来"，被理解为"同一个""因果系列"，它们之间的联系如同"因"和"果"一样是"必然"的，是"可以推论"的。

在这种思路中，固然也有"未来"的问题，但是此种"未来"，仍是"因果"的环节，是"在理论上""可以推论"的。"可以推论"出来的"结果"，就是"未来"，在这个意义上，"未来"也是"现实"（现时）的，一切都"化为""理论"的"必然性"。"过去"、"现在"、"未来"成为"原因"和"结果""必然"的环节，"理论"的"推论""化"掉了"事物自身"的"区别"；在"理论"上，并无真实意义上的"过去"、"现在"、"未来"，有的只是"永恒的""现在"（现时），"时间性"经过"理论"化，成为"无时间性"。

于是，康德的"知识论"只是在"理论"层面保持着自己的"权利"——康德自己也称作"理论理性"或"思辨理性"。

然则，康德并非放弃"哲学"的"超越"（transcendent）的任务，知识认为此种"超越"原本不属于"科学知识"领域，除论证"科学知识"的"合法性"外，"（批判）哲学"尚有别的事情要做。

这个"别的事情"对于哲学来说，恰恰是更为重要的事情，即思考"事物自身"的事情。理解"事物自身"，是西方哲学从古代希腊以来原本要做的事情，而康德在理论上可以认知的"现象"，在古代只能达到"意见"（doxa）的层面，只是康德从变革知识论的角度，将这部分提升为"真理"（真知识），但并不可能，也无意取消"事物自身"的问题："事物自身"在理论上不可把握，不等于说，在"实际"、"实践"上也不可理解，所以康德说，"事物自身"的问题是不可避免的，即使指出它的不可知性，人们仍然会努力去探讨它，思考它。

"事物自身"为什么"在理论上""不可知"？康德说，因为它没有在"可经验世界"的"直观"，从而不能成为"知识对象"，这就是说，"物自身"不"在""时空"之内，"超越时空"，因其"不可感"而"不可知"，这样，康德就用了"noumena"和"phenomena"来区分"不可知"与"可知"："本体"（思想体）不可知，而"现象"（表象）可知。康德的意思固然很清楚，但是往往这个"本体"被理解为一个"纯粹抽象"的"概念"，只是"在""思想"里；而事实正相反，"物自体"之所以"不可知"，不是因为它"太抽象"，而是因为它"太实际"，因其"太实际"而不能"理论化"。

什么叫"理论化"？"理论化"就是"形式化"。我们看到，康德的"知识论"只是"理论性"的"知识论"，或者说是建立在"理论化"基础上的"知识论"，它所能运用的范围是"有限"的，即可以形式化的那些"现实经验"世界，这一部分是可以"归化"为"知识王国"的臣民的那些"分子"；"事物自身"则不接受其"归化"的"条件"，是为"无条件者"，不能成为"知识王国"的"分子"，不成其为"知识对象"，因而不可知。

"知识王国"的第一关在于"时空"，亦即"时空"为"理论化"（形式化）的第一个"条件"，"事物自身"正是受阻于这个关口，至于"概念范畴"，似乎倒能为"物自身"所运用，而正因为它运用了"没有时空直观"的"概念范畴"，于是乎引起"二律背反"，矛盾百出，不能自圆其说，自己破坏了自己，使"理论（知识）"不能成立。于是，"物自身"似乎只是在"概念"、"范畴"、"思想"里打转，"脱离了""经验实际"。

然则，此种"脱离"的关键在于"时空"这一关没有通过，而"时空"在康德又是首先被"形式化"了的，它们是"先天直观"的"形式"。

于是，从另一个角度来谈同一个意思，即："事物自身"并非不接受

"时空"，而只是不接受"时空"的"形式"，不接受"形式化"了的"时空"，这里未曾涉及"事物自身""自身"之"时空"问题，即，"事物自身"有无"自身"之"时空"，或者说，不接受"形式化"了的"时空"，那么对于"非形式化"了的"时空"，"物自体"又当何如？

这样，我们从"另一个"角度来理解康德的意思，真是"柳暗花明又一村"，展示在我们面前的，竟是全新的境界，而这个境界是后人通过其他途径已经进入了的，无非我们单从康德的思路也是可以通行的。

"非形式化"的"时空"，就是康德所谓的"时间（空间）自身"，举凡一切"自身"，在康德都是"非形式"、"非理论"的，而所谓"非形式"、"非理论"，也就是"实质"的、"实际"的。一切"自身"皆为"实际"，在这个意义上，"本体"为"真实体"，而非"思想体"。然则，从"另一个"意义上，康德既将"理论"与"思想"加以区别，认为"物自体"可"思"，而"不可知"，则其所谓"可思"，就并非仅仅"思想"（思维）在一个命题中避免"矛盾"而可以"想通"的意思，而可以进一步理解为"思"自身原本含有"非形式之时间（空间）"的意思在内，"思"接纳具有"非形式时空"之"物自体"，成为其"对象"，而此种"时空自身"、"事物自身"和"思想自身"，恰恰是最为"实际"的，是"真正"（eigentlich – authentic）的"实际"（Wirklichkeit）。

从这层意思推衍开来，海德格尔关于"时间"的观念，关于"存在"的观念，关于"思"的观念，等等，似乎全都可以沟通起来。因为我们不妨将康德的"表象"（现象界）从海德格尔的角度看作"存在者"，而康德那个"不可知"的"事物自身"，或可作海德格尔之"存在"讲，而此时之"思（想）"亦即具有"时间性"，而不同于一般之"逻辑性"，"思（想）"与"认识（知）"，"理性"（Vernunft，reason）与"知性"（Verstand，Understanding），就在哲学的意义上区分开来，而且进一步，"思（维）"与"（存）在"之"同一性"，也就不仅得到黑格尔之"（辩证）逻辑"上之"贯通"，而且在"实际"上与海德格尔之"存在论"的意义相"贯通"。

然而，在康德哲学本身，强调的仍是一种"因果"范畴的推论关系，因为它把一切"流变"都"形式化"了，将"变""形式"化，即是"推论"、"推理"化。"变化"只有在能够"形式化"和"推理化"的条件下才是"可知"的，"可以理解"的。于是，"时间""提高"为"因果"。

就哲学的知识论来说，"因果"是一个"必然"的范畴：从"因"可以"必然地""推导出""果"，反之亦然。"时间（空间）"由"形式化"的途径"化"为"因果"，所谓"前因后果"，中外都有这种思路，"时间"（历史）是一串"事实"之间的"因果"联系，有此"前因"，必有此"后果"，"历史"成为"可知"，"可以理解"，成为一门"科学"，因为从已知的"果"，同样可以"回溯"未知的，或已不存在的"因"；由"已知""推""未知"，乃是"科学"的"职能"，"向上推"和"向下推"因其"必然性"而具有完全相同的性质。"过去"、"现在"、"未来"在"科学"面前"一律平等"。在这方面，"科学"只承认"已知"和"尚未知"的区别。

只是这种"因—果"互相"推导"的思路，善则善矣，唯已将"时间""化"掉，"有时间""化"成了"无时间"了。盖"因果"在"必然"中，可以理解为"永恒的现时"，"古—今"为"一瞬"，"现时"为"瞬息"之"点"，千万年亦为"瞬间"，古人感叹"时间"之"短暂"，而"短暂"之"极"，乃是一个"点"。然则，"时间"如"化为""因果"，则一切皆在"必定"之中，掌握"必定"之"理"，虽"万世"为"可知"，更有那"圣（明）（聪明）"之人，"一心观万心，一身观万身，一物观万物，一世观万世"（邵雍），可以"博古通今"，"鉴往知来"。

不过我们已经知道，就哲学来言，这种"可知"的"必然性"，乃是"理论性（上）"（theoretically）的，而非"实践性（上）"（practically）的。我们从科学概念上"把握"到的"历史事实"之间的"因果"联系，只是一个理论的框架，至于"真正""真实""实践""实际"的"历史"并不等于此种"理论的框架"。

"真正的"（authentic，eigentlich）"历史"，不可能"形式化"，"理论化"。

于是，康德在《实践理性批判》中着重提出了与"必然"相应的"自由"观念。

三　"时间"与"自由"

　　"时间"的形式化使得"时间"成为可以推算、推论的必然过程，"时间"成为"因果"，于是实质上取消了"时间"。为恢复"时间"的本来面貌——理解"时间""自身"，"时间"须得摆脱"因果"化、"形式"化的束缚。"时间""自身"不是"必然"，而是"自由"——按照康德的思路，一切的"自身"，皆为"自由"，"自身"属于"自由王国"而非"必然王国"。也还是根据康德的思路，"时间"被形式化，"时间"就成为"知识王国"的"直观形式"，成为一种"先天的直观""工具"，犹如"先天范畴"成为知识的"工具"一样。尽管在康德"知识论"的本意，"知识"不仅仅是"形式"的，而是要有"内容"的，因而从康德开始的德国古典哲学的主旨之一就是要"改造""形式逻辑"，使之成为"（有内容的）知识逻辑"，但是在康德，这种"形式"和"内容"仍在"分离"之中，它们有原则上不同的来源："内容"来源于"感觉经验"，"形式"则来源于"理性主体"之"先天性"，而此种"先天形式"和"形式"之"先天性"，亦即"先天工具"，"工具"之"先天性"。凡"工具"都有其有效的使用范围，"时空"与"范畴"之"先天性"只限于"科学的经验知识"范围，亦即"理论知识"的范围。这是亚里士多德的工具论传统。

　　然则在康德哲学中尚有另一种性质的"时间"。那是一种"绵延不断"的"流逝"，它趋向于"道德"的"至善"。隐藏在康德道德"至善"背后的"时间绵延"，是他的"实践理性"诸"悬设"的"根据"；如果没有这种"时间绵延"，那么对于"灵魂不灭"、"神的存在"这类"信仰"，就会失去"理路"上的"根据"；而如果在"实践领域"，"时间"也像在"理论领域"里那样是一种与"必然性"兼容的"形式"，则不仅"理论"的"因果"为"可知"，"实质"的"因果"也为"可知"，这样"人"将与"神"一样为"全知"、"全能"、"全善"。"理论"的"时间"和"因果"对于有限的理智者来说为可知，事实上就是说，"形式"的"时间"和"因果"为可知，因为它们的"内容"都经过"先天""形式"化了。

　　"形式化"使得"时间"与"因果"都走向自身的反面，成为"非时间"与"非因果",一切之"可知性"都"化为""理论上"之"可推论性"和"可推算性",而我们知道,从古代希腊以来,"数学""可推算"和"逻辑""可推论",都只能是"理论的"(theoretical),"形式的",不能是"实质的"(material, substantial),这就是亚里士多德不把古代毕达哥拉斯学派归入"自然哲学家"的原因。

"形式化"的"时间"和"因果"不是"真""时间"、"真""因果"。这里所谓"真",并非逻辑上之"真假""对错",而是指"真实""实际"的意思,即是徒具"时间"、"因果"之"名",而无"时间"、"因果"之"实"之意。这类"形式",固然有逻辑概念之"必然性",但无实际现实之必然性,于是,理论归理论,现实归现实,理论上固然有"可推导性",而实际上却仍然充满了"不可测性"。

"时间"固然可以划分为"过去"、"现在"、"未来"三个维度,但如果只是在理论上来考虑,则"过去"、"现在"、"未来"皆为"形式"的,"概念"的,则"过去"与"未来"和"现时"等值,可能这就是所谓的"永恒的现时"。一切"理论性"的学说,都具有"永恒现时"的特点;或者说,凡理论上"可推导"的学说,大都具有"非时空"的性质。

至于理论上的可推导的"因果关系"不能涵盖"因果"本身的意义,即"理论因果"的自身矛盾是更为明显的,"因果"自然要求有"经验现实"的内容,而不能以概念"公式"代之,此休谟之怀疑论不易颠覆之重要根据,盖凡理论之"必然性",皆建立在"先天性"(a priori)基础之上,而"a priori"乃是逻辑之范围,"因果"却是现实的领域,此康德知识论着力之处,而是非尚待评论,如今更是英美分析哲学和科学哲学讨论的问题。

然则,"时间"如是"自由王国"的事情,就是另一番面貌了。我们说过,在康德哲学思路中,凡"自身"皆为"自由王国"之一分子,此种"分子",不是"自然王国"之"臣民",而是"平等"之"分子"。但是康德将"自由"理解为"纯理性"的,与感觉经验毫无瓜葛,它是道德责任的前提和基础,而道德责任则是一道"无条件"的"命令",与感性的需求绝无关联,在这种意义上,康德的"自由"更加是"纯形式"的,没有任何经验内容的,而且是不允许"接纳"此种内容的,在这个意义上,我们说,康德的"自由"乃是"超时空"、"无时空"、"非时空"的。但是康德又强调，他的实践理性诸悬设，乃以"时间"之"不断绵延"为前提，而康德这种道德领域之时间绵延，常为他的自由之超时空性观念所掩盖不彰。人们理解康德《实践理性批判》的重点常常在那"超时空"方面。

解释"时间"与"自由"的内在联系最为著名的是后来的法国哲学家柏格森。

柏格森的"时间"自由和绵延的学说，当然有自己的理由和来源。而他对康德哲学的批判也是很严厉的，我们只是从哲学史的角度来看，他的观念和康德在《实践理性批判》中未曾彰明的意思有无沟通之处也是可以探讨的，因为"机械"之"因果律"与"自由"之间的原则界限，原本是康德着重强调的，也许柏格森从这种划分贯彻下去，直至"时间"观念也起了变化，"自由"并非"超越时间"，恰恰是"时间"（之与"空间"机械相对立）之本性。

按照柏格森之意，"空间"将事物"分割"开来，然后再以机械之"因果"关系联系起来加以理解；而"时间"本"不可分割"，乃是一"混沌"之"绵延"，与外在之机械性相对立，"时间"乃是"内在"之"自由"。"时间"是与外在性、空间性相对立的精神、意识。

"时间""不可分割"，"时间"不可"空间"化，没有"时间"的"几何学"，"天（文）学"不是"地（理）学"。"天象"因其（与人类生存之）"距离"而（模糊不清）"混沌"。"混沌"乃是"自由"，皆"不可分割"。

"形式—必然"的"时间"，可以分成"年、月、日、刻、分、秒"甚至"微秒"等等，但是此等"分割"的"无限性"，也意味着"时间"本身原"不可分"，"分"乃是一种人为的"手段"，乃是"工具性"的"计算"。"自由"的"时间"乃是"不可分割"的"绵延流"，康德所谓实践理性诸悬设之"不尽绵延"大概本应是这种意思。

然则即使在"自由"的意义上，"时间"虽不可分割，却有自己的维度，这是一种不同于"自然""时间"的维度，它是"自由的维度"。

"自由"既非经验意义上之"无限"——所谓"至大无外"、"至小无内"，即黑格尔所谓的"恶的无限"，而是"有限"中之"无限"，"无限"中之"有限"。"自由"消融了、"使模糊，使混沌"了"有限—无限"的僵硬界限，两者并无一条绝对之鸿沟。

"自由"为"一"，亦为"多"。"我"是"自由"，"你"亦"自由"，"他"亦"自由"；此亦一自由，彼亦一自由。"（他者的）自由"为"（自我的）自由"的维度，"自由"以"自身"为"维度"。

四 "过去"、"现在"、"未来"

"他者"的维度，在"时间"上反映为"过去"、"现在"、"未来"，因为有"另一个""自由者"，"时间"才从"混沌"转化为"有序"、"有度"，"时间"才变得"可以理解"。但此种的"有序"、"有度"、"可以理解"，又不是"理论"、"形式上"的，而确是"实际"、"实质上"的，为"时间""在""内容"上的"度"。这样理解下的"过去"、"现在"、"未来"，就不等同于"年、月、日、刻、分、秒"这样的"计时""单位"。"单位"是一种大大小小的"计量""点"，这种"点"可以是没有"内容"的，仅是一种"形式"，如同"数"一样；但是，"过去"、"现在"、"未来"不仅仅是一个"单位"，不仅仅是一个"点"，而是"面"，而且是"立体"的。"过去"、"现在"、"未来"意义上的"现在"，也不仅是一个"点"。

"过去"、"现在"、"未来"之所以不是一个个的"点"，乃因它们和"事""不可分割"。我们说到它们时，总是和一些清楚或不清楚的"事件"（Ereignis）相联系，而不是一个个的"空洞"。

于是我们看到，"自由（的时间）"与康德哲学相反，恰恰不是"形式"的，而是"有内容"的，"实质性"的，这正是胡塞尔的另一个杰出学生舍勒对康德道德哲学的批判，而他的"实质伦理学"所根据的理由也正在于此，而并非将伦理学拉回经验科学的轨道。关于他的思想，我们还应很好地加以研究。

"实质性""时间"之"过去"、"现在"、"未来"中，只有"现在"是与"自我""同在"的，"过去"和"未来"皆为"他者"向"自我"提示的"维度"，"自我""在""现时"中，"我""在世"，即"现""在"，而"他者"提示着"我（们）""有"一个"过去"和"未来"。

　　"过去"、"现在"、"未来"的观念，当然是采取了"自我"的立场（position），以"现时"、"在世"为基准所做出的维度。在这个意义上，"自我"当然首先是一种"意识"的状态，同时也是一种"存在"的状态，而不是单纯"主观"的"意见"。

　　"时间"的"过去"、"现在"、"未来"，乃是"存在"的状态。

　　"时间"之所以允许分成"过去"、"现在"、"未来"，乃是"人"（自由者）的一种特殊的"存在"状态，这或许就是海德格尔意义上的"Dasein"。

　　"Dasein"以其"Da"显示"Sein"的维度，"人"作为一个"特殊"的"存在者"，是"有限"、"有限度"、"有维度"的，它不是一种"恶的无限"，而是"有限"中的"无限"。"Sein"的维度，明显、突出地（existence）表现在"人"这个"Dasein"中。

　　"人"作为"Dasein"，它是"有限的"、"有时限"的，"人"是"有死的"、"会死的"。"人"具有很多"属性"，而"有死"、"会死"乃是它的"本质"的属性，亦即"存在"的属性。

　　"人"这个"Dasein"是以"死"来"划分""时间""维度"的，对于"人"来说，"死"是"时间"维度。这个维度，是不以人的意志为转移的，是确定无疑的，因而是与"逻辑"的"先天性"相对应的"存在"的"先天性"，或"历史"的"先天性"，其意义比黑格尔的"凡有限之物皆将消亡"这个命题，还有进一层的意义。

　　在这个存在性的维度中，"死"不是一个"点"，而是一个"过程"，在这个"过程"中，"生—死"为"一"，亦即"存在—非存在"为"一"。这个"一"，就是"自我"的"现时"、"在世"。

　　"死"固然是"自我"的"事情"，是必须"自己"来做的事情，任何"他者"都不能代替，然而，如果仅从"自我"的立场来看，"死"是很"神秘"和不可理解的。经验科学的知识不可能真正"理解"、"认知""死"，因为"死"是"不可经验"、"不可体验"的，然而人人都"知道""死"，这种"死"，是"他者""提示"的。

　　这种提示，不仅仅是指："我""知道"、"看到"、"听到""某人"、"他者""死了"；"我（们）"、"在世之人"不必等待"有人""死了"，才

"知道""有""死"这回"事"，"他者"的"存在"时时、处处"提示"着"有""死"这件事情——"死"是"存在"的，"死"这个"不（非）存在"（是）"存在"（的）。世上"有（存在）（着）""死"，亦即"世上""有"（一个）"无""在"。

"死""分割"了"时间"的"过去"、"现在"、"未来"，也就意味着，"他者""分割"着"时间"的"过去"、"现在"、"未来"。"自我"与"他者"既然是"诸自由者"之间的关系，则"时间"这种"分割"，乃是"诸自由者"之间的"事情"，是为"自由"自身的事情。"时间"仍然"在""自由""存在"的领域中，而并未降为"形式"的"计时""工具"，但已经具有了"维度"，这种维度，乃是"自身"的维度，"自由"的维度，于是萨特才说，"自由"乃"不受限制"，"自由"要有"维度"，只有"另一个""自由"才能"限制""自由"。

"另一个自由者""他者"与"（自）我""同在"。

"他者""使（让）我""存在"，"他者""让（使）我"确实地"知道""有"一个"过去""存在"；对于"存在"问题，"他者"从不"欺骗"。对于"过去"这个"无"、"非（不）存在"，"（自）我"有"充足"的理由"相信"其"存在"。"世上有一个'无'在"这个命题，就"存在论"言，乃具有"先天性"，它是"历史的必然"，而对于历史的（过去的）具体经验事实，则或多或少可以"存疑"——胡塞尔的"悬搁"，留待经验的历史科学或考古学去考证。

"我（们）"和"他者"一起"生活"（现时），和"他者"一起"回忆""历史"（过去），也和"他者"一起"进入""未来"。

"生—死"作为"过程"为"一"，即，乃是"同一"个"过程"，这个"过程"包含了"过去"、"现在"、"未来"，这就意味着，"过去"、"现在"、"未来"即"生—死"。当然，就感觉经验来说，"生—死"乃是"现在"、"过去"和"未来"皆在（我的）"生—死"之外。但从"存在论"的意义来看，"过去"和"未来"皆在"生—死"的维度内——"生"、"死"皆"在（存在于）""过去"，也"在（存在于）""未来"。就"死"作为"过程"言，"过去"已经"开始"了"死"，而"将""在""未来""完成"、"终结"。

在这个意义上，"开始"与"终结"都不是一个"点"，而是一个"过程"，"开始"的过程，也就是"终结"的过程。

然则，终需"有""点"，有"点"才能"标志""界限"。"生—死"的"点"，是必须"有""存在"的"标志"。

对于"到时"（zeitigen）这个"点"的思考，同样不能离开"他者"的维度。

"点"是"面"的"界面"，所以叫"临界点"，按照黑格尔的说法，达到这个"临界点"，该事物就"完成"，而完成之后，"超越"该"临界点"，"该事物"就"转化"成"另一事物"。因此，与通常几何学的观念不同，"面"并非"点"的"延续"、"延伸"，而"点"倒是"面"的"终结"，或者说，"点"为"诸事物""之间"的"中介"。

如果"生—死"果然为"一"，则，"生—死""完成"之"点"，为"自我"与"他者"的"临界点"，为"诸自由者""之间"（zwichen between）的"中介"。

就事物之"自然状态"言，或可曰"万物混成"，"此亦一是非"，"彼亦一是非"，"是非"、"存在"、"非存在"不断地在转化，"阴阳莫测"，"（感觉之）时间"为一不可分割之"流"；但就"社会"人文状态言，"事物"则"有间"焉。包括人的我、你、他在内的诸（社会）事物，其间的"区别"、"界限"，并非仅仅是"感觉"或"概念"的，而首先是"时间"的。

"我"之"方生"，"万物（包括他人）""（存）在"矣，日月山川、父母双亲，"万物皆备于我"，"他们""已经""存在"——于是在"我"之"先（前）"（Vor, before），确确实实"已有"一个"世界"存在。当"我""终其一生"，"临终"弥留"时"，"我"清楚地"意识"到，在"我"之"后"（nach, after），"世界"仍会继续"存在"，于是，"他者"对于"我"而言，除掉别的"属性"不同外，其最为"本质"的区别，就是"先""后"而已。这里所谓"本质"，按海德格尔的意思，即是"存在"，于是，"事物"（包括人在内）的"本质"区别，亦即"存在（方式）"之区别，或谓"存在论（上）"（ontologically）的区别，乃是"时间（先后）"的区别。就哲学、人文科学来看，有了这个"存在论"上的区别，才会有进一步的自然（科）学（或一般的社会学）的"属性"上的区别。

更有甚者，既然"生—死"为"同一"之"过程"，则不必"等待""过程"真的"完结"，作为"有限"之"存在者"的"人"，即使"在世"，也会"有能力""区分""（自）我"与"他者"，此即海德格尔所谓的"提前进入死之状态"，"人"是"会""有能力"去（体验）"死者"。

"人"是"会""有能力"去（体验）"死者"，亦即"人""会""有能力"经"时间"之"先（前）""后"，亦即能够将"我"、"你"、"他"区分开来。

"能（够）"将"我"、"你"、"他"区分开来，亦即能"区分""过去"、"现在"、"未来"。

当"我""在世"，"我"与"他者""同在"，然而"他者"或"先（前）""我"而"在"，或"后""我"而"在"，有"先生"，有"后生"。虽然不能说一定是"先生先死"，但是"先生"必经"先"于"我""在（场）"；而"后生"未必"晚死"，但是"我""不在（场）"时，总有"后生""在"。在这个意义上，"他者""掌握着"、"拥有""过去"和"未来"，而不是"我"。"我""充其量"是和"他者""一起""进入""过去"和"未来"。也就是说，"我"之所以"有能力""进入""过去"和"未来"，乃是因为实际上"有""他者""在"。

"有能力"进入"过去"，说明"人"是一个"历史性"的存在者；"有能力"进入"未来"，则说明"人"又是一个"理想性"的存在者。按照海德格尔的意思，"人"为"Dasein"，"Dasein"为"具体的"，"有限的"，是"Sein"的一种"方式"，实际上，"Sein"就"在"这个"Da"中。"Dasein"的"Da"的历史，也就是"Sein"的历史，只是"Sein"的"寿命""终始之度"，大于、长于个体的"Dasein"。

在"Dasein"（人）的"过去"、"现在"、"未来"的"度"中，"未来"居于核心的位置，居于"始"位，而不是"终"位。"有""未来"，就"不会""终结"，"未来"意味着"尚未终结—尚未完成"。

五 "未来"与"存在"

"过去"、"现在"、"未来"皆为"存在"的方式，我们的工作重点可以在阐述为什么"过去""已经不存在"而仍有"存在"的意义,我们的工作重点也可以在阐述为什么"未来"尚"不存在"而仍有"存在"的意义。而这两者应不在"平等"的层面上。"未来"是"存在"的核心意义。

按照黑格尔之意,一切"有限的东西"皆要"消亡",这就是说,"一切有限的存在"皆会"消亡","存在"皆会转化为"非存在",这就是"(有限)事物"之"终始"过程;而黑格尔认为,"事物"之"完成""终结",则向"另一个事物"转化。

在这个意义上,只有那"尚有""未来"的"事物",才是"真正"的"存在"。"存在"是"时间"的,说到"存在",就意味着"未来""在""有限时间"中的"绵延持续"。

然而,"未来"尚未"存在",在"过去"、"现在"、"未来"的"度"中,似乎只有"现在"才是"存在"。当然我们可以说,"存在"不等于"在场"。我们并不能说,凡"我""不在场"者,一概"不存在"——巴克莱"存在即是被感知"如在"凡存在皆可被感知"意义上,则与此处意思不相矛盾,因为"尚未"被感知,不等于说"不可感知",巴克莱的问题仍出在对于"存在"未曾引进"时间绵延"这个度。按照康德的意思,"时间"作为"先天直观形式",当可直观,与"感知"不发生矛盾。

"存在""在"于"时间"的"过程",而非僵硬的"个体",更非抽象的"概念"。"有限的存在""有始有终",凡"有""未来"者,皆"尚未""终结",故"有""未来"者,就"有""存在"。"未来"不因其"尚未存在"而"不存在",这个意思是说,不因其"尚未""在场"而"不存在"。

"未来""尚未""在场",亦即"尚未""到时",此时之"时"乃是通常意义上之"点",尚未"到时"乃是尚未"到点"。这个"点",或是"终点",或是"始点","该事物"之"终点","另事物"之"始点"。"事物"进入寻常的意义之中,乃是尼采所谓之"永恒轮回"。但在尼采感到扑朔迷离的"存在(论)"意义上,乃是真正意义上之"新事物"之"轮回","他者"之"轮回"。

凡"有""未来"者,皆"有""存在",或者皆"必定""存在",尽管"未来者"尚未"在场",但它必将"在场",尚未"到时",但必将

"到时",此"未来"所以为"未来","存在"之所以为"存在"之本意。

"存在""在""时间"中,"存在"贯串着"过去"、"现在"、"未来",并不因为"过去""不在场"就从根本上说它"不存在";"现在"也并不因为它"瞬间"即成为"过去"而从根本上说它"不存在";"未来"亦复如是,并不因其尚未"存在"就从根本上说它"不存在"。"过去"、"现在"、"未来"都是"存在"的方式和状态。

然而,在这三种"存在方式"中,"未来"有其"优越性"。

"未来"的这种"优越性"表现在它是最能体现"存在"作为"时间"、"自由"的优越性。

"过去"固然"曾是""自由"的,然而它已经是"自然化"、"物化"了的"自由",乃是"自由"的"痕迹"、"轨迹",它的"有效应""自由的"作用,只有通过"他者"的"现在"的"自由""体现"、"显现"出来——"历史"作为"事实"(facts)不能"限制""(我的)自由",但是作为活的"历史"的"他者"的"自由",却可以"影响"、"限制"、"有效应"于"我(们)"。

历史事实的"影响","规定""现在"的内容,而"历史性他者"之"效应",却引导着"未来"的内容方向。前者为"自然社会"的经验科学知识,后者则是"哲学人文"的超越知识。

"人"作为"自由者","站在""未来"的立场,即"立足"于"未来"。

"自由"不仅仅是一种"先天形式"之道德"命令",而且是一种"创造",此尼采之所以不满康德之处,同时也是舍勒强调"实质之伦理学"意义之所在。

"自由"不仅是"形式",而须得有"内容",此种内容既不能来自于"感觉经验",则必来自于其"自身",于是"自由"之"内容",必为"自身"之"创造"。

"创造"为"从无到有","无"中生"有",从"非(不)存在"到"存在","创造"乃是一个"过程",自由之"创造"不需要任何感觉经验的"材料"作为"条件",但是"自由之创造""需要""时间",此种"需要"既非来自外在之感觉经验,则来自其"自身",于是,"自由之创造"即"时间","时间"即是"自由",此亦为柏格森"创造进化"意义之所在。

然则,"自由"之"创造",使"非(不)存在"成为"存在",不正是海德格尔所说的"存在"的本意吗?海德格尔强调从动词的原意上来理解"存在"(Sein),"存在"乃"存在着",乃是"使存在"。于是,海德格尔意义上的"存在"正是"自由"之"创造"。

更有进者,"创造"总要"创造"些"什么","创造""什么"?人们总会说,"创造""未来"。

或谓"存在"在西文为"是",则"是"总要"是"些"什么"。"什么"(what,Was)如为经验之"存在者",为感觉经验之"对象",则,存在论—本体论之"是"(存在)可以被理解为"什么"也不是的"是";然则,"什么"如在胡塞尔的意义上,亦即"在""理念"的意义上,在哲学现象学的意义上,则,"什么"与"是"不可分割。是一而二、二而一,"是"必要"是"些"什么",而"什么"亦必为"是",此哲学中"思维与存在同一"乃传统原理固有之意思。

于是,在这个意义上,"自由"、"创造"、"时间"、"存在"、"未来"为"一"。

"存在""在""未来"。"未来"不在"时间"之外,也不在"存在"之外,而在"时间"、"存在"之中。没有"未来",则"时间""终结","存在"也就"完成""终结","时间"进入"非(超)时间"(永恒),"存在"成为"非存在"(虚无)。到了此时此刻——"到时"、"到点","世界"即将成为"没有(自)我"的"他者",成为"绝对的他者"。"绝对"为"无对",没有"(自)我"与其相对,是为"纯粹他者"。"他者""超越"时空,"超出""三界"之外,或许这就是列维纳斯所谓的"神"。

"神"无"过去"、"现在"、"未来","神""超越""时间",在"时间"之外。或曰,"神"有永远的"未来",只是"永远之未来"(无尽之未来)即是"永恒"——"永恒"既非"永久之过去",如同希腊神话以及一切原始宗教设定的那样,也非"永久的现时",因为"神""超越""存在"、"非存在"之"悖论",即超出了"存在论—本体论"的范围,超出这个存在、非存在的悖论，进入"永恒"，"永恒"即"永在"、"永生"。基督教的出现，使得亚里士多德的"神学"（theology）与"存在论—本体论"和"（第一）哲学—形而上学"截然分开。"神"就是"神"，"神学"就是"神学"。

"人"非"永恒"、"永在"、"永生"，"人"是"有死者"、"会死者"，"人"的"死"，提示了"神"，提示了"超越"，提示了"永恒"。"人"也只有在"提前进入死亡状态"的条件下，"窥视"到"神"，"窥视"到一个"绝对他者"的"永恒"。

对于"（自）我"来说，"死"不拥有"未来"，意味着"在世"（有限时间）之"终结"。"死"为"去世"。然则，"人"却有能力"提前进入死亡状态"，亦即不必等到"死"的"时刻"、"点"，就能"觉悟"、"警觉"到这种"状态"，于是，"人"不但"必然""去世"，而且"有能力""在世"时就"出世"，"人"有自身之"超越"、"超然"之能力。世上各种"宗教"团体都是邀请"人""在世"时就"出世"。佛教谓"出世"为"出家"，因为它认为"家"为"世"上最大的"业障"。基督教的"修道院"，也是"出世"的一种方式，还有那种种"修隐"之士，离群索居，虐待自我，压抑自我，企图将自我修炼为"他者"，以为借此能够"超出""过去"、"现在"、"未来"之"轮回"，进入"绝对他者"的世界，进入"永恒"。

凡此种种幻觉，皆提示一个"绝对他者"的境界，提示着"存在""时间"之"有限性"。"时间"的"终结"，意味着"永恒"。我们说过，"他者"大于、寿于"自我"，而"绝对他者"就意味着"绝对"的"大"，"绝对"的"寿"。"绝对大"则"无所不在"（绝对存在），"绝对寿"则"永生"（绝对时间）。

"绝对他者"或即是"绝对未来"；"绝对存在"或即是"绝对自由"。"绝对未来"就是没有"过去"、"现在"与其"相对"的"未来"，"绝对存在"即没有"非存在"与其"相对"的"存在"，"绝对自由"即没有"另一个自由"与其"相对"的"自由"，凡此种种，只是"神"之"存在方式"。此种"存在方式"，只能借"信仰"予以安顿，而非"理智"所能认识。

人世间一切皆在"关系"之中，皆在"结构"之中，即使是作为"自由者"，亦有"另一个""自由者"与其"相对"。"人""在世"，必有"过去"、"现在"、"未来"，而在此"关系网"中，"未来"居于"优先"的地位。正是由于这种"未来"的"优越性"，宗教才应运而生。基督教之"末世论"、"弥赛亚"、"救世主"等等观念，得以借此而立足。

"宗教"之"根"，宗教之得以产生发展，皆源于"人"作为"有限"、"有时限"、"时间性"的"存在者"之"存在方式"。"人"有"过去"、"现在"、"未来"，因而，"人"不仅有"回忆"、"思念"，不仅有"知识"、"科学"、"技术"，而且有"希望"。

六　"未来"与"希望"及哲学诸"范畴"

康德提出"人能认识什么"，"人应该做什么"，"人能希望什么"，概括了人的"科学"、"道德"和"宗教"，三者综合为一个问题："人是什么"？围绕着"人"这个"有限的""理智者"，亦即"有限的""自由者"。

"人能希望什么"这个问题使康德哲学得以通往"宗教"（基督教）；然而即使在"人"的"自由王国"，也会有"希望"问题，哲学的发展，已经将那个被康德推向宗教的"希望"问题又拉回到"哲学"本身。这是"哲学""化解""宗教"的一贯的方式。

"希望"问题进入"哲学"的视野，使"哲学"传统"范畴"的理解发生了变化。

或许正因为康德把"希望"的观念导向"宗教"（基督教），与基督教的"救赎""救世"问题紧密联系起来，他提出的这个"人能希望什么"的问题，就不像他的其他问题那样受到应有的重视。近代哲学家们所重视的，首先是"人能认识什么"，哲学在"知识"（科学）方面得到深入的探讨，然后康德的伦理学——"人应该做什么"，也有相当的推进，至胡塞尔，"什么是人"的问题，有了一个新的视角；而关于"希望"的问题——"人能希望什么"，直至 20 世纪初才被哲学家们充分地重视，而最初的视野，就现在的眼光来看，似乎仍停留在比较表面的层次——譬如布洛赫在自己的多种著作中，探讨了"未来"、"希望"的观念，的确功不可没，但仍需进一步深入地研究他留待解决的问题。近几十年，法国诸激进哲学家以及利科等，对"希望"这个观念在哲学中的意义又有所推进，他们的研究成果，当是我们要注意吸收的。

问题当仍需回到康德。

康德既然将"希望"的问题与"知识"和"伦理"以及完整的"人（性）"问题并列，意味着至少在他的心目中，这个问题是与"知识—伦理—人文"不相同的。

我们知道，康德是最愿意将不同问题作"原则"、"原理"的区分的。"人能认识什么"是"知识论"问题，属于他的"第一批判"——《纯粹理性批判》，"人应该做什么"则属于他的"第二批判"——《实践理性批判》，这两个"批判"所根据的"原则"、"原理"是完全不同的，前者根据的是"自然"的原则，后者则是"自由"的原则，两者绝无允许沟通之处，而只是在他的"第三批判"——《判断力批判》中，这两者才在"审美"（艺术世界）和"目的世界"得到了和谐一致，就某个角度来说，"人"只有被放到了这种"虚拟"（virtual）的"世界"中，才具有"理论理性"和"实践理性"相"统一"（和谐）的完整性——"人是什么—人性是什么"。

从这种原则的严格区分中，我们循着康德的哲学思路，所谓"希望"，就不属于"知识"范围，也不属于"伦理道德"范围，不是"知识论"的"范畴"，也不是"道德"的"命令"，而是有其自身的特殊内涵。

"希望"不是康德意义上的"知识"，因而不是一般意义上的"谋划"和"预见"，也不是一般意义上的"理想"。"知识"来源于"必然"，也回归于"必然"；但是"希望"来源于"自由"，也回归于"自由"。

在这个意义上，"希望"更加接近于"伦理道德"。但是康德的"伦理道德"根据于一个完全"形式的自由"，这样，对于有限的理智者——一种特殊的感性存在者来说，"道德"乃是一道"无条件"的"命令"，而不是完全发自"人""自己"。然则，完全不可思议，"希望"也可以是一种"外来的""命令"。"希望"出自"内在"，出自"人"本身，"希望"本质上不可能"强加于人"。

　　"人"的"内心的""希望"，不仅仅是"形式"的，而且是"实质"的，"希望"有自己的"内容"，这个"内容"，就是"未来"——"未来"是"希望"的"对象"，而这个"对象"又不是"知识"的，不是一个"科学"的"预见"。

　　"科学知识"、"科学预见"当然也有错对，但是它的目标在于追求一种"必然"的"现实性"（reality，action）；而"希望"则由于它来自"自由"，因此它并不具备这种科学知识的"必然性"。

　　"希望"、"未来"强调的是一种"可能性"（possibility）。

　　西方的哲学，从亚里士多德以来强调的是哲学的"现实性"，当然有其很深的道理在内，我们看到，在康德，特别是黑格尔的哲学体系中，"现实"的优先地位——实践理性（绝对理性）的优越地位，是经常受到重视的。然而，在海德格尔的思路中，哲学的另一个范畴"可能性"受到了特别的关注，我们甚至可以说，在海德格尔看来，"可能性""高于""现实性"。既然"时间"为"存在"，则"可能性"是作为"时间"的"存在"之"存在方式"。"存在""存在"于"时间"中，意味着，"存在"于"未来"中，"存在"于"可能"中，也"存在"于"希望"中。

　　"希望"不是"知识"，不是"命令"，也不仅仅是"审美"——"希望"不是对于"虚拟""存在"的一种"审美愉悦"，而是对于"尚未""在场"之"存在"的"向往"和"信念"，"希望"是对"未来"的"信仰"。

　　"信仰"不是"知识"，不是对于"科学预见"的"信心"。"科学预见"的"信心"建立在"必然"的基础上，而对于"未来"的"希望"之"信仰"乃是建立在"自由"的基础上。

　　对于"未来"之自由"信仰"，乃是哲学"化解""宗教"以后的观念，是对于"没有神"的"他者"的"信仰"，只有有了"自由他者"的观念，"希望"和"信仰"才有"理性"的根据。而正是在这条理路上，宗教（基督教）将"自由他者"推向极端，成为"绝对他者"，形成"天国"。哲学的理性则始终注视着"人间"，人们并不一定"需要"（就理路的意义言）有一个"天国"，同样可以有"希望"，有"信仰"，因为人类的"未来"永远只在"尘世"，而不在"天国"。"存在"是"人间"、"时间"的"事情"。

对于"他者"的"信仰"，也就是对于"另一个自由"的"信仰"，亦即是对"自由"的"信仰"。中文用"信仰"来表达这种心态，同样也说明了人们对于"他者"的"仰慕"、"仰仗"、"信任"、"崇敬"这类的情感，如同"希望"意味着"希求""仰望"一样，而不仅仅是理论上"必然"的"推算"、"推论"。

对"未来"的"希望"和"信仰"，不仅不等同于一般的科学知识，而且在某种意义上，既然"未来""高于""过去"、"现在"，那么"希望"和"信仰"也是"高于"一般意义上的"知识"，甚至是"高于""道德"的一种意识状态，当然，它们之间在哲学—形而上学的层面上也是可以沟通的。

"希望"当然不等同于一般感性的"欲求"，而且在理性的层面上，不等同于"审美"和"道德"。"审美艺术"也反映了"希望"、"欲求"和"理想"，但集中在对于"虚拟"的"在场"的"观赏"、"聆听"，而"希望—信仰"之"对象"，则"不在场"，它或许就是雅斯贝尔斯所谓的"非对象性"意识状态，而他认为这是与一般"对象性（知识性）"的思想方式不同的："道德"为"命令""自由意志"，之所以是为"命令"，仍因为"人"毕竟是一种"感性的存在者"、"有限的理智者"，因而道德乃是理性向感性下的一道"命令"，带有庄严肃穆的性质，而不立即产生"愉快"；同时也因为它只是一道"命令"，虽带有理性上之"强制性"，但它不是"科学知识"，不带有"理论"的"必然性"，这就是说，"命令"的"强制性"，只对"理性"，对"自由意志""有效"，对于"感性世界"，尚有待于"现实"（科学知识）之转化，而"自由"与"必然"，"道德"与"自然"又是两个原则上不同的"领域"（领地），相互之间没有推论式的"必然"关系。因此，尽管"道德"下了这道"命令"，但在感性的"人"来说，并无理论上之"必然"把握说（即不能以推论的方式说），这道"命令""一定"会被执行。

"自由"与"必然"的坚硬对立，意味着"理论理性"与"实践理性"的坚硬对立，这是康德为"理性"划分"界线"使之成为"不可逾越"之"鸿沟"的结果，非忽略其间关系，但以《判断力批判》作为"沟通"环节，则（康德）自觉尚未尽善，遂有前述"希望"一问，从此导向"宗教"，此后的德国哲学家已作出了"弥合"，而尤以黑格尔为大成。

黑格尔使"哲学"又回到"科学"的道路上来，亦即使哲学意义上之"自由"仍具有"必然性"，此种"必然性"，不是康德意义上"理论"之"必然性"，而是"实践"（现实）之"必然性"，这就是说，就哲学作为一门特殊的科学言，"实践"（现实）不仅仅是"偶然性"，而且具有"必然性"。在黑格尔那里，"自由"不是"抽象形式"，而且有"实质内容"，乃是"现实的"、"实践的""自由"，因而"必然"也不仅仅是"理论式"、"推论式"的，同时也是"实质性"、"现实性"的，"自由"与"必然"在"现实性"、"实践性"上统一起来，这在黑格尔，是比"理论"的"必然"更为"高级"的"现实"的"必然"。

这种"必然性"，在黑格尔叫做"历史"的"必然性"。

"历史的必然性"开显着"自由"的"必然""未来"，为人们的"希望"提供"理性"的根据。"未来"具有"自由"的"必然性"，乃是"必然"的"可能性"，"可能"的"必然性"，因而对于这种"未来"的"希望"，同样也是"理性"的，而不是"想象"的，就如同"未来"的"存在"，是有"理路"、"理性""保证"、"担保"的，而不是主观想象的产物一样。

"理性"、"理路"当有"普遍性"，"哲学"作为"科学"不是"秘传"，而是"大众"（公众）的。做哲学虽然需要"灵性"，但哲学不是"灵感"的产物，因而在原则上如同其他科学一样是人人可学、可做的。"希望"也不完全是"私人"的，而是"公众"（大众）的。"希望"本质上"在"于"他人"，而不在于"自我"——"他人""保证"、"担保"了"我"的"希望"。"他者"为"众"。"众人""担保"、"保证"了"我"的"未来"和"希望"。有了"众人"（他者），"（自）我"就有了"未来"，就有了"希望"，"死"并不能够完全"绝灭""（自）我"的"未来"，因而也不能完全"扑灭""（自）我"的"希望"。即使是"死亡"的"必然性"，也不能完全"阻抑""未来"和"希望"的"自由"。

"死亡"之所以不能完全阻抑"未来"和"希望"，盖在于"（自）我"所"知"之"死亡"，只能是"他者"的提示，"他者"的"死"，

"提示""我"也"有死"，同时也"提供""（自）我"一种"能力"，使"我"在尚未"死"，尚"在世"时，就有"死"的问题和意识，就有"死"的"体验"，而不仅仅是"理论上"的"知识"。这种"提前"进入"死亡状态"的"能力"，使"（自）我"不仅能够在"知识"上把"他者"当作"对象""观察"、"研究"和"利用"，积累许多"处世"的"经验"、"知识"、"计谋"，而且使"（自）我"有一种"超越"的"能力"——"超越自我"，"进入""他者"的"世界"。

"超越自我""进入""他者世界"，实际上也就是"超越""现时""进入""过去"和"未来"。"他者"使"（自）我""超越""死亡"。"提前""进入""死亡"，亦即"超越""死亡"。"（自）我""有能力"（to be able to）"提前进入""死亡"，就"有能力"提前进入"未来"，使"希望"不流于空洞的"幻象"，而有"理路"、"道理"上的充分根据。

作为"自我"的"人"之所以"有理由"说"超越死亡"，"提前进入"这样的话，乃是因为这种"超越"和"提前"正是建立在"必然"的"自由"和"自由"的"必然"的基础之上，也是建立在"可能"的"必然"和"必然"的"可能"之基础之上。而我们知道，即是按康德的"知识论"，凡"必然"的东西，都是"可知"的，因而，对于"未来"这种"希望"的"自由"和"可能"，既具有了"必然性"，也就具有了"可知性"，只是这种"知识"，不是康德意义上的"理论"知识，而正是"实际"、"实践"的"知识"，乃是"形而上"的"知识"，它不是"经验科学"的"对象"，而是"哲学"的"对象"。

"人"原本是"形而上"的"存在者"，它"进入""时间"，"在""过去"、"现在"、"未来""间""进进出出"，"自由""进出"于"过去"、"现在"、"未来"，使"时间"的三个"维度"皆不成为僵硬的"事实"，而是一种"可能性"、"或然性"。"未来""尚未"成为"事实"，"过去"同样可以作"或然性"观，"后人"对于"历史"的种种不同"版本"，说明了"历史"可作"自由"的"历史"观，而不可能像理论知识那样作出"形式"上"必然"的"推论"，但"自由"的"历史"仍有其"必然性"。

然而，既然"时间"不能"倒流"，"他者"（古人）的"死亡"不能

"复生"，则"历史"不能"重演"，在这个意义上，"我们"、"后人"、"现代人"对于"历史"、"过去"只拥有"解释权"、"评判权"，这种权力，使我们"后人"具有"历史"的"重构"能力，或者说，"后人"只能在"重构"中"认知""历史"。克罗齐强调"一切历史皆是当代史"也有这层意思。

或许，在这个问题上，我们还可以理解为，"自由者"之间的"自由"是不能"替换"的，"我们""有能力"、"有自由的权力""重构"历史，却"没有能力"、"没有自由的权力"去"替换""他者"（古人）的"自由"。

"诸自由者"之间的这种"不可替代"的关系，乃是源于"自由"、"时间"、"存在"的本质特性，而这样一个特性，又"迫使""我们"（在世者）与"古人"之间有一个"时间"的"鸿沟"，"阴阳"二界，不可"逾越"，两者之间只有"形而上"的联系，没有"形而下"的联系，"过去"、"现在"、"未来"在"现世"这个"界限"不可"打破"，显示了"时间"在"现实"上，乃是"一个方向"（单向）的"流逝"，显示了"自由者"在原则上不可"克隆"。

"实质的"、"时间的""自由者"不可"克隆"，使得"自由者"总是要"在""提前进入"的状态下"看"、"认知""生活世界"，亦即总是站在"未来"的立场来"看世界"。在这样的意义上，包括"现时"在内的一切"知识"，皆是"回忆"。这是柏拉图说过的意思。但是唯有对于"未来"的"知（识）"，人们只具有"希望"。"希望"是对于"必然的可能性"之"信仰"。

由于"希望"这种"信仰"是建立在"诸自由者"之间不可替代的关系基础上，就"自我"这个"自由者"来说，"死亡"使"我"与"他者""断裂"，"希望"和"信仰"总是"在"于—对于"他者"，于是，"超越"、"提前"也就是将"自我""委托"于"他者"，这种"委托式"的"希望"，既具有"自由"的"必然性"，则这种"超越"、"提前"就具有"救赎"的意思。

"他者"的"未来""超越""（自我的）死亡"，虽然"自我"对于"死亡"乃是"必然"的，"不可逾越"的"界限"，但是因为"自我"具有"提前"的能力，因此"未来"并不"拒绝""自我"，即使是对于"自己"的"死亡"，也有能力"在""他者"身上看到"逾越"的迹象，"他者"是"自我"能够"超越""死亡"的"明证"、"证据"（evidence），但却不是"证明"、"演证"（demonstration），因为"死亡"毕竟对于"自我"实际上是"不可逾越"的。"自我"在"死亡"后并无"灵魂"不灭，如果"自我"真的"有""灵魂"的话。

然则，"自我"的"灵魂"（广义的）"在""他者"那里却有所"寄托"、"委托"、"依靠"，因为"自我"之"存在"（Dasein），是"他者"之"存在"（Sein）的一个"部分"，"自我"的"Da"，将随"时间"进入"他者"之"未来"。

"自我""跟随""他者"进入"未来"；"他者""带领""自我"进入"未来"。"未来"是"你们"的，也是"我（们）"的。只要"我们"努力向善（广义的"善"，包括一切物质的文化的贡献），"他们"不会"抛弃""我们"。"我们"寄"希望"于"他们"。

"自我"作为一个"Dasein"，它是有思想、有意识的，如果可以把"思想意识"叫做广义的"灵魂"的话，那么"自我"也是有"灵魂"的。"他者"并无能力将"自我""灵魂""附着"的"肉体"永久"带入"遥远的"未来"，亦即"自我"作为一个"自由个体"，总有"到时"的"死亡""点"，"死亡"乃是"自我"的"大限"。然而，"他者"却有能力将"自我"的"（广义的）灵魂"带入跨越个体"死亡"的"未来"。

"我们"是"有""灵魂者"，"我们"不是"行尸走肉"，"自我"的"灵魂"与"我""共在"，也与"他者""共在"。不仅我们的肉体为"存在（者）"，我们的"灵魂"也为"存在（者）"，我们的"思想意识"、"道德品质"、"学术成绩"等等，无不为"存在"，"思"、"在"之"同一性"，乃是哲学从巴门尼德以来一个传统的原则观念，而为黑格尔在近代、海德格尔在当代所极力维护的基本立场。广义的"思"，也是一种"存在"形式——一切我们通常认为的"非存在"，诸如"思想意识"、"语言（符号）"、"瞬息万变的表象"、"内心的道德品质"等等，无不为"存在"之表现"方式"，这就是海德格尔解释莱布尼兹所提"为什么是'存在'（有），而不是'非存在'（无）"这个问题的基本途径：（这些诸如"变化"、"表象"、"思想"，应该表面上看为"无"）"无"（非存在）亦为"存在"，而海德格尔认为，就某种意义来说，是更为重要的"存在"，亦即，"不在场"的"存在"对于"在场"的"存在"言，是更为重要的，因此，海德格尔认为，那个问题"为什么是'存在'（有），而不是'非存在'（无）"的后半部分"而不是'非存在'（无）"不是多余的，而是不可省略，至关重要的。正因为有了这个问题的后半部分，"存在"的"时间性"、"历史性"，即"存在"不仅指"现在"，而且指"过去"和"未来"这两个"不在场"的维度才能凸显出来。

"不在场""大于"、"寿于""在场"，意味着作为"存在"的"自我""大于"、"寿于"作为"存在者"的"自我"，"我"的"有效应的"（gewircklich，effective）"历史"，"大于"、"寿于""我"的"自然生命"的历史。也就是从本体论形而上学来说，"我"的"历史"，"大于"、"寿于""我"的"寿命"。亦即，"我"的"死亡"的"临界点"（到时），并非"我"的"历史"的"终结"，"我"作为"存在者"的"完成"，并非"我"的"存在"的"完成"。

"我"仍然"跟随""他者""继续""存在"，"他者"仍然"带领"着"我"进入"未来"，只是这个"未来"，乃是"我""不在场"的"世界"，在这个意义上，乃是"无我"的"纯粹他者"的"世界"，"我""寄生"、"寄托"、"委托"、"交付"给"他者"，"我"的"意义"、"命运""最终"由"他者""决定"。这或许也就是列维纳斯所谓的"我"是"他者"的"人质"的意思，只是如今一提到"人质"，人们就会产生恐惧之感，而古代"交好"、"和平"的意思已经被淡忘了，所剩下的乃是"我"之"生—死"的"临界点"（到时），全由"他者""决定"、"规定"。

就"存在论—形而上学"观念来看，即使"我"已经"不在场"，但只要有"他人""在"、"在场"，"我"仍"可以被允许""在"、"存在"。

"我""在世"，与"他者""同在"，共同生活在这个世界上。"我""仰仗"着"父母"、"老师"养育成人，与"他者"在"矛盾"中"成败利钝"，在种种经历中"锻炼成长"，使"我"成为"自己"、"自我"——"我"的一生，正是在历经艰辛困苦中自觉不自觉地"塑造"、"建构"这个"自己"、"自我"。

　　"我"向"他者""学习知识技能","领取报酬",我也向"他者"作出"贡献",在"取"、"与"之间"形成""自己"、"自我"。"他者""塑造"了"自我","我"向"他者""取得"了"自己"、"自我","我""付出""学费","他者"向"我""颁发""（'自己'、'自我的'）证书"。"我"的"贡献"乃是"我"的"赎金","我"向"他者""赎出""自己"、"自我"。"我"向"他者""救出""自己"、"自我"。

　　"我"以"我"的"贡献—奉献""救赎""我自己—自我"。

　　既然为"赎金",就可以"量化"。"我"的"赎金"付得越多,"我"的"贡献"越"大",则"我"的"在场"、"在世"就越"长","寿"、"夭"在"人世间"跟"赎金—贡献"的"多—寡"大有关系。不过无论多大的"赎金",皆不够、不足以"完全"将"自己""赎回",因而"时间"总是"有限",总有"到时"的一"点"。"赎金—贡献"可以"延长自我",终究遏制不了"他者""收回""他"的"人质"。在这个意义上,"他者"无可逃避地成为"自我"的"杀手"——"你去生,我去死",乃是不可避免的存在论的铁律。

　　然而,事情还有另外的一面："他者"正是通过"我"的"死",使"自己—自我""继续延续"着"自己"的"历史"。在这个意义上,"他者"又是"救赎者—救星",基督教的"弥赛亚"在"哲学—形而上学"的层面有了不同的意义。

　　"他者"之诸种"历史形式",即"他者"之"过去"、"现在"和"未来"对于"（自）我"都具有"时间"上之"优越性",即具有"哲学—形而上学"上之"优越性"："我"不仅要为"现在"和"未来"的"他者""付出""赎金",请求"他们""拯救"和"保护",而且也要为"过去"的"他者"支付"赎金","接受""他们"的"给予"。"他们—前人—古人""提供—给予""我""生活"的环境,"教会""我""生活"的"技能",使我得以"完成""自我"。"前人"成为"古人","他者"的"亡故"使"我"失去"依靠","依靠—委托"无门,但也使"我"感到"我"的"自我"渐渐"成熟","我"作为"自我",与"现在—现世"的"他者"都作为"自由者"有条件"平等"相待,"我"作为"诸自由者—诸自我者""在""同一"的层面上。

正是"自我"与"他者"原本"在""同一"个层面，它们之间的"角色"允许"转换"，是"人"与"人"的关系，而不是"人"与"神"的关系。在这个意义上，"他者"对于"自我"的"优越性"只是"数量"的，而非"实质"的，即"他者"为"多"，"自我"为"一"。这种"在""质"上的"平等"，遂使"自我"与"他者"可以"平等交易"，如同古代希腊人的"正义—平衡—公平"观念在古代"民主制"的条件下得以成立，而"在""数量"上的"多寡"，遂使"自我""寡不敌众"，不处于"优势"。这种"多（数）—少（数）"的观念，同样也可以在古代希腊城邦"民主制"的"投票"中找到反映。"自我"以其"少数"，必得"服从""他者"的"多数"。

由于这样的理路，使得"形而上学—哲学"的"自我—他者"的关系不完全等同于基督教的宗教观念，尽管"哲学—形而上学"在"迎接"基督宗教思想的挑战中在理路上得到了推进。

仍然沐浴在希腊传统阳光下的"哲学—形而上学"，应该认真思考"救赎"观念，使"赎买"和"拯救"也成为哲学思考的问题，但是并不需要设定一个"至善""全能"的、与"人"不"在"一个层面的"神"来"贯通"、"圆通"这个理路。

"神学"问题对于"哲学"极富挑战性，"神"之所以"必须"加以"设定"乃在于"人""自己"不能—没有能力"救赎"自己，"人"之"得救"乃在于"神"的"恩宠"；按照康德的思路，"人"为"有限者"，而"人"通向"至善"之路，需要"时间"之"无限"绵延，于是，只有作为"无限者"的"神"，才能"使之""得救"。于是，"神"是"救世主"（弥赛亚）。

然则，如果"神"的观念基于"他者"的"绝对化"，如列维纳斯所说的，则如果"他者"与"自我""在""实质"上处于"同一"个层面，而只是"数量"上的"优势"，那么"数量"问题按照黑格尔所说是一种"恶的无限"，因而是不可以"绝对化"的，这样，这个"绝对化"的"他者"就不能够，也不需要在理路上"推"出来。而我们知道，"神"的"存在"，归根结底乃是个理路的设定问题，既然他老人家并无可资"直观"的"时空"形式。这就是说，"自我"与"他者"都"在""时空"之中，哲学—形而上学不需要也不允许在"时空"之外"设定""超越时空者"，不论是"抽象概念"还是"神"。

"哲学"的"希望""在于""未来"，"他者"将"自我"带进"未来"，"自我"的"希望"在"他者"；但是"哲学"不寄"希望"于"救世主"。"他者"仍"在""时空"中，"他者"不可"绝对化"。"我"的"自由"是"我"从"他者""赎出"，"自我"、"自由"乃是"我"的"贡献"，而不是"他者"的"恩赐"、"给予"。

"我"以"我"的工作"解救"、"赎出""自己"、"自我"，"我""需要""他者"的"合作"，"我""感谢""他者"的这种"合作"，但是"我""得到"的只是原本"属于""我"的"自由"、"自己"，"我""自己""解救""自己"。这大概也就是费希特在早年向欧洲君主"讨还"原本属于"人民"的"思想自由"权利的意思所在。"他者"固然"拥有"（因为投票选举）"分派"、"分配""自由"的"权利"，但是"我"所"得到"的，原本是属于"我"自己的那一部分。"我"以"我"自己的"劳作"使自己成为"自己"，"我"实行"自我解救"（自己解放自己）。"我"以"自己"的"奉献"（劳动、工作）"相信""自己""必然"和"他者"一起进入"未来"。

"哲学"迎接着种种问题，随着这些问题的思考，"哲学"正进入"自己"的"未来"。

北京

2004 年 11 月 16 日

"学问"的"自由"与"自由"的"学问"

新中国成立已经 60 年，我从 1956 年参加学术研究工作，五十多年时间一分为二。前一半用来体验生活，与学问的关系比较间接，后一半可以说集中做了点学问，说来惭愧，因为就学问来说，前面的基础不够好，后面的时间虽然尽力，但已力不从心了；不过无论如何，改革开放这 30 年，是我学术生涯中最值得高兴的一个阶段，我在不同程度上享有了学术的自由，而这对于任何学术来说，都是最为基础的条件。我想这也是我们学界共同的感受。

我做欧洲哲学的研究工作，欧洲哲学从近代以来，研究思考的就是这个"自由"，这个"自由"不全是政治意义上的，而是哲学意义上的，也可以说哲学意义上的"自由"，是基础性的，就我们做学术研究的来说，"自由"也是基础性的。

我们知道，无论做什么事情，总是需要"时间"，没有"时间"做不成任何事情。学术方面的事情，精神劳动，同样需要时间，或者说更消耗时间也不为过；只是按我们哲学说，"时间"是一个"流"，或者是一个"必然的""形式"，没有人能够"终止""时间"，也不能"令时间倒流"而真的"扭转乾坤"，也就是说，没有人有能力真的"夺走"你的"时间"，因此，我们在前几十年并非真的"没有"了"时间"，"时间"还是"在""流淌"，只是我们的大部分时间没有做"自己"的"事情"，没有"做""学术"方面的事情。

"时间"没有"事"，是"空洞"的，不称其为"历史"，"时间"中的"事"为"史"。

在这个意义上，我的前半生被"阻碍"的乃是一种"做"学术方面的"事情"的"时光—光阴"，而不是一般的、抽象的"时间"。"时间"在

"流淌","马齿徒增","一事无成"。

当然，以前我们也"做事"，甚至是做很大的事情。大家都集中在一个或少数几个大"目标"，各行各业都去为这些目标"服务"，于是"人人学哲学"，"哲学工作者"则"无事可干"，"人人唱样板戏"，则大多数"演员"也"无戏可演"。

"令"人人都"做""同一件"或"差不多"的"事情"，那么这一件"事"或者几件"事"往往做不好，甚至会"乱"。

这个"乱"的"原因"在于"人"本是"自由者"，"人""有""选择""做（自己的）事"的"权利"，这个"权利"是"先天"的，是"不可让渡"的；可以"阻碍"一时，不可能"永久""压制"。

就我们哲学来说，"自由"首先具有一种"摆脱"的意思，"自由者"不受（经验—既成）条条框框的"限制"，"自由"为"无限"。

"无限"的"自由"，乃是一种"创造"的力量，它"冲破"一切"陈规"，"创造"一个"新"境界。"自由"不是"模仿"，"新"东西不是"仿制品"，尽管"模仿—仿制品"在生活中很有用，而"新"东西往往一时得不到广泛应用。

在这个思路的引导下，"自由"的"创新"就是"立异"，"标新立异"是"自由"的本性。"自由创造"出来的世界，乃是一个"异"的世界，而不是某种"模式"的"仿制品"。在这个意义上，"自由"的"权利"，也就是"立异"的"权利"，也就是"做""不同"的"事情"的"权利"；不仅是在事实上是"不同—异"的，即有不同行业的"事情"，而且在原则—原理上也是"不同—异"，即在"同一行业"中的"标新立异"。

我们哲学是很强调这个"标新立异"精神的，"哲学"绝对、完全地拒绝"仿制品"，甚至"高仿"也归"另类"之列——当然"哲学"的"高仿"也有一定的作用，好的参考书也有相当的价值，我们也都要学习；但"哲学"的原则—原理为"创造"，没有"标新立异"则"哲学"亡。"哲学"为一种"创造""范式"的工作，因而"哲学"为"自由"的"科学"，"哲学家"为"哲学""立则"，犹如"艺术家"为"艺术""创立""典范"；"哲学"为"（哲学之）天下""立异"。艺术史、哲学史上有许许多多各不相同的"典范"，莎士比亚代替不了欧里庇得斯，黑格尔也代替不了亚里士多德。"哲学"尊重这种"立异"的创造精神，也就是尊重"自由"的精神，也正因为尊重这种精神，"哲学"才尊重"哲学史"。"哲学史"犹如"艺术史"，乃是一部"标新立异"的"历史"，乃是"自由"的"历史"，"创造"的"历史"。

在这个意义上，哲学所理解的"自由"，就不是"放任"、"任性"意义上的"为所欲为"。"任性"的"为所欲为"在哲学看来，恰恰是"不自由"，或是"受制于"某些"感性的欲求"，而"自由"的原初意义正在于"摆脱""一切""感性欲求"的控制，"自由"为"理性"的特性。

"自由"为"无限"，为"不受任何限制"，但"自由"又不是"空洞"的"形式"，"自由"是"实质"的，有"内容"的；"自由"不受"非自由"的"限制"，却受"另一个""自由"的"限制"。

从这个思路，在哲学上引申出"自由者""之间"的"关系"问题，而不仅仅是"自由"与"自然"的"关系"问题。

"人"是"自由者"，然则，我""自由"，"你"也"自由"，"他"也"自由"，"诸自由者"之间应是一个什么样的"关系"？

"诸自由者"的"关系"应存在于"人类社会""关系"的基本环节中。

按照哲学的传统观念，"人"与"自然"的"关系"是"知识性"的，而"人"与"人"的"关系"则是"道德性"的；然而"道德性"的"关系"同样也应该是"知识性"的，或许还是更为基本的"知识"，即（关于）"自由"的"知识"。"道德"的"知识"也就是"认识""诸自由者—简约为我—你—他"之间的"自由""关系"的"知识"。

在"我—你—他"的"关系"中，　"哲学"—欧洲经典哲学常以"我—自我"为"出发点"，以大写的"我"作为"自由—理性""创造""世界"，"开创出""非我—他者"—"世界"，实即"开创出"一个"理念"的世界，"非我"为"自我"所"自由""设定"；这种理解，到了20世纪末，"关系"被"颠倒"了过来，"他者—非我""大于—强于""自我"，而正是"他者—非我""设定—激发"了—"自由创造"了了"自我"。

"我""接受""他人"的"呵护—养育—教育"，"他人""使""自我""成为""自我"。这就是说，"他人""使""我""成为""自由者"，而"他人"之所以"有能力""使""我"由"抽象的—形式的—天生的""自由者""转化成为""实际—实质"的"自由者",乃是"他人"也是"自由者"。只有"自由者"才"有能力""自由"地"对待""自由者","呵护—培养—发展""另一个""自由者";"奴役（他人）者"到头来自己也只能是"奴隶","施虐者"同时也是"受虐者"。

就哲学来说,"他者—他人"不是一个"抽象的""经验概念",而是一个"具体现实"的"观念",或者说是一个"实质性"的"自由概念"。"他人"相对于"我"来说,是一个"自由者"的"集合",这个"集合""组成"了"社会","自由者"的"社会"其根基里的"职能"在于"保护—培养—发展""成员"的"自由"。既然"自由"为"理性",则这个"自由者"的"组合"—"社会"也是一个"理性"的"社会","合理"的"社会",按照"理性"原则,亦即"实质性""自由"原则"调节—规范""自由者"之间的"关系"。

"自由者"之间也有一个"管理机构",它"规范""成员"的"自由",而不是"取消""成员"的"自由"。"我"的"自由"既然只有在"他人""自由"的"呵护"下"成长",则"他人—社会"的"职责"最终要使"我"之"自由"更加"有保障"和更加"成熟"。

在这个意义上,由"他者""组成"的"社会"以及"政府",在根基里是"呵护—培养—发展""人民"的"自由"的,其"职能"为"使"原本是比较"抽象—空洞"的"自由"更加"具体"、"成熟"起来。

"自由"也需要"规范",具体的"自由"是有"规定性"的"自由";只是这种"规定性"是"自由"的"规定性",是"自由""自己""规定""自己","自由者"之"间"的"相互""规定"、限制",同样是"自由""自身"的"规定","自由"地"规定","自由"地"服从"。即使是"当权者""制定"的"规定",如果这个"当权者"同样也是"自由者"的话,则在"制定"对"他人"的"限制"时,就要问这个"限制"是不是也适用"制定者""自己"。这是康德的一个思想,可以补充孔子说的"己所不欲,勿施于人"。孔子说的是"欲求"方面的根据,而康德说的是"权力"的理性的普遍根据。"限制"的"权利"来自于"自己",则是"自由"的"限制"。

"限制"总是"具体"的，因而是有"内容"的，"历史"的。

这样，"自由"于"人"不仅与"生"具"在"，而且也是一种"能力"，需要"培养"、"发展"，"自由"不仅仅是"消极"的，而且是"积极"的，在这方面，"他者—社会—政府"的"职责"不仅在"保护"人民的"自由""权利"，而且还在于"提高"人民的"自由""创造"的"能力"。

这就是说，"鼓励—培养—发展""人民—自由者""立异"的"能力"，而不仅仅是"让—令""人民""做""相同"的事情。

"社会"要"鼓励""新事物"，这原本也是马克思主义哲学的基本态度；只是"新事物"之所以"新"，起初常是表现为一种"否定"的力量，似乎"离经叛道"，而不见容于"日常""陈规"。按"陈规—常规"办事一般比较"顺利"，"生活"也比较"安逸"，日常采取这样的态度，当然还是必要的，在"日常经验"层次上经常"找麻烦"的确不是一件愉快的事；但是要"推动"事物"发展"，要"社会""进步"，当要"鼓励""人民"的"创造力"，则更需要"支持""新事物"，使之"成长"。

"哲学"重视"日常经验"，认为它是"总结"出行之有效的"规则"的基础；"哲学"更加重视"人"的"自由"的"创造""能力"，认为它是"开创""新局面"的"源泉"。

当然，"新事物"不是"从天而降"的，仍然是从"旧事物"里"产生"出来的；但从"旧事物"到"新事物"的"发展"，是一个"飞跃"，"新事物"之所以为"新事物"，因为它是"前所未有"的，我们"哲学"上说是"无中生有"。

"无中生有"是一个"飞跃"，但不是"武断"，这个论断恰恰是"理性"的，"讲理"的，因为"自由"正是"理性"的本性。"人"作为"自由者"所进行的"创造性"的"工作"，正是"使"世界更加"合理化"，而不受制于当下眼前"利益"之"局限"。"自由"为"摆脱""经验"之"局限"，而（飞跃）进入"无限"。

经验层面的"无中生有"或如"造谣生事"那样"理应"受谴责，而"理性"的"飞跃"则是"创造"的"动力"，"理应"受到保护和培养。

正如"自由"不是"放纵"，"立异"也不是"胡作非为"，"无中生有"的"创造"更不是"妖言惑众"。

"创造"同样需要"有根有据","创造"是一种"发展",是一个"飞跃","新东西"不仅仅是"不同的东西"。你说一个"东",我说一个"西",那仅仅是"不同",不是"发展",是"表面"的"不同",而不是"内在"的"不同",或者说,乃是在"经验—感觉"上"不同",还不是"理性"上的"不同",不是内在意义上的"异"。"人"不可能"千人一面",但"面"的"区别"只是"外表—感性"的"不同","人心不同,各如其面",这个"内在—心"的"不同",才是"本质"的、"理性"的"异"。以"(表)面"的"区别"来"做"一些"不同"的事,那样"制造—生产"出来的"东西",并不是真正的"新东西—新事物",这些"东西"或许还是很"陈旧"的东西,只是"新瓶"装"旧酒","改头换面"而已。在"日常经验"上,"旧东西"当有"大用",而"新东西"或许"无用",但"旧东西"毕竟不是"新东西"。

"新东西"的"出现","标新立异"需要一个"否定"的环节,"自由"原本就有"否定"的意义。"理性"的"自由"当然充分"重视""经验世界"的种种"规则",但并不认为那些"规则"是万古不变的;理性充分"重视""传统",但是更倾向于以"发展"的眼光来看一切"传统"。"理性"以"自由"的态度对待"传统",看到并揭示一切既成事物的内部"矛盾",因而看到这些"传统"的"变化发展"的"必然"趋势。

"自由"在"存在"中看到"非存在",同时也在"非存在"中看到"存在";"自由"的"否定"精神在于执著于这样一种态度:"存在""存在"于"非存在"中,"非存在"正是"存在"的一种"本质"的"方式"。这个意思引申开来,我们还可以说,不仅是"新事物""存在"于"旧事物"中,而且更为重要的是"旧事物""存在"于"新事物"中。"有""在""无"中,"无"是"有"的"存在"方式。只有"在""新事物"中的"旧事物",才是"存在"着的"事物"。

这就是说,只有"创造"才能"保存","发展"是"硬道理"。"传统""在""发展"中(保存)。

我们看到,如果没有这60年奠基特别是30年的改革开放,没有这30年的"创新",中华民族的"传统"或者仍在"沉睡"之中"孤芳自赏",

我们这个民族可能仍是一头"睡狮"。

改革开放这30年当然具有"百废俱兴"的意思在内，但是我的体会并不仅仅是"恢复"，更不是"复旧"，而是"复兴"，"复"而更"兴"，"复"为了"兴"，"在""兴"中"复"，"复""在""兴"中。就60年来说，"奠基"是为了"复兴"，"复兴"也是为了"夯实""基础"。

"复兴"乃是"恢复"中华民族的"创新""传统"。

我们这个"传统"不断在"受挑战"中"更新"，犹如"我"的"自由"常常"受""外来"的"另一个自由"的"激发"，就"传统"说，也就是"受""外来"的"非传统"的"激发"。对于"自由"的这个理解，法国的哲学家叫做"inspiration"（灵感—激发）。

我国近几百年来"接受"的种种"非传统"的"挑战"是很多的了，但我们都能把它们"化为""激发"的"力量"，来"保持"我们"传统"自身的"创新"。

从"西学东渐"到马克思主义的传入，中国人的"思想文化"和"精神面貌"有了巨大的变化，有了"新面貌"，这种变化理应"激发"我们的"传统"的"创造性"，"激活"我们"传统"的"自由精神"，使之也有一个"新"的"面貌"。

"学术"的"传统"当也不例外。在当今世界，如果说到"中国"的"学问"，当"包含"了马克思主义、毛泽东思想、邓小平理论、"三个代表"重要思想和科学发展观在内，而且是"新"的"学术""传统"的"核心价值"所在，而不是简单的"恢复"。

说到在实际上—经验上的"保存"，则中国的"传统"是"保存"得最为完整的，各种典章文物，相对的说，都努力精心"收藏存留"，这方面工作当然仍须加强；但是"存留"下来的"典章文物"如何发挥其"积极"作用，则舍"发扬"其"创造性"的"活"的精神而外，别无他途。古代"典章制度"固可参考，但绝不能"以此"来制定现代法律，有所"损益"也不行；"制定""现代""法律—法规"，当"另起炉灶"，"传统"只是"参考"。

"创造"也是有"传统"的，有"经验"可以"积累"的，也需要"学习"，"学习""他人—古人"是"怎样"进行"创造性"的"思想"

和"工作"的。"传统"不一定全是"创造性"的，但"必定""有""创造性"的精神"在"。

这种"创造性"的"自由"精神在各个历史时期表现形式自然不同，但其"标新立异"勇于揭示"矛盾"的勇气和见识则具有"超越性"。我们"学习""历史"，当然要从具体经验教训中增长见识，但也还要通过这种"学习"体会前人—古人的"创造"精神，"学习"他们如何在一定的"条件"下勇于"否定"某些"条件"而谋求"发展"，"学习""历史"——包括"学习""哲学史"，不仅"学习""知识"，而且"学习""精神"，以"提高""自己"的"立异"之"识见"和"能力"，而不至于流于"空洞"。"创造性"的"传统"使"自由—创造"也成为"科学"，而不是"空想"。

"空想"的"创造"，在最好的意义上也是"自由"的"滥用"，是"自由""能力""不成熟"的表现；而如果以"复古"为"创造"则是对"传统"精神的"歪曲"，表面上似乎是对"传统"的"挽救"，实际上是将"传统""供奉"起来的一种高调，将"传统"中"活"的精神"置于死地"而不得"复生"。

就社会来说，"供奉"也是必要的，甚至是很重要的，"传统"当然需要"供奉"；但人们之所以"供奉""传统"，乃在于"学习""传统"中的"活"的"精神"，"传统""凝结—记录"着前人—古人的"创造"和"自由"精神。"体会"这种"精神"需要"学习"，不仅是一般"知识性"的"学习"，而且需要"创造性"的"学习"。

从"存留"下来的"传统"中"学习"其"活"的"自由创造精神"，"学习者"本身首先需要是一个"自由者"。那些将"传统""供奉"起来的"收藏家"中不乏品味高超的文人雅士，但"收藏家"不足以成为真正"人文精神—自由精神"的"鉴赏家"，更不用说以"倒卖文物"牟利的"文物贩子"了；旧时代那些"冬烘先生"其性质犹如"文物贩子"，他们或有丰富的知识，但都不是"自由者"；当然，我们甚至也不否定"冬烘"在"普及""文物典章""知识"方面的作用。

"传统"的"自由精神"只向"自由者""开显"，犹如事物的"人文""意义"只向"人""开显"一样；世上自从有了"人"，世间的事物就"增添"了一层"意义"，世间的"物"就向"人""开显—开放"出"另一层""意义"，这是现象学—解释学所告诉我们的一个理解世界的方式，而这层关乎"人"的"意义"正是那"自由"的"意义"，"创造"的"意义"。"人"作为"自由者"，"使""事物—包括古代的事物""增加"了"自由—创造"的"意义"，这层"意义"也只有对"另一个""自由者"才"开显"出来。

在这个意义上，换一种说法，为"懂得—理解—弘扬""传统"的"创造精神"，"需要""自由者"，"传统"的"自由精神"只向"自由者""开放"。"自由"的"理性"使"传统—古人"与"我们—今人"形成一种"自由者"之间的"关系"，而不是"急功近利"的"关系"。"传统"不仅仅是"我们"达到某种眼下功利目的的"工具"。

"功利—工具"当然是很需要的，只是说不能"止于""功利"。

我们拥有数千年历史，前人为我们留下无数具有民族特色的文化和技艺传统，我们作为"后人"当然"有权"拿来作为"创收"资源，如同我们拥有的日月山川、自然条件也可作为"开发"或"旅游"资源，我们的"历史"也可以当作"人文景点"来开发利用；只是如果"止于"此，则不免"日月无光"、"山川变色"，更何况本已是古人的"创造""产品"。

年长的尚记得，"京剧"曾是"政治斗争"的"工具"，新编现代京剧的"艺术价值"，被当时"政治"的"工具价值"所掩盖，《沙家浜》、《红灯记》何辜！皆因"操纵者"是"利欲熏心者—政治野心家"，而不是"自由者"，这些"人"中或许有一些"专门家"，但不会—没有"能力""识得""艺术—传统艺术"的真正"意义"，"京剧"一度失去应有的艺术"光辉"。

"情随事迁"，京剧去掉了"政治—权"的"枷锁"，会不会"套上""经济—钱"的"枷锁"？

"学术"的事业也面对相同的问题：以前受"政治—权"的"限制"，近年则更多的"受""经济—钱"的"限制"。

并不是说"钱"和"权"不重要，相反，"经济"是"基础"，"权"更是"秩序"之"必需"。"自由者"之间，也有"钱—权"的"关系"，只是就"自由"言，"钱—权"皆要为"自由"所"用"，"钱—权"须是

"自由"的"工具"，而不是相反。

"有钱的"、"当权的"须将"自己"的"拥有：权—钱""用"在"刀刃"上，以"呵护—发展""人民"的"自由""能力"，同时也"显示""自己"是一个"自由者"。

就"学术"和"艺术"来说，我们现在的"投入"大大超过已往，而"收益"可能不够理想，其原因或在于"投入"没有完全"用在""刀刃"上，即没有把"呵护—发展""自由""能力—度"作为主要目标。

"学术"和"艺术"上的事固非一朝一夕之功，30 年对于发展它们也还是短暂的；只是回顾起来，作为"学术工作者"不免惭愧。

我们"拥有"了相当充裕的"时间"，但我们所"做"之"事"却远远未能将"时间""转化"为"历史"。我们没有"做"到"创造""（学术）历史"。

就"学术"来说，人们常常感叹，30 年来还没有"出现"真正的"学术大师"，尽管"大师"甚至"泰斗"称号已不鲜见。其中的原因当然是综合性的，不是单一的，但有一个原因不可回避，那就是我们还没有"形成"真正的"自由"的"关系"来"保障—发展""学问"的"自由"，我们也很少"思考—研究""（关于）自由"的"学问"。

"我们"和"我们的（研究）对象"还没有真正形成一种"自由"的"关系"，"我们"对待"传统"——包括"中国"的和"外国"的"传统"，还不是"自由"的，亦即"（纯粹）理性"的。这样，我们的"理路"就往往"不过硬"，而为"成见"所左右，不得"自由"。

就我们做"西方哲学"的经验来说，过去受某些夹带"政治"的"成见"的"束缚"，以某种"学派"的"范式"为"框框"，对于欧洲哲学史上各家都有相当固定的说法，种种"藩篱"不可"逾越"。打破这种条条框框也颇费时日。我还记得，改革开放之后许久，讨论"尼采哲学"居然还是要避免的；而且，这种框框被破除，那种框框又会出现，外在框框易去，内在的习惯难除，要想做一个"自由—理性—创造"的"学问家"，不是很容易的事。

"自由"的"哲学家"就"讲"一个"理"字。读任何书，要用"道理"去贯通，而一切旁生的枝节，皆要"归"到"理"上来。"自由"地

"读书"，也就是"讲理"地读书，而不是"武断"地读书；"做事"也是"讲理地—合理地""做事"，而不是"独断地""做事"。"独断—武断"往往是"不自由"的表现，是"成见—条条框框"或者"受制"于某种"利害关系"的表现。

"哲学"为这个"理"字付出了许多精力，也有许多"创造性""思想"的"积累"。"哲学"的源头，古代欧洲希腊苏格拉底、柏拉图师生，中国孔子师生，都留下了讨论"理"的文献记录，成为哲学的"经典"；欧洲哲学至近代德国，中国哲学至宋儒诸子，哲学这个"理"字可谓由"启蒙"渐至"成熟"，这方面，在欧洲当以康德"批判哲学"较为成熟也较为自觉。康德《纯粹理性批判》书名已经点出了他的"批判—批审—审查"目标为那个从文艺复兴至启蒙运动以来的"理性"。

欧洲近代革命变革，在精神思想上针对中世纪宗教独断主义、权威主义，这个趋势汹涌澎湃，真的在思想上来了一个大"颠倒"——西文意义上的"革命"—"翻转"："理性"被"耸立"在了"至高无上"的"位置"，一切都要到"理性"的"审判台"前接受考验。然则"理性"最初这种"不成熟"状态，致使种种"不合理"的"独断"经过"乔装打扮"，登上"权威"的宝座，"理性"成为达到某种"外在""目的"的"手段"。事实上，当时欧洲社会发生的一些"动乱"，已经显示了"理性"和"自由"在某种程度上的"滥用"。

这时候，康德说，"理性"——即使是"纯粹理性"，也要受到"批判—审批"。某种意义上来说，康德的哲学工作给"理性""泼了冷水"，但这瓢"冷水"功大于过，"批判哲学"使"理性""冷静"下来，首先"摆脱""情感—情绪"—"狂热"的"支配"，经过"批判—审批"，"限制—禁止"以"情感""代替"甚至"冒充""理性"，因而就根本意义说，乃是"使""理性"真正"自由"。

康德的"批判哲学"在于为"理性"的"各个""功能—职能""划定""权力范围—职权范围"，也就是指出了即使是"最高权力"—"理性权力"也是有"限制"的，也有一个"合法地""行使""权力"的问题，而不是"为所欲为"。康德《纯粹理性批判》的宗旨就在于"防止""理性"在"（经验）知识"领域（"知性"）里的"僭越"，要为"知性（知识)""划定"一个"界限"。

就"知识"来说，"理性"只给出一个"形式"的"自由"，而需得有"感性材料"的"配合—结合"，没有这个"可以直观"的"感性材料"做"知识"的"内容"，这个"理—理性"乃是"空洞"的，尽管这些"形式"是"先天—不依赖经验"的。"形式"的"理性"是"空洞—空头"的"孤家寡人"。"邦畿千里"，"为民所止"，没有"民"的"帝王"，犹如没有"军队"的"将帅"，就"自由"来说，充其量为一个"孤独"的"骑士"。

"知识—知性"为"感觉材料""所限"，它的"领地"只在于—限于"感觉经验世界"；那么，在这个意义上，"理性"是不是"不自由"了？在康德的意义上，"理性"的这种"权力"的"限制"，使"理性""失掉"的只是"空洞"的"自由"，而"获得"的却是"实质"的"自由"，至少在"知识"领域我们有理由作这样的判断。

康德自己说，他"限制知识"是为"信仰""留有余地"，他这个意思是说，"信仰"也应是"理性"的，而不是"盲目"的"崇拜"。"宗教—基督教"也要"讲理"，只是"理—理性"在"宗教"中有"另一种""方式"。"知识"为"理性"，为"自由"，"宗教"也为"理性"，也为"自由"，就我们这里的论题来说，也属于一种"自由（者）"之间的"关系""协调"这种"关系"，这层关系，康德以自己的独特方式"开放"给后人"褒贬"。

康德的问题并不是出在"给""理性"的"各种""功能—职能""划定""界限"，他的问题在于把"知识"限定在一种"机械"的"必然性"的理解上，似乎"理性"在"知识—知性"领域"只有""形式"的"自由"，即"先天形式"来自"理性""自身"而与"经验"无关，从而使原本是"自由"的"关系"，成为与其相对立的"必然"的"关系"，并从"知识""之外—外部"找出一个"道德"领域，使之成为"理性""自由"，从而使"必然"和"自由"僵硬地"分割"开来。康德这个倾向，为以后费希特、谢林特别是黑格尔所批评，也是合理的。

其实，我们就在"知识"本身，或者就如康德所说，就在"必然"的"知识"本身，就能够—就可以合理地找到"自由"的根据，或者说，一切

"科学—经验—知识"既然不仅仅是"形式"的，则也都"显示"出"理性"的"自由"的光辉。

这就是说，我们很有合理的权利说，一切"经验知识—科学知识"都是"自由"的"产物"，因而都是"自由"的。

按照康德，"经验知识""需要""感觉材料"，然而我们不能"等待""穷尽""一切感觉材料"之后再作"科学"的"判断—断定"，如果必得"穷尽"一切材料再作科学论断才能得出科学知识，则世上就没有"科学"。

这就意味着，"实质性"的"科学知识"不是靠"推论—推理""推断"出来的，而是要有"材料"的"支持"；而这种"材料"的"支持"是"有限"的。在"有限"的"材料""支持"下，作出"普遍"的"论断"，实际上就蕴涵着"科学家"的"理性"的"自由（度）"。"经验知识—科学知识"并不绝对"排除""偶然性"，更不"排除""错误"。

在这里，我们看到，康德在《实践理性批判》里特别提出来的"道德—责任"问题，其实本就蕴涵在"知识—经验知识—科学知识"里。

既然按照康德，"自由"为"道德—责任"在"道理上—理论上"的根据，那么一种"科学论断"的提出，因为它仍是"基于""理性"的"自由"，从而就有一种"责任"的意义在内。这样，"科学家"在提出一种"科学论断"时也就多了一份"谨慎"的态度。

管理社会的各种"机构"，同样也是一门"科学"，"科学决策"需得采取"谨慎"态度，乃是因为种种"决策"不仅仅依靠"推理"，而且要依靠"材料"，而再多的"资料"也不可能"全"，既不可能掌握"事物""全部"的"前件—前因"，"事物"的"后果"也就不可能单以"推论—推演"就能够"必然地"得到。一切宣布"有能力"做到"实质性""因果""推断"的，只是一些"宗教性"的"先知"，而不是"科学家"。

"科学决策"不仅"考验"着"决策者"的"知识""水准"，同样也"考验"着他们的"道德—德性""水准"，也就是说，"考验"着他们的"自由"的"成熟""程度"。这就是说，"决策—判断—决断""全面"地"考验"着"决策者"的"综合素质"。

"决策者"首要的"决断""对象"是"人"，"管理"是"管理""人"之"事"，包括"给出—制定""事"之"规范—界限"，而在"制定""限定""人事""规范"时，当意识到这些"规范"从根本上、原则上来说，乃是"自由者"之间的"规范"，也就是说，在"制定—给出""规范"时，要意识到此种"规范"固是"适用"于"他者"，但也同时"适用"于"我"，就根本意义来说，"决策者"对于所"决"之"策"，不可以是一个"例外"。只有在"主—奴"关系中，"双方"皆可以"例外"，"刑不上大夫"，"礼"也不下"庶人"。"自由者"之间没有"例外"，乃是一个"普遍"的"理性"的关系。

同理，"被决策者—被管理者"同样也应意识到"决策者—管理者"就根本上说也是"自由者"，"被决策者—被管理者"向"决策者—管理者"提出的"要求—建议"要问"自己"如是"对方"是否也能"适用—适应—可行"，也就是说，这个"要求—建议"是否"合理"。在这个意义上，一项"政策"，对于"双方"都是一个"考验"。在实际经验层面上，"责任"有"轻重"之分，而在"原则"上，并无"例外"。"决策"因"判断""包容"而又"超越""知识"进入"道德"，遂使"自由"不仅需要"呵护"，而且需要"学习—提高—成熟—发展"；不仅"决策者""需要"，"被决策者"同样需要"学习—提高"自己的"自由""水平"，之所以能这样说的理由，正在于"决策""双方"皆是"自由者"，"决策—被决策"是一种"自由者"之间的关系。

于是，"提高""双方"的"自由""成熟"程度，就成为"推动"社会"发展"的一个值得重视的环节，同时也是"科学—理性"地"推动"社会"发展"的一个方面。"理性—科学"蕴涵、包括了"德性—自由"的意义在内。

"瞻前顾后"，这60年特别是这30年，我们社会的"自由者"之间的"关系"的确得到了很大的"提高"和"发展"，已经大大"增加"了"自由""度"，成绩斐然，令世人欢欣鼓舞，如果尚有可以进言者，则社会常常侧重在"增加""自由"之"物质"方面的"度"，而对于"精神"方面的"自由""度"的"增加"还不算很多，我想这或许是我们尽管已"拥有"数十年的"时光"，但"学术""成果"不很令人满意的缘故之一。这就是说，数十年来，我们"物质"方面的"新事物"很多，而相对的讲，"精神"方面的"新事物"却比较慢一些、少一些。

　　"精神"和"物质"不可"分割"，但又是两件"不同"的"事情"；"幸福"和"自由"是两件"不同"而又"不可分"的"事情"。"幸福"侧重在"物质"方面，"自由"侧重在"精神"方面；事实上，"幸福者"未必"自由"，"自由者"也未必"幸福"。"学术工作"未必"因""物质—金钱"的"投入""加大"而"增加""学术"的"分量"；"学术"的"质量"也不"因""收入""增加"而"增长"，"学术"的"成果"未必和"学术"的"投入"成"正比"，盖因"幸福"和"自由"之间并无"因"—"果"的"必然""推论"关系。我们不可以"知道""甲校"的"经费""高于—多于""乙校"，"凭""推论"就"知道""甲校""必""优"于"乙校"。要"知道""何校"为"优"，还需经过"实际"的"调查"；"上层建筑"与"基础"常常会有"不协调"的情况出现。

　　当然，"物质"是"精神"的"基础"，但并不意味着，从"什么"样的"物质"就一定"推演"出"什么"样的"精神"来。它们之间不是一个"机械"的"推论"的关系。

　　"武器的批判"不能"代替""批判的武器"，"精神"的问题还得通过"精神"来解决；解决了"幸福"问题，不等于就解决了"自由"的问题。

　　"幸福"有个"程度"问题，"自由"也同样有个"水平"问题。在"保护"问题得到一定程度的重视之后，仍有"提高—发展"的问题；只是"自由"问题的成熟发展速度相对于"幸福"来说，一般可能会"慢"一些，我们目前的"程度"，大概还需向"自由"的"温饱"努力；相反的情形也是常有的：物质生活相当困难的社会、家庭、个人，也会有很高超的"精神境界"出现，在各种"冲突—挑战"中表现了"高度"的"自由""精神"。所以古人也说，"生于忧患，死于安乐"。

　　意识到这当中的差别，我们回顾 60 年特别是 30 年改革开放对于"学术—文化"的促进、发展，在庆幸中如果尚有可以建议的，则在于要清醒地意识到"幸福—富裕"与"自由"之间的"不平衡"关系，在"物质条件"相对"充裕"的条件下，进一步"激发"和"提高"人们的"创造"能力，增加人民的"自由""度"，则会是"促进""学术文化""发展"的关键；清楚地意识到："物质条件"的"增大"，并不"自然"地意味着"学术文化""质量"的"提高"。

当然，这数十年"学术文化"事业的成绩是有目共睹的，举凡出版、演出、音乐、绘画等等，其"数量"是以前绝不可比拟的；但是我们也不能不看到各种"学术文化"事业要防止"量"上增加而"质"上降低的倾向。

就"学术文化"事业来说，当然既要"提高"，又要"普及"。在"普及"的基础上"提高"，在"提高"的指导下"普及"，当然是很正确的；只是也要看到，无论"普及"与"提高"都还有一个"创造"的"前提"和"核心"。"学术文化"以"自由"为自身事业的基础，也就是说，"呵护—鼓励—激励""做""异"事的"风气"，"树立""标新立异"的"典范"，而努力"避免"使"普及"沦为"抄袭"，使"通俗"沦为"庸俗"，也努力"避免"使"标新立异"成为"哗众取宠"甚至"胡思乱想"。现在这两种"倾向"可能都还不少。

之所以要"避免"这两种不良倾向，乃在于它们都不是"创新"，而是"守旧"，因为种种"花样"并未"翻新"。既然"自由—创造"也有"传承"，也需得"刻苦学习"，"吸收""他者"是"如何创造性地思想、工作的"，于是那种毫无根据地"大胆妄言"，恰恰是一种"沽名钓誉"的"手段—工具"，在这个意义上，也是"受制"于"学术文化"以"外"的种种"因素"，无非是为"名"为"利"，以目前的情况看，"为利"甚于"为名"，为前者甚至贬损后者也在所不惜。

现在有"文化产业"之举，似尚无"学术产业"之说。

"文化产业"的确是一个"新事物"。并不是说，以前"文化"完全没有"产业"的"因素"，应该说，这种因素随着社会变迁，也随着"文化"本身的发展，某种意义上是逐渐加强的。就文学艺术来说，诗词歌曲剧，到了"剧"，大概"产业"的意义就比较重了。"戏班"的组织已成为专门的"管理机构"，大概这也可以说是"文化产业"的"雏形"了；现在的"文化产业"当然跟过去自不可同日而语，在"规模"上和"性质"上亦即"量"和"质"上都有所不同。

"量"上的不同是很清楚的，于是何为"质"的"不同"？或许我们可以这样来理解：在过去的"文化产业"中，"产业"受"文化""支配"，而在现在的"文化产业"中，"文化"却往往受"产业"的"支配"。

在"产业"的"支配"下的"文化"，则本质上不是"自由"的"文化";不是"自由"的"文化"也是社会"需要"的"文化",或者是"最""需要"的"文化";但社会仍要"呵护—激励—发展""自由"的"文化"。"自由"的"文化"是"文化"的"根基",因为在"文化"尚无"产业"可言的时代,已然"有"这种"自由文化"的"存在"。"文化"不一定"待价而沽"。

然则"产业"仍然"可以""支持""文化","可以"为"发展""文化""服务",而不仅仅拿"文化"来"牟利";之所以有这种可能性,正在于"产业家—实业家"同样也可以,或应该是"自由者",他的"产业—实业"也还是可以为"另一个—另一些""自由者""服务"的。

"学术"工作与"书"分不开,因而与"出版产业"也分不开。"出版产业"在"学术"领域内也应为"学术""服务"。"学术工作"是"学术出版产业"的"基础",原本是为了更好地为"学术""服务""产生—发展"出来的,在没有"出版产业"之前,已经有人在做"学术工作";但现在的"关系"似乎也"颠倒"了过来:"学术著作"往往"跟着""出版计划""转"。一个"学术项目"——尤其是"文科项目"的"带头人"往往成为"经纪人",甚至"有能力""争取"到"项目",也成为"学术成就"的一个"过得硬"的"标准"。

社会的职能在于"增进""财富",在于"增进""自由"的"财富";"提高""学术文化",也是"提高""自由"的"学术文化","提高""自由"的"学问"和"学问"的"自由"。

没有"学问"的"自由"是"空洞"的,没有"自由"的"学问"是"僵死"的。

在一切"学问"中,"哲学"是最不容易"产业化"的,其"利"其"弊"皆在于此。

数千年来,"哲学"确如"牛虻",不断念这本"自由经","刺激"人们"自由"的"神经",使"自由者""勿忘我"。

2008 年 8 月 24 日于北京,2009 年 4 月 1 日改定

论"思潮"与"学术"

这里所讨论的范围，大体上在"哲学"之内，同时也会涉及其他人文科学部门。

首先一个意思是想指出："学术—哲学"以社会生活为基础，社会生活的问题通过种种"思潮"影响、推动"学术"，但"学术"不等于"思潮"，"学术"是"思潮"的深化，是"思潮"的科学化、体系化，在一定社会条件下会是"专业化"，甚至是"职业化"。"学术"把"思潮""深入"、"提升"为"科学"的"专业"，"学术"将"思潮"的"学问"提炼为"科学"。于是，相比之下，"思潮"是"活跃"的，而"学术"是"严谨"的；"思潮"更需要"敏锐"，而"学术"还需要"研究"。

"学术"很看重"思潮"，因为"思潮"是"学术"的重要"资养"。从某种意义上说，"学术"来源于"非学术"，"哲学"来源于"非哲学"。"脱离""思潮"的"学术"，会"钻进象牙之塔"，而未曾深入到"学术"层面的"思潮"，往往成为"过眼云烟"。"学术"无"思潮"则无根基，而"思潮"无"学术"则行之不远。"思潮"是"时代精神"的"号角"，"学术—哲学"是"时代精神"的"华表"和"丰碑"，传诸久远。"思潮""推动""学术"，当然也有相反的情形，一种原本是"学术"的，往往还会被当作"思潮"来接受和流行，这种情形很可能是一种经常的现象，只是"学术"如果当作"思潮"来对待，同样也只有"临时"的"效应"。

欧洲的"德国古典哲学"也许是把"思潮""深化—提升"为"学术"的很好的范例。

从康德到黑格尔这个时期的欧洲，也是个社会大变革时期。英国和法国是一个时代的先行者，许多"思潮—思想"已经形成了种种科学的"学术"，这些"学术"传到当时尚较落后的德国，成为一种新的思潮。当然某些"思潮"在本土也有未能形成坚实的"学术"的，特别是那时候的法国，在社会变革上领风气之先，经大革命到拿破仑"思潮迭起"，层出不穷，许多激进思想或许也是各领风骚一个时期的。这些"思潮—思想"对"德国"的"冲击"，不可谓不大，但是从"学术"层次来看，真正反映这个"时代精神"的"华表—纪念碑"，从康德到黑格尔的"德国古典哲学"应是一座，这个"哲学"是法国大革命的"理论反映"，的确如此。

我们现在来体会这种哲学理论的成就，或许也可以看出一种从"思潮"向"学术""深化"的思路历程。

从这个角度来看"德国古典哲学"的起始者康德的哲学，我们的着眼点可以放在他为"理性"划分"界限"这一问题上的另一层意义。我们通常认为，康德"限制理性"是一种错误，他自己也说，是为"信仰"留有余地，是向宗教妥协的软弱表现，这个批评当然也是很正确的，我们这里想讲的是另外一面：揭示"理性"自己本身应有的"规定性"，使"理性"的"分工"有一个"合理"的"根据"，也是"理性"自身"深化"和"成熟"的表现。当然，我们也可以说这种"权力""分工"的思路也是一种政治"思潮"的影响，但是进入到"哲学""理性"的领域，使"理性"自身有一个"职能—权力"的"规定性"，并且这种"规定"又不是"人为武断"的，而是有"客观"的"必然""根据"的，这样一种"理论"的探讨，推动了"哲学"作为一门"学术—科学"的发展，遂使后人仍必须"学习"他的著作。

"理性"为"自由"。"自由"的观念在欧洲几经变迁。"文艺复兴"时期强调"感性"是"自由"的，因为那时候基督教会的教条以"理性"的面貌出现，为挣脱这个枷锁，"感性"的"合法性"成为一个"思潮"，这个"思潮"的发展，在"理论—道理"上进入一个"混沌"的状态，是"安那其—无政府"的"理论根据"，遂有经验主义来加以"协调"，使诸感觉者之间有个"和谐"的关系。依靠"感觉经验"来"平衡""诸自由"，也是"行之不远"，既不能退回到"教条权威"时代，则又有"启蒙主义"之运动和思潮，"理性"又登上"至高无上"的宝座。针对"教条权威"，"理性""取代""感性"成为"自由"。"理性—自由"成为"启蒙"的"思潮"和"旗帜"，以雷霆万钧之势，在"理性""审判"台前，

"横扫一切牛鬼蛇神"。

"理性—感性"和"自由—必然"这样一种关系，经过康德的"学术"工作，"深化"成为一种"哲学""理论"。康德在"学术—学理"上努力"深入"地"阐述"它们的"关系"，成为一种"科学—哲学"。是"科学"就要有"规定性"，就要有"界限"，而不是模糊朦胧的"诗"；然而，"哲学"又以"无限"为"研究""对象"，"自由"本是"不受限制"的，于是思考这些问题的"哲学"的确是一门相当困难的"学术—学问—科学"，绕开这些困难的问题，只能是提倡"理性—自由"的"思潮"，"哲学—科学"必须深入这些问题，提出自己的"理论"。黑格尔这样做了，康德也这样做了，在"德国古典哲学"这个思路中，黑格尔和康德的做法有所不同，但基础的理解—理论是一致的，他们都是要为"理性—自由""给出""规定性"。

相比黑格尔，康德哲学常常被批评为"形式主义"，当然也是很有道理的，只是在什么意义上说康德有形式主义倾向，还是需要分析的。康德的"批判哲学"当然是把"形式"和"质料""离析"开来分别思考，而且坚定地认为只有坚持"形式"，才有权利坚持"必然性"，"质料"是"感觉"的"材料"，只是"偶然"的，从"质料""推不出""必然性"来。

但是，康德哲学无论在"知识"领域还是"道德"领域，都未"止于""形式"。"知识论"里问题比较清楚，因为康德的名言"没有形式的内容是盲目的，没有内容的形式是空洞的"被普遍肯定，因为这是和他的主题"先天综合判断何以可能"一致的；但是到了"道德论"似乎"形式主义"越来越严重了，因为"实践理性"完全排斥任何"感性"的干预，独立"决定"道德的价值，而与感性世界的"幸福—利益—有用"完全无关，于是他的引以为道德理论根据的"自由"就是一个纯形式的东西。但是我们注意到，康德的《实践理性批判》并未全盘舍弃"幸福"问题而完全"抽象"地奢谈"德性—自由"，而是让它们在"至善"的"理念"的第二层意义上"结合—统一"起来，而"至善"的意义包含了"幸福"的"现实性"，这样，"至善"作为"实践理性"的"对象"，应看作是"德性"理念的"现实""内容"。

在这个意义上，"实践理性"既然在"至善"层面有了现实的内容，使

"德性"与"幸福"统一，二者都有了"规定性"。"德性"不再是空洞的形式命令，"幸福"也不是"感觉器官"的"肉欲横流"；"德性"作为"原因—原始的因"，有"相当—应当"的"果"——"幸福"。"德性""创造""幸福"，"幸福"对"德性"来说是"该得"、"配享"的，从而"德性"和"道德"就不仅仅是"形式"的"应该"，而是有"幸福"在"至善"理念层面作为"现实内容"的"根据"的。

于是，我们想到康德在《实践理性批判》一书的开始就提出"理性"本身就具有"实践"职能这一命题的意义。"理性"在"实践"上是"意志"，"意志"为"自由"，"自由"又是"创造"，"创造"出"新""现实"，"创造"出"幸福"的"现实"；"至善"的理念，"引领"着这个"创造"，于是在这个意义上，"理性"在"实践"上"自己""创造""自己"的"现实"，亦即"自己""创造""自己"的"规定性"。于是同样在这个意义上，"实践理性"的"意志自由"不仅仅是"形式"的，有一个"至善"的理念引领着这个理性（实践理性）自己规定自己，因而不在空洞的形式面前止步。

这样，在《纯粹理性批判》所涉"知识论"里，"理性—知性""形式"固然是"先天"的，但"内容—材料—质料"却是"感觉经验"的，"理性"保持了它对"感觉经验"的"立法权"，但就"科学知识"来说，也有"经验"的"规定性"，在"知识"的领域内，甚至可以说"感觉经验"给"理性—知性"以"规定性"，而这个"规定性"是"外在于""理性"的，是"感觉材料—质料""给予—给出"的；到了《实践理性批判》，"理性"完全摆脱了"感觉经验"的"限制—规定"，就这一点来说，在"实践"层面的"理性"会成为"纯形式"的，但"理性"在这个层面却是"意志"的，本身就具有"实现"的能力，因而这个"纯形式"是"创造性"的，它不是"接受""外在"的"现实性"，而是"创造"自己"内在"的"现实性"，这个"现实性"既然是"内在"的，则就不仅仅是"外在"的"感觉材料—质料"，而是"内容—Inhalt"。我们看到，在"实践理性"或"理性"的"创造"功能上，居然是"形式""开创—创造""内容"，亦即"理性"由"抽象"的"形式""走向—发展—开显—外化"自己的具体"内容"，"理性"自己"规定""自己"。

　　在这里，我们看到了黑格尔的思路，黑格尔将康德开创的"理性"如何具有自身"规定性"的问题发展成一个"科学体系"，奠定了"哲学"作为一门不同于诸"经验科学"而又不同于普通形式逻辑和数学的这样一门"科学"的坚实基础。

　　在欧洲近代，德国古典哲学把"理性"、"自由"这样一些"思潮"深化为"学术"，建立为"科学"，产生了可持续、持久的影响。

　　其实，整个欧洲哲学的历史发展，都可以看成是如何把"思潮"转化、深化为"学术"的历史，近代如此，古代亦复如是。柏拉图、亚里士多德的"哲学"也正是将从泰利士以来各种"思潮"发展为"科学体系"的成果。由"思潮""提升—深化"为"学术"，也许可以说是"哲学"发展的一个"规律性"的现象。

　　现在再来思考这个问题还有一层原因是：我们中国近代以降，从"思潮"深入到"学术"这个过程在相当的程度上模糊了，"思潮"汹涌澎湃，而"学术"常"冷冷清清"，尤以"哲学"为甚。

　　我国在历史上曾有深厚的"学术"传统，无论对"哲学"持有何种看法，中国古代学者曾成功地将"百家""思潮"很好地"综合提高"为"儒"、"道"的"哲学"，至今我们还要在"哲学"层面"学习"他们的著作；"佛家"自汉唐以来，也曾是一种"思潮"，但经过宋儒的吸收和深化，成为那时的"新儒家"，至今我们也还要认真"研读"他们的书。

　　逐渐地，中国这个思想理论方面的"创造性""传统"好像要"中断"了。

　　当然，"学术"分殊，中国在"学术"其他领域取得的成就有的是很辉煌的，但是在"哲学"的"学术"层面却乏善可陈，我们所看到的大都是一些"思潮起伏""耀眼一时"的"学术明星"。"明星"自有"明星"的功绩，我们喜爱、崇拜明星，但仍期盼着"哲学"。

　　就哲学而言，自"西学东渐"以来，"思潮"迭起，适应着社会的需要，也推动着社会的变化。西方自然科学、数学的传入，以及基督教的传入，都引起了人们的重视，至"天演论"的介绍，对于人类社会有一个不同于中国传统的视角，影响当然很大，但并未将两大系统贯通起来研究的"传世之作"，理论、哲学上的成就，不能和同样受其影响的欧洲哲学相比。

德国哲学对近代中国哲学也有相当的影响，不过以王国维之天才，研究康德，中途而废，或许如贺麟先生所说，那时中国学者尚无理解康德哲学的条件。当然，我们所谓"学术"，并非仅指"康德哲学专家"而言，乃是将"思潮""介绍""提升"为"学术"来说的，黑格尔并非康德专家，但他"理解"康德比一般专家要深刻。王国维提倡叔本华，以此解释小说《红楼梦》，影响也大，但他贬抑尼采，却与后来的"思潮"的发展也相左，尼采不但在欧洲影响大于叔本华，在中国也是很大的"思潮"。

说到尼采，作为"思潮"，他的哲学在中国可谓几经起伏，但似乎主要仍在"思潮"层面。文人学士们之所以重视尼采，多着眼于反抗传统和现实的自由精神，这种精神当然大有裨益于中国社会的改造和变革，尤其是他的"超人"观念和对"善—恶"观念之批判，发聋振聩，而对于他在哲学理论问题上如何从康德、黑格尔的体系中"脱颖而出"，又如何与叔本华的哲学"分道扬镳"（即曾经是"同路人"），在哲学理论上仍感缺少梳理，也就是说，在"哲学—学术"上不够深入。"思潮"之所以有起有伏，乃在于要以尼采思想即时"经世致用"，或是南辕北辙，无济于事，所以"思潮"所形成的"气候"也不可能很大。

再有20世纪80年代，西风渐劲，各种欧洲哲学"思潮"，包括尼采在内，卷土重来，其间甚至有人感到非藉尼采思想不能振兴中华，随之萨特思想也一度成为"热点"。

萨特哲学之所以成为"思潮"，可能也与他特别强调"自由"有关，以此对现实持批判态度，加上他在人文艺术领域多方面的成就，时间距离又近，影响不可谓不大；只是就"思潮"层面来看，当人们得知萨特和康德一样，"自由"和"责任"不可分，因而"自由"给人的不是"放纵"，而是"战战兢兢"，可能就会给作为"思潮"的萨特哲学"泼了点冷水"。

进入90年代，形势稍转，就"思潮"来说，似乎又是"东风压倒西风"，逐渐地"国学"成为"时尚"，"西风"在"夹缝"中吹出，海德格尔于是乎借圣人之骥尾，也形成一点小"思潮"，因为海德格尔晚年据说服膺东方哲学，而中国哲学—中国文化被定为"诗意—审美的"好像有了"知音"，在学理上似乎也更有了根据似的。

各种"思潮"的相互"支持—利用—比附"，固有助于"推波助澜"，但尚不能"深入—提升"为"学术",而且这种办法也并无新意,过去我国学者曾经以"道德"为中国哲学的特点,说西方重视"科学",中国重视"道德",很流行了一阵子。把"道德"换成"审美—艺术—诗",美则美矣,但作为"思潮",过于"柔弱"了些,缺少"道德""阳刚"之气;或者太平盛世需要此类"思潮",以装点江山,使之分外妖娆。

要阐述中国(学术)传统可否概括为"诗意"二字,大概是很费斟酌的工作,现在所谓"国学",更难概括为"诗学",而且也难于以"道德"二字说得尽的。或许儒家多点"道德性",而道家多点"诗意"。现代的"新儒家"使儒家向康德靠拢(牟宗三),当前的"新新儒家"大概要使之向海德格尔靠拢;不过要说孔孟如康德之"道貌岸然",似乎二圣缺少作为康德道德哲学基础的那种"理性绝对"的"自由",儒家"职责"的"根据"不是"实践理性"的"自由",而是"天命"注定的"性",于是才有"君君臣臣"的道德"律令",儒家的"责任"基本上是由现实的"位—位置—地位""决定"的,所以孔孟学说和康德哲学虽然有不少可以比附的地方,但是所根据的"原则",或者说"学说"的"精神"是不同的。

这里并不是在"优劣"层面作比较,只是说,我中华"学术"自有"学统—道统",并不随一时的"思潮—时尚"而"随波逐流",把自己也降低为一种"思潮";事实上,现在在某种程度上,"国学"也是一种"思潮—潮流",也可以叫做"回潮",只是"学术"如只是在"潮流"中"翻滚",可能会成为"强弩之末",甚至处于一种"挣扎"的状态,也难怪一些志士仁人忧心忡忡。但愿能将这种"思潮"的局面"提升—深化"为一种"学术",发扬我们固有的"兼容并蓄"精神,"兼"东西思潮之长,"蓄"于我中华文化大海中,"融会贯通",从而在"学术"层面开出我们自己的"新学术—新哲学"。

至于海德格尔,当然与东方的思想有许多可以沟通的地方,因为他是从西方那个传统的哲学框架里"脱颖"出来的,在不同的道路—思路上"相会"也很自然;但是"学术"自有各自的"根基",表面的比附,也就好比"在路上""相遇",打个招呼那样,未可谓"深交",甚至还谈不上"交往"。"来而不往非礼也",没有"往—复"的"交—叉",只能是"泛泛之交"。在某种程度上,我们和海德格尔,也仅是"泛泛之交"而已,而海德格尔对于道家、佛家之交，也只能是这种类型的，他真正的"知己朋友"是古代希腊诸家、康德、黑格尔、尼采等人，当然首先是他的老师胡塞尔。

海德格尔一直在欧洲"现象学"的"路上"。胡塞尔现象学是继康德、黑格尔以来欧洲"现象学"思路在"学术"层面的大发展，它影响所及，居然自己也形成一个"思潮"，有什么"现象学运动"推波助澜，而胡塞尔本人以及他的学生中一些佼佼者，通过在"学术"层面的"经营"，坚守着哲学的根基，不断深化推进。胡塞尔本人是一个范例。他是一个不断追求真理的严格的哲学家，在他留下的巨量的手稿中，存留了他孜孜以求、精益求精、不断探索的思路轨迹。

现象学留下的是一个什么样的"轨迹"？是不是前人强调"理性"，我就强调一下"直观"？于是就简单地从"理性"跳到了"非理性"？你说一个"东"，我就说一个"西"。这可能是"思潮"的特点，30年"风水"轮流"转"，"学术—哲学"不是如此；"哲学史"不只是"转"的历史，而且是"深入—深化"的历史。即使像柏格森、克罗齐那样的"直觉主义者"，也不光是这样"转"出来的，而是经过对哲学问题的"理论"深入思考出来的。他们的"直觉"是比"通常—日常""理性"更为"深入"，更为"高层次"的"东西"——是"东"中有"西"，"西"中有"东"的，而不是单纯的"感官感觉"。你可以不同意他们的"观点"，但这种不同意，也要说出自己的"道理"来。

胡塞尔的"现象学"所面对的问题，仍然是"理性"如何"自己""限制—规定""自己"的问题，所以他才有"理智直观—直观理智"之说。"科学"讲"规定性"，"理性"当然不限于"经验—自然科学"，胡塞尔要把一切这种科学都"括出去"，"剩下"的是"什么"？这个"现象学的剩余者"不是通常所谓的"非科学"，不是"神秘"的东西，而正是他所谓的"严格的科学"。

"严格科学"是"现象学"追求的"基础科学"，"哲学"就是这种"科学"；而这种"科学"的性质，至少从康德开始就已经严肃地考虑了。康德"先天综合判断"就是这种"科学"的基本形态，在"知识"领域内，"理性"的"先天形式"要有一个同样"先天"的"感性形式—时空"

作为"通向""经验"的"渠道"，才使"经验—知识"成为"科学"。在这个意义上，"先天"的"理性"自身（先天性）就有一个（先天的）"直观"来"限制""自己"，于是，"理性"如何在各种"意识"领域——知识—道德—审美"自己限制自己"就成为一个基础性的哲学问题。

在从康德到黑格尔的思想发展中，"理性如何自己限制自己"这个问题被"推进"，被"深化"了，而不是被"舍弃"了。

海德格尔从胡塞尔的"意识—psyche"转向"存在—Sein"，似乎"理性—思维"的问题不在他的学说的核心，他的种种说法——如"诗意地栖息"等等，还有他对"逻各斯—Logos"的解释和对"逻辑—logic"的解构，都让人感到他脱离了"理性"的道路，像一种"非理性"甚至"反理性"的样子，引起包括卢卡奇在内的某些误解；实际上在深层次方面，海德格尔对于"存在"的思考，仍然离不开德国古典哲学的思路，甚至在某种意义上比胡塞尔有更紧密的联系，正因如此，他对康德、黑格尔都倍加推崇，一个有专书出版，一个有专门的课程并留下讲稿。

从理路上来看，海德格尔将"时间"引入"存在"，而"时—空"正是被康德揭示为"感性"的"先天形式"，是"感觉经验"之所以有可能转化为"科学知识"的必经之路，舍此则"事物"无法进入"知识王国"。"时空"为"先天"的，亦即是"无待感觉经验"的，不是从"感觉经验"中"概括"出来的，但它们不是"理性"的，而是"感性"的，因为它们是"直观"，而不是"概念"，既非经验概念，亦非知性概念—范畴，"时空"是"先天直观形式"，也是"事物"的"存在形式"。"事物"必在"时空"中"存在"，才有可能成为"知识对象"，才有可能"有所知"，亦即有可能成为"所知"之"什么"；而这个"什么"正是胡塞尔所重视的"想"总要"想"些"什么"的"什么"。这个"什么"是"知识"的"内容"，也是"存在的形式—方式"，"事物"是"怎样—如何""存在"的。而这也正是海德格尔的问题。

在这个意义上，海德格尔和黑格尔一样，是很强调"思维和存在"的"同一性"的。

黑格尔的"思维和存在同一"意味着"理性与感性—本质与现象—概念与直观"的"同一"，把康德"分离"为"三大块"：知识、意志、情感在"理性"、"精神—理性"的发展过程中"统一"起来，使问题在"哲学逻辑—辩证法"这个层面有了深化；海德格尔如同胡塞尔，不再运用"辩证法"，而运用"直观"，强调直接性，但这个"直接"，恰恰不是"感官"的，而"感官"的种种"感觉"还是在这种"直观"以后的事情，那"理智—理性"的"直接性"反倒是更为"原始"的，更为基础的，"理智直观""观"出来的是"理念"。在胡塞尔，"理念"固然仍是德国古典哲学的意思，即不同于一般的经验概念，但加重了"人文—humanity"的因素，"理念"着重的是"事物"的"人文"的"意义"，亦即对"人"的"意义"，"理念的世界"是"人（文）的世界"，亦即"意义的世界"。

在胡塞尔的意义上，德国古典哲学"理性"—"感性"的意思，已经"深化"，不再是"分分合合"的意思，而是"不可分"的"同一"，"直观"就是"理智"的，"理智"也就是"直观"的，这种"直接"的"同一"，从黑格尔哲学来看，固然可以批评为缺乏"中介"的"谢林式"的"含混"，"夜间观牛，其色皆黑"，但在胡塞尔，则可以理解为"越过"了德国古典哲学"感性—理性"的"分分合合"，将这种"分合"尽管是"辩证"的"关系""括了出去"，使现代现象学的"理念"，既不是没有"规定"的"抽象概念"，又不是单纯感官的"印象"，而不必"经过"二者"辩证"的"结合"才"统一"起来，在这个意义上，不论你同意这种观点与否，毕竟要承认在"理念—理性"的"规定性"方面，胡塞尔的工作是进一步使这个问题"深化"了，他使这种"统一"成为最为"原始"的，最为"基础"的，也是最为"严格"的"同一 Identitaet"。

海德格尔与胡塞尔的关系有点像古代亚里士多德与柏拉图，他们都把老师的"理念论"转化为"存在论"，在现在的论域中，这种"转化"仍可以从对于"理性—知识"的"规定性—具体化"来理解。在海德格尔，"思维与存在的同一性"是"存在论"的"同一性"，"理性—理念"的"规定性"，也就是"存在"的"规定性"。如果说，在古代柏拉图的"理念"、亚里士多德的"存在"的理解尚比较"抽象"，但经过欧洲哲学的历史发展，到胡塞尔、海德格尔就"具体"多了，也就是说，这个哲学的发展，在不断"深化"。

固然，海德格尔不大谈"理性"了，他把自己哲学的思考重点转移到

"存在"，但他和胡塞尔同样不是在"感觉"和"理智"之间做一些"分分合合"的工作，而是直接从"本体论—存在论"的"同一性"这个"原始"的"基础"上来思考这个问题。"分分合合"的工作已经被胡塞尔"括出去了"，"剩下"的是一个"不可分割"的"同一体—整体"，在胡塞尔是"理念"，在海德格尔是"存在"。

"存在"不是"抽象概念"，不是一个"属性"，"存在"不是"宾词"，而是"主词"，这是从康德到黑格尔的一个基本思路；但是正如他们两位都已经很明确指出过的，"存在"如果只"停留"在"主位"，"存在"就是"存在"，那么这个"存在"的观念还是"抽象"的，"空洞"的，亦即没有"内容"的，就知识—理智来说，"存在""需要""宾词"，"等待"着"宾词"，于是，黑格尔说，"存在"的"宾词—属性"是"存在"自己"发展"出来的，所以"存在"本有一种"发展自身"的"能动性"。这是一层非常重要的意思；但"发展"需要"过程"，这个"过程"是"辩证"的。"主词—主位—存在"经过"艰苦奋斗"，不断开创自己的"宾词—宾位"，亦即不断"增加—积累"自己的"财富—属性"，成为"拥有""富有""内容"的"存在"。"存在"犹如一个"游子"，"历尽沧桑"，终于"衣锦还乡"，"回到"了"存在"，此时的"存在"则非"抽象—空洞"的，"贫乏"的，而是"富有（内容）"的，"存在""拥有""稳稳当当"的"规定性"。

我们看到，海德格尔和胡塞尔不同，他保留了"存在"的"过程"，但仍避免了这个"过程"中"感性—理性""分分合合"的"辩证"关系，在理解这个"过程"问题上，海德格尔不侧重在"发展"，而侧重在"开显"——这也原本是胡塞尔现象学不同于黑格尔的地方。

当然，"发展"也是一种"开显"，但是"辩证"的"发展"，乃是"感性"和"理性"之"分合"关系，在这种"关系"中"推动""事物—历史"向"更高—更丰富"阶段"前进"；但是既然"理性"和"感性"是可以"分离"，而且"必定"要"分离"的，则"辩证法"同样是一种"逻辑"，只是这个"辩证"的"发展"的"逻辑"不再是"（理性）形式"的，而是"吸收—包括"了"感性"在内的"内在逻辑"，因而既是"概念"的，也是"（感性）存在"的。

海德格尔之所以把"逻各斯"作另一种理解，不再着重讲"逻辑"——既不讲"形式"的"逻辑"，也不讲"辩证"的"逻辑"，可能是因为他理解的"过程"不再是"感性—理性""分合"的"发展"，而是"本原性""存在"自身的"开显"。在这方面，海德格尔的确是胡塞尔的"学生"。

海德格尔一直强调他的"存在"是一个"过程"，要人们从"动词"的原意去理解"存在—Sein"，就语言学和逻辑学来说，海德格尔不是从"主—谓"关系来理解"存在"，而是从"连接""主—谓"的"是—Sein"来入手，他把从康德到黑格尔那种由"主体—主词""等待"（康德）、"发展"（黑格尔）的"过程"，"凝聚—集聚"在"是—Sein"中，"是—Sein"已非单纯的、可有可无的"联系动词"（有些古代语言没有这个词，如早期俄语、古代汉语也没有），也不仅仅是一个"抽象的""存在动词—exist"。海德格尔很反对把古代希腊文的 einai 译成拉丁文的 existence，可能就是这个原因。就语言来讲，Existence 没有把"主—宾""吸收—结合"起来的功能，过于"实"了，容易理解为单纯、抽象的"存在"。海德格尔在用词上作这样一种区别，是有自己的理由的，过去我认为是偏见，显然没有弄懂他的意思。

从这里，我们也可以体会出，他为什么要对"逻各斯"作出一种"别出心裁"的考证，不仅是语言文字的，而且也有理论上的道理的。"逻各斯"不再作通常的"逻辑"讲，是一种"集聚"，"集聚"什么？"集聚""主—宾"，"存在""集聚""主—宾"，"存在"就是"逻各斯"。

在这里，我们看到，无论同意与否，"思维与存在同一性"的问题得到了"推进"，"思维—思想—思—逻各斯"是"存在"的，"存在—在"也是"思—逻各斯"的。"存在"不是单纯"感性"的，"时间"也不再是单纯的"感性形式—先天直观形式"，而是这种"直观形式"之所以可能的"根据"——"时间性—Zeitlichkeit"。"时间性"意义上的"时间"，就是"逻各斯"，就是"存在"。

我们还可以进一步说，海德格尔既然将"存在"理解为"主—宾"关系之"集聚"，也就有理由将"存在"从"主—宾"的"逻辑结构"中"解脱"出来，即从"逻辑"的"必然大箍"中"解放"出来，成为"自由"。"理性"的"自由"与"存在"的"自由""同一"。

"时间"与"必然"、"自由"的关系，是一个很复杂的问题，德国古典哲学将"时间"定为"必然"的"过程"；而后来的哲学思想的发展，特别是经过柏格森，"时间"与"自由"有不解（不可分）之缘（关系），"逻辑必然"与"时间自由"是不同的"领域"。胡塞尔既将"自然科学""概念""括了出去"，也就将"逻辑必然""括了出去"，"留下"了"人文科学（human science）"的"自由"。

就这个思路，我们似乎也可以从"自由"的角度来理解海德格尔的"存在"，"动态的"、"时间性"的"Sein"是"自由"的。"逻各斯"不是"逻辑必然"，而是"时间自由"。

"存在"的、"时间"的、"逻各斯"的"自由"，就不是康德首先设定，后来又加以充实的"形式"的"自由"，而是后来海德格尔不幸早逝的同学舍勒（Max Sheler）的"实质"的"自由"。"形式"的"自由"是"逻辑—理论"的"需要"——康德所谓的"学理的根据—jure of reason"，而"实质的自由"，则可以是"实际的根据—jure of fact"。康德强调"自由"这个观念是"必然"的，不可回避的，就要从"逻辑"的推理出发，而尽管康德也要改造"形式逻辑"，但必须从这种逻辑出发，才能得到这个必然性，于是只能从"形式"出发，以便从一个"形式"的"必然"的"自由"出发，将与自由自己完全不同性质因而是"外在"于自己的"幸福""结合"起来，以达到"至善"。

"逻各斯"的思路既然"悬搁"了"逻辑"，则不必经由"逻辑"推理就可以将"自由""开显"出来，而"自由"的"开显"，也就是"存在"的"开显"，也就是"时间"的"开显"。"时间"不被理解为一个"形式"，"空间"也不被理解为一个"大（箩）筐—大箍"，亦即不是"感性事物—存在"的一种单纯"形式"。

"存在—时间（空间）—自由"不是"无规定—无规定"的"形式"，"等待"着"外在""内容"的"充实"去"规定"，而是本身就是"有规定"的。

然而，"自由"者乃是"不受限制"的意思，如今也有了"规定性"，好像又要"受到限制"，岂非"自相矛盾"？对于这个问题，我们似乎可以按照黑格尔的方法，解释为在逻辑形式的推理上，"自相矛盾"是不允许的，而在"辩证法"的意义上，则原本是事情的真相，只是海德格尔是两者都不依靠的，既不完全依靠"形式逻辑"，也不完全依靠"辩证法"，而是在"规定性—限制"方面开辟了自己的思路，在某种意义上我们叫"有所推进—有所深入"也未尝不可。

在这个问题上，海德格尔把自己的基点直接就建立在"有限性"之上，他的"存在—Sein"是由"Dasein""开显"出来的。从"Dasein"来说"Sein"这是《存在与时间》的立意，而"Dasein"的"Da"正式"规定—限制—具体"的意思。

首先海德格尔说到，与"时间""同一"的"Sein"原始的意思是"有时限"的，而日常意义上的"时间"反倒是"无限（绵延）"的，之所以说"有限的时间"是"原始"的，是因为那"无限（绵延）的时间"是在这个"有限时间"的基础上"抽象"地"产生—衍生"出来的。

"时间"的"有限性"建立在"生—死"的过程上，"Dasein"不仅指通常意义上的"人"，也不仅是"人"的某种"本质属性"，而是"会死的—mortal"这样一个古代希腊的原始观念。"Dasein"那个"Da"不是"时间"的"瞬间"，"空间"的一个"点"，而是一个"过程"，一个"生—死"的"过程"，这个"过程"是"同一"的，"生"的"过程"，同样也是"死"的"过程"，反之亦然。同一个过程而有不同的名字，因而"名字"是"假名—假借"，其"实"也一。

海德格尔的"时间"不同于柏格森的"绵延"，而是一个"开显—过程"，"绵延"为"无限"，"无始无终"，"开显—过程"则是"有始有终"，"时间""有""间"，"绵延"中"有间—有断"的"过程"，是为"终始之道"，是一条实实在在"具体"的、有"规定"、有"内容"的"道路"，是"林中小路"，有影有踪，不是来去无踪影。"时间"不仅仅是"感性直观"的"形式"，而且是"Dasein"的"实实在在"的"存在方式"。

"Dasein"是一个"生—死""过程"，也是一个"有—无"的"过程"，在这里所谓"限制"，也就是"死""限制"着"生"，于是"无"也"限制"着"有"。"有"一个"死""限制"着"生"，同样也"有"

一个"无""限制"着"有"。"无""限制""有",并非诡辩,也并不是"外面—外在""有一个""死—无""限制"着"生—有",作为"同一过程"言,"有—生"的"过程",就是"生—死"的"过程",于是,我们也可以说,"生"中就有"死","有"中就有"无",在这个意义上,"无—死""限制"了"有—生",也就是"有—生""自己""限制""自己"。

于是,"有限"的"自由"并非"外面—外在"有什么东西"能够—有能力""限制""自由"——从外在的观点来看,"自由"的确"不受限制","自由"之所以是有"规定"、具体的、实质的,乃是"自由""自己""限制""自己"。"生—死"、"有—无"的"过程",也就是"自由—非自由"、"存在—非存在"的"同一过程"。

这个"过程"之所以说是"同一",乃是反过来说也是一样的。"死—无—不自由"作为一个"过程"看,"同时—在同一时间—是同一时段(断)"也是"生—有—自由"的"过程"。于是,在这个意义上,既然"死—无—非自由""限制""生—有—自由",则"生—有—自由"也应"限制"着"死—无—非自由","死—无—非自由"同样不是没有"限制",没有"内容规定"的"抽象概念"。"生死—有无—自由必然"都有"自身"的"限制",都有"自身"的"规定性",都有"自己"的"现实内容"。

"存在—时间—自由"的"规定性"就是"历史","历史"之所以成为"历史"的"规定性",有了这种"规定性",才有了对于"存在—时间—历史"的"思考—思","思"不是"无规定"地"天马行空"。而且,对"历史"的"思",已不仅仅是历史事件各种"性质—属性"之间的"因果""推理",不仅是"历史事件"之间的"逻辑"关系的"推理知识",而且是"历史"的"逻各斯","完整"的"历史事件"的"集聚"。"集聚"的"历史事件"的"整体"的"关系",而不是"事件"作为"主位",对其诸"属性—性质"之间的"逻辑关系"作出的"思"。"逻辑推理"是"必然"的,而"逻各斯"固然是"有序"的,却是"自由"在"自身""规定""自身"的"秩序—度",如同赫拉克利特所理解的那样,是一个"分寸",是"自由"的"度",而不是"逻辑"的"规则",或者说,是一种"自由"的"规则","自由"而有"规则",乃是"自由"自己为自己设定的"界限"。

在这个意义上，由"理性"转入"存在"，海德格尔并未完全"丢弃""自由"，他强调"限制—有限"是为了克服传统"存在论"的"抽象性"，将"理性"的"规定性—具体性"转化为"存在"的"时间性—规定性—具体性"，在这个意义上，海德格尔将"Sein"和"Seiende"区分开来，"Dasein"仍是"Sein"，不是"Seiende"，于是也在这个意义上，海德格尔仍保持着胡塞尔"超越"的意义，尽管他已经不再常用这个词，而这层"超越"的意思，原是黑格尔为"精神—理性"的向"更高—更成熟—更具体""发展"已经开辟出的道路。

"理性""思维"追求"真理"，"逻各斯"的"思"追求的是"存在"，而"思维与存在同一"，"存在"即"真理"，但"真理"和"存在"一样，常常被"遮蔽"，古代希腊文的"真理—alethe"被理解为"解蔽—揭蔽—alethe"成了海德格尔具有特色的学说之一。

某种意义上说，"真理"之"解蔽"也就是"启蒙"，"启蒙""开启"的是"心智—理性"，而"解蔽""开启—显示"的是"存在"；"启蒙"针对的是"放弃""理性"之"自主"，"解蔽"针对的是"存在"之"遗忘"。如果将"存在—时间—自由"在同一个层面上来理解，则，"解蔽"也同时是针对"自由"的"遗忘"，把"存在"只当作"存在"于"必然"的"勾连"中，而"遗忘"了"存在"原本是一个"自己""生成—开显""自己"的"过程"，亦即是一个"自由"的"过程"。"存在—自由"的"生成""过程"，也就是"理性—自由"的"发展""过程"，只是前者是"逻各斯"，"时间性—历史性"的，后者则是"辩证"的，"逻辑—概念"的。

在这个意义上，海德格尔和黑格尔一样，将"理性—存在—自由"的精神推进、深入至"哲学学术"的层面，又和黑格尔不同，将"理性"的"启蒙"问题转化为"存在"的"澄明"—"真理"的"解蔽"，从而引领了"另一条"道路，而有从"解蔽"到20世纪的"解构"的历史性发展。"后现代"诸公，仍是"在"海德格尔的"路"上。表面上看，海德格尔和黑格尔"道不同"，后现代诸公也与海德格尔"道不同"，但由于他们的"路"并非"直"的，而是"曲"的，就有许许多多的"交叉点"，在这些"点"上，他们"相与为谋"。

研究"哲学史"不但重视古今哲学家所走的"路"，而且更要在那"交叉点"上多多"逗留"。这个"点"好比一个"驿站"，在那里"逗留—驻留"着许许多多的"哲学家"，他们在"相互切磋"，围绕"哲学"的"基本问题—核心问题"作深层次的"讨论"，在许许多多的"交叉点"上，在诸多的"驿站"里，"正在开会"，正在开"学术研讨会"，而这样的"会"，"汇集""古今诸大家"，"群贤毕至"，才真正是尼采所说的一个哲学的"盛宴"，而目前众多的种种"学术交流和研讨会"，包括某些"国际会议"或者"世界学术会议"，大多是一种"社交活动"，当然也有相当的作用，有的也堪称"重要"，但一般难以起到那种"历史交叉点"的作用。

深层次的"启蒙"和"解蔽—解构"，往往也正发生在那"交叉点"上，这种"点"是"一"也是"多"，大家会聚在"一点"上，但"不同"的"思路""推动"着"下一个点"的"集聚—逻各斯"，大家"殊途同归"，"不同—相异"地"建构"着"另一个""点"。在这个意义上，在"学术"的深层次上，我们的确"遇到""再次—多次"的"启蒙"。"哲学史"也许竟可以理解为学术深层的"启蒙史"。

但是"启蒙"又常常是"思潮"性的，它的作用当然是很伟大的，只是如果未能深入到"学术"层面，由于停留在比较浅的层次，则往往需要"多次反复"，甚至"不断反复"—"不断启蒙"，在现实生活中当然很有影响，但"学术"的工作不会停留在单纯的"呐喊"，使有意义的理念停止在抽象的概念或情感的刺激上，成为一些"时尚"的"口号"，而要深入思考研究这些理念的内容实质，使这些理念成为推动"学术—哲学""发展"的"内在"的"要素"和"动力"。在某种意义上，唯有"学术"有能力真正"保存—存留""启蒙"的"精神实质"，使之传诸久远。

"学术""凝聚"了"思潮"，"哲学""集聚"了"启蒙"的精神，就"哲学"来说，或许就是它的"学术""历史"的"逻各斯"。

2010 年 9 月 17 日于北京

哲学须得向科学学习

——再议哲学与科学的关系

　　哲学与科学原本大概为一家，远古的文化，或许是一种大综合型的，连宗教情感也都包括在广义的哲学之内；随着岁月之推移，各门具体的学科和文化部类，渐渐地分化出去，哲学的独特问题越来越明朗化，作为学科也越来越专业化。哲学有自己的传承，这对于一门学科的发展，当然主要是好事，但是，哲学的专业化和书斋化，也的确带来一些负面的影响，哲学似乎可以完全脱离其他文化部门和科学学科，关起门来造车，出门就能合辙似的，殊不知，如今实际生活一日千里地飞速发展，各门学科也都发展得蓬蓬勃勃，哲学如要取得自身的更大进步，当不可脱离生活和科学进展的大趋势，而必须努力向生活学习，向各门科学学习，向各文化部类学习，方可不使自己钻进象牙之塔，须知"哲学门"外之"辙"，如今已是纵横交错，有的被覆盖，有的被重置，如德里达所言，"轨迹"已模糊不清，"哲学"出门要找到"辙—轨迹"，也须得下一番工夫。

　　于是，20世纪诸激进哲学学派，有"哲学"与"非哲学"之议，谓"哲学"原本来源于"非哲学"，"非哲学"原是"哲学"之根，而脱离根本，哲学之花枝无论如何美丽，终将凋谢，这话不假；只是我们也不可忘记事情的另一面，如果"哲学"沉溺于"非哲学"之中而不能"自拔"，用我们的话来说，如果"在""非哲学"中，"哲学"不能—没有能力"保持住""自己"，则"哲学"也终将游骑不归，迷失于生活和众多学科之汪洋大海中。

　　难乎哉，哲学。生活难，做学问难，做哲学似乎更难。"难"不仅难在能够"躲进小楼""闭门造车"，而且更难在要能够"出门合辙"；不仅难在"守拙"，而且难在须得"工后之拙"；不仅要"从无到有"，而且要有

"从有到无"的功夫；要能够从大千世界中抽身出来，还要能做到进入大千世界后保持住自身，于是"进出自由"。这样"进进出出"乃是"哲学"的学问，"哲学"的修养，"哲学"的功夫。

一　哲学与科学的思维方式——逻辑

哲学作为一门学科，诞生于古代希腊；当然古代其他一些大民族，都有很深入的哲学问题，但作为学科，起于希腊，而希腊是逻辑思维很发达的民族。

逻辑是形式化程度很高的学科，它不完全等同于一般实际生活里的"道理"和"理路"。实际生活里的"理路"是具体的，"理"和"事"不很能够分开，它常常蕴涵在"经验"之中，而"逻辑"则是"非经验"的，对于"经验"来说，它是一个"飞跃"。"逻辑"表现了"理性"的"规范"作用，亦即"制定规则"作用。

"逻辑"真正是"闭门造车""出门合辙"。它之所以能够如此，乃是因为它完全是从"实质—质料"问题上脱离出来，完全是"形式"的。

古代希腊人对于科学性思想方式的第一大贡献就在于为这个形式性的逻辑思维方式奠定了基础。赫拉克利特的"逻各斯"和亚里士多德的"分析篇"固然尚未有"逻辑—logic"这个词，但基本框架已经具备，他们都是要把原本是非常"综合"、纠缠在一起的"经验""分析"出来，总结出一套"形式"的"体系"来。"形式"就跟"数学—毕达哥拉斯学派"以及"几何学"那样，也成了一门"学问—科学"。

有一段很长的时期，"哲学"似乎就是"逻辑"。"逻辑"讲"概念—判断—推理"，"哲学"当然也离不开这样一种"形式"。逻辑用概念—判断—推理，哲学作为知识论为要理解世界，同样要用这些形式。

就古典哲学知识论来说，人们舍去"概念"则无法"思维"，因而也就无法"理解—认知"作为"知识对象"的世界。

在哲学的意义上，所谓"认识"一个"对象"，含有两层意思：一方面，我们要有能力"感觉—直观"这个"对象"；另一方面，我们要有能力对这个"对象"进行"思考"。这是在"理论理性"上"知识—科学"所具有的意思。

在这里，我们看到，知识这两个方面具有很不同的性质："直观"是属于"感性"的，而"概念"则是属于"理性"的，而为"感性"提供"对象"的"材料—质料"，更是不依赖人的"主体"而存在的"客体"。这样一些各自有自身来源的独立因素，要在"知识—科学"体系里结合成为"一体"，就需要"论证—演绎"，而并不是一目了然的，"知识"与"知识对象"何以能够统一，即"真理—真知识"何以可能，自古就是一个难题。康德的知识论，在这个"结合—统一"方面，作出了不小的贡献，也留下了不少的问题。

康德解决这个问题的办法是将"感性"的"直观"与"理性"的"概念"都各自严格划分为两种：一种是依赖经验的；一种是不依赖经验的，即先天的。他在论证这种区别时，也遇到各自的问题。首先，"感性"如何也会有"先天性"，就是一个大问题，因为，"感觉"与"经验"人们已经很习惯地联系在一起不可分离了，为何"感觉"中却还有"不依赖经验—先天"的部分，的确需要加以澄清。康德《纯粹理性批判》的"感性篇"主要就是以数学和几何学为蓝本，阐明为何"感性"也有"先天—不依赖经验"的"形式—时空"。康德这个阐述对于哲学知识论有很大的意义，它不仅在"不依赖经验性—先天性"方面与"概念—理性—逻辑"寻求到一个共同的基础，而且还蕴涵着"感性—接受性—被动性"之中也还具有"主动—主体性—非经验—精神性"的意义在，在某种意义上，揭示了"被动"与"主动"之间的辩证关系，也为"存在"与"诸存在者"之间的关系做了铺垫工作，尽管他自己在书中并未作进一步的阐明。

康德知识论大量的工作是为"概念论"转换一个视角，将原本是仅具形式意义的，使其同时具有内容的意义。这就是从康德到黑格尔这个系统的德国古典哲学从哲学上对于传统逻辑的"改造"工作。

的确，"哲学"并不"止于""形式"，亦即不"止于"（传统意义上的）"（形式）逻辑"；然而，"哲学"作为"知识"，却绝不能"舍弃""逻辑"，古典哲学的工作是要在"逻辑"的"框架"内来"充实—扩展""逻辑"，使"逻辑学"与"知识论"结合起来。

不脱离逻辑来充实逻辑的内容，也是有理由的，因为古典哲学坚信正如不借助"时空"形式就无法"感觉""对象"一样，不借助"概念"也就无法"思考""对象"；现在的问题在于："概念"如何与"对象"一致起来。

就哲学知识论言，经验概念与对象的一致性不会存在问题，因为既曰"经验概念"，这个"概念"原本就是从"经验"中"概括"出来的，它们之间当有一一对应的关系；问题出在"先验概念"上，这些"概念"是"不依赖经验"的，它们如何能够做到"闭门造车"而又"出门合辙"？两个不同来源的事物，如何能够有"一致性"？莫非真的如莱布尼兹所言，有那"预定的和谐"？在哲学知识论中，如果有这种"和谐"，当不是"预设"一个"神"来做这件事，而"概念"和"对象"自己就有能力—有权力做。在哲学知识论中，人们无须借助"神"力，单凭"人"力——人的"理性—精神"之"力"，就能使"先验的概念"和"经验的对象""和谐"起来。

何谓"先验的概念"？在康德，所谓"先验的概念"就是"范畴"，康德知识论中的"概念论"也就是"范畴论"。

对于"范畴"，人们常常用得很宽泛，似乎稍微"大"一点的"概念"都能说成"范畴"，而不很注意康德从亚里士多德继承并改造了的"完全"的"范畴表"，并且，在许多年中，我们对于康德的"范畴论"研究得很少很少，而这一部分，恰恰是康德哲学知识论着力甚多的地方。康德说："不通过范畴，我们就不能思维任何对象；不通过与那些概念相符合的直观，我们就不能认识任何被思维到的对象。"① 康德在《纯粹理性批判》第一版里说：

> 现在，这样一些先天地包含有伴随每个经验的纯粹思维的概念，我们在范畴那里找到了，而如果我们能够证明一个对象只有借助于范畴才能被思维，那就有了对范畴的一个充分的演绎，以及对范畴的客观有效性的辩护。②

---

① 康德：《纯粹理性批判》，邓晓芒译，杨祖陶校，人民出版社2004年版，第110页。
② 同上书，第113页。

"范畴"就是作为理性认识功能——知性的"纯粹概念",康德《纯粹理性批判》第二部分第一编第一卷第一章第三节第一个小标题就是"纯粹的知性概念,或范畴"。

与普通逻辑的判断相对应,康德在开列了逻辑判断的表之后,开列了"范畴表",为此他指出两点:一是这些"纯粹知性概念"(范畴)"先天地指向客体,这是普遍逻辑所做不到的"①;二是既然普通逻辑判断已为那个判断表所穷尽,则这个范畴表也"完备地包含了知性的一切基本概念"②。康德这个"范畴表"包括"量—质—关系—模态"四大类,每类下分三项,囊括了哲学知识论的"先天概念",亦即认知"经验事物对象"之"不依赖经验—先天"的"必然"的"判断"和"推论",而不仅仅是"依赖经验""概括"出来的"通常习惯"之"普遍适用性"。康德以其"范畴论"完成他的知识论的"先天综合"。

康德之"范畴表"所列,都是"先天综合",而康德称作"先天综合判断"的,在他看来,也只有他的表中所列那 12 项,有如"纯粹感性直观""形式"只是"时间"和"空间"两项那样,这 12 项也是囊括了一切"纯粹知性概念""形式"的。

这 12 项范畴是"先天的",因而它们犹如"传统形式逻辑"一样,是"必然"的,不依赖任何感觉经验,自身就是"必然"的,"可以推论"的;但是它们又不同于一般传统逻辑,并非仅仅是一些"形式",不仅是"分析性"的,而且是"综合性"的,而所谓"综合"也就是与"经验内容""不可分割—不可分析"的。不是"分析性"而又具有"必然性",这正是康德知识论用力的地方,也是与休谟怀疑论不同的地方。

不错,"形式逻辑"原本是一个"工具",也是要"运用到""实际"中去的,但它本身却可以"符号化",脱离开具体经验事物,自成体系,在自身的体系内,它具有"推理"的必然性,但进入到实际事物,它的"必然性"似乎就被"打了折扣",而要按照"事物"的"具体情形"来说话,

---

① 康德:《纯粹理性批判》,邓晓芒译,杨祖陶校,人民出版社 2004 年版,第 69 页。
② 同上书,第 75 页。

作不出"必然性"的"推论"来，至少，"逻辑学"不"保证—许诺""实际事务""完全"按照自己的规则运行。这是休谟的看法。

然而，如果人们不能在任何意义上"保证—许诺"在"经验知识"的"基础"处有作出"必然性""判断"和"推理"的能力和权力，那么一切"经验知识—科学知识"就会失去坚实的基础，而建立在沙洲之上，随时都有坍塌的危险；康德的努力，正是为人类的经验知识—科学知识寻求一块坚实的"绿地"，使之能够心安理得地发展成长。康德批判哲学首先是为"科学—经验科学""鸣锣开道"的。

康德在"范畴"中找到了这块"绿地"，这块绿洲，同样也是"知识"由"先验"向"经验"过渡的基地和跳板。原来，康德在传统的"范畴"中，看到了一种"综合"的因素。

"范畴"属于"逻辑学"范围，原是思维—理性的一些"形式"，在亚里士多德那里，或许有"令事物有所归属"的意思，但又和柏拉图的作为"事物种类"的"理念"不同，其意义更倾向于"形式"，而不具备"事物原型"的含义。

康德在改造"传统形式逻辑"的同时，也改造了它的"概念论—范畴论"，使这些"范畴"不仅具有"形式"的意义，而且也具有"内容"的意义，这就是说，这些"范畴"，不仅是"分析"的，而且也是"综合"的。"先天综合判断"之所以可能的"秘密"，在于"范畴"。

我们知道，康德在《纯粹理性批判》"感性篇"里，阐明了"时间—空间"作为"感性"的"形式"何以是"先天"的，"不依赖经验"的；在这里，康德进入"思想形式—逻辑"领域，与"感性篇"相比，他的任务正好相反：他要阐明，原本是思想的逻辑概念形式，何以能够是"综合"的，这就是说，"概念—范畴"何以不是"分析"的，而是"综合"的，但又保持着"不依赖经验"的"先天性"。

只有阐明了"范畴"的这种"先天综合"性，康德才有理由在这个基础上使"范畴"通过一些环节如"图式"，"进入""经验"，使"经验"的"知识"，具有"科学性"，即普遍必然性。

"感性直观形式"分为"时间—空间""内—外"两种，作为"理性—知性思维形式"的"范畴"则分四大类，下又各分三小类。

四大类中为首的是"量"。"量"的范畴并非倚靠经验积累概括出来的，"数—量"是一种"纯粹"的"思维形式"，"数—量"的重要性，古代希腊毕达哥拉斯学派已有深刻的认识，曾经被称为"万物的始基"，但如何理解"数—量"之本性，一直是争论的问题。"数—量"观念之经验起源，如同人类"意识"之经验起源一样，不是哲学研究的题目，哲学着眼于作为"思维形式"之"数—量"概念—范畴，对于科学知识具有何种意义。

在康德看来，"数—量"观念并不依赖经验，相反，恰是"经验"之所以成为"经验"的"条件"。

如果说，通过"时间—空间"的直观形式，使得万物作为"流动—混沌"的"感觉材料"，得以成为"事物"之"存在"，成为我们人类意识之"（直观）对象"，亦即使得"存在"成为"存在"，"存在"作为"客体"，与"主体"相"对应"；则，通过"数—量"概念—范畴，使得已成为"直观对象"的"事物"具有了"数—量"之"区分"，使原本"混和"在一起的"事物"相互在"数—量"上"分析—离析"出来，使"相同"的"东西"也有了"区别"。

然而，在康德看来，"事物""数—量"的关系，也并不是"分析性"的，他的著名例子"$5+7=12$"这样简单的算术，我们并不能够从"5"和"7"的"概念"中"分析"出"12"的概念来，两个数的相加答数，是"综合"的。不论此后数学中对此有何种异议，康德这个看法，具有他批判哲学的理路，这一点是不可忽略的。他的主旨并不全在于论证"数学"作为一门形式科学的性质，而在于要以"数—量"概念的综合性阐明他的"先天综合判断"之可能性，在于阐明"纯粹知性形式"——"范畴"，不是"分析"的，而是"综合"的，但又是"不依赖经验—先天"的，在于阐明他的"先天综合判断"如何可能，亦即"经验科学"如何可能。

我们看到，原本"混沌—杂多—混杂"的"感觉（之流）"，经过"先天—不依赖感觉经验"的"直观形式"进入"存在（者）—对象"，成为"可感的"；又经过"先天—不依赖经验"的"纯粹知性形式—范畴"，使"可感的""对象"转化为"可知的—可理解"的"对象"。

康德经常讨论的范畴是"原因"与"结果"这一对，属于"关系"这一大类。由于这一对范畴在哲学史上的重要性，康德多加讨论是很自然的。

亚里士多德认为，所谓对于一个事物拥有"知识"，也就是了解该"事物"的"原因"，把握了事物的"真原因"，也就是把握了事物的"真知识"；然则，"原因"与"结果"之间到底是一种什么样的"关系"，却是一个有争议的问题。这个问题，经过休谟的怀疑论的考问之后，其间的必然推理关系已经岌岌可危。

休谟否认一切"非分析性"判断的"推理必然性"，而他指出，"原因"与"结果"之间的"关系"不是"分析性"的，而是"综合性"的，我们不能从作为"原因"的事物（的意义）中"分析"出作为"结果"的事物（之意义）来。

这就是说，作为"原因"的事物并不必然"蕴涵"了作为"结果"的事物，它们之间的关系，不是"蕴涵"关系——如同"逻辑前件""蕴涵""后件"那样，而是一种"扩展"的关系，需得通过经验积累，对于"原因"加以"推广"，才能得出"结果—结论"。人们通常之所以认为从"原因"能够"推导"出"结果"，或者反过来，由"结果""推导"（回溯）出"原因"来，只是一种习惯的力量，并无"逻辑"、"分析"之"必然性"。

康德承认休谟的一个前提，即承认"原因—结果"不是"分析"的，而是"综合"的。这一点其实对于康德是非常重要的，康德正是利用休谟强调的这一方面，将"因果关系"牢牢放在了客观经验的领域，从而为他的"科学—经验知识论"服务；但他同时指出：并不能由"因果律"之"综合性"就得出它们必定就不是"先天"的结论来，它们既是"综合"的，又是"不依赖经验—先天"的，而正是由于这种特性，才使得人们在"经验知识—科学知识"中有权力运用"因果律"来"理解—认知""客观事物"。

正如人们要对"相同"事物说出个"一、二、三"来，必有"数—量"作为"先天条件"那样，人们要对"不同"事物说出个"来龙去脉"，则必有"因果律"作为"先天条件"不可。舍此，人们无以"理解"事物，而只会陷于"混乱"。

"混乱"乃是一个"无政府"状态，不是"知识王国"的状态，是"混沌"，不是"有序"。"混沌—无序"状态，在康德乃是他那不受规范，不受归化的"物自体",它不进入"时空"直观领域,不称其为"存在者—对象",因而也不受诸"范畴"之"规范—归类",反过来说,"范畴"不能运用到"物自身—事物本身"领域内。

这也就是说,康德的"范畴"不仅仅要如传统逻辑那样只要求保持思维"自身"的"一致性",止于"自身""推论"之"无矛盾性",同时还要求能够运用于"对象性"的"经验",使"对象—事物"成为"可理解"的,使"经验"成为"经验"。

"范畴"使"混沌""开显"为"现象";在知识论中,康德使"存在者""显现"为"有序"之"表象",此种"表象"组成一个"知识—科学"的"王国"。

二 "超越"与"经验"

由德国古典哲学奠定和相当完善了的这条哲学路线,使"哲学"既"超越""逻辑",也"超越"一般的"经验—自然科学"。

"逻辑"作为"理性"的"思维方式",本身是"形式"的,也是"分析"的,它的"综合"需要"外来"的"感觉经验""材料";然而,被康德改造了的"先验逻辑",本身就是"综合"的,这种"逻辑",就不仅仅是"形式"的,因而不是"分析"的,而是"综合"的,但又是"先天"的,"不依赖经验"的,因而为"先天综合判断"。康德整个"知识论"的问题就在于"先天综合判断"如何可能,这个问题,也就是"纯粹知性概念—范畴"如何可能。

康德将被他改造过的"逻辑"叫做"先验(transcendental)逻辑",而不是"超越(transcendent)逻辑"乃是因为,他要限制这种逻辑只能应用在"经验领域",而不能"超越"出"经验"之外。

我们看到,从某种方面来说,"形式逻辑"并无此种限制之必要,它只管内部形式推理之一致性,至于它的"符号—概念"是否有一个相应事物——对应,则是"实际经验"上"证实"的问题。保证形式上的一致性,乃是"形式逻辑"的要务;而"先验逻辑"则在"知识论"上需要一种限制,以防止这个逻辑也像普通逻辑那样脱离具体经验而限于单纯形式,同时又因为这种逻辑原本被规定为是"综合"而有"内容"的，从而反倒比普通逻辑更容易引起误解，以为凡在逻辑上"合适"的，都是在"经验"上"可证实"的。

于是，为防止可能发生的误解，防止"先验逻辑"进入"超越—非经验领域"，对于"先天综合判断"必须加以限制，也就是对于"知性（概念—范畴）"的合法应用范围给出"规定"，"限制知识（知性）"，乃是"批判哲学"的要务。

"先验逻辑"的"范畴"已经具有"综合"的意义，即不是"分析性"的，这里的"综合性"，指这些"范畴"通向了具体的"经验"之路，而不会被"封闭"于"单纯形式"之内，像"形式逻辑"那样，成为一种单纯的"符号—记号"体系，而这种单纯的记号，对于任何的内容，只要求"形式""意义"的合乎"规则"，因而重要的在于逻辑常项之间的关系，譬如，"A 是 A"不论"A"指称（referent）为何物，都是正确的，因为前后两项"A"互相等同，亦即互相"包容"，"重言式"是永远正确的。

当然，这种"分析"与"综合"在逻辑判断里的划分受到了蒯因的批评，认为是经验主义的一个"教条"；但是我们并不能够将"分析"与"综合"的界限完全泯灭，也不能将一切"综合"都归于"经验综合"，康德的"先天综合"仍坚持着自己的合法"权利"。

如果说，在"范畴"的"量"、"质"方面其"先天综合"性质不很突出的话，那么在"关系"和"模态"方面，其"先天综合"即"非经验综合"的特点就比较明显。

"关系"中"原因"与"结果"前面已有涉及，下文还有讨论，如今我们研究"模态"方面的问题。我们看到，如果只承认"模态"之"经验性"或只承认它们的"经验综合"，则此种"模态"将失去"逻辑"的资格，成为被常识设定的一些"实用"规则。蒯因大概正是这样贯彻的。

然则，"偶然—必然"、"可能—现实"等种种"模态"，仍是"理性—知性"的"功能"，而不仅仅是"经验之总结"。它们是"先天综合判断"，即它们的判断和推理有"不依赖经验"的"必然性"，亦即，它们是我们"理解—认识"这个世界所"必需"的，而非为了"方便"设定出来的"权宜之计"。

　　诸"模态范畴"之具有哲学—形而上性质而非单纯经验概念已为欧洲哲学之发展所显明，不仅古代亚里士多德已有阐述，而且近代以及当代哲学诸家也已有不小的推进。试想，如无"偶然—必然"之"形而上"之意义，亦即它们如不是"先天综合"，又何来尼采如此强调"偶然"之范畴，而在此基础上建立了他的"超人"观、"道德"观？尼采立身处世之"哲学原则"离不开对于这个范畴的信念；只要我们不打算将尼采当作一个经验的学问家，而把他当作一个哲学家看，则他对于"偶然性"在哲学上之执著态度，他那种对于"偶然性"之彻底态度，岂不是更加清楚？

　　再则，关于"可能—现实"更是欧洲哲学的一对重点范畴。这对范畴从康德到黑格尔从未被忽略过。如果说，康德似乎更加重视"可能"这一方面，他常常提出"可能条件"、"之所以可能"这类的问题，带有很重的逻辑意味，而不是一般经验性的概念；那么，黑格尔对于"现实性"的范畴之阐明，当是一大发展。黑格尔将"矛盾—辩证—发展"观念引进哲学，使"可能—现实"成为一个"逻辑—辩证发展"的"过程"，至今仍是非常值得重视和研究的题目。在黑格尔哲学中，"经验"已不再是一个个孤立之"事物"，而是一个"现实"的"过程"。在这个意义上，"经验"之"过程"，"现实"之"发展"，也就是"概念—范畴""推演"的"过程"，因而"经验"作为"过程"观，就是从"可能"向"现实"的"过渡"，而"可能""蕴涵"着"现实"，"现实"也"蕴涵"着"可能"，这样的"范畴"就有"权利"进行"判断—推论"。在黑格尔哲学里，"概念—范畴"也是"现实"的，或者说，只有"概念—范畴"才是"现实"的"本质"。"现实"是不仅仅被看作"单纯经验"的。

　　在这对范畴中，更加强调"可能性"的是海德格尔，而其精神是和黑格尔相当一致的。海德格尔的"Sein"强调的是其"可能性"，因为这个"存在"常常被误解为"单纯经验性"的"诸存在者"；他的那个"Dasein"正可以理解为这对范畴中的"现实性"，"Dasein"同样不仅是"单纯经验的""诸存在者"，而是"诸存在者"中很特殊的一种："人"。于是，"Sein"和作为"Dasein"的"人"，都不是一般意义上的"诸存在者"，就康德意义说，不是单纯经验的，而是"先天综合"的；当然，海德格尔并不用这种词汇，而是强调了"Sein - Dasein"的"历史性—时间性"，将

"时间性"引进"哲学—形而上学""本体论",开"历时性"之先河,也改造了传统的"本体论—存在论"。这是海德格尔的贡献。但如果联系起康德、黑格尔的"范畴"论,在哲学层面,当有深刻的关系。在某种意义上,后来的哲学也会"包容"前人的主要成果,包括前人的"范畴"。

"纯粹知性概念—范畴"与普通形式逻辑范畴还有一个重要区别:由于它们是有内容的,因而它们就不被允许运用到"经验"之外,也就是说,它们虽然是"transcendental",但却不是"transcendent",而在普通形式逻辑此种运用同样是合适的,只要它们的推理在形式上不产生"自相矛盾"的错误,这样,普通形式逻辑是被允许运用到"经验"之外的,譬如,关于"神"的"存在"与否问题等等,这些问题之所以多少年来纠缠不清,正在于受到了"形式逻辑"的"保护",才使这些问题披上了一件"合法"的外衣,而在"先验逻辑"看来,这些问题是"不合法"的,因为它们"超越"了"经验可能"的范围,在这个领域内,知性无权以自己的范畴来获得"科学知识"。

何谓"经验可能"的范围?一切经验都具有"感性"的基础,这就是说,必经"时空""直观形式"之"审定",不通过这道关口,知性无权接纳它们进入"知识王国",它们不是"科学知识"的"要素";而"感觉经验"经过"时空"整理的,只能是"现象",至于那些未获准进入"时空"的"材料",则为"事物"之"原始""本质",而事物之"本质",因其不"展示—显现"其"本来面貌"——因其"本来—原始本质"并没有"面貌","本体""本"无"体—body",因而被康德宣布为"不可知"。在康德看来,那些"可能—现实"、"原因—结果"、"偶然—必然"等等范畴,用不到"神—不朽—自由"这些问题上,不能问"神是偶然的还是必然的"、"神是可能的还是现实的"这类问题。

"物自身—事物自身"对于"经验科学"来说,"不可知"。

三　科学发展与哲学之形态

康德说出"物自身不可知"的话以后,受到了各个方面的批判。不但哲学内部,黑格尔也给予这种"不可知论"以全面的否定,从"绝对精神"

的"辩证"发展方面打通康德所设置的理性"诸功能"之间的屏障，而且在哲学外部，自然—经验科学的发展，似乎也在相当的程度上和康德的思想背道而驰。

自然—经验科学走的正是一条向"事物自身"进军的道路。科学自身的发展，不是任何条条框框所能限制得了的，科学的发展也未曾在康德设置的藩篱前面却步。康德哲学的确试图为经验科学指出一条"康庄大道"，无奈科学的精神却不畏惧那崎岖小路，为探索事物之"奥秘"，努力攀登，相信那古代希腊哲人向往的"看不见"的"真理"，就在那"曲径通幽"之处。"科学"之神圣使命，正在那"把握""事物自身"。

事实上，哲学家从未忽视过向科学学习的任务，康德本人并不例外。康德自身的科学素养以及他的批判哲学之精神都是很值得后人重视的，萨特说康德哲学是"工程师"的哲学，也有相当的道理，而他的"时空"观念，曾被认为过于局限于牛顿力学的影响，也就是过于"形式化"了；黑格尔哲学受达尔文演化论的影响也是很明显的，当然他们都有哲学自身内部发展的逻辑，不全是科学经验之哲学总结，但他们勇于面对科学所提出之问题，不回避这些问题。勇于面对科学的问题，也就是勇于面对现实实际的问题。"不回避问题"是科学的精神，也是哲学的精神。

然而这种精神需要振奋，需要鼓励，而不是抑制。不幸的是，历史上常常出现抑制这种精神的时期，科学史上有，哲学史上也有；不同时期重点可能有所不同。

与我们这里讨论课题有关的，譬如现代科学发展中提出的种种问题，哲学在相当一个时期内，并未认真研究，甚至采取了回避的态度。"科学"进入"事物自身"领域，"哲学"反倒限于事物的"表象"；"科学"进入了"自由"的领域，"哲学"反倒停留于"形式""必然性"而沾沾自喜。

现代科学对于推进哲学的发展，有着不容忽视的作用；哲学的态度是虚心学习，认真思考，既不是将现代科学成果仅仅作为某些哲学理论的佐证，也不是以哲学的教条来抑制科学探索。哲学以科学成果来"启发"自己的"思考"。

"相对论"和"量子论"的出现，对于哲学有很大的冲击力，它们一个在"宇观"世界，一个在"微观"世界，为哲学打开了不同于一般"日常生活""现象—表象"世界的领域，"逼近""事物自身"。表面上看，这两大世界似乎"挑战"了"人文—生活"世界，因为没有"人""住在""宇宙"上，也没有人"生活"在"中子—质子"各种"子"中；然而，无论"宇观"还是"微观"，居然都在实质上"离不开""观察者"。没有一个"观察者"，这个"世界"就会"隐匿"起来，而"不同"的"观察者"，居然会有"不同"的"世界"。于是，一个时期，"主观主义—唯心主义"的帽子就随时等待着这些科学研究，这些帽子不见得能够阻止科学，但使哲学一时畏缩不前，搁置了对这个问题的思考。

随着这"两轮"而来的，尚有许多令人头疼的问题，其中最为严重的莫过于"宇宙—物质—时空"有无"起源—创生"问题，亦即"有限—无限"问题。

传统的哲学观念，"宇宙—物质—时空"当然是"无限"的，对它们提出"起源"问题，是不合法的，或者是陷入了"犹太—基督"的"创世"说的泥沼；然而现代科学却执著地探索着这些问题，而它的倾向却恰恰是承认这些事物之"起源—有限"，而又能够与宗教观念划清界限，使"宇宙—物质—时空"在"自然"中有一个"自产生"的阐明，而可以"不需要"一个"超越"的"全知—全能"的"神"。这"两论"如今已有很细节的研究，来阐明"宇宙"和各种"子"的"创生"过程，在解决过程中的难题时，表现了科学的一丝不苟的精确性。

如今"宇宙大爆炸"的理论对于解释"宇宙—物质—时空""创生"具有相当优势，其中涉及"热力学第二定律"的描述，是一套很精确复杂的演算，而在这个定律的支配下，"宇宙—物质—时空"倒是既有"生"，也有"死"，足使哲学的相对宽泛的但却不可颠覆的原理——"一切有限之物必将消亡"得以充实，只是这个消亡过程以亿万年计，或可"忽略不计"了。

据说，"量子论"认为，在极其"微观"的世界，各位"子"们都很"自由"，也就是说，的确有"从无到有"的事情，而这种"有"，并没有"原因"；只有这些"子"真正成为"们"，即聚集为一个"团体—集体—整体"，则才有了"因果关系"。这个观念，与我们人间诸事又何相似乃而！

"人"作为"个体—个别"，作为"精神—灵魂"应是"自由"的，这是我们哲学从康德以来经过论证，确信无疑的，否则道德的"责任"就无所依据，"人"作为"道德者—责任者"的基础在于它是"自由者"；然则，这个"自由者"进入"社会"，与"诸自由者"有了"关系"，凝聚、组合成各种"团体—集体—集团"，则就会是一个"原因—结果"的"必然""整体"。于是，"必然"是一个"开显"出来的"现象"，而骨子里面是"自由"。

"现象""必然"，"本质""自由"，于是我们又"回到了"康德；而这两者"结合"起来，"自由"通过"必然"表现—开显出来，又是黑格尔的"精神现象学"。

"自由"之"本质"，而"本质"是"真实的存在"，于是，"自由"之"本质"，正是"自由"之"存在"。"存在"而又"自由"，岂非又感到了海德格尔"Sein"之涌动？

"物质不灭"曾经是科学与哲学的共同信念，或许是哲学向科学学习的结果；如今科学自己质疑此种观念，在"宇宙—物质—时空""创生"观念上走得已经很远，那么，哲学的观念又该当如何？

哲学似乎找到了"存在"。"存在"不是"物质—质料—材料"，"存在"也不是静止之"物"，"存在"为"事"，乃是海德格尔后来的"Ereignis"，"事"当然离不开"人为"，但是"事"也有"不以人的意志为转移"的"自己"的"运行轨道"，"事""自为之"。"事"之"自为"，"事"自己的运行，是为"历史"，是为"时间"，而"时间—历史"正是海德格尔动态之"存在"观念。海德格尔改造了哲学中传统"存在论—Ontology"，或许也免除了"物质不灭"受到质疑之困。"物质""有生—有灭"，并不会陷于真正的"虚无主义"，不会"泯灭""有—无"之"辩证"关系。"存在"既为"时间—历史—过程"，则"有—存在""无—非存在"正是"相反相成"，"有无相生"，"生""什么"？"生""事"耳！于是"存在—非存在"、"有—无"，乃是"事"之"同一个过程"而"异名"而已。

"存在"是"本质"的"过程"，也是"自由"的"过程"；如何理解"自由"，哲学已有很多阐发，然则科学按自己的历程，也有发现，足资哲学思考。

　　从某种意义上说，哲学也许走在了科学的前面，有一种超前的意识。

　　按照康德，人们只能以纯粹知性概念—范畴来理解世界，而且舍此世界变得不可理解—不可知；而"自由"不在知性概念之内，因而不能以此获得"知识"，此议到黑格尔已有批评改变，自由为理性—精神之本质，一切"现象"之根本皆在此自由，自由"使"事物变化发展，也使事物"存在"，变化发展了的事物，是为"真—真实""事物"，而非空洞之"事物—存在"概念。于是，在这个意义上，我们可以说，为其引进"自由"的纯粹理性概念—理性范畴，"事物"才有可能"真—真正—真实"被理解。

　　科学自身的研究正朝着这个方向进展："自由"——与"因果"相对应的"自由"，是"理解—认知"某些微观粒子（亚质子）的关键。这些"子"的产生，并无"前因"，乃是"自发"、"突然"出现的。科学里有相当严格的推演计算，而就哲学言，这种现象，说明了"自由"范畴的重要性。如果我们沿用康德、黑格尔的思路，舍范畴无从理解—认知事物，则除列举 4 组 12 个范畴外，尚需"自由"作为"理解—认知"某些微观现象界的"（小）事"。当然，"子"虽"小"，却有"关""大""事"。"大""事"表面上看也许是"必然"的，但其极小之"组成部分"，却是"自由"的。"必然"由"自由""组成"，"必然"乃是"诸自由者"之间的"综合—组合"，各自相"异"的组成部分，"合"起来似乎井井有条，纪律森严，但根基里却是由"绝对的""异""结合"而成，因而，并无万古长存不变的"秩序"。

　　康德向往的是那有条不紊的"秩序"，尼采向往的是那永恒提供机会的"混沌"。康德崇尚循规蹈矩的绅士，而尼采或许更看重"乱世"的"英雄"。

　　我们常常说"乱世出英雄"，"乱后而治"；然而在科学里，如何由"混沌—无序"开出"秩序—有序"来，却是一个大难题。"混沌"问题，"混沌学"向哲学提出了"挑战"。"混沌"问题是一个"开天辟地"的"大事"。

　　按照"热力学第二定律"，"熵"的最大值为"热寂—热死"状态，这种状态并不是"乱"，而是"死寂—不动"，"熵"不可避免地增加，则宇宙必定归于"死寂",那时为绝对之"平衡",那么除非真有那麦克斯维"小妖"从外部将其"搅动",这个"死寂"之"平衡"状态如何打破,则成为绝大之难题。

"死寂"状态,当无"自由",盖"自由"乃是"创造",乃是"行动",而"绝对"之"死寂"则各种"子"都"各安其位""不分彼此",稳则稳矣,"动"不起来了,而"自由"乃是"精神—活力",于是乎,"打破""热死—死寂"状态的,岂非"人"乎?

又于是乎,人们似可不必"外求"麦克斯维"小妖",这个"小妖"又岂非在"人""自己"身上?"人""天生"并非"圣贤",而倒是"小妖"!这岂不又是尼采的意思?"小妖"和"超人"几乎是一个意思,它对于"死寂"状态言,乃是"捣乱者","始作俑者"。

于是,"自由"又是"绝对平衡"的"破坏者",它介乎"死寂"与"秩序"之间,在这个意义上,它也是"秩序"的"创始者"。

　　(作者后记:长期做西方哲学研究工作,深感缺少各种具体学科的知识,尤其对于逻辑和物理学,缺乏基本常识,对于做哲学研究,非常不利;近年有"科学与宗教"课题,有意识补读一些科学书籍,很感兴趣,但底子太薄,不敢深谈,这篇文章,譬如习作,敬请读者批评)

北京

2006 年 9 月 14 日

欧洲哲学发展趋势与中国哲学的机遇

欧洲哲学起于古代希腊至今两千多年，已经成为一门古老而又常青的学问。在这两千多年的过程中，"哲学"同样也有自己的"盛衰"，有自己的"命运"，"哲学"有自己的历史。"哲学"并非恒久"不变"，哲学的"历史形态"经常在"变"，有时快些，有时慢些，也有时相对"停滞"；于是我们有"古代希腊哲学"、"希腊罗马哲学"、"中世纪哲学"、"近代哲学"和"当代哲学"，当然也有"中国哲学"、"印度哲学"、"阿拉伯哲学"，等等。研究这些"哲学形态"的历史命运，当是哲学史的任务。

"哲学"也和其他学科一样，它的历史形态固然有种种不同变化，但它的基本问题却常常保持在相当同类的层面上，它们思考的问题，也都具有可沟通之处。

"哲学"思考什么问题？如果不怕简单地回答这个问题，我们不妨说，"哲学"思考的是"自由"问题；更进一步，如果不怕说得绝对，我们甚至可以说，在某种意义上，"哲学"竟然并不顾及狭义的"必然"，而专注"自由"。"哲学"把"（形式的）必然"交给了"（狭义的）科学"，自己集中思考"自由"的问题。用哲学的话语来说，我们也许可以说，"哲学""超越""必然"，进入"自由"；哲学思考的是"自由"的"必然"和"必然"的"自由"。

欧洲哲学在这条"超越"的道路上，走了几千年，坎坎坷坷，有许多经验教训，但的确使问题逐渐深入，时到如今，如果不作专门的学习，不容易一下子把握住其发展变化的脉络。"哲学"也成为一门专业性很强的学问。

一　古代希腊之"自由知识"

古代希腊之所以成为欧洲哲学的摇篮，乃在于它在一般实用的知识之外或者之上，进行了一种暂时没有实用功利的理论探索，理论的态度暂时从实用态度中"摆脱"出来，而"摆脱"也就是"自由"。不过起初还只是"消极"意义上的"自由"。这种"消极"的"自由"就跟"奴隶"身份的"解放"具有大体同样的意义，"人—奴隶"从"必然"的"束缚"中"解脱"出来。"人—奴隶""自由"了。这样，这种"消极—摆脱"的"自由"却有一个很"积极"的结果："人""有"了一个"世界"，而不仅仅是这个世界的"必然""大箍"中的一个"环节"了。

这种"解放"，使得人有可能对待事物采取"客观"的态度加以观察研究，获得"客观"的"知识"，这种知识已不再仅仅是"实用"的，而且是"科学"、"理论"的。

"科学—客观—理论"的"知识"，是一种"自由"的"知识"，是"摆脱"了实用制约的"纯粹"的"知识"。这种"自由知识"的出现，对于人类精神的文明开辟了一个新的天地，在这个科学的、理论的、客观的"自由土壤"上滋长起来的"哲学"，成了古代希腊民族对于人类的不可限量的贡献。

然而，即使在古代希腊，"哲学"又不仅仅是"科学"的"自由知识"；"哲学"在这个原始的形态中，孕育着进一步发展的"契机"："哲学"要"超越""科学"的"形式"的"必然"，"哲学"牢牢把握着"自由"。

在古代希腊哲学中，"自由"由消极的意义转向积极的意义，"自由"不仅是"摆脱"而且是"建立"，"自由"为"自己""产生""自己"，"出自"于"自己"。

"自由"使"人""摆脱""自然"，使人"有一个世界"，亦即"有一个""客体"，而且，既然"有一个客体"，也就"有一个主体"，"人"从"客体"中"解脱—摆脱"出来，成为一个"主体"。"自由"似乎意味着，"客体""产生"着"自己"，"主体"也"产生"着"自己"，"客体""主体"皆"自由";"知识—认识"乃是二者—两个"自由领域"的桥梁。古代希腊哲学经历着"认识客体"到"认识你自己"的过程。

"认识客体"于是有"水—气—火"等等"始基";"认识你自己"不仅有了"理念"、"存在",而且有了伦理道德。哲学从"理论"走向了"实践"。

柏拉图"理念论"和亚里士多德"存在论—实体论",不仅要"认识""客体",而且也要"认识""主体"、"理念"和"存在之存在",不仅仅是为了认识"客体",而且也是指出了"主体"之"结构",而这种"结构",乃是"客体"之所以成为"客体"的"本质"。"客体"之"自由""本质"在于"主体"之"自由",使"主体""有意识地""摆脱"了"客体",而不是相反。就"客体"来说,情形恰恰相反,"客体"总是努力将"主体""吸收"到"自己"中来,"客体"要"主体""回归"到"自己—客体"中来,"人"不可避免地要"回归自然"。在这个意义上,哲学的任务集中于"认识你自己","把握你自己","守住你自己",使之"不回归自然",而"守住你自己"、"不回归自然"亦即"守住自由","回归自我—你自己",即把世界—客体"吸收"到"主体"中来。古代希腊开辟的这条"回归之路",奠定了哲学知识论的基础,"知识"即是把"世界客体""吸收"到"人—主体"中来。

当然,在这条知识的道路上,也有不同的走法。有通过感官由"印象"进入"心灵",经过"思维"加工,形成知识判断体系的,这是一种经验科学的走法。就其摆脱当下眼前实用言,已是"自由"的,但仍然受到"感觉材料"的"限制",在这个意义上,"主体"的"自由"也受到相当的限制;但是舍此"经验科学"就失去"客体"的"根据"。

古代希腊的哲学,就"自由"问题来看,它的一切努力,也都是在这个框架内进行,因而是一种"科学性—知识型"的"哲学"工作。他们当中最为杰出的柏拉图、亚里士多德,固然有许多突破,但仍是在这个框架之内。

柏拉图理念论强调"现实世界""模仿""理念世界",后世阐发出更加深刻的思路来,但究其本意,大概仍是在"工程建构"的模式之内,他的"理念",大体上是人们头脑中的"设计方案","理念"和"现实"仍不脱"概念"和"材料"的关系。"感觉经验"对于柏拉图固然是低一等的，但是仍有重要作用；这种痕迹到亚里士多德的"存在—实体"论就更加明显起来。亚里士多德批评柏拉图把"理念""孤立"起来，"脱离"了"现实"，而他的"实体—存在"乃是"现实"的，但又不是"感觉材料"，而是"本质"，于是出来一个"存在的存在"，或者"存在作为存在"。

恰恰是亚里士多德在这条知识论的道路上，强调揭示了"抽象"的一面。这意味着，"主体"由"自由"展示了自己相反的意义：必然。原本为原始宗教想象为世界的"命运"，被"主体""自由"地"吸收"为"逻辑必然"。"逻辑三段论"成为科学知识追求的目标，科学在"逻辑推论"的"证明"里安身立命。被证明了的是可信的，可理解的，也才是有意义的。"知识型"的"主体"走向"自由"的"反面"，以"必然"的"证明"为皈依。

然而，我们看到，"主体"这种"思维逻辑"的功能，以"自由"为基础，"自由"早于"必然"。

"自由""不安"于"必然"的框架，等待着进一步的"解放"。

二　"自由"的挑战——哲学面对犹太—基督精神

基督教和犹太教是宗教，宗教强调"归宗—皈依"，凡不信者皆斥之为"异端"，于"自由"何干？在实际上，宗教的确和"自由"是南辕北辙的，但是在理路上倒也有相当的关系，它揭示了古代希腊哲学涉及但未曾深入的问题，将"自由"问题提到更加突出的位置，突破了那"知识型""自由"的"大箍"，进入一个新的层面。

在理路上，基督教似乎是建立在"自由"的基础之上的，因为基督教的"神"乃是"绝对"的"自由"。

希腊也有"神"，也有种种"宗教"，但它的"诸神"同样是"知识型—技术型"的，因而这些"神"的"能"也是"相对"的；基督教的"神"是"唯一"，是"绝对"，"世界"是"神""创造"的。基督教的"创世说"，不可避免地将"神"设为"绝对自由者"，世间一切都是"神""无中生有"地"创造"出来的，而不是像希腊人想象的那样是"来料加工"出来的。

于是，"自由"在基督教里明确地与"创造"联系起来，"自由"就意味着"创造"，这个思路经过尼采更加发扬出来，虽然他是非常反对基督教的。

不仅如此，"神"还把"自由"赋予了他的最得意的创造物"人"。"人"因"自由"而为"恶"。这样我们也可以理解为："神"把"必然"赋予了"自然"，而把"自由"赋予了"人"。"自然"无所谓"善—恶"，而"人"因有了"自由"则"兢兢业业"。"人"因"自由"而"抗争""神"，"偷吃善恶知识禁果"，基督教把希腊的"知识"贬为"原罪"，"知识"乃是"犯错误"的根子，"万恶之源"。但是基督教这个理路中却也透示出，"知识"乃是"自由"的"结果"，亦即，"必然"乃是"自由"的"结果"，"自由"比"必然"更加根本，更加原始。

"神""创世"，亦即"自由""开出""万物"。这个"开出"乃是"外化—实体化"的理路，然则，有"外"就有"内"，"内—外"原是一体。"神"既然"开出""万物"，也将"万物""吸收—回归"到"自身"来，连"基督—耶稣"也都"回到—站在""神"的"身边"。在基督教的含义中，每一个世间的"自由者"——在基督教意义上亦即"信教者—教徒"，都等待着"回归"到"神"那里，在这个意义上，每一个"人"都是正在由"必然"走向"自由"的道路上。"人""在路上"。"人"以"自由"为"皈依"。

在这个框架内，"知识"——通常意义上的"经验知识"都是一些"小智慧"，甚至是为非作歹的"小计谋"，充其量也不过是"谋生手段"。希腊追求的"智慧"被分成了"大—小"，二者并非程度上的区别，而有性质的不同。"大智若愚"，"信徒—使徒"们在常人看来也许"愚不可及"，因为他们"视死如归"。

"生死"是"宗教"的大问题，"自由"地对待"生死"，乃是宗教理路尚须得打通的关卡；就经验科学来说，"生—死"都是"必然"的。"自由"地对待"生死"乃是"超越""必然"，"超越""生死"，于是，在道理上如何有这种"超越"的可能，就是一个应该研究的问题。

"超越生死"对于宗教来说，也是一个难题，因为要在理论上解答这个问题的可能性，宗教必定要求教于一种学说，而一切学说，都须借助希腊哲学所奠定的"科学""理论"，"宗教"借助"神学"来解释这种可能性，而"神学"在古代希腊本就是"哲学"，是一种在"科学"基础上"升华—超越"出来的"神（圣）学"，而这种学说对于解决这个"超越—自由"的问题是不充分的，因而"宗教"必定要陷于或借助于某种"迷信"，尽管基督教和"迷信"是不相容的。即使是基督教，对于"生死—永生—再生"等问题，难免有"迷信"的影响。

应该说，"哲学"也曾经陷入面对"生死"问题的困境，柏拉图《费多》篇中苏格拉底所阐述的"灵魂"与"肉体"的"分离"以及"灵魂不灭"的问题，也为基督教所接纳，成为教父们解决这个问题时的根据，但无可讳言的，其中同样有某种原始的迷信成分。

"超越生死"只有从"超越必然"的视角来切入，才有可能接触问题的关键；并不是"人""有能力""超越生死"于是才"有能力""自由"，相反而是，因为"人""有能力""自由"，才"有能力""超越生死"。"自由"必定"超越生死"，就如"自由"必定"非—不是必然"一样，"自由"必定"自由"，乃是一个"重言句"。"超越生死"意味着"自由"必定"超越""必然"。

其实，"宗教""设定"一个"全知—全能—全善"的"永生"之"神"的"存在"也就意味着这个"神"已是"超越了""生死"，但是，"神"为"不死"，因其"不死"而"永生"，对于"神"，只"生""不死"，他老人家当然是"绝对自由"的，问题在于，对于我们"人类—人族"，乃是"有死者"，"人固有一死"，"有死者"如何"还""生"？这个问题只有在"耶稣—基督"身上才可能突出："耶稣—基督"作为范例如何"死而复生"？循此，或者"因此"，人人才有"死而复生"的问题，于是"耶稣—基督"成为"救世主"，使人人都有可能"得救"。所谓"得救"，亦即"死而复生—再生"，由"再生"而"永生"，由"必然"进入"自由"。基督教设定"人人皆自由"，于是"人人皆可得救"。

然则，"哲学"与"宗教"在这个问题上的分歧在于：宗教为了"神"与"救世主"的特权"判定""人"没有能力"自己"解救"自己"，只有"神"或者他老人家派遣下来的"化身—基督—救世主"才有能力"救赎""人类"。于是"人""需要""神恩"。

就哲学眼光看来，"人"不需要什么"救世主"，"人"作为"有理性"的"存在者"就有能力"自己解放自己"，"人"本就是"自由者"。在这个意义上，"宗教"为了"神"的利益"牺牲"了"人"的利益，从而"歪曲"了"自由"和"超越"的道路。

宗教在这条被扭曲了的道路上，还跌入了一个"陷阱"：它要以逻辑的推论"证明""神"的"存在"。这就是说，"宗教"要以"必然""证明""自由"，因而从"自由""退回"到了"必然"。在这方面，"宗教"和"哲学"在同一条道路上走了相反的路线。"哲学"从"必然"走向了"自由"，而"宗教"则从"自由"走向了"必然"。

"宗教"向希腊哲学提出了"挑战"，以"神"的崇高揭示了"自由""创造"之路，但是这个"神"一"进入"世俗世界，则"落入"巴门尼德的"必然"之"大箍"中，似乎只能借"奇迹"才能"自拔"——"超越—跳出三界"，"神"对于自己的"创造物"似乎束手无策，尚须借用对手—哲学的"逻辑"来做什么"神之存在"之"存在论—本体论证明"，受到了哲学——至少黑格尔哲学的批评和嘲笑，黑格尔说基督教神学之"本体论证明"，乃是以"知性"的方式来对待"理性""对象"的结果，以此求"证"，必定依赖抽象的、形式的逻辑。这就是说，哲学的任务不是将"自由"降低为"必然"，而是要将"必然""提升—超越"为"自由"。

事实上，"必然"并非"自然"本身，不是"实质性"的，而归根结底只是"形式性"的，原本也是"主体"的"自由"产生的一种"工具"，为了在"知识"上"把握""自然"，所能够把握者，也是"自然"的"现象—表象"，而非自然"本身"，此理康德阐述甚明；只是康德限于此，复将"自由"也归为"形式"。

"形式"的自由，与"神"一样，不能在"实质"的意义上使"人""超越生死"，没有可能真正理解"必然"的"生死"是如何被"克服"，因而被"超越"的。

在实质意义上"自由"地对待"生—死"，关键仍在于将"必然"的"人"，转化为"自由"的"人"，"生—死"都是"自由者"的"存在方式"，都是"历史性"的"生生不息"的一些"环节"，"生"和"死"都是"进入历史"，进入"时间"。"生""进入—被吸收进""死"，乃是海德格尔的"提前进入死亡状态"；"死""进入—被吸收进""生"，乃是基督教的"再生—复生"。

"自由"迫使人们"进入""时间"，进入"历史"。"自由"、"时间"和"创造"的关系，柏格森论之甚详。

在犹太—基督思想的挑战下，"哲学"做出了自己的回应，而在这个交锋磨合的过程中，"哲学"也磨炼和提高了自己。"哲学"努力"化解""宗教"的理路。

至康德哲学，"自由"已经占据了"哲学"的"顶峰"，由《判断力批判》作为"生活—活生生"基础的"批判哲学""生长出"两大"形式"体系：理论理性与实践理性，而后者之"形式性"更高于前者。"实质性"的"自由"，留待黑格尔发展；只是康德在"自由"问题上的工作，为这一思想的进一步发展奠定了坚实的基础，这一点是无可否认的。

在"自由"的问题上，康德的核心贡献在于把古代希腊传统的"理论性""自由"提高到"实践性"的"自由"上来，指出前者的"自由"——所谓"主体性原理—先天性原则"，虽得自"主体"，但仍受"客体"限制，因而只有"有限的自由"，而只有在"实践"领域，"自由"才是不受任何感觉世界的限制，才是"绝对"的。由于康德把"理论理性"限制在"现象界"，而按康德的理解，这个领域受"必然律"支配，受主体性的先天"范畴"支配，因此，"主体性"虽为"自己产生自己"，但"产生"出来的却是"必然性"，在这个意义上，在"理论理性"的范围内，康德把"自由"降为"必然"，"自由"成为"必然"的"工具"；只有在"实践理性"，"主体"作为"道德体"，才是真正"自由"的。康德"贬抑知识"，为"信仰""留有余地"。

康德的这个提法受到了严厉的批评，因为他把"知识"和"道德"、"理论"和"实践"割裂开来了，从黑格尔开始，哲学家走了一条把这二者结合起来的道路，但是把"实践"问题突出地提了出来，对于"哲学""化解""宗教"的工作也是有贡献的。

基督教神学家为了在思路上的贯通，不得不求助"哲学"的"论证—

证明"，使"神"这个"绝对""自由者"向"必然"的"逻辑""求援"，神学的"本体论—存在论证明"言之凿凿，但是正如康德所批评的，"思想"并不能"证明""存在"，"思想"之"贯通"不等于实际的"存在"；"神"当从"实践—伦理道德"领域去理解—化解，"实践理性"是通向"宗教"的正当途径。"自由者"当从"自由"角度去加以理解，而不是将其降为"必然"的"环节"，而又如叔本华后来指出的，哪怕是"第一个环节—第一因"也还是在"因果根据律"之内，而"自由"与"必然"本不是一个"领域"。

"自由"必以"自由"去理解，"自由者"必以"自由者"的视角来理解，也只有"自由（者）"才有能力"理解—阐述""自由者"。"自由者"之间的关系，不仅仅是"认知者"之间的关系，不仅仅是"主—客"关系，而且是"主—主"关系。"信仰"在"主—主"关系之中，在"自由者"关系之中。

"信仰"不同于"知识"领域里的"证明"与"证实"，"神"不能"证实"——经验中无此"对象"，也不能"证明"，但"宗教"却谆谆教导人们要"信"，知其在"知识—科学"上"不可信"而仍要"信"，其理路机制在于，对于作为"自由者"的"他人"，我们无法从"科学知识"上完全把握，但"自由者"之间更有"信"在。

对于作为"必然性"的"客体""对象"，我们有能力作理论的必然"推论"，在已知条件下，我们的理智允许提供确切信息，"水"在100℃条件下必成为"气体"；然则我们不可能在相关条件下"预测"一个"人—他人"的"行为"。因为我们或许可以假设已知充足的条件，但有一个"条件"永不得知："知人知面不知心"，他的"心"，他的"意志"是"自由"的。在这个意义上，对于"他人"我们"认知"他的"条件"永不得足够，"他"对"我""原则上""永不可知"。"他者"为康德意义上的"物自体"，亦即"自由体"，一切"知识范畴"面对"自由者"皆"失效"。

然而，我们却无时无刻不在和"他人""交往"，"自由者"之间"有""关系"，虽然这种关系不能以"因果律"的"范畴"加以涵盖；但"自由者"之间的"关系"仍是一个"信"字，或者在某种意义上比起"必然者"之间来，是更为"高级"的"信"。

"必然者"的"信"归根结底是"形式"的，而"自由者"之间的"信"倒是"实质的"。"必然"的"信"依靠"推理"和"事实"，而"自由"的"信"依靠"道德"。

"怀疑—不信"原本是"科学"的精神，因为"必然"的只是"形式"，而"科学"除本就是形式性的"数学"、"逻辑"外，大多涉及实质，因此科学不仅需要"推论"，而且需要"判断"，而这种"判断"往往是相对的；"道德"的精神是"不惑"，如康德所言，即使世上并无一人有德行，德行的道理—道德仍然有效。

"自由者"之间"应该""信"，否则不构成"关系"。"必然者"之间首先"不信—怀疑"，而"自由者"之间首先为"信"。在"信"的基础上，生出人间种种道德情操。

这种"信"的关系，仍为宗教—基督教所揭示，而为哲学所化解。

"自由者"之间这种"信"，具体要问，"信"什么？所谓"信"，乃是"信""对方"之"承诺"，亦即"信""他人"之"言"，中国汉字之"信"从"人"从"言"，得其意矣。

按"宗教"教导，须"信""神"之"言"；"神""说""有水"，于是世上"有了水"等等，或一时没有水，但终将有水。"神"说，"弥赛亚—救世主要来"，须"信""弥赛亚—救世主"终要来到，尽管或许还要"等待—期盼"另一个两千年。

"神"为"绝对"之"自由者"，故须得"绝对"地"信"，"人"或为"相对"的"自由者"，则也须得"相对"地"信"。"宗教徒"为"信众—信徒"，一般人也须得为"诚信者"，"人无信不立"，"言而无信"非人也。

"诚—信"为道德之本。"诚"发自"自己"（中），"信"取信于"人"（外）。"诚者""可信"，"信"建立在"诚"的基础上，"诚"即是"自由者"之"本性"，凡"自由者"必"诚"，盖因皆发诸"自己"，"诚"于"中"，"中"即"自己"，"不偏不倚"，"正"是"自己"。"中庸"乃是"恒常""守住""自己"，在这个意义上，"中庸"乃是道德之本，而非"左右逢源"的小计谋。

"信"乃是"信""自由"，"信""自由者""言必由衷"，"信""自由者"之"诚"，"言"必"行"，"行"必"果"。

这里的"必"与"果"，都不是"经验科学—经验知识"型的，而是"实践"型的，"道德"的，不是"科学"的。"信"乃是"实践"型的"信"，而不是"理论"型的"信"，后者只是"形式"的，只有前者才涉及"内容"。"实践"、"道德"不允许"空头支票"，"自由者"的"支票""必然""兑现"。

"神"的"绝对自由""下降"到"人间"，"神"按照"自己"的模型"创造"了"人"，"人"被赋予了"自由"，于是"诚—信"原则也布满人间，人间固然充满尔虞我诈，但是对于"自由者"的"信"这样一个道德原则，却不可颠覆。人间的"信"，只比"天国"少一个字，在人间，"信"而未必"仰"。"自由者"之间乃是一种"平等"的关系，"自由者"不必"仰"而可"信"。

"不平等"的"信"，无非加重"必然性"之砝码，以外在权威加重"论证"的分量，犹如"主—奴"的关系。"主子"的"话"，"奴才""必须"要"信"要"听"。"奴才"执行"主子"的"命令"，"主子""言"，"奴才""行"，而且也是"行"必"果"；此时"主子"或为"自由者"，但"奴才"则是"必然者"，"奴才"的"行"是"必然"的一个"环节"，"主子"是"因"，"奴才"使之成为"果"。这种"关系"，即使是"主子"的"自由"也被歪曲成"必然"的一个"环节"。"主子"也会被"历史"的"必然性—命运"所"捉弄"，"自由"终成"必然"。即使"主子"为"第一因"，也只是"因果"的"一个—第一个""环节"。

"哲学"不仅揭示"主—奴"作为"道德"关系的虚假性，而揭露"神—人"关系的虚假性，主张一种"对等—平等"的"自由者"之间的关系，倡"信"而不"仰"的结构，在这种"自由"的"社会结构"中，"信"已涵盖了"敬—仰"的内容，对待"他人"无须"仰视"而就可"信（任）"。

在这个意义上，20世纪法国的列维纳斯"贬抑""自我"，"抬高""他人"，即使将"他人"阐释为"孤儿"，也还是"为宗教信仰""留有余地"了。

三　"东方"的"朝霞"与"西方"的"落日"

"西方"的"哲学"经过了几千年历史发展，对于"自由"作为"哲学"的核心问题已经有了一个相当深入的观念系统，道路曲折，内容深入，仍有"希望"，从某种意义来说，"西方哲学"的"希望"在于"非西方"，"希望"在"东方"，在"东西方之融合"。

我们不宜说西方哲学已经"没落"，尽管他们自己倒常常喜欢如是说；然则，"没落"如作"落日—日落"观，已有其深意在。

世界文明之光从东方升起，犹如太阳从东方升起一样。按照古代传说，古时候不止一个"太阳"，则东方升起的太阳也非一个，而中国的太阳在古代或非"最大"，也是很大的一个。那么，"文明之日"的升起，在哲学上可作何种理解？

"太阳"升起，普照大地，世上万物沐浴阳光，欣欣向荣，这是一层意思；另一层意思是对于我们人来说，阳光普照之下，世上万物多姿多彩地跃入眼帘，举凡日月山川、亭台楼阁、江船帆影、小桥流水莫不清晰可视，于是，在阳光的条件下，古代希腊人才有可能有"eidos—理念"的观念，也才有"einas - 存在"的观念，而在此观念的引导下，才有科学技术及科学的理论或理论的科学，也才有柏拉图、亚里士多德的哲学。阳光乃是一切文明的物质基础和条件，就连"神"也是先"有光"，然后再有其他。

东方是世界文明的发祥地，东方为世界文明带来"曙光"。

我中华文明肇始远古，中国哲学自成体系，独树自己的旗帜于世界哲学之林，虽几经摧折，不仅能自我修复，而且兼容并蓄，发扬光大，不断更新再生，显示着顽强之生命力。

就哲学言，我国或无"哲学"之"名"，但却有"哲学"之"实"。盖哲学为思考"自由"之问题，已如前说；而"自由"一词，译自西文，但出自中国古籍，老庄之"自由"观尽人皆知，及孔子之"随心所欲而不逾矩"说出了古典"自由"观之精髓，至于孔门倡"克己复礼"之道，至宋儒"天理""人欲"之辨，也都十分强调"摆脱""私欲"。

中国哲学随同中国文明一起，已经给了世界的哲学以"曙光"。古代希腊哲学之父泰利士只留下可疑的一句话，而我们的老子却有五千言的著作流传。

中国哲学以及中华文明在近代之所以被"质疑"，甚至被一些人"否定"，其原因错综复杂，而根本上主要是"非哲学"的原因。近代以来，中国综合国力薄弱，外侮内乱，致使敏感的人对于中国根基的信念发生动摇，这种态度，当会随着综合国力之增强逐渐消失，自不待言。

不过，就学理来说，中国哲学随着国家之强大，也必定发挥其"兼容并蓄"、"融会贯通"之能力，将西方哲学之精髓"吸收"到"自己"的系统中来，从而也必有一番新的面貌，发扬光大，庶几无愧于先贤圣哲，而不取抱残守缺、妄自尊大的态度。

宋明以来，西方学者及传教士出入中国，惊羡中土文明，直至康乾之世，仍赞誉有加，一度曾有"西方没落"之叹；但他们当中的有识之士，在感叹声中看到希望，从"没落"中看到"再生"之机遇，更有那睿智俊彦，别出心裁，化消极为积极，对于"没落"做出深入之思考，发人深省，不得不引起我们的重视。

无可否认，黑格尔对于东方—中国哲学抱有偏见，但他的批评应引起我们的重视，尤其是他对于东西方哲学文明的分析，很有启发作用，为以前的研究未曾重视。

由学生记录整理的《历史哲学》中，黑格尔表达了这样一个意思：世界文明起于东方之"日出"，而"终于"西方之"日落"。"日落"并不意味着世界之"泯灭"，而是"另一种"方式的"存在"："日落"一切归于"黑暗"，此时人们把"世界""吸收"到"内在"中来，加以"反思"，"日落"将"世界""内在化"。

应该承认，黑格尔这一思路，我个人从未注意过。通常我们只是注意到黑格尔强调"外化—外在化"的思路，而未及相反。"外化"为"开显"，"日出"使"万物—世界""开显"出来，而"日落"则为"内化—内在化"，把"世界—万物""吸收"到"思想"中来。"日落"为西方人提供了这样一个机遇，而不会永久陷于"外化"的"现象"中。"内在化"地"反思""思考""世界—事物"之"本质"。

"内在化"的"世界""摆脱"（暂时地——如叔本华所言）"现象"

的"声色货利","内在化"使"精神""自由"。"自由"的观念得到深化,"内在化"就是"深化"。西方的哲学,特别是欧洲的哲学,正是从积极方面利用了"日落"这个机遇,"化腐朽为神奇",将自己的哲学传统推进了一大步,黑格尔哲学就是这方面的一个重要成果。黑格尔曾说他的哲学是头足倒立着的世界,也正是把"外在"的世界"内在化"了的缘故。

西方哲学家抓住这个机遇不放,努力继续工作,开启了欧洲哲学一个个的新境界。

所谓"日落",世界归于"黑暗",而在"黑暗"中,"世界—万物"反倒得以"本质"地"存在"。"内在化"了的"世界—万物"乃是"本质",而"本质"亦即"存在",此黑格尔"概念"与"存在"之"同一性"之思想,也是海德格尔"存在—Sein"的意思。

法国列维纳斯早年认为海德格尔的"存在"是"暗"的,后来他解释说,"存在—il y a"似乎是一种"创世"之前的"混沌"状态,似有似无,寂静而唧唧,我深有同感;现在我进一步感到,原来黑格尔也有这层意思,"内在化"恰恰是"万物—事物"之"本质",为"世界"之"真在—真实(authentic,eigentlich)存在"。

按照海德格尔的意思,"存在"乃是"时间性—历史性"的,那么黑格尔的"内在化",恰恰也就是"时间性—历史性"的,这又可以和康德关于"时间"为"内感官"之"形式"接续起来。或许,黑格尔的工作重点在于将已经"内在化"了的"概念世界""外化—外在化"出来,所以他说"内在"的"概念世界"是"超时空"的;我们现在看来,只是"超越""外在"的"时空"而已,而实际上,这种"内在化"了的"世界",正是"真正的""时间性"的"世界",亦即"历史性"的"世界"。海德格尔"存在"之"时间性"和"历史性"似乎牢牢地跟黑格尔的"暗中""内在化"思路"吸"在了一起。

按照这个思路,我们似乎可以把"外在—内在"—"明—暗"问题与"时—空"问题联系起来考虑,同时也就是跟"自由"问题联系起来考虑。

从某种意义来说,"内在的世界"似乎在"神""创世"之前,在黑格尔的"绝对—精神""外化"之前,这样,"历史"似乎要"早于""现实",这是一条古典唯心主义哲学路线。按这条思路,"现实的时间"也是"内在的时间""开显"出来的，也就是说，"空间"是"时间""开显—创造"出来的；然而，我们也未尝不可以考虑另一条思路，即"时间"并非"开显""空间"，而是把"空间"吸收进来，使之也成为"内在"的，使"空间"的"必然性""内在""化为""时间"的，"时间"中的"空间"，"自由"中的"必然"，"内在"中的"外在"，这就是"历史性"，亦即海德格尔所说的，"历史"之所以成为"历史"的"历史性—Geschichtlichkeit"。

"历史"并非仅仅是"过去""事实—facts"之间的"因果""必然"关系，而且还是"时间"中"人—行为—事情"之间的"自由"的关系。"历史"之所以成为"历史"，不仅仅因为"人"有"记忆"，而且是因为"人""在""时间"中，"人"不仅有能力把"时间""外化"为"空间"，使得世间万事万物都有"意义"，使"空间""开显"出"时间—历史"的"痕迹—trace（德里达的意思）"，而且也有能力"内在化""空间"，使"历史事实""开显"出"内在"的意义，亦即使"记忆""自由"，使"记忆"不仅是"历史学"的问题，也是"解释学—hermeneutic"的"对象"。

"历史事实"作为"诸存在者"，皆已"不存在"，由"存在者"转化为"非存在者"，"而今安在哉"？在"空间"中已经找不到了；然而，这些"历史事实"却不仅曾经"在"过，而且"现在"仍然"在"，不"在""空间"中，而是"在""时间"中，"在""时间"的"绵延—duree"中。它们不是作为"必然性"对我们起作用，古人不能"一定—必然"地对今人产生影响，但却"自由地"对今人产生影响，此非伽达默尔所谓"有效应的历史"耶？

在这个意义上，"过去了的"这个"非存在者"，就今人"自由地"来看，恰恰"保留"了"存在"，"非存在"为更为"本质"的"存在"。于是，海德格尔的"存在"，乃是"时间性"的，"历史性"的，也是"自由"的。这个意义上的"存在"，也是"内在"的，相对于"外在"的世界言，乃是"暗"的，"玄"的。什么叫"玄"的？"玄"乃是"玄思"的，是"思想"的，"思"的，在这个意义上，"思"和"在"完全"统一—同一"。

"思"而又"玄"，故非康德、黑格尔意义上"知性"之"思维"，而是"理性"之"思辨"，所涉并非单纯之"存在者"，而是集"存在者"与

"非存在者"于一身的"存在"，就黑格尔的意思来说，是为"变者"；就海德格尔的意思来说，"非存在（者）"是"存在"的"形式"，"非存在（者）""保留"了"存在"，"死—无"的"龛位"里"供奉"的是"生—有"。"语言"这个"思想性"的"非（物质）存在者"，却是"存在"的"家"。在这个意义上，"在""住在""（玄）思"中，"（玄）思"为"存在"的"家"。

换一句人们常用的话，这个意思就是说，"历史（性）""活在"人们"心"中，"自由—历史—存在"自"在""人心"。

在这个意义上，"自由—存在—本体"意义上的"时间"，也不仅仅是康德现象意义上的"内感官"，对于"非存在"的"感觉"，已不是"空间"的，凡称得上"内在"的，就应是"思想"的，或是在黑格尔意义上的"概念—理念"的，而不是"感觉"或"感悟"式的。人们常用"玄（思）"，或也因为要强调其"不可感"。

不过既然人有能力将"空间""吸收"到"时间"中来，则似乎也有能力将"感觉""吸收"到"思想"中来。"感觉"与"思想"的"统一"，在黑格尔为"思辨—speculative"，是为"镜像中之概念"，或"概念中之镜像"，是为"思想性之感觉"，也是"感觉性之思想"。或许，此为人们常常说的"感悟"？

然则，"玄思"更有一层"辩证"的意义在。"思"之所以"玄"，乃在于其"内在""时间"之"自由性"，乃在于"存在论—本体论"意义上"是—非—有—无"之"变"。"变"为"有—无—是—非—存在—不存在"之"矛盾"，"变者"为"矛盾体"。"时间"为"自由"，亦为"矛盾"，"时间""吸收""空间"是为"历史"，"历史"亦为一"矛盾体"，对"矛盾体"之"思"，故为"玄思"。"玄思"为"辩证"之"思"，"历史"的"思"，"时间"的"思"，也是"自由"的"思"，而不是"形式""必然"的"推论"之"思"。

欧洲哲学已由"日落"中"复生—再生"，积极迎接"挑战"，"沉思—反思—反省"于"落日"之"昏暗"之中，"开显"于光天化日之下，"内圣"而"外王"；"王者"以"法""制"天下，使社会按"必然"之"律"运行而不悖；"圣者""崇自由"而"尚智慧"，遂使"思""通"

"古今之变"。于是乎"圣者""自""圣"，"王者""必""王"，二者亦成一"矛盾"之"统一体"，而不复古代柏拉图"哲学家"为"王"之单纯抽象"理想"。

反观中国昔日之辉煌，后生小子，敢不自策；就哲学言，能够"反躬自问"之时，能够进入"时间—历史"进行玄思—沉思之日，亦即"再生—复生"之时。

哲学有能力将"空间""吸收"进"时间"，中国哲学也有能力将包括欧洲"落日"成果在内的一切"化为""空间—必然"之"事物"，重新"吸收"到"时间"中来，"接续—推动""哲学"之"历史"与"自由"。

近代哲学，亦如近代社会之发展，由英国至法国，由法国而至德国，是一大成。19 世纪至 20 世纪初，乃是德国的"天下"，列维纳斯说，20 世纪哲学无过海德格尔；及至 20 世纪后半期，法国人做着德国人过去做的工作，也可以说，在哲学上，法国人"代替"德国人在做哲学的事。

我们在中国做哲学，固当以曾是"朝日"之光辉而自荣，更当以"再生—复生"为己任，将"试看今日域中（哲学之领域中），究是谁家的天下？"这个问题，铭记在心。

北京
2007 年 9 月 10 日

试释"逻各斯"

"逻各斯"是欧洲哲学传统常用的概念，它的出现，早于后来成为一门"（形式）科学"的"逻辑"。赫拉克利特着重提出了这个概念，因为他只有残篇留下，研究它的含义是一个很专门的学术问题，亚里士多德虽然为西方"逻辑学"奠定了基础，但并未用"逻辑"这个词，而他在《形而上学》里阐述的仍是"逻各斯"。

那么，究竟怎样理解"逻各斯"的意思？它在欧洲哲学中占有何种地位和具有何种意义？

一般来说，"逻辑学"是探讨"思维"的（形式）"规则"，而"逻各斯"则有更多的"客观规律"的意思。这样来理解当然并没有什么错误。传统理解"逻各斯"一词来源于"说"这个动词的演变，赫拉克利特所说的"逻各斯"也是在这个意思上来用的，他叫世人不要听他的，要听"逻各斯"的，也就是说，不要听他的主观的"话"，要听"逻各斯"客观的"话"。他又说世界是一团熊熊烈火，在一定的"分寸"上燃烧，也在一定的"分寸"上熄灭，这个"分寸—度"，也有"逻各斯"的意思。这样，"逻各斯"主要是指"客观"性的"道理"，而不是"主观"性的"观念"。在古代希腊，前者为"真理"，后者为"意见"。

这是在这个问题上古人为我们奠定的基本思路，在这个思路的"指引"下，我们还应该继续深入地探索，使这个思路框架更加丰富具体起来。

欧洲哲学的历史发展自身提供了这个问题的深入理解的线索，特别是基督教圣经将"神"的"话"作为"逻各斯"以增强其"客观真理"的意味，哲学要"化解""宗教"，就不能不认真面对这个原本是从哲学中借用来的概念。

果然，对于"逻各斯"的理解，在欧洲近代以来的哲学发展中有重要的启发作用。我们这里作为重点参考的思路，主要是海德格尔和黑格尔、康德。

海德格尔之所以在《存在与时间》里专门讨论"逻各斯"，是因为他要探讨的是"存在论"的问题，那时他叫做"基本存在论"，而不是"知识论"问题，他是把在近代欧洲哲学中康德"知识论"的"转向"又"逆转"为"存在论"，所以他第二本正式出版的著作《康德与形而上学问题》在1929年，离《存在与时间》的出版（1927年）仅隔两年。在论康德的著作中，海德格尔着重在"形而上学—存在论"为"知识论""奠定基础"这个在《存在与时间》中已经提出的论点发挥，尽管他把康德的"先天综合判断"何以可能问题径直理解为"形而上学"何以可能，认为康德那些"先验范畴体系"就是"形而上学体系"尚待讨论，但是他由此建立一个有"时间"性的"存在—本体"的工作，实在是很有意义的，欧洲哲学此后的发展证实了这一点。

在从"知识论"到"存在论"的"转向—逆转"中，海德格尔也把康德对于"逻辑"的"改造"转化为对于"逻各斯"的"阐明"。

康德工作的难度在于"改造"传统的"逻辑"，这个"逻辑"被理解为只管推理形式而不管所涉内容的逻辑，"逻辑"只涉及"主体—理性"的"先天性"，而"感觉经验"所"给予"的则是"后天"的，不是由"理性""推理"出来的，而这个"先天"和"后天"的"界限"为休谟所确立，前者是"无可怀疑"的，后者则只有"习惯"之普遍性，而无"先天"之"必然性"。

所谓"先天性"就是"逻辑性"，其核心是"分析"性的，也就是说，"结论"是由"前提""分析"出来的，"前提"已经"蕴涵"了"结论"，这样的"结论"当然是"必然"的，是可以"推论"的；但是"综合命题"就没有这样的"必然性"，它的"结论"不是由"前提"保证的，而是要有实际的"经验"来"证实"的，因而"综合判断"是一个"实际问题"，而不是"理论问题"；然而，"综合性"的"判断"又是以"逻辑推理"的"形式—形态"出现的，因而"综合"的、"经验"的"知识—判断"也是"逻辑"的。

然而，在"先天性"的意义下，"知识"在"理论"上的"可靠性—

必然性"也只能是一些"先天"的"形式",而"逻辑"只能是"形式"的,只是"知识"的"工具",本身还不是"知识";换句话说,这种思想意味着"知识"并不一定就具有"必然"的"可推理性",可以徒具"推理的形式",而实际上却没有普遍的必然性,因而除了"分析性"的科学外,就没有实际上的"理论"的"知识",也就没有"理论"的"科学",而没有"必然性—普遍性"的"科学"使"科学"失去了"可靠"的"基础","科学"在"理论"上——"科学"的"理论"应是"必然"的。

在这个意义上,康德的工作就是要将"科学知识""奠定"在一个"可靠的—必然的""理论"基础之上。既然"必然性"离不开"逻辑",则康德的工作也就是要使"科学知识"的"内容"与"逻辑"的"形式""结合"起来,使"科学"不但"合法地"具有"逻辑"的"形式",而且"逻辑"也"合法地"具有"综合的—经验的""内容"。

康德为完成这种"逻辑""改造"工作,可谓殚精竭虑。因为要使"感觉经验"和"理性推理"两个分属不同领域和不同来源的"因素""沟通—结合"起来并没有初看那样容易。

康德的工作基本上分成两个步骤,一是从"感觉经验"中离析出"时间—空间"作为一切"感觉经验—直观"的"形式—条件",这个"形式—条件"是"先天"的;然后进而从"理性—逻辑"中提出"范畴""论证—演绎"它们可以合法地"运用"到"经验"中去,这样,我们的"知识—科学"就不仅有"时间—空间"的"通道"进入—上升到"理性—知性",而且也有"逻辑范畴""进入—下降"到"经验直观"中。

在这个意义上,康德改造逻辑的工作是将逻辑的各个"概念"和"范畴"与"直观"的"时空"在"先天性"这一层面"先""统一"起来,使一门既有"直观"又有"概念"的"知识"成为可能。既然"知性"离不开"概念",而"感觉"离不开"直观",如今这又有了"结合"的可能,也就为既有概念形式又有感觉内容(材料)的"经验知识"成为可能在道理上奠定了基础,并且,在这种意义上的"知识"因其都是建立在"先天性"(范畴和时空)的基础上,则其"普遍的必然性"和"必然的普遍性"就有了保障,而不必像休谟那样,将它归于经验的"习惯"层面。

我们看到,正因为康德的工作是要把"理性—逻辑概念"与"感性直观形式—时空"在"先天性"上"结合"起来，则"双方（范畴和直观）"都会受到"限制"。也就是说，"思想"的"范畴"和"存在"的"直观"都"限制"在"现象界"，厘清这个"限制—界限"，是康德的"批判哲学"要做的工作。

"批判哲学"的意义在于，作为"思想—思维科学"的"逻辑学"的这些"范畴"不仅仅是"可以—被允许—有权利""运用"到"直观形式（时空）"中去，并且也"只能—只允许—只有权""运用"到"直观形式—时空"中去，"超出"这个"直观形式—时空"的范围，"理性"不可能得到"科学知识"，康德视为"僭妄"，是"理性"在"科学知识"上的"越权"。

这就意味着，康德所谓"直观（时空）"的意思只涉及大千世界的种种"现象"的"诸存在（者——用海德格尔的语言）"，而不涉及—无权涉及"存在"自身。"存在—事物自身—存在作为存在""不可知"，用逻辑学的话语来说，"存在"不是"宾词"。

"存在"不是"宾词"又意味着，"存在"只是"主词"。"主词"而无"宾词"就意味着只是一个"空洞"的"概念"，到底这个"主词"具有何种"性质—属性"，我们还"一无所知"。康德甚至批评说，如果我们只是说"神是存在的"，那我们对于所说的"神"等于什么也没有说出来，或者我们对于"神""一无所知"，因为"神"这个"主词"如果没有任何"表现—开显"，则我们对它只能"一无所知"，而我们说出的"神"这个"语词"也只能是一个"空洞"的概念，此时"神是存在的"只是一个"抽象"的"同语反复"。

"存在"不是"宾词"也就是说"存在"本身并不"进入""时空"的形式，作为单纯"主词"的"存在"是一个单纯的"抽象概念"，是一个单纯的"思想体"，而不是一个"实在体—实体"。"存在"本身—"事物本身—物自身"竟然是一个单纯的"思想体"，而那些原本是"思想"产生出来的"逻辑概念—范畴"却倒具有"现实"的"权利"，通过"时空"进入"经验现实"，这个问题，康德"批判哲学"反倒认为是合理的，而"理性—思想—范畴"要进入他判定为单纯"思想概念"的"存在"本身，则康德反倒认为一定—必定会发生"二律背反"，在这个意义上，康德的"二律背反"乃是"理性—思想""自身"的"矛盾",亦即,"思想—理性—范畴"仅仅"面对""思想体",而"离开""实在体—实体"的领域,没有"规定性"和"限制",必限于矛盾。

康德揭示的"理性""自身""矛盾"的必然性受到黑格尔的高度赞扬;只是黑格尔认为,"理性""自身"的"矛盾"也可以由"理性""自身"来"化解—扬弃",而不必"接受"一个"外在—外来"的"规定"和"限制"才能"克服—避免""自身"的"二律背反"。

"理性"不限于"自身一贯"的"逻辑""形式","理性"也不限于"知性",不限于"先天直观"和"先天概念""自洽"的基础上所建立—建构的"经验科学",也就是说,"理性"不仅在"知性"层面上面对一个"直观"的"对象","理性"也面对"自身",即以"超出""直观"的、非"直观"的"自身"为"对象"。"理性"缺少"直观"的"限制","理性"为"自由",在"自身—绝对"意义上的"自由",而这个意义上的"理性""自由"必定产生"矛盾","自由"为"自相矛盾","理性""摆脱""直观"的"结果"乃是"自相矛盾","自相矛盾"也就会"自己限制自己","自相制约",而由此产生积极意义上的"自相矛盾",于是出现黑格尔意义上的"辩证法";康德赋予了"辩证法"以"必然"(但消极)的意义,黑格尔赋予了"辩证法"以"自由"(但积极)的意义。"辩证法"是"理性""自身""必然"的"自由",也是"自由"的"必然"。

由于"辩证法"积极意义之阐述,黑格尔将康德"改造""形式逻辑"的工作又推进了一步。"形式逻辑"不仅"发展"为"先验逻辑",而且进一步"发展"为"辩证法"的"逻辑",在这个意义上或者也可以叫做"辩证逻辑",只是这里的意思不仅仅在于"知识论",而且在于"存在论"。"辩证法"、"辩证逻辑"乃是"存在论"的"逻辑",即"存在"的"逻辑"。在"存在论—存在"意义上讲"逻辑",讲"法则",也就是古代所谓的"逻各斯"。"逻各斯"乃是"存在论"意义上的"存在"的"逻辑"。

何谓"存在"的"逻辑"?或许我们可以说,康德的"知识论"的"先验逻辑"是"宾词"的"逻辑",而黑格尔的"辩证法"乃是"主词"的"逻辑"。

　　在康德意义上，"主词"所谓的"存在（者）"必由"宾词"的内容"给予"其"规定"，从而成为"现象"，也才能"认知"这个"主词"是"什么"，如果没有"宾词"，"主词"—"事物""本身"是"不可认知"的；黑格尔并不否认没有"宾词"的"主词"只是一个空洞的"名字"，而是认为，"主词"的"宾词"不是从"外部""加给""主词"的，而是"主词""自身""开显—发展"出来的，从"主词"到"宾词"是一个"发展"的"过程"。

　　"主词—主体"是一个"实体"，"宾词—客体"是"属性"，"属性"并非"外在"于"实体"，原就"在""主体"里，"实体"原就是"主体—客体""统一"的，是一个"矛盾"的"统一体"。

　　这样，在某种意义上，"主体"好像一粒"种子"，枝叶、果实的"属性—性质"，都"蕴含"在这颗"种子"里，"种瓜得瓜，种豆得豆"，但是"枝叶、花果"又是从"种子"中"发展"出来的，相对于"种子"说，是一些"新东西"，原本（在"种子"中）是没有的，于是这个发展的过程，既可以说是"从有到有"，也可以说"从无到有"，"发展"是"有"和"无"的"矛盾"并"统一"。

　　于是，就"逻辑"的"概念体系"来说，"宾词"固然是"属于""主词"的，但除分析命题外，"宾词"并不能从"主词""分析"出来。它们的关系，按照康德，是一种"综合"的关系，"科学知识"的"判断"都是"综合判断"。康德论证，这种判断不仅仅依靠"经验"，它以一种"先天性"的"综合判断"为基础，康德"知识论"的主要工作就在于阐述这种"先天性"的而又"综合判断"何以可能。

　　就黑格尔来说，他则以"辩证法"来涵盖这种"先天性"的"综合判断"，从矛盾、对立统一的视角来阐述这种"先天综合判断"。所谓"综合"原本就是"矛盾—对立"的"统一"，这种"对立统一"的"发展"又是"必然"的，因而也涵盖了康德的"先天性"，但"辩证法"同时还是"先天—后天"、"超验—经验"等等"对立面"的"统一"。

　　"主词"中"孕育"着"宾词"，意味着"主词"并非单纯的抽象"概念"，而是一个"辩证—思辨"的"概念"，"主词—主体"是一个"矛盾体"，"概念"就"孕育"着"实在"，在这个意义上，"概念"就（"孕育—是")"实体",反过来说,"实体"也"孕育—是""主词—主体",即一切"实在的对象",也同时就是"概念","思维(概念)"与"存在(实体)"在辩证法的意义上具有"同一性",而不仅仅是康德"批判哲学"意义上"概念"与"直观"的"先天"关系。康德固然很正确地地指出,"概念"中的"一百元"与"现实"中的"一百元"完全是不同的,但在黑格尔看来,如果"一百元"是"真正"的"概念",即不是"幻象—空想",则在这个"概念"中,必"涵盖—蕴含—孕育"着自身的"现实性",通过"努力",这个"概念"必成为你的"实际财富"的一部分。或许这种"转化"的工作并未成功,但你是认真地在"让"这个"概念""实现"的,这个"概念"并非"抽象—空洞"的"幻想"。

黑格尔这个"思维与存在同一性"思想,在后来的现象学派创始者胡塞尔那里得到了承认和发挥,成为胡塞尔现象学"本质—现象同一"的基础,而把"感觉—感性自然"的"自然科学""悬搁"起来,"现象学"成为"最严格的科学"和"理念的科学"。

胡塞尔的"理念"不同于康德,而接近于黑格尔,是一个"思想"和"实在"同一的"理念",不是一个单纯的"思想体",而且也是一个"实在体—实体"。面对"理念世界",正是回到"事物本身";但是,胡塞尔的现象学也跟康德一样,把"思维与存在同一性"问题主要从"知识论"的"直观"与"概念"的关系去理解,他强调的是"本质"的"直观"和"直观"的"本质",对于"存在"这个环节,是他的学生海德格尔发挥出来的。

海德格尔的《存在与时间》对于哲学的贡献并不因为他曾一度供职于纳粹统治德国时期的大学而可以完全抹杀。与我们论题有关的在于:随着"时间"进入"存在"的视野,海德格尔使欧洲传统"存在论"发生了巨大的变化。"存在"不是一个"固定"的 existence,而是一个"动态"的 Sein。

作为"主词"的"实体",黑格尔已经让它"动"了起来,"主体—主词""孕育"着"客体—宾词",由此"开显"这个"实体—主体—主词""自身";也许,正是海德格尔,不仅让"主词(主体)—宾词(客体)""动"了起来,连带那个原本是"联系动词"的"是"也"动"了起来,

"联系动词"真正成了"存在动词"。

让"是—Sein""动"起来对欧洲的哲学思维来说是一件了不起的大事（Ereignis）。"是—Sein"是欧洲传统形而上学的"最后"的"堡垒"。康德、黑格尔已经在不同的方面、不同的层次上"摧毁"了这个"碉堡"，但这个碉堡的最核心部分："存在"，虽然已有"震撼"，但尚未被"摧毁"，海德格尔用"时间性"这个"炸弹"使"存在"化为"碎片"，而又在赫拉克利特的熊熊"烈火"中"融为一体"，但"存在"的"火"却"永不熄灭"，永远"在"运动中。在这个意义上，"存在"是"燃烧体"，而不是"凝固体"。

"存在"是一个"大熔炉"，是一个"活"的"熔炉"，因此也是一个"活"的、"大"的"综合体"，"存在""吞噬""一切"，举凡"主体—客体"、"思维—存在"、"感觉—理智"、"概念—直观"等等，全都"在"这个"大熔炉"里得到"锻炼"。"存在"之所以有如此巨大的"能量"，乃是因为它就是"时间"，就是"历史"，而希腊人说，"时间"是"儿童"，但也是"王"，"时间""主宰""一切"，而且永为"无辜者"，正是从"时间"中产生"善恶"、"正义—非正义"。

"时间""综合""一切"，这就是"逻各斯"，在海德格尔，"逻各斯"是"时间"的"原则"，"存在"的"原则"。

海德格尔在他 1935 年所作而 1953 年发表的《形而上学导论》中比较详细地阐述了"逻各斯"所蕴涵的"聚集"的意思。

海德格尔先从"逻各斯—Logos"希腊文辞源来阐述，说这个词从一个意思为"集聚"的动词变化而来，以此解释这个词原本就是"集聚"的意思，而"言说—说道"是后来演化出来的。这样的考据，似乎与在《存在与时间》一书里的用法有所不同，但它和"存在—时间"的关系则是一贯的。"逻各斯"不是主观的"思维""规则"，而是客观"存在"的"时间""轨迹"，于是"逻各斯"是"道"，是"道路"，在这个基础上，亦即在"语言是存在的家"这个意义上，"逻各斯"也是"道—言说"。"存在""住—驻""在"作为"时间轨迹—道路"的"语言—道"这个"家"里。这样，在本源的意义上，"思（维）"和"（存）在"，在"存在论"上是"同一"的。"思维与存在同一性"这个命题，由黑格尔的思辨理性—辩证法"理念"上的意义，转化为"存在论"上的意义，由"超越知识—绝对哲学"的意义，转变为"时间性—存在论"的意义。用黑格尔自己的话来说，思辨意义上的"逻各斯—辩证法"被"扬弃"，"精神""克服""矛盾"发展"回归"到"精神自身"，则为在"时间"意义下的"存在""回归"于"存在""自身"。"回归"之"路"，即"历史"之"轨迹"，即"逻各斯"，即"保存—存留—住在""语言—话"里的"存在—曾在—将在"。在"逻各斯"意义下，"思—在"原本是"一"，"逻各斯"将"思"和"在""集聚"起来，"合二为一"。

"思—在""合一"，也是"主体—客体"的"合一"，也是"主词—宾词"的"合一"，"逻辑"将它们"分"开来"研究"，"逻各斯"将它们"合"起来"思考"。

黑格尔将"宾词"的"属性""吸收"到"主词"里来，使"主词"的"（诸）宾词—属性"成为"主词—主体""能动"的"发展""历程"，黑格尔的辩证法"扬弃"了"主—客"双方的坚硬的对持，使"客体""归属""主体"，成为"客体"的"能动力"，开显"自身"的种种"形态"。黑格尔以"主体—主词""同化"了"客体—宾词"，将"形式逻辑""改造—转化"为"辩证法"，这个工作的巨大的启发性，在海德格尔的工作中有明显的印记，他在阐述"逻各斯"的"集聚—综合"意义时明确地将其规定为"矛盾""对立统一"的意思。所谓"综合—集聚"并非堆积并列，而是将"矛盾—对立""双方""统一"起来。

然而，细想起来，海德格尔对"逻各斯"的阐发与黑格尔也有精神上的不同，或者说，在这个问题上，海德格尔有所变化发展也未尝不可，而之所以有此变化发展，也和他们的哲学基本根据有所不同有关。

就这个问题说，海德格尔的视野并不限于"主体—主词"与"客体—宾词"的"关系"上，既不是将"主体—主词""归属于""客体—宾词"，也不是将"客体—宾词""归属于""主体—主词"，而将文章做在那个"联系词—einaisein"上，这项工作，虽然并不是"全新"的，甚至还是很"古老"的，一直可以追溯到古代希腊"前苏格拉底"时期，但是海德格尔在这个问题上"注入"了"新"的意思，"包容"了黑格尔的工作而又有所"推进"，或者叫"推后"，将黑格尔的"辩证法—逻各斯"精神"灌注"到传统"存在论"中，使之为之"面貌一新"。

就一般"形式逻辑"言，这个作为"联系词"的"是"甚至是可以"省略"的，亚里士多德讲"三段论"用"符号"做"前件"和"后件"的，这个词往往被"省"掉；而且某些民族的语言中，古代往往并无这个词，古代汉语和俄语都没有，这对黑格尔倒是比较方便的，因为他关注的重点是"主—客"的关系；但是古代希腊则在这个常常只是"联系""主—客"关系的"小词"里看出了深刻的哲学含义，抓住了不放，居然逐渐地形成了一大门学问——存在论。

当然，这门学问从亚里士多德开始，就遇到了很大的麻烦，"存在"既不是一般所谓的"属性"，那又当如何理解？欧洲哲学思考的历史发展，存在论的麻烦和问题越来越多，遂有康德"知识论"的"转向"，从康德到黑格尔都在这个"转向"之中，但是黑格尔本身对于后来的变革已经"呼之欲出"，没有黑格尔的辩证法之启发，可以想象海德格尔的工作要困难得多。

体会海德格尔在这个问题上的意思，"存在—Sein"的"能动性"有"能力"将"主体—主词"和"客体—宾词"双方都"吸收—集聚—综合"进来。在这个意义上的"Sein"就不仅仅是"联系动词"，而且是真正的、完整意义上的"存在动词"了。这个"是"，就是"在"。于是，"集聚—综合"的"逻各斯"就是"在—存在"的"逻各斯"，是"逻各斯"将"主"和"客""积聚"起来，而且，原本那个"是—在"就已经"蕴涵"了"主"与"客"，"蕴涵"了"实体"与"属性"，是后来发展成"逻辑"的"思维规则"将它们"分"了开来，海德格尔（还有黑格尔）重提"逻各斯"首先就要把被"分割"了的东西"重新""聚合"起来，"回归"到它们的"源头"。

在这个"源头"，"存在"并不是一个"抽象"的"名词"，既不是"主词—主体"，也不是"客体—宾词"，不是单纯的"实体"，也不是单纯的"属性"，而是"积聚—蕴涵"了二者的实际的"存在"，在某种意义上，这个"存在"就是亚里士多德第一层意义上的"实体"，而亚里士多德之所以要分出第二层意义的"实体"，或是"思维""范畴"的需要。在第一层意义上的"实体""积聚—蕴涵"了"主—客"，"积聚—蕴涵"了第二层意义上的"实体"和"属性","实体"不仅是"主体"（黑格尔），而且是"存在"。

"实体"是"存在"，反过来也就意味着，"存在—是"是"实体"，而不仅仅是一个"概念"，一个"符号"，一个"语词"，一个"逻辑系词"。

这样一种理解，不仅使得"存在""实在"起来，而且也使得"实体""实在"起来，"实体"也曾经被理解为一个"抽象"的东西。

"实体"是"主体—主词"可以理解为一个"概念"，即使是"思辨"的"概念"——即"辩证"的"概念"，"概念"与"直观"相统一的"概念"，终究还是一个"概念"，它只能与"存在"的"形式"条件——"时间—空间"在"先天性"上相结合，因而黑格尔的"主体—主词—实体""概念"也还有"超时空"的意思在内。黑格尔的"发展"主要在于"概念"的"逻辑"的"推衍"，将现实的"历史"进程"容纳"进他的"辩证发展"的"推理"中，因而，他的"逻各斯"，仍是一种"思维"的"逻辑"。

如今"实体"与"存在""同一"，"时间—空间"就不仅仅是"认识主体"的一个"先天条件"，而且是"存在"的"客体现实性"的"条件"，"存在"与"实体"、"时间""三位一体"。"存在—实体"的"变化—发展"就不仅仅是"逻辑""概念"的"推衍"，而是"现实历史发展"的"轨迹"，这个"轨迹"，就是"时间"，就是"逻各斯"。"逻各斯"将"主体—客体"的"概念""集聚—吸收—融汇"到"存在"中来，"存在"是一个"大综合—大汇合"。"存在"是"风云际会"的"历史"，是"天地人神""四位一体"（海德格尔）。

在这个意义下的"时间"已不仅是康德理解的"感性直观"的"形式条件"，不仅是为了进入"逻辑概念—范畴""推衍"的"必要前提—条件"，不是为了替"因果性""推理"做"准备"的"先—后""先天"关系，而是一个实实在在的"过程"，"时间"的"逻各斯""吞噬""一切"，将"过去—现在—未来""一切""实体—实事—存在者包括人及其技术产物"都"裹挟"进来，"汇集—聚集"成"历史"的"洪流"，"时间"的"洪流"。

"历史—时间"的"洪流"不是"逻辑"的"推理"所能"穷尽"

的。在这个意义上，真实存在的"历史—时间"并不是将已知的或预计的"实事""编辑—编撰"起来使之成为一个"合理"的"体系"就能"完成（任务）"的。康德已经相当雄辩地指出，"事物"的"本身"是我们"合逻辑"的"知识"所不能"把握"的，亦即，真实的"历史"是不能"逻辑""必然"化了的。"历史"充满了"偶然性"，过于"复杂"的"条件—材料"是不能穷尽的，但"历史"的探索工作却要"穷尽一切细节"（福柯），这大概也就是康德的"二律背反"在"历史""终极知识"问题上的表现。

这样，康德的在"逻辑"框架中的"科学知识"，只限于"现象界"。康德认为"本质"只是一些没有直观的概念，是一个"理念"，但他的"直观"又是为某一些概念（知性范畴）"服务"的，只是为"知性"的"范畴"提供"材料"；在这个"界限"之外的广大领域，那个作为"思想体"的"本质"领域，实际上却是真正的"存在"的"领域"，是实实在在"实体"的领域，它的"无限—无穷"亦即"日益丰富"的"宝藏"，"等待"着人的"理性"去"发掘"。"理性"在"开发—发掘"中"丰富"自己，"自己""规定—限制""自己"。

在"逻辑"框架中的"科学知识（包括历史知识）"注视着"事物"的"必然性"，而"时间—存在"的"逻各斯"却"开放着—打开了""事物（包括历史）"的"自由"。

"时间"为"不可限制"。"存在—时间""聚集—吞噬""一切"同样"不可限制"，"穷尽历史一切细节"是一个"不可限制"的任务，一个"自由"的任务，是一个"未完成"的任务。有了这个任务，"历史科学"才有了"自由"探索的"权利"，才不是一门单纯"形式"的"科学"。"历史"的"逻辑"有"（历史）存在"的"逻各斯"做支撑，才是一门"不可限量"的"科学"。

"自由"并非"为所欲为"，"自由"不是单纯"主体性"的，也不是单纯"客体性"的，"逻各斯""综合"了它们，"自由"是一个"大全"，"逻各斯"是一个"大全"。"实体"不仅是"主体"，也是"客体"，"实体"是"全体"。"实体—存在—时间"为"大全"。

就"知识"的"逻辑"言，"大全"是一个"理念"，但就"逻各斯"

言，这个"理念"也就是"存在"。"大全"没有"知识"意义上的"直观"，但这个"直观"就"在"这个"大全—理念—存在"中，"逻各斯"把"一切（包括直观和概念）都"聚集—吸收"进来"，举凡我们的"思想—言论—行动"都"在""时间—历史"中"留下—存留"了"轨迹"，"等待"着"他人—后人"去"辨认"。"逻各斯""存留"了"一切"的"轨迹"，"等待""历史学家"——"人"作为"历史性"的"存在者"去"辨认"。

"实事"当有"被遗忘—被掩盖"的，但有"逻各斯"为我们"（保）存""在"那里，"时间""在""空间"里，终究会"被发掘"、"被辨认"出来。

我们中国人常常把"逻各斯"译成"道"是很有理由的。"道"不仅是"逻辑"的"理"，而且是"事物—存在—历史"的"道路"，"路"是人走出来的，是"自由"探索出来的，不是穿新鞋走老路，"道"是"开创性"的，"道可道，非常道"说的不是"老路—常道"。

"道"也是涵盖性的，"道""通""万物"，"道""通""古今"，"道"为"不可限制—不可限量—无限"，"朝闻道，夕死可矣"乃是一句感叹的话，"道"不是一个"固定"的"东西—事物"，用"金钱"和"权力"可以"买"来，"道"是"开放"的，"不断发展"的。

"存在"是"动态"的，"逻各斯"不是一个固定的"格式"，也是"动态"的。"存在"的"逻各斯"，也就是"历史"的"自由"的"命运"，而不是"历史"的"命定"。

人们"思考""存在—历史—时间"，也就是"自由地""思考"那个"道"，那个"逻各斯"；并不是我们"思者"有"主观""随意性"，而是那个"存在—逻各斯"原不仅是那"逻辑"的"必然"。

北京

2010 年 11 月 5 日

德国古典哲学的基本观念及其发展路线

—— 在这种视野中关于"存在"的一些理解

　　欧洲哲学的发展到18世纪德国有了一个集大成的结果，我们通常所谓的（从康德到黑格尔）"德国古典哲学"，乃是欧洲哲学从古代希腊经中世纪基督教思想并文艺复兴、英国和法国近代哲学的一个"总结"，历史上各个主要哲学问题和各家各派的观点在"德国古典哲学"的"哲学体系"中都有各自的"位置"，得到一个"安顿"，尽管从康德到黑格尔在观点上也有不同，但这种不同，是在"同一个思路"上的"不同"的"进展"。

　　先说这个思路的创始者康德，他的哲学被冠以一些称号，如"先验论—二元论—主观唯心论"等等，他自己常用的是"批判哲学"，当然是更加确切些；关于他的哲学，后人更说他是一个"从存在论到知识论"的"转向"，这层意思和我们现在的主题更有关系。

　　说是"转向"，意味着欧洲哲学传统一直比较侧重"存在论"，到了康德，就把这个侧重点—立足点"转移"到"知识论"来了。

　　为什么要"转移"？并不是"存在论"错了，要另外搞一套"脱离存在论"的"知识论"，甚至不完全是"存在论"这条路走不通了，要"另起炉灶"走"知识论"的道路，这层意思可能后来英美分析哲学是这样理解的，但就德国哲学来说，这种"转向"的意义并非如此，而是应该理解为从"存在论"到"知识论"的一个"发展"，这样，德国哲学才会从德国古典哲学经胡塞尔到海德格尔又"回归"到"存在论"。

　　细细体会，这个"理路"如下。

　　如何"理解""存在"是欧洲哲学的一个"基本问题"，康德的"转向"并不意味着"放弃"这个问题，其意图是要"深化"这个问题；之所以要"转向""知识论"正是为了"深化"对"存在"的"理解"。这就是说，传统上"存在"这个"概念"常常流于"空洞"，过于"抽象"，缺乏"内容"，亦即传统意义上的"存在"这个"概念"不是过于"深奥"，而是过于"浅薄"。我们说一个东西"存在"，并没有告诉我们"这个东西"究竟是"什么"，"存在"不是"宾词"，这是康德的一个很著名的说法；甚至连"上帝存在"这样的命题也被康德贬为是没有意义的。在这个意义上，安瑟伦"上帝存在""本体论"的"证明"也毫无例外地失去了"哲学"的光环。说"上帝是"总要"是"个"什么"，"是什么"乃是"存在"的"规定性"，有了"规定性"，这个"存在"才是"哲学"上的范畴，而不仅仅是一个逻辑的或话语的形式。

探求"存在"的"规定性"，应该说是从康德开始德国古典哲学主要旨趣所在。

从康德"批判哲学"的精神来看，哲学意义的"存在"，即中文译作"本体"的"存在"，是一个"理性概念"，它仅仅占据一个"主体"的位置，于是，在"宾位"的"诸规定"甚至"（知性）诸范畴"中，"无权"因而"无法""规定"这个意义的"存在"，从而"理性"在"知识"领域内——在"知性"的范围内，无法"建构"其一个可以为"知性范畴""规定"的"对象"来，也就是说，在"知性"所"管辖"的范围内，"本体"意义的"存在"不具备"规定性"，因而不能成为一个"对象——客体"，而只是一个"主体"，于是哲学意义的"存在——本体"对于"知性"来说，只是一个"思想——思想体"。在这个意义上，也可以看出，康德必定要把这个"本体——存在"宣布为"不可知"，因为"知——知识"也就是要"把握""事物——存在"的"规定性"，"无规定性——无限制"的"事物——存在"自"不可知"。

"存在"唯有"规定"了才"可知"，这种"规定性"从何而来？

就康德思想来说，通常"存在"的"规定性"不是来自"存在"本身，而是来自"存在"以外的因素："感性"和"知性"。"知性范畴"只"有权""规定""感性——时空"为其提供的"材料——质料"，由此产生出康德知识论一系列的"演绎"；而"无权"为"超时空——不在时空内——不受时空条件限制"的"理性概念——本体——存在"给出"规定"，由此产生出康德的"不可知论"。

"在时空条件"中的"感觉材料"与"知性范畴"的"结合","保证"了通过"感官"提供的"材料"有可能具有"必然性",亦即由感觉材料组成的"经验知识"有可能成为"科学",而不仅仅是"习惯"。"知性"为"自然—经验世界""立法",也"只能"为"自然—经验世界""立法",而不能—无权为"本体—存在""立法"。借用以后海德格尔的话来说,似乎可以说"知性"只是"有权"为"诸存在者""立法",而"无权"为"存在""立法"。

不提供"感觉经验"的"存在—本体—事物自身"则不接受"外来的""法",作为"理性概念"的"存在—本体—事物自身"不接受"知性"为"自然—经验世界"所立之"法",这样,对于"知性"来说,它就是"无规定"的,"无限制"的,是一个没有"宾语"的单纯的"主语"。

"无限制"乃是"无限","无规定"乃是"自由";"本体—事物自身"为"无限"、"自由",而"现象—经验世界"为"有限"、"必然"。在这个意义上,"知性"对于"本体—存在"的"不可知",也就是对于"自由"、"无限"的"不可知"。"自然—经验世界"受"必然律"的支配,不以人的意志为转移。

然而,康德哲学不止于"知识论",所以所谓"知识论转向"也只是康德"批判哲学"的一个方面的意义;从某个方面来说,康德哲学"限制知识"正是为"自由""无限"留有了余地。"自由—无限"在康德哲学里占有重要的位置。

首先作为"理性概念"的"存在—本体—事物自身"有了一个"自身同一"的"规定性"——"自由";作为"理性概念"的"存在",不受"外来"的"规定",却有"自身"的"规定","理性""自己规定自己","存在—本体—事物自身""自己规定自己","自己规定自己"也就是"自由"。"自由"不接受"外来的法—他律",但有"自己的法—自律"。"自由"并非"无法无天"。"自由"比起"自然"有更高的"必然性"。

就"意识"言,"自由""体现"在"道德"上,康德的"道德论"建立在"意志自由"上,这是大家都知道的。如果说,"经验知识"固然有"先验知识"作为基础而有形成"科学知识"的"必然性",但做出"保证"的只是"可能性",而不排除"偶然性",但在"道德领域",建立在"自由"基础上的"道德律"则具有"绝对"的"必然性"。"天荒地老","海枯石烂",但"此情不变",亦即"道德律"这种"自律"的"原则—情况""不变"。

按照康德,"理性"本身就有"实践"的能力,作为"理性概念"的"本体—存在—事物自身""自己""创造"自己的"对象",使"存在"这个"概念""自己"实现自己,使之"对象化"、"客体化",则就不是一个"空洞"的东西。

所谓理性本身就有实践的能力,就"理性"作为"意志"来看,问题就更加清楚。"意志"是一种"外拓"的能力,它要"实现"自己的"目的",而不像"认识"那样是一种"内敛"的能力,将"外在"的"对象"转化为"内在"的、"概念"的"知识"。"意志"通过"实践""实现""目的",而"实现了"的"目的"是为"完成—完善"。

在康德看来,"意志"和"目的"有两层不同的意义,一层是经验性的,一层是超越性的,前者遵循外在的"自然律",后者则遵循内在的"自由律"。遵循"自然律"的"意志"是"理论理性"的延伸,而只有遵循"自由律"的"意志",才是"实践理性"管辖的"道德领域"。遵守自然律的"意志",它的"目的"及其"实现"是受时空条件"限制"的,而遵循自由律的"意志"及其"目的"是"无限"的,不受时空条件的"限制",这个"目的"的"实现",同样也不受时空条件的"限制",这样,"理性—自由""意志"的"实现"就没有"偶然性",而是一个"必然性"的"现实"。

康德把"理性"在"自由意志"意义上的"目的"叫做"终极目的",而它的"实现"叫做"至善"——或"至善"的第二层亦即更深层的意思。"至善"的"实现"具有"无偶然"的"必然性",是一个"必然性"的"现实性",从这个意义我们看到,"至善"这个"终极目的"正是那哲学意义上"本体论"的不同于"感觉经验领域"里的那个"存在"。

康德在这里开创了德国古典哲学这样一个具有"至善""价值"的"存在论"传统,而只有在"感觉经验"的层面,"存在(诸存在者)—真理"和"价值"才是可能"分离"的。

在康德《实践理性批判》里，"至善"这个"终极目的"是"理性"为"自己""设定"的一个具有"必然现实性"的"对象—客体"，这个"对象—客体"不是从"自然—经验"世界"接受"过来的，而是"理性"自己"设定"的，由"理性""自己产生"出来的，"自发"的，"理性"这个"设定"无须"外来"的"根据"，"根据"就在"理性"本身，故而是"自明"的，"理性"这个"至善"的"设定"是一个无须进一步论证的"公设—悬设"。

于是，在这个意义上，"理性—自由—意志—德性"也就有了进一步的"规定"，只是这个"规定"是"理性"自己作出的，"理性"不接受"外来"的"限制"，"理性"自己"规定"自己，自己"限制"自己。有了"规定性"，就是可以"被认识—被理解"的，因而"理性""有权"不依赖"一时一地的条件限制"了的"经验—自然—知性""自己""认识""自己"。"理性"对"自己"的"认识"，就是"哲学"的"认识"。

古代希腊的"认识你自己"在哲学上得到了"深化"。

"认识"是"认识""对象—客体"，首先要"有一个对象"，即"有一个对象存在"。"经验认识"的"对象"是"感觉经验""给予"的，"理性认识"，哲学意义上的认识，其"对象—客体"是"理性"自己"设定"的，就"理性意志—自由意志"言，也可以说是"理性""创造"出来的；在"经验知识—科学知识"看来，"理性"只是"创造"出一个"思想体—理想体"的"理念"来，"经验"把这种"理念""实现"的"理想""推向"了"时间"的"无限绵延"，"理想"和"现实"之间总有一道"不可逾越"的"鸿沟"，而"哲学"的"理性思维"却"有权力"也"有能力""跳跃—超越"这道"鸿沟"，使"理念"成为"存在"，使"理想"成为"现实"，使"至善"成为"知识—智慧"的"对象"，"哲学"为"至善的智慧"。

这样，"认识你自己"就不仅仅是一个"主体""内省"的心理意识，同样是通过"非己—异己—客体"而且受这个"客体—对象""限制—规定"的"科学知识"，一种不同于"经验性科学知识"的"超越性、本质性、本体性科学知识"。

在这个思路的推进中，我们看到了费希特那个著名的"A ＝ A"和

"A""设定""非 A"的著名"公式"。从某种角度看，费希特"越过"了康德的《纯粹理性批判》直接从《实践理性批判》出发，以这个实践理性的精神，"回到"康德"理论理性"的问题，建立起他的"知识学"，这条路线，为以后的谢林特别是黑格尔所遵循和充实发展；而康德"至善""理念"的"必然"的"现实性"为费希特这个"超越"的"知识论"奠定了基础。费希特"推进"了康德的哲学，尽管他们的著作一时间曾经难分彼此。

费希特以"自我意识"为哲学的出发点，所谓"自我意识"乃是"对于—关于""自我"的"意识"，而不仅仅是"对于—关于""客体"的"意识"，是一种"主体性"的"意识"，这种"意识"，费希特认为是"哲学"的"开始"，亦即，有了这种"意识"，才可能有"哲学"这门"学问—科学"。此话怎讲？

一般所谓"意识"是关于"客体"的"意识"，这种"意识"的"系统化—理论化"是为关于"客体"的"知识—科学"，康德"知识论"对此做了大量的工作，费希特作为康德的晚辈有深切的把握；但就知识论来说，康德认为对于"自我"同样要以"客体—自然—经验"的方式来形成一种"科学知识"，如"心理学"等。应该说，康德这层意思并不错，但不可停留在这个层面。康德没有把话说完，没有把他在《实践理性批判》里的意思"贯彻—回归"到"知识论"中来，这个工作，费希特接下来做了。做了这层工作后，"哲学"就"统一"起来，成为一个大系统，不再是康德的"三个批判"，也不仅仅是"批判"，而且也是康德自己做了相当一部分的"学说"，一个"系统"的"哲学学说"，"哲学体系"，亦即，有了康德的"至善智慧"的一门"科学学说"了。

在沿着康德的思路前进中，费希特"提升"了"自我意识"，使之既不局限于"主体性"的"逻辑范畴"，也不局限于"经验性"的"心理状态"，而是把"自我"作为由"自我"自己"设定"的"对象—客体"来"认识"。这就是说，作为"对象—客体"的"自我"并不是"经验中""给定"的关于"自我"的种种"经验属性"，不是"自我""接受"的"对象—客体"，而是"自我""设定"出来的一个"对象—客体"，"自我"把"自己"当作"对象—客体"来"看"。

在通常的意识上说，"我""看"到"某物"，于是"意识"到"某物"；"自我意识"则不"停留"在这个"某物"上，而且还要进一步"意识"到—"追问"这个"看"；而这个"看"，又不是一种"生理"性的"功能"，不是胡塞尔要"括出去"的"noesis"，而是包括了那个"什么"的"noema"；生理机能和动作正是康德所说的"经验性"的"自我"。

在费希特看来，"看到某物—认识到某物"之"我"正是"哲学"要"探讨"的一个问题，因而这个已经有了"知识"之"我"，也成为"我"的一个"对象—客体"，"我"要加以"认识"，对此形成一种"知识"，在这个意义上，这种进一步的"知识"，乃是"知识"的"知识"，乃是"知识"的"科学"。所以费希特就以这层意思来为他的著作命名：《全部知识学的基础》。

"哲学"成为一门"基础性""科学"，而不仅仅是"批判"。

"哲学"这门"科学"之所以是"基础性"的，在于它的"对象—客体"不是从外面"给予"的，而是"我"自己"设定"的："我""设定"了"非我"。

"我"为自己"设定"了一个"对象—客体"，这个"设定"的"能力"在康德的《实践理性批判》里的"自由意志"意义下，是不难理解的。

一切的"意志"都为"自己""设定""对象—客体—目的"，只是"经验"的"目的"是"受""外在—时空""条件限制"的，而"自由—理性"的"意志"则是由"理性""自己—自由""设定"一个"目的"，这个"目的"的"形成"和"实现"，"不受时空条件的限制"；然则，既然"设定"了一个"对象—客体—目的"，对"主体—意志—自由—理性"来说，也就是一个"限制"，只是这种"限制"不是"外来""给予"的，而是"自己""给予"的，"自由—意志—理性""自己""限制""自己"，"自己""给""自己"以"规定性"。于是，这种"意志—自由—理性"就不再是"空洞"的"形式"，而是有"内容"的。

费希特用"（自）我"与"非我"来描述这种"关系"，就"哲学"的理解说，是很有帮助的。"自我"与"非我""共有"一个"我"字，不仅是文字游戏，其实质的内容在于有助于揭示"自由"与其自身的"限制—规定"这样一种"同源"的"关系"，这样，我们在德国古典哲学中，就有了"同一哲学"，"主体"与"客体"就有了"同一性"。"同一性"问题就不仅是一个"经验知识"的"主客统一—主客结合—主客符合"问题，而且也是一个"存在论"问题，"经验知识论—经验科学论"有了一个"哲学存在论"的"基础"。

就感觉经验来说，"客体"与"主体"是"对立"着的。"人""有"一个"外在"的世界与其"对立"着，"人""在"这个"世界"之外，"人"为要"能够—有能力""进入"这个世界，付出了艰苦的劳动，这个"劳作"的"结果"，使"人""能够—有能力—有权利""在"这个"世界""中"。海德格尔说，"存在"是一种"觉醒"，"人"不"自外"于这个"世界"乃是一件"大事"，这件"大事"在某种意义上也就是"人—自我""意识"到"人"作为"自由者""有权—有能力""在""世界"中，"我"与这个"非我"的"世界""原本—在存在论上"竟然是有"同一性"的。"意识"到这种"同一性"，亦即"觉悟"到这样与"客体—世界""同一"的"自我"是一件"大事"，"大事—Ereignis"中的"自己—eigen""出来"了。这种觉醒提示着：过去"意识"到的"我"与"世界"的"对立"，原来是把"我"当作了与"世界"上万千事物中的"一物"看待，果如是，则可以与万物混同；但"人"却又与那种种事物"对立—对抗"，这种"对立—对抗"的"意识"也提示了"人"有"自己"的"独立性"，"人"为"自由者"，"自由者"如何"看待"这种"对立—对抗"则是德国古典哲学的用心所在。

德国古典哲学从康德奠定的传统并不否认"自我"与"非我"的"世界—客体"的"对立"，人作为"世界"的对立面不仅通过自己的"劳作"来求得"存身"于这个"异己"的世界，"化解"这个"对立"，使之"结合"；而且要探索"自我—自身"如何求得"在""世界—客体"的"存在""权利"，这种"权利"并非"通过""外在"的"征服""对方"所"取得"，而是在"自我"这样的"意识"中，就有"先天—必然"的"根据"，这种"根据"在于作为"自由者"的"人"，即作为"理性者"的"人—自我"本就有能力—有权利"设定""自己"的"对象—客体"。在这个哲学存在论的意义上，一切"非我"都是"自我""自己""自由"地

"设定"的。

"自我""设定""非我"，说明了"自我"不是静止的，而是能动的，"自我"不是一面镜子，"镜子"由"外在"的"客体""决定"它的"内容"，而"自我"的"内容"是"自己—自由""设定"的，"自我"是"主动"的一种"活动"。"自我""能够""工作"。"自我"通过自身的"工作""产生""非我"。关于"自我"的"工作"及其"产品"的"意识"就是"自我意识"，有了这种"自我意识"的"觉醒"，才有这种意识的"理论形态"——"哲学"。

就哲学的意义来说，"自我"的"能动性—活动"表现在："自我""设定—建构"了"自己"的"限制"，"自我"是"无限"的；"自我""设定—建构"了"自己"的"客体"，"自我"原本是"主体"；"自我""设定—建构"了"自己"的"对立面"，"自我"原本是"绝对"的。

"自我"是一个"绝对"，"绝对"是"能动—活动"的，"设定—建构"了"自己"的"对立面—非我"来"限制""自己"，但又不会在"对立—限制—非我"中"失去""自己"，在"非我"中"能够""找回""自我"，在"相对"中"能够""找回""绝对"，盖因"绝对"中原本"蕴涵—潜藏"着"相对"，"自我"中"蕴藏"着"非我"，"自我"才不是"静止"、"僵化"的"铁板一块"。

"绝对—自我"既然是"活动—能动"的，就意味着它的"内部"仍有"结构"，如同"原子"一样，只是"自我"的"结构"并非物理的"部分—全体"的关系，而是一种"能"的"变异"，"自我"的"活动"是一种"异动"，是"A"与"非A"的关系，即在"自我"的"肯定"中"蕴含"着"否定"，"自我"自己"否定""自己"。一切"限制—规定—否定—对立"都是"活动"，是"自我"这个"绝对"的"异动"，而不仅仅是逻辑的"判断"，而从另一个角度也可以说，一切的逻辑判断，在哲学上也都以这种"活动—异动"为其"存在论"的基础。

这时候，我们的视野中出现了谢林、黑格尔的哲学。

谢林在哲学上的工作常常被大而化之，可能康德、费希特尤其是黑格尔对后世的影响太大，将谢林的工作"遮蔽"了，实际上，谢林的工作对于后世德国哲学"潜在"的影响也是很大的。费希特从康德那里"变异"

出来的"同一性"原则，被谢林借以发展，虽然受到黑格尔的批评，但"同一性"这个原则直到海德格尔都是备受重视的。

"同一性"作为哲学的原理——"同一哲学"，关键在于暗含着一个"直接性"的原理。哲学上的"直接性"主要是意味着一种"理智的直观"和"直观的理智"的"合法性"问题。因为在康德的知识论中，这种"合法性"是被否定的，只是在《实践理性批判》（包括《判断力批判》）中才"暗含"着一种肯定的态度，费希特—谢林把这种"暗含"着的态度揭示出来，推展开来，使之明朗化了。

并不是康德在《纯粹理性批判》里的否定态度错了，康德后来暗暗地修正了，而是问题的性质和含义推进了，明确了。

康德在知识论里否定"直观"和"理智"具有"同一性"，因为它们的"来源"完全"不同"，二者只能"结合"，不能"同一"。"同一性"作为哲学的原则，乃是"同源"，而"直观"来自"感觉经验"，"理智"来自"概念—范畴"。于是，"直观"无"概念"则为"盲目"的，而"概念"无"直观"则是"空洞"的，要形成"经验知识—科学知识"，二者缺一不可，必须"结合"。

然则，在《实践理性批判》中，"至善"作为"理性—自由意志"的"终结目的"具有"实践理性"的"现实性"，因而是一个由"理性"在"实践"上必然"设定—悬设"的"客体—对象"；进一步的问题就是，既然是一个"对象"，就有"现实性"，就当是"直观"的，"理性"这种"意识"，必定会—有能力"看"到这个"对象—客体"，这个"看"，就是"理智的直观"。

"理智的直观"乃是"对于""理智"的"直观"，把"理智"作为"直观"来"看"，这就是说，"理智"的"东西"—"思想体—本体—理念"作为"对象"，作为"现实的东西"来"看"，来"认识"，在康德《纯粹理性批判》里"看不见"的"本体—思想体—理念"，在"哲学"的"视野"中"看见"了，也就是说，在"不受时空限制条件"的"自我—自由"的"视野"中，不仅"看到了""非我"，而且也有能力—有权利"看到""自我"，因为它们是"同一个""我"，"同出一源"。"非我"的"来源"是"自我"，"理性—自由"在"对立面"中"看到—认识"

"自己"。

在"对立"中"认识""自己"又一次体现了为苏格拉底重视的古代希腊格言"自知"对于哲学思维的重要性。

此时，"主体—客体"、"思维—存在""同一性原理"已"廓清"了康德的论述，某种意义上，"超出"了康德的视野。

康德对于"经验知识—知性"范围内的"主—客"的关系，虽然自称有一番"哥白尼式的革命"，即让"客体""围着""主体""转"，即"客体"的"规定性"是由"主体"给出的，"客体"仅供"材料"，但反过来说，这个"材料"的世界本身不是"来自""主体"，而是独立自在的，没有这个独立自在的"材料—质料—感觉"世界，"主体"的"能动性—能规定—能制约"的"功能"就"无用武之地"，在这意义上，康德"保留"了一个"不可知"的"物自体"作为"知识论"的"基础"，是对"经验论"的一种"让步"，这个"让步"就"知识论—经验知识—科学知识"来说，是"必须"的。

就某种意义上说，从费希特经谢林到黑格尔并不否认这种"让步"的"必要性"，并不是"发疯"到"否认"一个独立自在的"感觉—材料—质料"的世界的"感性存在"，而是"跟随着"康德《实践理性批判》的思路，从"实践理性""推出"一个虽为"主体"的"对立面"但却"源于""主体"的一个"客体""存在"来，从而揭示出一个"本体论—存在论"意义上的"存在"观念—理念来，而这个"本体—思想体"的"存在—现实性""超越"了"知识论"所涉之"存在"，"超越"了"知识论"的"所知"，或者按后来胡塞尔的说法，"搁置"了那个"经验—自然"层面。

这就是说，作为"主体""对象—客体"是那些原本是"主体""设定"出来的"理念"；在康德"知识论"里不可作为"对象"的"理念"，现在正是"理性"要"探知"的"对象—客体"，"理性"自己"设定"这个"对象"，而不是从外面接受一个"对象"；从外面接受来的"对象"是一个"感性的直观"，"理性"以来自"自己"的"理念"为"对象"，这个"直观"就是"理智的直观"。

既是"直观"，则是"存在"，在上述意义下，我们不仅有一个"感性"的"存在"，而且"有"一个"理性"的"存在"，于是，有"经验性"的"存在"，也有"本体性"的"存在"，如海德格尔所说，有"诸存在者"，也有"存在"。

就德国古典哲学的思路来说，作为"主体""对象"的"客体"——"本体论—存在论"的"存在"，不是从"主体—理性"之外"接受"过来的，而是"主体"自己"设定"出来的，"主体—客体"、"意识—存在"、"思维—存在""同出一源"，因而不仅仅是一种"结合"，而且是"同一"，是"同一"中的"差异"，"肯定"中的"否定"，"无规定"中的"规定"，"无限制"中的"有限制"，进一步说，也就是"意识"中的"存在"，"理性"中的"感性"，"自由"中的"必然"。

这几个"中"字，都应该引起注意，"中"意味着"蕴涵"，也就是说，"主体—意识—思维—肯定—无限"等等"中"，本就"蕴涵—孕育"着自身的"对立面"。

"自身蕴涵着对立面"，就是"绝对"，"绝对""无对"，没有一个"外在"的"相对"来与这个"绝对""对立"，"绝对""自身""蕴涵"着自己的"对立面"，"绝对"的"能动性—活动性"正是以这种特性为"根据"："绝对"原本不是"铁板一块"，不是巴门尼德的"必然性大箍"，"绝对""蕴涵"着对"自身"的"异动"。"绝对""必然""异化"。

黑格尔以"精神"来说这个"绝对"的"能动性"，以"绝对精神"的"逻辑和历史发展"来"规定"他的"思辨理性"的"哲学体系"，就能够推进康德、费希特、谢林的哲学思想来说，是有其理路和根据的。

黑格尔说，他的"哲学"是一个"头足颠倒"了的"世界"，就"感觉经验"的视野来看，的确是如此。"思辨哲学"的"本体论"，黑格尔这个"绝对精神"之"历程"是和"感觉经验"的历程走着"相反"的方向。黑格尔的思辨哲学要从"绝对精神"的"异动—异化—外化"的能动性来"看"这个感觉经验世界的"存在"的"本质"，或者说，从"绝对精神"能动的发展来"看""事物"的"本质"如何不仅仅是一个"（空洞的）思想—意识"，而且是一个"存在"，因而是"可知的"。

在这个意义上，"本质—事物自身"的"意识"，不仅仅是一种"内省"的"自我意识"，而且是一种关于"对象"的"意识"，是关于"客体"的"意识"，是关于"存在"的"意识"。

在这个基础上，也正是在这个基础上，我们关于"自我"的"意识"，也才不仅是一个"抽象"的"大我"，而是"有内容"的"存在"。虽然是"自我""设定""非我"，但人们是通过"认识""非我"来"认识""自我"，通过"非我"的"存在"而"肯定""自我"的"存在"。"自我""设定""非我"，但"自我""在""非我"中。"人""在""世界"中。从"非我"中"认识—理解""自我"，这个"自我"就不是"抽象"的，"空洞"的，而是"具体"的，也就是后来海德格尔的"Dasein"。

同时，就这个意义说，如果将"思维"局限于"自我意识"，则康德对笛卡尔以"我思""证""我在"应仍有效，因为没有矛盾，没有对立的"空洞"的"自我意识"，的确不能"证"一个"具体"的"自我"的"存在"，一个"对象性"的"我"的"存在"，而"存在"必定是一个"对象"。"缺乏""精神"之"能动性—异动性"的"自我"，"不能—无权""证明""我—自我"的"存在"，而只能是一种"内心"的"证实"，亦即一种"信心"，而一切"宗教"的"启示"都可以借这种"信心"来"证实"。"我"作为一个"目击者""证实""神"的"存在"，"我""开了天目"，但"无权""迫使""他人""承认"这个"证实"为"客体—对象"之"存在"。"天目""所视"，"天目""所知"，只是"启示"，而非"科学"。

无论是"感性的存在"还是"理性的存在"都具有"必然性"，只是后者的根源—基础在于"自由"，而前者则是"自由"的"根源"和"基础"。前者是"掌握了的必然"为"自由"，后者为"掌握了的自由"为"必然"。

就经验的意义说，"必然性"是"第一位"的，"自由"是"派生"的，"自由"是一种"熟能生巧"的"境界"；而超出这个范围，就哲学意义说，"必然"是"自由""设定"的，是"自由"自己给自己的"规定"。种种"规定"当然要"遵循""必然"的"规则"，但种种"规则"又是"理性—精神"为"自己""设定"的种种"限制"，而"根源"在于"自由"——"自由"与"必然""同出一源"：在这个意义上的"必然性"，乃是"自由—理性—精神—绝对""异动"的"结果"，这种意义上的"存在"的"必然性""根源"于"精神—绝对"的"自由性",犹如康德"实践理性—道德"的"至善"的"现实性存在性"来自"理性"之"自由"一样。

然则在这个意义上,"自由"这个"理念",就不仅仅是"思想体",而且是一个"存在体";康德的"二律背反"的"消极辩证法"揭示"思想体""不是""存在体",而黑格尔的"积极辩证法"揭示了"思想体"通过"自身"的"矛盾""转化—发展"成"存在体"。

北京
2012 年 7 月 12 日

康德的"批判哲学"与"形而上学"

康德"批判哲学"和"形而上学"的关系长期没有得到学术上的梳理，因为康德"批判哲学"显然是针对或者是"批判""形而上学"的，于是普遍认为，康德在欧洲哲学史上的作用主要是将"传统形而上学"的"本体论—存在论""转向"了"知识论"，遂有"知识论转向"之说。这个流传多年的说法，就哲学史的发展说，当有一定的根据。

不过从康德著作本身的思想来看，这个说法至少是可以怀疑的。

康德1781年出版《纯粹理性批判》第一版，通常认为标志着他的"批判哲学"体系的开始，1787年《纯粹理性批判》出了第二版，对第一版作了一些修改，但基本思想没有变化。而在第一版到第二版期间，康德出版了三篇值得注意的大文章：1783年的《未来形而上学导论》，1785年的《道德形而上学的奠基》，1786年的《自然科学的形而上学初始根据》，也就是说，此后仅隔一年，《纯粹理性批判》第二版就问世了，期间康德哲学思想当是很连贯的，没有大起大落的可能。

在1787年《纯粹理性批判》第二版出版的第二年，《实践理性批判》出版（1788年），两年后（1790年），《判断力批判》出版。

康德生于1724年，出版《纯粹理性批判》（第一版）时47岁，此前已经在学术上做了不少工作，出版了一些重要的著作，这部第一批判的出版，我们或许有理由推测，康德全部基本哲学思想已经系统化，也就是说，不妨可以认为，全部体系已经成熟；如果这仅是一个猜测，那么证之以在此后10年内，康德推出的"批判哲学"主要著作，我们也许就有把握说，这个猜测，已经有了事实的印证了。在这一系列的著作中，读者可以发现，康德的学说，思路线索前后照应之缜密，经得住反复对照阅读，或许甚至可以将这个时期的著作当作完整的一本书来读，而修改虽然必要，但毕竟是细节的，在大关节目上，可以经得住严格的推敲。

引起人们注意的是：在《纯粹理性批判》第一版和第二版之间这几年，康德所做的工作，竟然完全集中在"形而上学"这个问题上。

我们可以说，《未来形而上学导论》是为了回答对于《纯粹理性批判》（第一版）出版后引起的一些批评和误解所作的辩护，因而它也可以看作是《纯粹理性批判》的纲要性的"导读"，但正如该文题目所示，着重的落脚点是在"形而上学"。果然相继就有《道德形而上学的奠基》和《自然科学的形而上学初始根据》问世。

就这个出版顺序来看，康德的《纯粹理性批判》或许是要为"形而上学""开辟"一条不同于传统的"道路"来？过去人们常说，康德的"批判哲学"是要在"知识论"方面"改造""（传统）逻辑"，使之不限于思维的"形式"，或者在另一方面，是要批判传统形而上学，揭示它的虚妄和僭越，现在我们或许还可以说，他的"批判哲学"在"哲学"方面是要"改造""（传统）形而上学"，使之成为"科学"。经过"批判"工作后的"形而上学"，是"科学的形而上学"。康德在《未来形而上学导论》中将先验哲学问题归纳为四个：（1）纯粹数学如何可能？（2）纯粹自然科学如何可能？（3）一般形而上学如何可能？（4）科学的形而上学如何可能？

实际上，在仔细考察《纯粹理性批判》之后，我们可以说，后面这两个问题，尤其是最后一个问题，在这个第一批判中，康德已经有了相当明确的答案。

果然，在后世的哲学家中，海德格尔在 1927 年完成他的《存在与时间》之后，于 1929 年集辑他的讲稿以《康德与形而上学问题》为书名公开出版。在这本书里，海德格尔正是集中在对于《纯粹理性批判》的研究中，提出康德哲学为形而上学"奠定了基础"，而海德格尔这个意思似乎常常得不到重视。海德格尔以他的独特的存在论—本体论眼光研究了康德的《纯粹理性批判》，在借康德来阐述、发挥自己的思路，另有一层意义在，但就康德自己的"批判哲学"整体来说，尚需从这个哲学的内部加以解析。所以海德格尔说康德关于"先天综合判断"之可能性问题就是为"形而上学""奠定基础"似乎不很容易周全，因为这个问题恰恰是康德"知识论"的关键，"先天综合判断"的可能性引向了"科学知识"的可能性，只有把

"形而上学"也理解成一种特殊的"科学知识",才有理由说这个判断的可能性是"形而上学"可能性的根据—基础;但是,被"批判"过、被"改造"了的"形而上学",的确成了一门很特殊的、不同于一般"经验科学"的"科学",而一般仅仅理解成为了替"科学知识""扫清障碍—开辟道路"的《纯粹理性批判》怎样又替"科学形而上学""奠定"了"基础"?因而弄清康德"批判哲学"与"形而上学"的关系,就会成为研究康德哲学一个关键性问题。

这里,我们从康德著作自身提供的"思路历程"来试图阐释这个问题。

一 何谓"批判"?

什么是康德意义上的"批判"?康德所谓"批判"是指对"理性"的"批判",要对"理性"各种不同"功能—职能"加以"界定"。

对于"理性"的"功能—职能"也要加以"审批—界定",意味着"理性"的"功能—职能"的"明确化",意味着"理性"的"成熟";既然"理性"只有依靠"自己"来"审核—批判"自己的"功能—职能",因而"批判""理性",也就是"理性"的"自我""批判"。"理性""成熟"到了"有能力",也"有勇气"对于"自身"的"权能"作出"界定",同样也是"理性"的"自觉—自信",是"理性"自身觉悟的发展。"理性"本"不怕""挑战",相反,"理性"自觉地进行"自我""批判"。

某种意义上,唯有"理性"能够进行"自我批判",其他的东西只能"一个东西""批判""另一个东西",也唯有"理性",只能由"理性""自己""批判""自己"。

"理性"的"批判"的工作,也是"理性"的"历史"的工作,康德的"批判哲学",包容了"哲学"的"历史",在这个意义上,康德的工作,既是"理论性"的,也是"历史性"的。"批判哲学"是欧洲哲学发展的历史产物。

某种意义上,欧洲哲学史是一部"理性"发展的历史,是"理性"走向更高程度上的"觉醒—自觉"的历史,也就是"理性""成熟"的历史。康德的"批判哲学",是欧洲哲学"理性""成熟"阶段的标志。

　　欧洲哲学理性从古代希腊的初创阶段，进入中世纪宗教—神学的"独断"时期，而"独断""崇尚""权威"，"理性"走向自己的"反面"，倡导"盲从"，为克服"盲从"，冲破"独断权威"，"感性"成为一种"革命"的力量。欧洲所谓"文艺复兴"，"人"的"感性存在"争得了自身应有的地位。"理智"的"神性"走下了"至高"的"神坛"，"感觉"的"人性"占领的这个"制高点"，"理性—理智"成为"感性存在者—人"的"工具"，为"人""存在"得"更好""服务"。欧洲中古的"权威""贬抑—压制—降低"了"理性"。

　　欧洲社会的这种思潮，从意大利文艺复兴到英国的感觉经验主义哲学，皆无例外，其至那最为极端的巴克莱主教也在其内，因为他那条"存在即是被感知"无非也是要把"神学"与"感觉论""调和"起来，"神"既然"存在"，当然也是"可感知—可以被感知"的，你—我未曾"感知"，不能"证明""他人"也"未感知"。必定"有"一个"感知"了"神"的"证人""在"。

　　巴克莱不愧为"大主教"，他"顺应"这样一个"感觉主义"的潮流，使得"感觉主义"这个"理路—理性"为"可以—允许"为"神学""服务"。

　　然则，"感觉主义"的"泛滥"，逐渐地暴露出自己的问题，会将一个"有序"的"社会""砸烂"成一个"无政府"的"混乱—混沌"的世界，而在这个前提下要"恢复秩序"，似乎唯有依靠"强力—暴力"。在哲学上，古代希腊苏格拉底—柏拉图揭示的后期"智者"们的"伎俩"，以声势夺人，而非"以理服人"。"感觉主义"的发展必有"独断"的"权威"出现，而且似乎会出现更为厉害的"暴君"，非此则不可收拾那"物欲横流"的局面了。

　　这种情形，在霍布斯等人的政治哲学中有理论上的反映。

　　于是，建立一个"有序"的社会，则又非"理性"莫属，唯有"理性"作为"秩序王国"的"君主—主脑"，才"有能力—有权力"使"人"作为"感性存在者""各就其位—各安其位"。

　　经过"感觉主义"洗礼的"理性"，可以不再是"乾刚独断"的"权威—暴君"，而是一位"开明君主"，中文"开明"一方面是"开通—开放"和"贤明"的意思，另一方面则是"开启""明智"的意思，而欧洲的文字大概就是"启蒙"的意思。

于是，跟随"感觉主义"的是一种"启蒙主义"，是"理性"的"启蒙（enlightenment）"；"开启""心智"，使被"感觉""蒙蔽—蒙垢"的"理性""显现"出来，"启蒙"亦即"解蔽—揭蔽"，按海德格尔，即是"真理"。

二　何谓"理性"？

"理性"追求"真理"，而"真理"是"普遍"的，"理性"讲"普遍性"。"理性""讲理"，"有理走遍天下"，"理""放之四海而皆准"；"感觉—感性—经验"似乎就没有"理由"这样说，"感觉"因人而异，虽然也有相当的普遍性，但只是"事实"上的"普遍性"，没有"道理"上的"普遍性"，甚至会因感官的构造的特殊性而异，于是有聋子的耳朵、瞎子的眼睛，还有"色盲"只对于"颜色"，至于"经验—经历"，则"大观园"的"林妹妹"和"焦大"自是不同。

在狭窄的意义上，"感觉"是"私人"的（private），而"理性"则是"公共"的（public）。

欧洲"理性"思想的发源地古代希腊，是一个"民主"的"城邦"社会，而它的经济生活因为物产相对贫瘠，活跃的契机在于"市场—agora"。古代的"市场"是一个"公共"的场所，在这个场所，人与人之间进行着"以经济为基础"的"公开""交往"。一些法国历史学家如韦尔南（Jean Pierre Vernant）认为这种"市场化"的生活方式跟古代希腊哲学的诞生和发展有很大的关系，的确是很有见地的。

"市场"是"交换"的场所，"交换"为什么成为"需要—必要"？又何以成为"可能"？人们之所以"需要""交换"，一则以"匮乏"，一则以"剩余"，相互调剂，于是"交换"成为"必要"，而原始的"物物交换"之所以"可能"，已经设定了"不同的物"之间有"可交换"之处，亦即已经预设了一个"异"中之"同"。这个"同"乃是"交换"之所以"可能"的"根据"。这个"同"乃是"感觉需要"、"事物自然特性"和"市场价值—交换价值"之外或之上的一个"哲学—思想—哲理"性的"根据"。

"哲学"道理上的"同",乃是"大同",在这个"大同"面前,万物—万人的"异",只是"小异"。只要"进入"这个"市场","万物"皆有"共同性","人人"皆有"平等性"。

当然,现实(事实)上的"市场",充斥着尔虞我诈,"市场"并非中国"君子"的世界,而是一个"战场","兵不厌诈","无商不奸",但现实这一切,并不"取消"这个"公共"世界的"合理性",而这个世界的"合理性"恰恰"保证"了这个"世界"的"现实性"。"公共性"是这个"(现实)市场"的"真理"。

于是有柏拉图"理念论"哲学的问世。

柏拉图"理念论"有种种毛病,不断受到批评,但是他的基本立论似乎不容易颠覆:不是"理念""模仿""现实",而是"现实""模仿""理念"。"现实"是"理念"的"影像"。

"常识"告诉我们,"理念"是从"现实"中"概括"出来的;但是"常识"又提示我们:"现实"又可以是按照一个"理念""构造"出来的。

"市场"固然是人们的"感性需要",但也还要由"共同"的"规则—原则""建构"起来,没有这个"共同性","市场"这个"现实"则"不可能""存在"。如果"市场"是一局"博弈(game)",而如果没有"规则(rules)",也就没有这个"局(面)";而任何"规则"都是"共同"的,"公共"的,凡参与者人人都"必须"遵守。

就"博弈"来说,"思维"或许是"人"的最"普遍"的,也是最"基础"的"博弈"。

"人"通过"感官""接受""事物"的"印象",形成"表象","思维"则以"概念"的"表象",对"接受"来的"事物""表象"按照"概念"的"规则"进行"思考",形成"知识"。在这个意义上,"思维"如作"博弈"观,似可叫做"知识"的"博弈"。

"博弈"有"输—赢","市场"有"成—败","知识"则有"对—错"。

如同"输—赢"、"成—败"那样,"知识"的"对—错"也有多种含义,"塞翁失马,焉知非福","得失成败"有个相对性,"知识"的"对—错"也有相对、绝对的区分。相对的"对—错"随"时间、地点"的条件而变化,绝对的"对—错"则是"超时空"的,不变的。这是欧洲哲学在"知识论"上的一个关键问题,涉及"真理"的"感觉经验"和"理性"关系。唯有"理性""自身"的"认识"才具有那种"超时空"的"绝对性"。这个问题,也是理解康德哲学以及从康德到黑格尔哲学发展的基本问题。

"哲学"之所以"不同于"各门"经验科学"正在于它以研究—思考这种"绝对"的"理性"为主题。

然则,怎样理解这个"理性"的"绝对"性?

"理性"的"绝对性"曾经被理解为"独断"的。

"理性"既然是"普遍"的,则这个"绝对"也具有"普遍性",涵盖世间万事万物,不加"区别"地"放在—置于""理性"的"审判台"前,由"理性""独断""是非对错"。"理性"的"权力""无限"。"理性""自身"没有"界限","理性"的(审判)"对象"也不加以"限定"。"理性"成为"抽象"的"条条框框(规则)",这些要"用来"经纬"万事万物",则非"独断"不行。

"独断"的"绝对""理性"曾经借着"启蒙"的潮流大行其道,也曾叱咤风云,乾刚独断,"理性"是"世间"的"最高法官"。

康德说,是休谟打破了"独断论"的迷梦,这层意思还应该深入地体会:"理性"不是"有权""权衡—审核""一切"吗?"理性"的"规则—法律"不是"绝对""普遍"的吗?又何来"独断"?

"理性"之所以会出现"独断"的问题乃在于它作为"绝对"的"理性"原本是"超时空"的,或者是"无(关)时空"的,却"贸然"一下子"进入"到"时空"中来,也就是"理性"原本是"无关""感觉经验"的,却"进入"到"感觉经验(世界)"中来。这样,"理性"就把自己的"绝对性"和"必然性"也当作"感觉经验"的"绝对性"和"必然性",把原本只是"感觉经验"的"普遍性"当作"必然性",把"习惯"当作"绝对",亦即把"时空"中的"经验世界"当作了"理性"的"理念世界"。

　　休谟以培根、霍布斯、洛克的经验主义哲学为背景，以"感觉经验世界"自身的"力量"，打破了"理性"这个"独断"，为"在时空中"的"经验世界"争得了自身的"独特"的"权利"，使"理性"不得不对自己的"运用—使用"有所"限制"。

　　"理性"由对"世界"的"审度""转化"为首先对"理性自身"的"审度"。"理性"由"启蒙"早期"初生之犊不畏虎"，发展为需要"审度""自身"的"能力"，有了"自知之明"，是为"启蒙"的发展，"启蒙"的"成熟"。

　　在这个"深化启蒙"的发展中，"理性""意识"到，"自己"只能是"超时空"的，即"不在""时空"之内，"不在""经验"之内。

　　"理性"的"超时空"性，首先意味着它在这个意义上即在哲学的本源意义上并无"经验起源"的问题，也就是说，我们固然可以—允许问：人类的意识如何起源并如何"进化"到"理性思维"的程度，这是经验的人类学合理的"意识起源"问题；但是，这个问题并不在"哲学"的合理的"事业—视野"范围之内，犹如哲学并不具体研究"人"和各个"物种"的"起源"那样。按照康德的思路，"哲学"——他的"批判哲学"探讨"经验""何以可能"，亦即"经验"的"可能性"的"来源"问题，而这个"来源"不可能"在""经验"之内，必在"经验"之外："经验"可能的"条件""在""经验"之外，这个"条件"才是"绝对"的，不是"经验"的某一个"环节"；而这个"经验"的"绝对"的"可能条件"为"理性"。

　　于是，在这个意义上，康德是从"经验"的"绝对"的"界限"和"区别"上来理解"理性"，他把"理性"和"感觉经验"作了"原则"的因而是"绝对"的划分。这种"分割"使我们理解从康德到黑格尔这样一条理性主义哲学路线的基本切入点，而似乎也是我们理解整个欧洲哲学不可忽略的基本立场。

　　从"理性"与"经验"的"绝对"界线上说，"经验"是"后天"的，"理性"是"先天"的，这里"先天"（a priori）不是"生物学"上的意思，也不是我国宋代邵雍"发生学"意义上的意思，而是"逻辑学"上的意思，而与它相对的"后天"（a posteriori）似乎倒与"生物—发生"的意思相近，因为它是"经验"的。

"理性"是一个"有序"的"王国"，这个"秩序"是"思维"的"规则"，而这些"规则"又不是或不可能是从"经验"中"发生—产生"出来的，亦即不是从"经验"中"概括—总结"出来的。

"理性"这样一种"独立"于"经验"之外的性质，使得它很容易被（经验）"架空"而成为一种"形式"的东西，传统的"逻辑"就是研究这样一种"形式"的"规则"，而被称为"形式逻辑"。

然则"理性"又不仅仅是"形式"的，"形式逻辑"不能涵盖"理性"的全部意义。

"理性"从近代的"启蒙"开始已经不限于"形式逻辑"的范围，"理性"的"能动性"早已"冲出"了"形式"的"藩篱"，"进入""内容"的"领域"，甚至"侵入—僭越"到它"无权""进入"的"领域"。

相对于"内容"而言，"理性"的"先天""形式""规则"是一种"法则—法规"，是"为"一些东西"立法"，犹如"博弈""规则"为"棋子—骰子""建立""法规"那样，"理性"在自己的"管区—领地（ditio）"有"先天"的"立法权"。所谓"领地"，意味着在这个"管区"中，"理性""拥有""立法权"，因而，这个"领地"是一个"王国（kingdom）"。

只是"理性"的"领地"并不是不加区别的"混沌一片"，"理性"的不同"职能"拥有不同的"领地"，因此，康德的"批判哲学"，是对于"理性"自身"职能"的"批审"，也是对于"管区""合法"范围的"划分"。

"理性"的"管区"也不是"单纯感觉"的"世界"，而是"理性"所涉的广大"经验地带"，是"理性""可经验"的世界，康德的三个"批判"，都与这个"可（能的）经验世界"有关，但它们的"关系"又是有"区别"的，"批判"的工作，就是要"划定"它们之间的"界限"和"关系"，所以，"批判"的工作是一项错综复杂的艰巨劳作，"界限"是"严格"的，"关系"又是"复杂"的。诚如海德格尔所言，康德"形而上学"之可能性问题，关键在于"先天综合判断""何以可能"这一核心问题。

三 何谓"感性"?

"理性"自从"摆脱"了那种为"神学"服务的"工具—婢女"地位，"翻身做主人"，拥有了"不受限制"的"自主—独立"的"权力"，世间万事万物都放到了这个"理性"的"审判台"前"接受"它的"裁决"。"理性"是"无限"，是"绝对"，当年赋予"神"的一切"桂冠"都落到了"理性"的头上。

然而，"理性"毕竟是"理性"，而不是"神"；"理性"在本性上与"独断"并不相容，尽管它也有导向"独断"的"自然"倾向，于是"理性"需要"审慎—批判"。

"理性"固然以"无限—绝对"为自己的"本性"，但是"理性"只要不停留在单纯"形式"上，当它进入"内容—实质"领域时，仍要"受到限制"。"实质"的"内容"给予"理性"的"形式"以具体的"规定性"，而不至于流于"空洞"的"形式"。这就是说，"理性"固为"无限"，而其"运用到—进入到""内容—实质"世界时，不仅这个世界受到"理性"的"统治—支配"，使这个世界"有序"化，同时也使"理性"得到了"限制"。"理性"不是一个"箩筐"，把这个世界"装进"来，不是一般意义上的"充实"，而是一种胡塞尔意义上的"兑现"，只有"有规定"的具体的"货币"，才有"可能""兑现"，"空头支票"则"无权""兑现"。

这就是说，"理性""运用"的"权力"是"受到限制"、有"规定性"的。"理性"在自己的"权力运用"上有不同的"势力范围"。

"理性"对于"知识—科学知识"的"运用""范围"，只能是"感觉世界"。"理性"虽然不是"产自""感觉世界"，但当它要为这个世界"行使权利"时，当受到这个世界的"限制"，"超过"这个"感觉世界"的"范围"，是为"理性"的"僭越"。

于是，康德《纯粹理性批判》的问题，也可以理解为："感性世界"何以"可能—有权"而且"必须—必定""限制—规范""理性"?

也就是说，不仅是"理性"如何可能进入"感性"，而且也是"感性"

如何进入"理性"的问题;"先天综合"如何可能的问题关键在于"综合"如何又是"先天"的。

这就是说,"感觉"也有其"先天性",这是康德在《纯粹理性批判》中"打通""理性"与"感性"的关键所在;而"感性"亦有一种"形式",康德在 1770 年《论可感世界与理智世界的形式及其原则》这篇"前批判时期"的重要论文中已经提出,那时他把"几何学"称作"感性的知识",而把"形而上学"称作"理性的知识"。

及至《纯粹理性批判》,康德一开始就明确承认,我们的知识都从"(感觉)经验"开始,但紧接着又说"知识"又不仅是来源于"(感觉)经验",这样,联系到他的"本体"与"现象"的分割,很自然地被纳入"二元论"之列,道理是很清楚的;但是作了这样的归类后,还要注意到,他所说的"始于感觉经验"和"源于非感觉经验(先天)"包含了不相对立的两层意思,"开始"说的是"事实上""知识"的"产生","来源"说的是"道理上"的"根据",可以参考 de facto(事实上)和 de jure(权利上)的区别来理解。

从"事实上"来说,我们的一切"知识"都要从"接受""感官"的"刺激""开始",就连"理性"的"活动"也不例外,就是对于事物的"思想"作为一种"事实上"的"思考""活动"来说,同样也要"受到——接受"这样的"刺激","思想"的"活动"是"受""内外感觉"的"刺激""激发"出来的,有点像我们古代所说的"兴",而胡塞尔把这种"思想"的"活动"与"所思"之"内容——什么"原则区别开来的理由。

"事物"对"感官"和"大脑"的"刺激"是一切"知识"的"开始",这样"一激——一击","感觉"和"思想—思维"才都"活动—运作"起来。"生理学"和"心理学"研究这种"刺激"如何"活动",而"哲学"则研究"感觉"和"思维"在这"一激——一击"的"条件"下,"感觉"和"思维"是"如何""合法(de jure)"地"运作"的,探讨"感觉"和"思维""运行"的"法则"。

如果说,"理性"和"感性"真的分属两个完全不同的"领域",有着完全不同的"特性",则它们之间的"沟通"的途径就被彻底堵死了,"知识"的可能性就成了一个不能解决的问题。康德的工作目标,还是要使

"感性"和"理性"二者得以"沟通"，在这个意义上，康德并不是彻底的"二元论"者。

"感性"与"理性"的关系，就欧洲哲学传统来说，也就是"存在"与"思维"的关系，进而也是"客体"与"主体"的关系这样一个哲学的基本问题。

一个明显的事实是，唯有通过"感官"，"客体"的"存在"才被提供给"主体—思维"，如果不想把"知识性""思维"陷于单纯的"形式"，就必须承认这个道理。

然而，"思维"一旦被"激发"，就会"开始""自己"的"活动"，因为"思维"的"功能"并不能完全归结为"感觉经验"的"概括"，"思维"有"自己"不同于"感觉"的"来源"，"思维"就本质言，是"源于"一个与"感性"完全不同的"理性"。

于是，"思维"如果要"运用""感官"所"给予"的有关"事物客体—事物存在"的"材料"，使自己不仅仅是一些"形式"的"规则"，而且还是一种"有内容"的"知识"，这种成果是可能的吗？如果是不可能的，那么我们一切的"科学知识"都是"可疑"的，并不是说"科学知识"会不断发展完善那种未完成性，而是说它在道理上、原则上是"不可靠"的。以休谟为代表的哲学上成熟了的怀疑论并不完全否定"感性"或者"理性"的"可靠性"，而是"否定"这两者"结合—综合"的"可靠性"。

康德以何种方式来论证、阐明这种"综合—结合"的"可能性"，也就是他的著名的"先天综合（判断）何以可能"所要解决的问题。

在确定了"理性"的"独立自主"的"先天性"、"纯粹性"之后，解决这个"先天综合可能性"的关键在于如何理解"感性"。

"感觉"原本是"本能"的，是与"客观自然世界"的"直接"的"交流"，"人"本也是"自然"的一个组成部分，但"人"作为"主体"又"（拥）有"一个"客体世界""存在"。"人""意识到—知道"这个被"感觉"到的"世界""独立—对立"地"存在"，"人""面对"一个"可感的世界"。

这个"可感的世界""客体"无疑地通过"感官""被感知"而进入

"主体",但何以能够允许又被"思考—思维",则就不是"本能—自然"的事,而需要一番"阐述—论证"其何以可能。

在这里,康德提出,"感性""客体—存在"之所以不仅可以"被感觉",而且可以"被思维—被思考"的"根据—理由"乃在于"感性客体存在"的"方式—形式"原来也跟"理性"一样,都"来源—根植"于"先天性",这种"先天的感性形式"不来源于"感觉经验",而使"人"的"感觉"不仅仅是"自然—本能"的"交往",而成为对于"客体—存在"的"感知"。"人"不依靠"感觉经验"就有能力"知道""有"一个"客体—世界""存在"。

"人"的"感性"不同于"生物"的"感应",不同于"动物"的"本能—自然"的"感觉","人"对"客观世界—存在"之所以不仅有诸事物的"印象",而且有这些"事物""存在"的"直观",乃是因为"人"的"感性"和"理性"的"概念"一样,也有一种"先天的形式",正是"通过—根据"这种"直观"的"形式","事物"才能以"客观存在"的"方式""提供"给"主体","主体"也才能将"可感的事物"作为"存在的事物""接受"进来。"存在"之所以"能够—可能""被感知",乃在于对"客体—存在"的"感知"的"根据"不在"感觉"本身,而在于一种"直观"的"形式—时间空间",这种"直观形式"并非"感觉"提供,而是由"先天"的,即并不依靠"感觉",因此,"感性存在"的"根据"在"非感觉",犹如"经验"的"根据"在"非经验"。

在这个意义上,"人(类)"作为不同于"动物"的"有限理智存在者",是通过"自己"的"方式"来"接受""可感事物"的,而这种"方式"不是"习惯"形成的,而是"先天的"。

"事物"的"存在",离不开"时间"和"空间","事物""存在"于"时空"中,"时空"是"感性事物"的"存在方式"。至此,康德的思想并未超出"常识"的范围;但是他却认为,"时间"和"空间"并不是"事物"本身的"客观属性",而是"主体"的一种"直观方式"。这个观点,是康德整个知识论的一个重要环节,也可以说是他的整个哲学思路得以贯彻的基础和核心,也是我们理解康德"批判的""知识论"和"批判的""存在论—形而上学"的关键所在。

康德之所以把"时间"和"空间"规定为"感性的—直观的""先天形式"，其理由是："时间"和"空间""本身"我们并不可能"感觉"到，只有"在—存在于""时间—空间"中的"事物"才能被我们"感觉"到。这就是说，我们不可能"通过""事物""感觉"到"时间—空间"，而是相反，是"通过""时间—空间"这种"方式"我们才能"感觉"到"事物"的"存在"和"存在"的"事物"。

同时，"时间—空间"这种"直观形式"和某些"理性概念"一样具有"纯粹性"，即它们无须"经验"的"支持"，"自身"就是可以理解的。这就是说，"时间—空间"这种"感性形式"就像"因果性—必然性"这样一些"纯粹理性概念"那样，是"先天"的，不是"经验"的。我们无须"感觉经验"的"具体事物"，就可以理解"时间—空间"，犹如我们无须具体到"水"、"气"这些事物的变化，就可以理解"因果必然"这些"概念"一样。

按照这个理路，我们就可以说，不必依靠具体的"经验事物"，我们就可以通过"先天直观"来理解"存在"，从而"通向"一种不同于单纯"概念"没有内容的抽象"存在论—形而上学"，这是我们在研究这个题目时首先要记住的。

就"感性"与"理性"的"关系"来说，康德这个办法就为它们二者清理出一条通道，它们有了可以相通的"根据"：原来无论"感性"还是"理性"，就其"形式"来说，都有共同的根源，不仅"理性"的"形式"是"先天的"，"感性"的"形式"也是"先天"的，它们都可以不依靠"感觉经验"。

在"独立于经验"问题上，"理性"的"先天性"比"感性"的"先天性"好理解些，因为既曰"感性"如何又"独立于""感觉经验"则更需要一番解释，随着这种"阐释—解释"，也会带来了重要的结果：由于必须"通过""先天直观形式"这道"关口"，进入"理性"被"思考"的材料，才只能是"现象"，而不能是"事物自身"，因为能够—有权利—有资格为我们"知识"提供"材料"的，不是单纯的"感觉"自身，"事物"只有通过"感性"的"形式"，即"事物"只有"在""时空"中，才是"可以直观（感觉）"的，而只有"可感—可直观"的"事物"才"可知"，于是"事物自身"并不"在""时空"中，因而"不可感"，也就"不可知"。因此在这个意义上，"感觉自身"一如"事物自身"那样，在康德"批判哲学"看来，是"不可知"的。

"先天直观形式"之提出，本是为了"打通""感性"和"理性"的渠道，但却在实际上仍设置了一道障碍："现象"与"本体"在"原则"上被分割了开来。凡"可感"的事物必"经过""先天直观形式"之"关口"，而"在"这"关口"之外的，则为"不可感"的"事物自身"。

然而，"事物自身"虽然因"不可感"而"不可知"，但它也不是一个"幻觉"，不是"幻想"的产物。

四　"批判哲学"也为"科学形而上学""廓清道路"

康德"批判哲学"为"理性"的"职能"划分严格界限，《纯粹理性批判》将"科学知识""限制"于"现象界"，但这种"限制"并不是给"科学知识"的"发展"在"经验实际"上划定一个"界限"，而恰恰是给它指出了一条"无限""发展"的"道路"，只是这个"无限"的"发展"，一定只能"走在""经验"的大道上，而不可"超越""经验"走到"事物自身—物自身"的"领域"中去，这是康德在《纯粹理性批判》着力甚至不厌其烦地"重复"阐述了的；于是现在的问题就是："科学的知识"为什么会出现这种"有界无限"或"有限无界"的状况？解决这个问题，需要我们在研究《纯粹理性批判》时，除了注意康德着重论证的"科学—经验知识之可能性"的各种"先天条件"，防止"理性"之"僭越"外，还要注意他并未着重论述但时时出现的问题的另外一面，而这一面其重要性并不亚于他重点说明的方面，同时，这两个方面因其相互之间的复杂深刻的"关联—联系"，就尤其不能忽略；只是由于重点的突出，常常"掩盖"事情的"另一面"，致使事情的全貌变得模糊不清，因而这"另一面"的问题，研究的人相对就比较少。

《纯粹理性批判》强调的是一切"科学"的"知识"只"限于""经验"的"现象界"，因为"知识"必有"直观"，而"直观"必为"感性"的，由"事物"通过"感性直观""给予—授予"我们，因而"知识"的

"领地"只限于"感觉世界";而"感觉世界"之所以能够"进入""主体"的"知识王国","接受""知性"的"立法",乃在于"感性直观"也有"先天形式—时间·空间",这样,我们作为"知识对象"的"感性世界"乃是"感性先天形式"所"给予—授予"我们的那个"样子",亦即向我们"显现"的那个"样子",因而是一个"现象",而不是"事物本身"的"样子",这样,我们的"知识",只能"限于"这个"现象界",而不是"事物自身"那个"样子—样式",在这个意义上,康德说,"事物自身""不可知",因其不"提供"给我们以"直观"而不是"科学知识"的"对象"。在划清这个"界限"之后,康德在《纯粹理性批判》里的主要工作就是从各个环节来论证"科学知识"的"结构":如何通过"时空"形式提供的"感觉材料"由"想象力"进入"统觉"与"纯粹知性概念—范畴""结合"起来,使"先天综合判断"成为可能。

然而,康德在《纯粹理性批判》里仍然经常提醒读者,虽然他所阐述的"知识""限于""现象",并不是从此就完全"否定""本质—本体"的意义;恰恰相反,既然我们的"知识"只"限于""现象界",那就意味着"必定"有一个"本体界""在",只是对这个"本体领域"我们在"理论知识—科学知识"上"一无所知"。但不是说"它""毫无意义"。

"本体—事物自身"的"存在"之所以仍有"意义",乃在于它为"形而上学"留有了"余地";只是"形而上学"要成为"科学",而不受"超越幻象"的"欺骗"——这是康德在讨论"纯粹理性二律背反"时充分揭示了的,就必须将"知性"作为自己的可靠"途径",而"返回"到"经验""领域"里来,使自己(形而上学)成为"知性—经验知识"的"指导"性"原理",而不去"妄图—僭妄地"把那"本体—事物自身"也当成"感觉经验"的"对象"来"建构"一门"知识"。

"事物自身—本体—本质"因缺乏"感性直观",不"在""时空"之内,因而只是一个"理性概念",是一个"理念"。"理念"因缺乏"感性直观",不与"对象"直接"联系"而必须"借助""知性"才能够与"经验"相关联。这样,康德"批判哲学"的工作,为"知性"设定"限制"而为"理性"的"思考""留有余地",则这个"余地"在康德意义上就不是一块"领地",在这个"余地"上,"理性"并无"立法权",也就是说，"理性"无权在这块"余地"上"建立—建构"起自己的不同于"知识—知性"的"王国"，而只有一种"指导"性的功能。因而"知性（先天）概念—范畴"是"建构性（constitutive）"的，而"理性（先天）概念—理念"是"范导性（regulative）"的。

在这里，康德关于"建构性"和"范导性"之间的区别，显得有特别的重要性。

在康德哲学的意义上，所谓概念的"建构性"作用是指由"概念"的原则可以"建立"一个"直观"的"对象"，最典型的似乎就是按"几何学"的"概念""原则—原理"就可以"做出"一个"直观"的"几何图形"来，譬如，按照"圆"的几何原理就可以"画"出一个"圆"的"图形"来，按照"概念"的"原理"可以"建构"起一个"感性直观""对象"来，"概念"的这种功能，就叫做"建构性"的。这种功能，在康德，只有"知性""思辨"的"自然""概念"和"理性""实践"的"自由""概念"才拥有，而在"思辨"、"理论"意义下的"理念"，不拥有这种"建构性"功能和能力，而只具有"范导性"的功能，这就是说，"思辨"的"理性理念"无权"建构—建立"起一个"感性直观"的"对象"来，也就是说，按照"理性概念—理念"的诸"原理—原则"，"画"不出一个"直观"的"图像"来。"理性概念—理念"不像"知性概念"那样，对于"感性世界—经验世界"具有"建构"作用，"理念—理性概念""超越"了"感觉经验""领域"之外，这时，"知性概念"或"知性范畴"要以自己的"原理原则"为"超越"的"理念""建构"起"感性—客观—直观""对象"来，就是一种不合法的"僭越"行为。

在康德看来，"知性概念—范畴"和"理性概念—理念"的关系不是前者为后者"建立"一个"对象"，而是后者"引导"着前者"趋向""完善"，"科学""至于至善"，而"至善"是一个"理念"；如果说，"知性范畴"作为"科学知识"的形态，而"理性理念"作为"形而上学"的形态，则，不是要"科学知识"做"形而上学"的事，而是"形而上学""协助""科学知识""不断"地做"自己"的"事"。"形而上学"不是"建构性"的学问，而是"范导性"的学问。

康德这个"范导性"观念很值得研究。德文"regulativ"很难译成中文，"范导"着重的也是一个方面的意思："理念"作为一个"范本"，"指导"着"知性"的工作，但"理念"因在"经验"之外，对"经验知识"有一种"限制"的作用，这层意思，在"范导"原意中不很突出，理解regulativ似乎还要把"范导"两个字拆开来看。"范"固然有"范本—模范"的意思，同时也有"范围—规范"的意思，亦即"限制"的意思，"理念"为"经验""立范"，不仅是"立"一"模范"让"经验"去"模仿"——这是柏拉图"理念论"的主要意思，而且是一个"界限"，"立范"是为"立界"。"令""知性—知识—经验—科学"不得"越雷池一步"。"范导"之"导"，也有"引导""科学知识""走在经验的康庄大道上"的意思。当然，"规范"等这样的翻译，也可以作如是讲。

总之，regulativ说的是"理性"对于"知性"的作用，它不像"知性"对于"感性"的作用那样是一种"建构性"的，即"知性概念"有权力为"经验"的"科学知识""建立"一个"客观"的"对象"，但"理性"只有权力跟"知性"有关系，因而是一种"主体""认识诸能力"之间的关系，"理性"只有通过"知性"才能与"经验"有关系，因而"理性的概念—理念"对于"知性"来说，首先是一个"限制"，"迫使""知性"以"经验领域"作为自己的"领地"。

于是"理性理念"首先是一个"限制"的"概念"，"理念""限制"知性—经验—科学"知识"，"知识""限（制）"于向"感官""显现"出来的世界，即"现象界"。

然则，"限制者"必在"限制"之外，既然有"限制"，则必有一个"限制"之外的东西"在"，于是康德总是说，"知识"的"限制"恰恰意味着有一个"不受限制"的"领域""在"，"现象"的"存在"意味着"有一个非现象（本质—本体）"。

康德以"批判（哲学）""限制""科学知识"的"合法""领地"，一方面"防止""理性"的"僭越"，是一种"消极"、"防范"工作；另一方面也注重发挥"理性理念"的"积极"作用，即对于"知性—知识"的"牵引—引导"作用，以"理念"作为"界限概念"本身的"非限制性"，为"科学知识""开辟"了一条"无限制"的道路。

"科学知识"的"发展"并无"尽头"，因为"至善—大全"在"思辨—理论"上只是一个"理念",因而不可能成为"客观"的"现实","科学"须得"不断"地"探索"下去。

"理性理念"对于"思辨—理论"领域中的作用,也就是"形而上学"作为"界限"的"科学—科学的形而上学"对于"经验科学"的作用,亦即一种"非建构性"、"范导性"的作用,"形而上学—哲学"理应"规范"并"引导""科学"在"经验"的道路上"无限制"地"发展"。

五 "科学的形而上学"作为"界限的科学"和"自由的科学"

在《纯粹理性批判》中,康德就人类理性之自然倾向,指出了在"思辨理性—理论理性"的"知识王国—知性领地","理性概念"只是"理念",他的作用要通过"知性"对"知识"作出"规范"和"指导",我们特别要注意的是在这个《批判》的第二版"先验辩证论附录"这个部分,它涉及"理念的调节性(范导性)运用"和"人类理性自然辩证论的终极意图"两个重要问题,清楚地表明了康德要防止人们对他"为知识立界"的深层次的"意图":"科学"地理解"形而上学"的作用,亦即"形而上学"的(对)"科学"运用(作用)。

"范导性—调节性"的作用,避免了"理性理念"给"知性范畴""误用"带来的"辩证论""幻象",指出"理性"要为"理念""建立—建构"一个"客观"的"现实对象"则必陷入不可自拔的"矛盾",但这只是"理性"的"误用";"理性"如果把自己的"理念"只当作"范导性"的"概念""运用"到"经验领域",则必将对"科学知识"起"积极"的作用,而并无"命题"上的"矛盾"(二律背反)产生。

"理性理念"是"科学知识—经验知识"的"界限",这就是说,"理性"的"概念"(理念)是"知识"要"止步"的地方,"经验知识"无权"进入—干扰—影响""理念",但"理念"却可以—"应该""影响""知识",起到"范导"的作用。

"经验之全体"亦即"经验"之"完成(终极目的)",就思辨理性来说只是一个"理念",不能作为可以向感官开显出来的"现象"观,是一个

"本质—本体"，但正因为有了这个在"经验"中不能"完成"而"开显"出来的"本质—本体"，才令"经验"有一个"无限"发展的"前途—未来"。果无"理念"，则人类将"安于""既得"之"现状"，没有"目标"，没有"未来"。在这个意义上，"理念"的"形而上学—哲学""推动—促进"的无限发展，是"科学"不断进步的"根据"。"形而上学—哲学""限制—规范"并"牵引—引导"着"科学"。

就思辨理性—理论理性来说，经过"批判哲学"审查后的"形而上学"是一门"界限"的学问—科学，但"界限（者）"在"（被）界限"之外，在这个意义上，"理念"本身"在""限制—界限"之外，"理性"的"概念"—"理念"为"无限"，为"自由"，于是，以"理念"为"内容"的"形而上学"，则既是"界限的科学"，又是"自由的科学"。这里，康德在作《纯粹理性批判》时心目中当已经有了《实践理性批判》的工作纲要，尽管他后来说，这时尚未要做这个题目。

《实践理性批判》阐述在《纯粹理性批判》作为"理念"对待的"自由"概念，在理性的实践运用中，"自由"成为一个"客观"的"概念"，它被赋予了"设立—建构""对象"的权力，这就是"至善"。这个"至善"对于"思辨理性"来说，虽然仍是一个"理念"，但起着"范导"的作用，"牵引"这"感性世界"向着"合理化—理性化"方向发展。实践理性的"目的"，作为"原因"，"导向"一个"经验""现实"的"结果"，"实践理性""影响"着"思辨理性"的"进展"，体现着"实践理性"对于"思辨理性"的"优越性"，康德在《实践理性批判》中所说的这种"优越性"，亦即《纯粹理性批判》中所谓的"范导性"。

这就是说，"自由"作为"思辨概念"在"知性—认知"活动中，只起一个"范导"的作用，它不能在"经验领域""建构—建立"自己的"客观对象"，"自由"作为"实践"的"欲求"只有"通过""知性"的作用，才能在"经验世界""产生""结果"，因此，"自由"对于由其产生的"结果"言，当是一个"原因"，而又因其为"自由"，自身并非"另一原因"的"结果"，因而是为"第一因"，但是作为"经验领域""因果系列"的一个"环节"，则作为"有效应"的"原因"，它又允许被"追索"自身的"原因"，而那个"第一因"又成为"有意识行为"的"原则"，成为一个"行动"的"格言—准则"，"指导"具体的、经验的"行动"。这样，"第一因"又不是没有"原因"的。在这个前提下，正因为"自由—第一因"在思辨理性看来，只是一个"理念"，因而无权将它作为可以"实现"的"目标"，也正为此，思辨理性又须得承认"自由—第一因"作为"理念"永远起着不可或缺的"范导"作用，"引领""科学"在"因果序列"中不断"上下求索"。

于是，"自由"的"概念""限制"着"自然"的"概念"，"自由""给""自然"以"边界"，但这个"边界"又是"开放"的，"自由""给予""自然"的"限制"和"边界"，也是"自由"的。

"自由"是一个"纯粹"的"理性概念"，"实践理性"的"道德""证明"了"自由"的"存在"，它在"实践理性"的"道德领域""先天"地"建构—建立"着自己的"客观对象"——"至善"，而这个"至善"在"思辨理性"中则是一个"理念"，无权"建构—建立"一个"客观现实"的"对象"，因为"至善"要求一个"大全"，而"经验"的"全体"只是一个"概念"，而不是"现实"，即不是"经验"。

甚至那"经验性"的"概念"，如"日月山川、桌椅板凳"，也都没有"大全"的时候，感觉经验的世界里也并没有"纯粹"的"山"，也没有"纯粹"的"水"，这也许就是从柏拉图到黑格尔、胡塞尔这些称得上"理念论"者的哲学家所强调的要点所在；但康德在这里把这些问题留给了他的"科学"的"形而上学"来处理，而将这些"概念"与"感觉经验"相"综合"的部分，交给了"先验论"（Transcendentalism），亦即他的"知性—知识论"来处理。于是，相比起那条纯粹的"理念论"路线，康德哲学对"感觉经验"重视的程度，大大超过了他的先辈柏拉图和他的后辈黑格尔和胡塞尔。

由于重视"概念"和"感觉材料"的关系，康德的经过"批判"审定的"形而上学"也要成为"科学"，这就是说，"形而上学"的"视野"并不是全都对准那"超越"的"理念世界"，"形而上学"的"目光"，仍然聚焦于"经验"的"世界"，或者说，"科学"的"形而上学"是在"经验"的"界限"上来"看""经验"，亦即在"经验"之外来"看""经验"，康德"论证"着这种"超然"的"看法—眼光"的"合法性"，因而他的"形而上学"虽为"自由"，而又是有"限制"的，不是"海阔天空"或者"天马行空"，也不是"神秘"的"内心感悟"，而是有"规定"的，是"科学"的。

在这个意义上，康德的"批判哲学"在论证"合理性—必然性"时，常强调其"形式性"，在论证"意志自由"时亦不例外；但是康德的思想并未"止于""形式"，他的"先天综合判断"固然有"形式"与"内容"的"结合"，他的"至善"，同样也是"自由"的"规定性"，而使"自由"具有"现实"之"可能"。

由于这样一个"现实"的目标，康德的"科学形而上学"甚至比他的"知性—知识论"还进了一步。这个"形而上学"作为"规范—引导"着"经验知识"的"基础"和"指南"，是"经验科学"的一种"延伸"以"完善—自由"的"先天概念"来研究"自然"，而不仅仅"限于""理论思辨"的层面。

康德意义上的"科学形而上学"也要"透过""知性"所建立起来的"现象界"来"看""事物"的那个"知性知识""界限"的"本质"。这样，"形而上学"就成了一门"本质"的"科学"，而这个"本质""在""经验"的"界限"上。"本质"并不是"躲"在哪个角落里，而是"在""界限"上，"形而上学"是"临界""科学"。

"临界"的"科学"，是"开放"的"科学"，是"理念"的"科学"，"至善"的"科学"，也是"自由"的"科学"。

当然，"科学的形而上学"也是"概念"的科学，这原本是"传统形而上学"的意思："形而上学"是"超越感觉经验"的"概念"的"体系"，康德的"批判"的工作在于通过"二律背反"的"自然倾向""揭示""理性"这种"超越"运用的"虚幻"性，从而指出，要克服这个矛盾，"形而上学"必须"坚守"在"经验"的"边界"上，这时，"理性"的"理念"才有权通过"知性"成为"经验科学"的一个"范导性—引导性"的"科学"，"形而上学"才能够成为一个没有冲突的"自洽"的"推理体系"。

"形而上学"既然不能为自己"建构—建立"一个"感性客观""对象"，只能借助"知性"已经建立起来的"经验对象"产生一种"普遍"

的关系,这种关系只是"调节性"的,而不是"规定性"的,它不"建立"一个"经验对象",而只是"引导—规范"诸"自然概念"之间的"协调关系",犹如"自由"的"意志"并不"规定""实际"的"结果",只有这个"意志"作为"感性欲求"的"目的",并与"知性"的"知识"结合起来,才能为自己"建构—建立"一个"对象—结果";然而"自由"的"目的"——"至善"(在知识是为一个"理念")却"引导—规范"着"现实""结果"的"道德—德性"上的"意义",即"实践理性""规范—指引"着"理论理性"的"意义","道德""指引"着"自然","自由""指引"着"自然"。

"形而上学"既然不"建构—建立""经验"的"对象",也就不"增加—扩展"人们的"知识",起作用在于"让—令"人们"明白事理"。"形而上学"的"理",也不仅仅是"(形式)逻辑"的,而且是"有内容"的,因为它通过"知性"与"经验"已经有了的"综合"的关系,"普遍"化成为一种"临界"的"关系",这样,"形而上学"的"内容"似乎有一种"临界"的、"最大"的"综合",相对于原有"知性综合"言,似乎—好像有"另一个""知性"在"进行"着这种"普遍"的、"临界"的"综合",我们也可以说,这种"形而上学"的"知性"做着"科学知识""知性"所无权做的工作,即在"反思"的意义上—而不是在"规定"的意义上做着"理智的直观"的工作。

这样,"形而上学"是一个"概念(推理)体系",经过"批判""审定"的"形而上学"同样也是一门"科学",因为它也是有"内容"的,"综合"的,不仅是"逻辑"的、"形式"的,它通过"知性"与"经验对象"相联系,使"自由"的"理念"得到"概念性"的"普遍"的"规定","形而上学"成为"范导性"的"基础""科学"。

就"自然"方面来说,由于"形而上学"这种特殊的性质,即它依靠"知性科学""进入""经验领域",于是,它对"知性—科学"似乎有一种"依赖性",这从康德在《纯粹理性批判》后写的论文《自然科学的形而上学初始根据》就可以看出,康德所说的"自然形而上学"深受当时自然科学的影响,随着各门科学的发展,康德的"形而上学"显得越来越不合时宜而不为人重视;但我们看到,不但他的"批判哲学"并未完全被忽视,他的"科学形而上学"的"倡议"在费希特特别是谢林、黑格尔那里，却发展成了一个影响深远的"科学—哲学—体系"。

遵照着康德"批判哲学"为"理性"职能划清的"先天"、"先验"、"超越"、"经验"——"知性范畴"和"理性理念"等这些严格"界限"，也遵循着康德在这些"界限"之间努力去寻求的各种深入细致的"关系"，从费希特以降，哲学家采取一种"大刀阔斧"的办法，不让"理性理念""局促"于"经验"的"边界"之上，而是由"守卫"的功能"扩展"成"战斗"的功能，"理性理念"犹如"骑在马上的拿破仑"（黑格尔），高举"理性—自由"的大旗，冲破康德设置的层层"障碍（界限）"，驰骋于欧洲大陆；黑格尔的"绝对精神"在费希特"自我"设定"非我"的基础上也踏上"征途"，把康德的"事物自身"的"理念"，经过"矛盾斗争"，在"历史"的发展中"显现"出来。原本为康德"批判哲学"所尽力要"避免"的"理论""命题"的"二律背反—矛盾"，成了"哲学—形而上学"即"理性概念系统"的"科学"的"基石"，在康德为"理性僭越"的"幻象"的"辩证法"，成了黑格尔哲学的"合理内核"（马克思）。

相比之下，黑格尔哲学在"精神"上显得那样的"大气磅礴"，在"学理"上那样"高屋建瓴"，而康德哲学就显得有些"谨小慎微"近乎"迂腐"。也许由于康德特别重视克服"理论""命题"的"系统一贯"，把"矛盾"只看成一种"消极"的"幻象"，他的"科学的形而上学"也是非常"谨慎"地通过"知性"与"经验世界"发生关系，而作为"经验科学""界限"的"学问"的"形而上学"，因其为"理性"的"纯粹概念"而无关乎"感性直观—时空"，在康德心目中，似乎是"永恒不变"的，一如他的"永久和平"论，竟是"纸上谈兵"，即"理论"上"推论"出来的，虽然他也"明智"地看到，尽管他已经言之凿凿地"揭示""辩证"的"幻象"，人们还是有一种"陷入""幻象"的"自然倾向"；也许正是这种思想，导致他关于"形而上学"的"学说（Doktrin）"并未问世，而只是出版了"导论"、"基础"、"根据"的文章。

当然，按康德自己对于"形而上学"的思路，也并不是在"现实"上要"固守"这个"经验知识"的"边界—限制"，因为"超越"这个"限制—边界"是"自由"，"在""时空"之"外"是一个"空"的"空间"

和"空"的"时间",或者说,"空间—时间""本身"并无"现实"的"事物"允许"进入",故只是一个"概念",而无"直观",这样,"形而上学"作为"科学",并非要"打破""界限—限制"让"知性—经验""进入"那个"空"的"时空",而是相反,"自由—理念"要"进入""经验",来"引导—规范""知性"。这条"进入""经验"的路线,又是和黑格尔一致的。

在写作《纯粹理性批判》时康德已经明确地看到,单纯"理论理性—思辨理性"并不能解决"经验""科学"的全部问题,因为它的原理原则是"理论"的,因而是"普遍"的,至于"经验世界"的"特殊性—具体性—个体性",需要"另一个知性"的"另一些原理原则"对于"知性"才"可以理解"而不致归于单纯"偶然"。在这个第一"批判"中,康德显然已经考虑到"目的"和"终极因"的问题。

因此,我们似乎可以有这种看法:康德的《纯粹理性批判》里已经蕴涵了他的《判断力批判》中的"目的论判断力批判"的主要思路,而这个第三"批判"所增加的(也是康德思想有所"改变"的)只是"审美判断力批判"的部分。

《判断力批判》是康德的"批判"工作的结束,也就是说,经过对于"概念"、"判断"、"推理"的不仅是"形式",而且是"内容"——即"先天综合"原则的"界定","严防""理性""僭越"的工作已经完成,所以康德在这个"批判"的"序言"中最后的许诺,是他要以最快的速度转向"自然的形而上学"和"道德的形而上学"的写作,可惜我们并没有看到这两部"学说性"著作的完成。

然而,在这个最后的"批判"中,我们看到"理性理念"如何在"感觉经验世界"虽非"建构性"的,但却是"范导性"地"规范"着"判断力"对这个"感性经验世界"的"评判—理解","判断"不再是"规定—建立""对象",而是"反思"一个"对象",因而在"范导—反思"的意义上,"理论思辨"的"世界"就和"自由—道德"的"世界""沟通"了起来,"感性经验世界"成为一个"意义"的"世界"。

可能黑格尔在形成他的"科学的形而上学"体系时并未更多关注康德的《判断力批判》,海德格尔在讨论康德的"形而上学"问题时,也并未更多参考这个"批判",也说明康德在《纯粹理性批判》中已经具有他的全部"批判哲学"的主要思路,但是我们后人在研究康德哲学时,似乎当更加重视《判断力批判》的意义。

一方面,诚如德罗兹所说,康德的《判断力批判》打破了他在《纯粹理性批判》里精心设置的种种"界限";另一方面,我们也看到,"自由"由"边界""进入""经验世界"的"内陆",如何在"范导—反思"意义上得到"规定",使"自由"得到了"具体"的"内容",同时也使"感觉世界"得到"意义"——人们"有权"对"美"、"崇高"以及"艺术作品"作出"判断"。

《判断力批判》使"形而上学"不仅仅是"概念"的"推论",而且具有"范导—反思"意义上"具体经验"的"现实""内容"。"理性—理念—自由"允许(有权)在"范导—反思"意义上"进入""时空"的"经验世界",这时的问题已不仅仅是"知识"问题,而且是"评判"问题,是对"经验世界"的"意义"的"判断—评判"问题。

北京
2010 年 5 月 31 日

人有"希望"的权利

——围绕着康德"至善"的理念

康德在《纯粹理性批判》最后提出的三个问题：我能够知道什么？我应当做什么？我可以希望什么？其中"希望"问题，建立在康德哲学整个"批判体系"之上，是前两个问题的概括和统一，与"知识"和"道德"问题相比，更加复杂深入，但因涉及整体性的问题，也更加重要，后人有所重视和阐述，甚至有标出"希望哲学"的名目来，而这里所要关注的，是如何从康德哲学整体来把握这个问题。

康德"批判哲学"要在浩瀚和不居的"经验领域"寻求"建立""理性"的"合法性"之根据和它的"权力—势力""范围"，以区别于休谟将"经验领域"只限于"习惯"之"经常性"，从而将"理性"之"必然性"归于"逻辑形式"。康德要解决的是面对"经验"的"感性世界"，"理性"究竟有什么作用，亦即有何等"权限"。

"理性"为"制定规则"的能力。如果"理性"所"立（制定）"之"法（规则）"概"出自""感觉经验"，那么其所立之法也只是"习惯法"；"理性"只有"根据""自身"、出自自身"制定法则"，才有一种不可动摇的"必然性"，"理性"的"立法"不依赖"感觉经验"，康德根据休谟，"理性"这种"不依赖经验"的特性，叫做"先天性"，于是这种"立法权"就叫做"理性"的"先天立法权"。

划定—厘定"理性"在"经验领域""立法"的"权力"和"限制"—"权限"，乃是康德"批判哲学"的主要工作。

"厘定""权限"的工作是一项非常细致的系统工程，康德所做的工作至今仍值得我们以加倍的细致和努力来进行研究。

康德第一部"批判"的哲学工作《纯粹理性批判》以"理性"在"时

空"范围内的"先天立法"作用，"建立—建构"了"经验知识—科学知识"的"客观性"和"必然性"。"时空"作为"感性直观"的"形式"和"知性概念—范畴"的结合，保障了"因果系列"的"必然"联系，"原因"和"结果"之间的"推论"的"必然性"是"合法"的。

然而，就"经验—科学知识"言，"理性"的"立法权"又是"受限制"的，在这个范围内"理性"的"立法权"由"知性（知识性）"来行使，"知性"只能为"时空"中的事物"立法"，因此一切"科学—经验科学"其研究"对象"都"在""时空"中，那些"超出""时空"之外的"事物"，"知性"的"范畴"都"不适用"，如果强行"进入"那些"超时空"的领域，在法律上就叫"僭越"，《纯粹理性批判》的一项重要工作，就在于通过"二律背反"揭示"知性""涉足""超时空"领域因"自相矛盾"所产生的"不合法性"。

康德这项工作表面上"束缚"了"经验—科学"的手脚，似乎在"知性法权"的"限制"下，人类的"科学知识"不能—无权"无限（制）"地"发展"下去，实际上并非如此。"时空"既然是一切"感性事物"的"存在方式"，而"时空"并无"限制"，"空间"不受限制地"扩展"，"时间"也"不受限制地""绵延"，在这层意义上，人类"经验知识—科学知识"同样也是"不受限制"的，人类"知识宝库"尽可以"合法"地"不断增加""自己"的"财富"，康德只是指出，切不可把"不是自己—他者"的"财富"也"据为己有"，即那些"超出时空"—"不受时空条件限制"的"非感性"的"财富"，"经验—科学知识"不能"合法地""归于"自己的名下。人类除"知识"的"财富"外，尚有其他的"合法"的"财富"。"理性"不仅通过"自然—知性"为"知识"领域"立法"，而且通过"实践理性"为"自由—道德""立法"，甚至通过"判断力"为"愉快—情绪""立法"。

"知—情—意"在康德哲学"批判"的分析工作后，在人类精神文明—精神生活中，"各得其所"，而又形成一个"整体"，这个"整体"集中在"人"作为一个"受限制的（有限的）理性者"。

这就是说，"理性"与人类精神领域的"立法权限"是有"区别"的，"区别"即是"限制"，但又不是各不相干的。"理性"通过"批判"将

"知识"的"立法权""限制"在"受时空条件限制"的"感性事物—自然"上，而在做这项"批判"工作的同时，"预留—保留"了"理性"为"不受时空条件限制"的"道德—自由"的"立法权"。"超时空"并不"虚无缥缈"，而是说"不受时空条件制约"或者"摆脱时空条件限制"的"自由"，没有这种为"道德自由"的"立法"，将没有"道德—责任"，一切将归于"受时空条件制约"的"习俗"。即使在专注于"自然（知识）"的《纯粹理性批判》中，康德同样也预留了"自由（道德）"的"权力"，指出那些"超越时空"的"本体—思想体"——即不是"受时空条件制约"的"事物（本身）"的"可思维"性，即它们虽是"不可知"的，但却可以"无矛盾"地"思维"。它们没有"感性直观"的"内容"，但即使就"知识"来说，却也有"合逻辑—合法"的"形式"。

这种仅有"形式"的"合法外衣"的单纯"思维"，到了《实践理性批判》里，却"建立"了自己的"内容"，因而也"建立"了自己的"对象"。这就是说，那些对"知识—科学"来说仅仅是"主体"的"理念"而没有相应的"对象—客体"的"本体"，在"实践"的领域也有了自己"建立"的"对象"，因而不是"空洞"的，而是"实实在在"的，"理念"有了"客观性—客体"。

"理性"的"实践"功能之所以具有这个特性，乃在于"实践"意味着"意志"的"目的"，而"目的"原本是"要—意欲""实现"的，一个"概念性"的"目的"通过"实践—行动"成为"现实性—结果"的"原因"，是"因果性"的一个特殊形态。

"目的"可以是"自然（性）"的，即"受感性制约"的，实现它的"实践"就是"技术性"的，此种"目的"之"成败利钝"，"受时空条件限制"，靠的是"知识—经验"。

更有那"自由（性）"的"目的"，"不受时空条件限制"，实现它的"实践"是为"道德性—德性"的，因其"不受时空条件"的"限制"，其"现实性—客观性"反倒是"必定"的，亦即"如果""想要"，就一定"能""要到—成功"的。

"理性"为"自由""立法"，凡"出自—不仅是符合""道德法则"的"目的"，都"应当"是"善"的，而这个"善"就"道德"领域内其

"实现—实现"的可能性，是由"理性"的"实践立法"所保障了的。

"自由"性"目的"这种"德性"之"善"，康德也叫做"至善"，意味着"德性"的"最高者"——"至上之善"。

这种意义上的"至善"，是"理性"的"实践"功能——"实践理性"所固有，是"想要就有"的，此处不产生"希望"的问题。

然而"至善"还有一层更加深入的意思："圆满完成之善"，即既是"至上之善"的"德性"，又是"在时空中""完成—实现"的"善"，这样就不仅仅是一个"德性"问题，而且还有"幸福"的问题，这两者的"完满结合—和谐一致"，则尚需"知识"之"介入"，而"德性"和"幸福"原本是两个"领域"里的事情，它们的"结合"，我们"在时空中—受时空制约"的"人"，只能寄予"希望"，而我们又是"有理性"的，于是这个"希望"并不是"幻想"，而是"有根据"的，"有理由"的。

"人""有权""希望"一个"圆满之善"的世界，这个世界不在天上，而在人间。"人"有"希望"的"权利"，而只有"人"才有"希望"的"权利"。

康德的"圆满之善"的概念意味着"德性"和"幸福"的"结合"，什么是"结合"？"结合"是指两个"不同—相异"的东西"结合"在一起，成为一个"和谐"的"统一体"。"德性"和"幸福"是不同的概念，如果它们是"相同"的概念，那么它们的"统一性"是"同语反复"，即使有所区别，它们之间的"关系"也是"分析性"的关系，从"德性"的概念可以"推导"出"幸福"来，也可以从"幸福"的概念"推导"出"德性"来，前者是古代斯多亚学派的工作，后者则是古代伊壁鸠鲁学派的事情，这两派都把"德性"和"幸福"看作"一回事"，"德性"即"幸福"或"幸福"即"德性"，只是各自的"立足点"不同，因而这两派的"对立"只是表面的。

康德认为"德性"是"实践理性—道德—自由"的事，而"幸福"则是"理论理性—知识—自然"的事，它们分属两个不同的"领域"，具有不同的"法则"；"幸福"要"受时空条件"的"限制"，而"德性"则"否"，"不受时空条件制约"，不顾及"成败利钝"。这就是说，在"知识领域"是"合法"的，在"道德领域"未必"合法"，反之亦然。在人世间充满了"有德之人无幸福"而"缺德之人有幸福"的事例，遂使人谓叹"天道不公"。当然，世间也有一些事例展示"德性"与"幸福"相互一致，"天道之公正""偶尔"显示它的"威力"，但只是"警示"的"特例"，并非"普遍必然"的"法则"。

就康德的"批判哲学"精神来说，"德性"和"幸福"之间的关系，既然不是"分析"的，则是"综合"的，但在"理论思辨理性—科学知识"层面，这种"综合关系"只是"经验"的，"德性"和"幸福"的"契合"带有"偶然性"，而不是一种"先天必然的""因果关系"，我们不能从"德性"必然推出"幸福"，也不能反过来从"幸福"的"结果"必然推出"德性"的"原因"来。

这也就是说，"幸福"作为"自然"的"结果"，其"原因"也"必定"是"自然"的，亦即，这个"原因"也必定是"受时空制约"的，而不可能"在时空之外—不受时空限制"的"德性"。换句话说，"自由"不可能是"自然"的"原因"，"自然"不"需要"一个"超自然—超自己—异己者"作"自己—自然"的"原因"。

于是，在"自然领域"，在"知识王国—科学王国"，"德性"和"幸福"的关系不是一种"先天综合"的关系，它们的"和谐一致"不是"必然的"，而是"偶然的"。

在"自然"领域，"知性"为"立法者"，"自然"只"遵从""知性"所立之法，而"知性"之"法"与"德性—道德"无涉，"知性"把"涉及""道德—意志"的"立法权""预留"给了"理性"，因为"理性"原本具有"实践—能动"的能力，"意志"原是"要—意愿—意欲""实现自身"的。"知性立法"有权"管辖"的范围，只限于包括"感性欲求"在内的"感觉经验世界"，这个世界，是"在时空中"，"受时空条件制约"的，人的"七情六欲"也是"感性"的，"受制于时空条件"的。

在经验世界，"人"也有"希望"，"希望""某种目的"的"实现"，"希望"某项事业"成功"；只是这种"希望"本身也是"经验"的，亦即"受时空条件制约"的"具体"目标，在这个意义上，"意志"原本就是"欲求"，这种"欲求—欲望"因"受制于时空条件"，其遵循的"法则"

仍是"知性"所"立"的。"欲求—欲望"的"意志"是一种"自然"的"意志"。这种"意志"不"构成—建立"一个"道德—德性"的"领域","道德—德性"的"领域""需要""自由"（而不是"自然"）作为前提。无自由，亦无道德，一切"行为准则"都随"时空条件"的"变化"而"异"，一切"责任"皆"有理由—有权利""推诿"，盖因"知性"无权为"幸福"与"德性""建立—建构"一个"先天必然"的"因果关系"，来使"德性"作为"幸福"的"原因"，而"知性"有权管辖的"意志"，只是一个感性的"欲求"，"目的"也是一个"感性"的具体"目标—标的"，"成败利钝"由"时空条件""制约"。

"理性"在"实践"上的运用，进入一个"新"的领域。"理性"为"意志"的"自由""立法"，亦即为"自由"的"意志""立法"，在这里，不是为"自然"的"意志—欲求""立法"。

这就是说，按照康德，"理性"不仅（通过"理性"的"思辨"功能）为"自然"的"知识""立法"，而且（通过"理性"的"实践"功能）为"自由"的"意志""立法"；不仅"自然—知识"具有"先天必然性"，而且"自由—意志—道德"也有"先天必然性"。

"自由"的"意志"涉及的是"因果系列"的"第一因"，而"意志"作为"目的"，涉及的是"终极目的"，就其"实现—现实"的可能性言，也是"终结—最终结果"，这就是说，"原因"与"结果"在"绝对"的意义上"结合"在一个"意志—自由—道德"中。这层意思，可能是理解"理性"赋予"希望"之"权利"的关键所在。

这个关键问题，康德还作了进一步的推衍：就"自然—知识"和"自由—道德"作为两个完全不同的"立法领域"来说，"德性"和"幸福"的关系不是"先天"的，人们不能—不可以"希望"它们之间的"先天综合"，也就是说，它们之间的"先天综合"是"不可希望"的。这层意思康德反复讲得很清楚，他由此进一步认为要"建立—建构"它们二者之间的"先天必然"的"综合"，须得—需要"引进"一个"宗教"的环节，即"设定"有一个不同于"人"的"全知、全能、全善"的"神"作为"神圣"的"立法者"，只有在这个"设定"下，"德性"和"幸福"的"结合"，才有可能是一个"先天综合"的关系。

就"设定""立法（者）""权限"说，康德自有理路。

人类理性既然在两个截然不同的领域有着互不干涉的立法权，则就"立法"言，要将这两个领域"结合—统一"起来，就需要设定一个"更高"的"立法者"。这个"立法者"，不仅具有最高的"德性"，同时也要具有最高的"智慧—知识"，以保障与"德性"相配的"幸福"必定"实现"，这就是说，这个"超出""人"的"理性""立法"的"最高"的"立法者"，这个具有"最高智慧"的"立法者"，亦即具有"圆满之善"的"智慧者"，就是基督教意义上的"全知、全善、全能"的"神"。

于是在康德哲学的意义上，"神之存在"的"设定"，乃是"人"的"理性"要把"德性"和"幸福""先天必然"地"结合"起来的"理路"上的"需要—必须"，也就是说，"实践理性"的"圆满之善"的"理念"的"必然趋向""设定"一个"神"作为它的"对象"，由此，"实践理性""导向"了"宗教"。康德哲学"设定"一个"大全"的"神"来"结合—沟通""知识"与"道德"，"自然"和"自由"，而之所以有这种"需要—必须"乃是因为康德已经把这两个"领域"在"立法"上"分割"开来的缘故：在"全部的经验（人世间）"的这块"土地"上，"人"的"理性"具有"理论"和"实践"两种不同的"立法权限"，要将这两种"权限""统一"起来，"必须"设定一个"至高无上"的"神"作为"至上"的"立法者"。

然而，康德很明确地宣称，"理性"在"实践"上的"道德立法"，即"道德领域—道德律"不需要"宗教"，"道德律"为"理性"的"自律"，而只有在"增加"了"幸福"的"要素"与之相"结合"时，"理性"才"必须—需要""设定"一个"他者"的"神"，这个"神"的"存在"使得"实践理性"的"圆满之善"的"理念"作为"理想"而具有"现实性"，亦即这个"至善"才可能是一个"现实的""对象"。

于是，"神之存在"成为"实践理性""至善"理念下的一个"必然设定"，而与此相关的尚有一个"灵魂不朽"的"设定—悬设—公设"，"至善"的理念，如要有"客观性—现实性—对象性"必先设定一个"不朽"的"灵魂"，以"保障"在"不断—绵延"的"修善—为善""努力"中

"接近""至善"这个"目标"，否则"人"的一切"为善"的"努力"将毫无"意义"。

我们研究康德这两个"设定"实际所涉可以不在一个层面上来理解："神之存在"是一个"超时空"的"永恒"问题，而"灵魂不朽"则是"时间"之"绵延"问题，如果把"不朽"理解为"不死"的话，而按照哲学从古代希腊的传统，人们正是在"不死"这个意义上来理解"灵魂不朽"的。果如是，这里会出现一些值得思考的有趣问题。

"神"与"不朽"可以涉及"生"——"死"问题，而这个问题似乎并不在康德哲学的视野之内，至少不是"批判哲学"的重点问题。

"不朽"作"不死"理解，是"永生"，"生"是"时间"问题，"生生不息"为"时间"之"永久绵延"而"不绝——不断"，"灵魂不朽——灵魂不死"说的是"灵魂""有生""无死"，因而"长生"。在这个意义上，"灵魂不死"既然是"实践理性"的一个"设定"，则意味着，正是"实践理性""至善"的"需要——必须""保障"了"时间"之"绵延——不断"，"至善""必须""让——令""时间"绵延不绝，以便"有条件——有可能""趋近——接近"这个"至善""标的"。这一层意思，当在康德"批判哲学"的义理之中。

然而，同样是根据康德"批判哲学"，凡"在时间中——受时空条件制约"的事物都是在"不断变异"的，"灵魂"当不例外。正因为"灵魂"也是"可变"的，才能"在时间中""不断""改恶从善"，或者向着"更善"进步，在"凡人皆有死"的铁律下，才设定"灵魂"有一个"今生"，也有"前生"和"来生"，"永远"有一个"来生"，故"灵魂""不死——永生"。

不过，"神"设定为"不在时空中"，"神"为"超时空"的"永恒"；而"灵魂"固然"永生——不死"但仍"在时空"中。"灵魂""有生无死"，而"神""不生不死"，"神""超脱""生死轮回"。

"神"所立之"法"——"诫命"，"令""灵魂""不死"，以便"不断""为善"以至"至善"；但"神"既然"让——令""灵魂""在时间中""永久绵延"，则就必得"允许""灵魂"之"变化——变异"，但"神"的"原则——法则"乃是"永恒"，乃是"恒常——不变"，乃是"终结——完成——完满"，只有"不再变异"才是"终结"，才是"终结目的"之"完成"，才是"至善"之"实现"。

在这个意义上，"神"只有"令—让""万物"（包括灵魂在内）皆"死—终结—完成—不变"，"神"才能够（有权）行使自己的"职能"："公平"地"分配"与"德性"相当的"幸福"。康德在《论万物的终结》一篇短文中阐述了这层意思，他强调的是"道德律"在"万物终结"处"行使"自己"永恒"的"权利"；而"神"既然"统一"了"道德"与"知识"则"超越""万物"之"始终"，作为"万物"（包括人的灵魂）之"创始者"和"终结者""君临""万物"。

"超越时空"之"神"是"不动者—不变者—永恒者"，他既不"生"，也不"死"，因而不仅仅是"不死者"，他"不生不死"。

但这样一个"永恒"的"神"，在"宗教—基督教"的意义上，他又是一个"创生者"，一切"事物"（包括人）的"创造者"，"事物"既以"时空"为"存在形式"，则"时间"和"空间"也为"神"所"创造"，于是，"神""创造"了一切"时空"中之"变化"。

"神"既有能力"令""变化""开始"，也有能力"令""变化""终结"，"神"为"时间"（变化）之"创始者"和"终结者"。在某种意义上，只有一个"终结者"才能对"被终结的事物"作出完全不带"偶然性"的"绝对正确"的"判断"，"神"只有"令—让""万物—包括灵魂""（有）死"才能作出"最终"的"判断"，才能将"幸福"不差分毫—准确无误地"分配"给一个"不再变化—不再有改善（或变坏）"的"德性"。

于是，"人—包括他的灵魂""归根结底"是一个"有死者"。"人"作为"有死者"的"族类"，不仅是一个"经验的实事"，而且是"神"的"诫命"，"设定"了一个"永恒"的"神"的"格位"（或"族类"，像古代希腊人那样），就"必定—必须"同时"设定"一个"有死"的"族类"—"人"，以便"神""发挥"它那"全能"的"绝对正确"的"绝对权威"，"神"这个"最高智慧者"和"最高德性者"才有"根据"居于"最高法官"的"格位"，"至慧"—"至德"二者"必然结合"为"至善"，这个"圆满的至善"才成为"至公"，"至慧"、"至善"、"至公"也是"神"的"三位一体"。

　　然而，如前所述，"圆满之善"的"设定"，又必须—必定要"设定"一个"不朽—不死"的"灵魂"，亦即"设定"一个"绵延不绝"的"时间"，这样，康德《纯粹理性批判》中"时间"的"二律背反"（有始无始—有限无限）又一次涌现出来，"理性"在自身的"设定"上产生了"矛盾"；按照康德解决"知性僭越"之"二律背反"的办法，以"理性"在不同"领域"之不同的"立法权限"来加以解决："有死"是对"人"的"领域"，"不死"是"神"的"领域"，亦即，"有死"是对"神"而言，"绵延不绝"乃是对"人"而言。

　　对"神"而言，"神"既是"全能"，则"有能力"在"时间绵延"中"看到""终结"，在"未完成"中"看到""完成"，"神""有智慧""看到""大全"，在这里，"神""看到—知道""德性"的"分寸"，"同时"也"看到—知道"与其相配的"幸福"的"斤两"，"神"乃是"至慧—至德—至能"以及这些概念中所蕴涵的"至能—至公"。

　　在康德哲学，"神"作为"至善者—至大者—至公者"的"设定"是"为了""实践理性"的"自由意志""需要—必要"一个"对象"而成为有"现实性"的可能，因而，"神"和"灵魂"都"从属"于"实践理性"的"立法"之下，"实践"需要"完成"，"意志"需要"实现"，也就是说，"自由"也有一个"现实对象"的"规定性"，"设定"这个"规定性"是"实践理性""先天立法"所"建立—建构"的，因而尽管这些"规定性"在"感觉经验世界"并无"对象"提供，但"理性"不依靠"经验"而依靠"理性"自身就有权判断，这些"对象"是"存在"的，这就是说，这些"规定性"虽不是"现象界"的"谓词"，但其"存在"仍是"本体论"的"谓词"，我们"人"虽不知它们是"什么"，但确凿无疑地"知道"其"存在"。我们根据"理性"，确凿无疑地"知道""有"这些"对象"作为"自由意志"（而不是感觉经验）的"规定性""存在"，则我们对于这些"规定性""存在"的"信心"，就有"理性（实践理性）""立法"的"先天—必然"的"保证"。

　　"追求幸福"是"人"的"自然"的"权利"，分属"另一领域"的"道德律令"并不"取消"这种"权利"，正如"道德"不会"取消""知识"一样；但是按照康德，"实践理性"的"优先性"表现在："道德—自由—实践"却有"引领—指导""幸福"之"方向"的"职能"，"德性"的"至上之善""引领—范导"着"幸福"，在"时间不绝绵延"中，"趋向于""圆满之善"。

如同"实践理性"的"道德律"无须"神"之助而是"实践理性"之"自律"那样，在"实践理性""设定"的"圆满之善"的"规定性—对象性"即使按照康德的理路，似乎也无须"神"之助，也就是说，"批判哲学"无须"宗教"之助，而"神"与"宗教"问题反倒是在"理性"的"必然性"中，才能得到"理解—化解"。

如果说，说到"德性"并不需要"神"，而当说到"幸福"的时候才把"神"请出来，以便与"德性""结合"得"天衣无缝"，则似乎就意味着不是"实践理性""导向"了"宗教"，反倒是"思辨理性"成了"导向""宗教"的"必要"途径，而在这个意义上，这个"神"就不像"基督教"的"一神"，似乎是古代希腊的"诸神"，希腊诸神都是些"能工巧匠—智慧大师"，而这些"巧匠—大师"在"德性"上常常不是无可指责的。

说到"圆满之善"，原本也是"实践理性—自由意志—道德法则""先天必然"地作为"对象之规定性""设定"的，"至上之善"的"道德法则"由于"影响—范导""思辨理性""先天必然"地"趋向"于一个"圆满之善"成为"终结目的"，这个"设定"有"实践理性"作为"自由意志—道德法则"作"根据"，无须"宗教"之助就是"合理合法"的，自洽的。

"实践理性"之所以拥有"影响—范导""思辨理性"的"职能"，那是因为"实践理性"里的那些"概念"原本在"思辨理性"里作为单纯"理念"就有的，只是在后者被"贬抑"为"知性"之"僭妄"，而这种"僭妄"的"趋向"也出自"理性—知性"的"本性"，即使在这个领域，尽管不能形成"科学知识"，也是被允许"思想—思维"的，是"可以思议"的。

在"批判哲学"，"理念"因缺乏"直观对象"而不能为"经验科学知识"所"认知"；但"理念"作为"现象"的"本体"，却也是"现象"

的"基质—基础",所以说到"现象""必""有"一个"本体"作为它的"基质—基础""在",只是这个"在—存在"就"知识"言,只是"空洞的""自身同一",而无"感性客观对象",因无"直观"而"不可知",但因"自身同一"而"可思"——可以"无矛盾"地"被思"。"本体—理念"之"命题"所能够具有的"谓词",仅是"存在谓词",而"存在"并非"谓词"而只是"主词",因而就"科学命题"的标准来看,关于"本体—理念"的"判断"只是一个"重言句",并不"增加—扩展"什么"内容",因而是"空洞的"。于是在"经验科学"意义上,只是说"神是存在的"乃是"同语反复",并没有说出"神"是个"什么";然而,正是这些"不是什么"的"理念—本体"是"现象"的"基质"和"基础",它们是"存在"的。

"存在"着的"本体—理念"虽然不允许"被知性""建构"成"科学知识",但却作为"现象"的"根基"发挥着自己对"现象"的"影响","引导—范导"着"现象"的"变化—发展""方向",从"现象"蕴涵着的众多"可能性"和"偶然性"中,"开辟"着"现实—实际"的"必然途径"。

这就意味着,"理性"在"实践"意义上使在"理论"意义上仅仅是"主体—主词"的"理念—存在"有了自己的"客体—宾词—谓词","理念"不仅为"存在",而且这个"存在"也是一个"什么"。不仅如此,这个由"主体"自身"建立—建构—创建"的"客体—对象",竟然"摆脱"了在"知性"范围内的"偶然性"和"可能性",而是一个由"实践理性""自由—自主—自发"地"创建"的"绝对必然"的"现实性";这里的"什么",是一个"必然"的"什么"。从这里,黑格尔开发出他的"精神现象学"和"逻辑科学"体系。

就严格"划分权限"的"批判哲学"来说,"实践理性"与"理论理性"之间的"关系"具有一种"引导—范导"的性质,而"理性"在这两个"领域"自身,都是"建构性"的。区分这两者的作用,对于理解"批判哲学"也是很关键的。

所谓"建构"与"范导"当是针对"对象—客体"而言。"建构"是指"理性(知性)"为"自己""建构"一个"客观对象",在"经验领域"，"知性"在这个"领域"为自己"建构—建立"一个"客观对象"，使"感觉经验"成为"知识对象"；而"范导"是指"理性"已经为自己"建构—建立"了一个"客观对象"，这个"客观对象"在"经验领域""建立"不起来，而只能作为"目的—目标—理想（理念）"对"经验世界"起"引导—范导"作用。

凡在"时空"中的"目的—目标—理想"在原则上（经过失败的经验教训）"能够—有能力""达到—实现"的，这个层面当然也有"希望"的问题，人们都"希望""成功"，只是这个"希望"的"权利"是"知性""给予"的；也就是说，"经验科学知识"的"先天必然性""给予"了人们"希望"的"权利"，但知性并没有给予"圆满之善"作为一个"理念"的"成功——即成为感性现实"的"权利"，也就是说，光靠"知性""立法"的"科学知识"人们"无权""希望"一个"圆满之善"有一种"先天必然性"，"德性"和"幸福"在"知识"层面，无形成"先天综合判断"的可能性。

于是，在这个意义上，所谓"希望"乃是对于"圆满之善"，即"德性"与"幸福""必然结合"之"权利"，是对"理念"之"客观现实性"抱有"信心"的"权利"，这个"权利"是"实践理性""先天立法"所"赋予"的，是"道德"对于"知识"必定具有的"影响力—范导性"所"保障"了的。一个"不计（当下）时空条件限制"的"自由意志""朝向"一个"远大目标—另一个时空—另一番天地"—"终极目的""前进"的"期盼—希望"是"有合理"的"根据"的。于是，就"希望"的"权利"来说，"无神论"与"宗教"至少拥有"同等"的"权利"，"无神论"不必将自己的"希望""降格"为"技术实践"的"短视"层面，同样有"信心"在"时间"的"不绝绵延"中拥有"德性—幸福""必然结合"的"希望"。

更何况，康德在《判断力批判》中通过"判断力"为自身"立法"作用已经揭示在"审美"和"自然合目的性"中所具有的"德性—善"与"幸福—真"相"结合一致"的"具体—情景"，即使在"个体"的"感性存在者"之间，不同于"知性""科学知识"的"特殊规律"，这种"规律"并不完全受制于当下实际的"时空条件"，使这些"直观对象"处在

"另一个"或许是"虚拟""时空"之中，以便"透露"着"自由"的"消息"，"展示"着"自然"与"自由"有"必然结合"的"可能性"，"自然"的"真"成为"道德"的"善"的"象征"，从而使广义的"艺术品"有"权利"折射出、寄托着"希望"的光芒。

北京
2011 年 11 月 18 日

我们在何种意义上有权作出"预言"？

——康德论"预言"之可能根据

"预言"涉及"未来"之"方向"、"状态"和"事件"，涉及"时间"之"绵延"，同时也涉及"因果"范畴，因而是"经验"范围的事。要在"知识"上"预言""尚未发生"的"事件"，必须在"知识"上掌握"全部"的"前因"，才有权"推出""必然"的"结果"，亦即在"结果"尚未发生"时"，"预言""结果"一定"发生"；然而，由于"时间"的"无限绵延"，要想穷尽"事物—事件"的"无限""前因"，在知识上是不可能的，这就是说，"因果"系列不可能在"经验"上做出绝对的"综合"，"经验"的"综合判断"不具有绝对的"必然性"，而只具有"相对"的"普遍性"，因而一切"单纯经验的知识"都包含了"偶然性"，而只有"先天性"的"综合判断"才具有"绝对"的"普遍性"，亦即"必然性"。然而，这种"先天综合判断"，并不涉及"时间"中的具体"事物—事件"，而只涉及"时间（空间）"的"形式"，因为这种"形式"虽是"感性"的，却是"先天"的。

在这个意义上，并非一切知识判断都是"先天性"的"综合判断"，"知识——包括经验科学知识"大量的还是"经验判断"，它们的"真理性"，不仅仅依靠"形式"的"逻辑证明"，而且还要依靠"实际经验"的"检验"，而这种"检验"既然也是"经验"的，是在"时间绵延"中的，因而，也是"相对"的，"后验"的。

于是，在"经验知识—历史"的意义上，"预言"式的"推论—推测"只有"相对"的意义，一切"经验性"的"历史学"（包括"过去学—未来学"）都无权"消弭""偶然性"，因而"偶然性"也成了"知识论"的一个重要范畴。

　　然而，如果谈到那些具有"先天必然性"的"知识"，即使对于那些"先天性综合判断"言，则又并无"预言"的地位，因为那只涉及"逻辑"——在康德是"先验逻辑"，虽不是"超时空"的，但只涉及"时间"的"形式"，至于那些"在""时间（绵延）"中的"事物—事件"，则仍然是"后验—经验"的，而不是"先天"的；而似乎只有对涉及"在""时间绵延"中的"事物—事件"来说，才突出了"预言"的位置。我们对于"数学—几何学"的问题似乎很少有"预言"的问题，而对于"月食—日食"那类天文学预测来说，可能是数学合规律的计算保证了某些"预言"的准确性。

　　在这个意义上，"预言"问题在"自然"领域涉及对于"自然"发生之事物，也是受具体时空条件限制的，康德的"批判哲学"旨在"保证""自然科学—广义物理学"在作出"理论判断"时有"必然"的"可能性"，而并不是说一切此类判断都是"必然"的，事实上，此类判断只是有权以"必然性"判断的形式出现，其真理性还须"经验"之"检验"和"证实"；这似乎就是说，关于"自然"之"经验判断"并非仅为"感觉材料"之"集合"，而是这些材料须得由"知性"的"先天概念—范畴"加以"规定"，因而对于"感觉经验"的"判断"，才有权具有"逻辑必然"的理论形式，但因为这类判断又非单纯的"（形式）逻辑"，因而它们对于这些材料给出的"规定"是否"符合""真理性—是否与其所涉对象一致"则仍需进一步"检验"。

　　以康德重要"范畴""因果性"为例，这个概念的"先天性"只是说，我们的"科学知识"因该概念的先天性，我们的"经验科学"有权在"时间""前后相续"的"绵延"中"出现"的"事物"作出"原因"和"结果"的"判断"，"断定""在先"出现的"A"是"在后"出现的"B"的"原因"；但究竟"A"是否"真"的为"B"的"原因"，还有待"具体问题具体分析"，在"经验知识"问题上容不得"武断"。于是，如果"B"尚未出现，则我们不能在"无条件"的意义上说"A""必然"产生"B"，因为即使在"B"已经出现的情况下，我们对"A"是"B"的"原因"这个判断仍需"检验"，也正是在这个意义上，我们的"经验科学"不断地"修正"使之随着"时间"的"绵延"而"不断""接近""真理"。在这个意义上，康德的"批判哲学""确保"了"经验"的"自然科学"作出"科学性""预言"的"可能性"，同时也展示了"经验性科学""无限"发展的"可能性"。

至于"自然科学"这种"发展"的"可能性"，又是"朝着"一个"终极目的""前进"的，这样一个"超越""时空"的"形而上学"的"预言"，应该是"无条件"的，"绝对"的。这个"终极目的"对于"经验科学—自然科学"来说，是一个"非对象性（雅斯贝尔斯用语）—无对象"的"理念"，但对"对象性—有对象"的"经验科学"理论起着范导—引导作用。

"终极目的"这个"理念"不仅涉及"知识"问题，更主要的涉及"道德"问题；不仅仅是在"知识"上更加"接近""事物本身"，因而不仅仅是一个"本体论"问题，而且是一个"道德"上"完善"的问题，"终极目的"亦即"至善"的问题，正是这个"至善"的"理念"范导—引领着人类经验发展的"方向"，因而这个变化和发展也就具有"进步"的意义。在康德意义上，"运动就是一切，目的是没有的"并不具有任何意义。无论自觉与否，人类的经验朝着一个"终极目的"的"理念""前进"，尽管这个"进步"是"曲折"的，"倒退"也是经常发生的事，但只要"人类—人族"的"理性"没有丧失殆尽，就不会"彻底—无条件—绝对"意义上迷失方向。这一点，是可以"有把握"地"预言"的。

那么这种"无条件"的"预言"的"根据"何在？世上的"恶"何其多也，而且给人的印象竟然是"道高一尺，魔高一丈"，许多古代没有的"坏事—罪恶"，如今比比皆是，在这样的悲惨的局面下，"趋善"要不限于"劝善"的空洞"安慰"，而要揭示"趋善"在"理性"上的"根据"，即，"人"作为"有理性"的"族类"有何种"先天"的"理由"致使"有权"作出这种"道德"上"趋善"的"无条件"的"预言"？

探讨这个问题，涉及康德关于"善—恶"的一系列重要思想。

首先一个重要的前提是：在康德看来，"善—恶"皆出于"人"的"自由"，而不是出自"自然"，因而是"道德"范围内的问题，而不是"知识"范围的事，也不是"自然"的"欲望"的事，在道理上，"善—恶"与"七情六欲"是两回事。这一个区别和界限是"种类"上的区别和界限，是"原则"上的区别和界限，而不是一般认为的要把"自然欲望""消弭殆尽"才算"至善"的意思；恰恰相反，"至善"为"德性"与"幸福"的统一，"自由"与"必然"的统一，"追求幸福"并不是"恶"的"源泉"；"善"、"恶"都是"自由"的事，而不是"自然"的事，虽然二者当有实际的关系。

理解这个问题的关键，当在于"责任"的概念；而"责任"的概念又和"自由"密不可分。"道德律""令""人"作为"有理性者"对于"自己"的"行为"之"结果"负有"无可推卸"的"责任"，其道理上的根据，是必须"规定""人"是"自由者"，尽管这个"自由者"的"人"之"行为""后果"能有千万种"时间、地点"的"条件—原因"，并不能——亦即"无权""推卸"自己的"责任"于分毫，因为你的行为的"结果"固然在"时空"中，作为你的行为的具体"动机—目的"也在"时空条件"中，但在你的诸多"动机"中有权作为"普遍的""准则""令"人人皆要"遵守"的"律令"，却是不计"时空条件—无条件"的"道德律"，而"道德法则"之所以有这种优先的权利，能够"不计"种种时空限制对"人"发布"绝对"的"命令"，正在于"人"作为"有理性者"是"自由"的。

"道德律"是"为善"的命令，这就是说，"人"作为"有理性"的"自由者"，"原本—应当"是"为善者"，亦即，在"道德律"的"规定"下，"自由者"作为"普遍准则"的"动机"，必然是"善"，这个"善"，不是经验世界的"结果"的"相对的""好"，而是"无条件的善"，"绝对的善"。在这个意义上，康德的这个没有经验效果的"绝对善"的"动机"，是很软弱无力的，因为"道德律"也不是一个"急功近利"的行为"准则"，但就"时间绵延"的"长期""结果"来看，在这个由"道德律""规定"下的"善"的"动机""准则"，乃是"自由者"之"自由意志"必定要"设定"的"最终目的"，这个"目的"，就只限于从"时空"条件的"理论理性"来看，只是一个没有"实在性"的"理念"，但是就"不计—超越时空条件"的"实践理性"来说，却是一个具有"现实性——即有权实现"的"至善"，因而，这个"至善"的"理念"，才可以—有权作为一个"意志"的"目的—动机"而又可以—有权作为一个

"普遍—必然"的"准则"；而其他一切"受时空条件"制约的"目的—动机"，一切所谓"处世之道"，无论多么"聪明"和"有效"，都"无权""充当"这个"无条件"的"准则"。

有了"道德律"作为"自由"的"规定性"，作为"意志动机"的"准则"，人作为"自由者—责任者"的"行为"的"结果"，在道理上"必定"是这个"终极目的——至善"。就这个意义来说，"自由者"在"道德律""规定"下的"动机"作为"原因"，对于"至善"这个"结果"来说，就是"充足"的"理由"，无须另外的"理由"来支持，"足够""令"这个"结果""产生—出现"，具有"现实性"；也是在这个意义上，我们关于"至善"的"判断"——"善的动机必定产生善的结果——善有善报"，在"实践理性—道德"的意义上—不是在"理论理性—知识"的意义上，是一个"先天综合判断"。这就是说，"原因—动机""必定—必然地""推断"出"结果"来。

这样，在实践理性—道德的意义上，我们就有权对于"至善""现实性"作出准确无误的"预言"，如同几何学—数学的命题那样，不必等到在纸上演算完毕，其"答案"已经"存在"，于是这个"演算"的"过程"尽管有许多错误，但这个"方向"是可以"准确""预言"的：人类作为有理性的"自由者"其"演算结果"—"终极目的"必定是"至善"，因而这个"演进"的"过程"因受"时间空间"制约，必定充满了坎坷曲折，甚至有"血的代价"，但这个"趋善"的总体"方向"则是可以—有权作出准确的"预言"的。

然而，世间种种"邪恶"不断"干扰"着这个"演进—进程"，一次巨大的"灾祸—天灾人祸"或可将人们辛苦建设的成果毁灭殆尽，人类"趋善"的"进步"，在"道理上"又有何种"根据"？人们又有何种"理由"来在"道理上—理性上""对付"那往往在数量上大大超过"善事"的"罪恶"？

哲学和宗教对于"恶"的问题已有很多的思考和学说，就康德思想来说，他贯彻的是奥古斯丁以来从人类"意志自由"的"观测点"来理解"恶"的问题，并将他的"批判哲学"的精神贯穿下去，在理路的衔接上很有参考的意义。

　　就康德来说，"自然"原无"善—恶"，因为"自然"本不是"人"的"产品"，"自然"并不是"人""制造"出来的，只有"人"通过自己的行为"产生"出来的"结果"，才有"善—恶"的问题；但是，"人"按照"自然律""产生"的"产品"，只有"提升"到"实践理性—道德"的"视角—观测点"，也就是说，这些"产品"不是作为"自然"的"产品"，而是作为"自由"的"产品"来理解，才会有"善—恶"的问题；但是，"人"既然是"自由者"，则即使是按照自然律生产出来的"产品"，也都"逃不出""道德"的"审问"，而"自由者"既然要在经验的世界做出一件"产品"，必须要在这个"产品"的范围内"符合""自然"的法则，因此"自由者"的一切"产品"都具有双重的视角，而"道德律"的"权威"正是体现在凡"人"的"产品"都"逃不出""道德"的"质询"，在这个意义上，"道德律"并不是"脱离实际"的，相反，在某种意义上，它甚至是比"自然"的视角更加"贴近实际"、"深入实际"的。世间一切"战争武器"的"产品"，都明显地揭示了这一事实。

　　于是，只有在"自由—道德"的"视角—观测点"看"善—恶"问题，这就是说，不仅"善"是有"自由"为其"源泉"，而且"恶"同样也是"出自""自由"，而不是出自"自然"；在这个意义上，"恶"并非"出自""人"的"自然""本性—本能"，不是"人"的"七情六欲"，因此"去恶"就不是"存天理，灭人欲"的问题，仅就"人欲"本身来说，何罪之有；"罪—恶"之"源"，要到"自由"中去寻找。

　　这层意思，表面上似乎是为"七情六欲""辩护"，说一切"淫欲"似乎都是"无辜"的；然而，从道理上来说，恰恰又正好有相反的意义，即，世间一切感性欲求如果是一个有理性的自由者所为，则具有无可逃脱的"责任"，"善—恶"不是一个"数量"的问题，不是"纵欲过度"就成"罪恶"，而是一个"质"的问题，"不义之财"贪得"一分"，也是"恶"。更有进言者，如果仅就"自然"的视角来"断""善—恶"，则世间一切的"恶"皆为"自然"的，因而也是"必然"的，于是人们对这种"行为"就"无权"追问它们的"责任"，它们也就是"无关乎""善—恶"的。

　　从道理上来说，只有将"恶"之"源"追寻到"自由"，人们才"有权"对它们"问责"，于是世上一切"恶人—恶事"都必须放到"道德—理性"的"法庭"面前加以"审判"。

然则，既然"善—恶"皆出于"自由"，则人们何以有权"预言""自由"所"投向"的"经验世界"却在"总体上"是"趋善"的？

"恶"既然在"原则"上无涉于"自然"，而"规定""自由"的"道德律"在"动机"的"准则"上"无条件"是"善"的，那么，"恶"只有在这个意义上可以成立，即，它是一种对"道德律"的"挑战"力量，是对这个法则的"背叛"和"否定"，在这个意义上，"恶"尽管有极大的危害性，但它"无力""泯灭"这个法则，因为道德法则的泯灭，意味着"自由"的泯灭，于是"善"的"泯灭"同时也就泯灭了"恶"自身，在"道德法则"面前，"恶"只是一个"消极"的"力量"，其作用是以背叛和颠覆的方法"篡改"在这个法则"规定"下的"自由行动"的"准则"，使这个"准则""掩盖着"一个"秘密"的、不能"公之于世"的"邪恶动机"，这时候，"自然"的"必然性"常常被"冒充"为一个"行为准则"，譬如，"迫于形势"、"无可选择"等等，"自然的必然性"成为一种"借口"，做了"恶"的"替罪羊"，真正的"恶"的"动机"因其"见不得人"而被"掩盖"起来；而在"道德律""规定"下的"自由者"的"行为""准则"本质上具有"公开性"，因为它是"普遍的"，而"恶"的"准则"本身，如果不"乔装打扮"，则永远具有"私密性"。

于是我们看到，"恶"在"时间绵延"中不可能成为"永久持续"的，因为它的"持续"就是它自身的毁灭，因而是自相矛盾的，在这个意义上，"恶"也不可能—无权成为一个"终极目的"，而只能是一种"消极的—捣乱的""力量""存在于""时间绵延"的"曲折—间歇"之中，在这个道理的支持下，我们才有权在"理性"上——不是在"经验事实"上说我们"预言"人类在"时间绵延"中是"向着"一个"至善"的"终极目的""进步"的，尽管在"时间"中，这个"至善"的"理念"我们只能"无限地""接近"它。

"人"在"时间绵延"中的"活动"形成"历史"，就这个意义言，"历史"在道理上也是"趋善"的，这个"判断"，也是一个"先天综合判断"，于是，是我们有权"预言"的。

在康德，"历史"被理解为一个"经验"的"对象"，因而"历史学"是一门"经验科学"；亦如同其他"经验科学"，它也有"先天性"的支撑。

事实上，"预言"问题主要涉及"历史学"，亦即，"人（类）"所"制造—创造"的"事物—事件"在何种意义上说是可以"预言"的。亦即"因果范畴"如何被允许应用到"经验"的"事件"中去，同时又是从"自由"的视角赋予这种"自然"的"因果关系"以"道德"的意义；当然，这个问题同时包括了"过去"和"未来"，而就"预言"来说，主要涉及对于人（类）尚未"制造—创造"出来的"事物—事件"的"性状"所作的"预言"不仅可有"经验的可能性"，而且也有"先天的可能性"？由于"历史"是"人""创造"的，这个对人类未来的"创造"的"预言"，尤其显得突出而重要。

这里又涉及康德哲学的另一个层面，即与"知识"不同的"道德"层面；在道德层面上，人类"理性""有权"作出"预言"：人类历史一直是在"改善—趋善"的"方向""进步"。"人类"所"创造"的"历史""朝着""趋近""至善"的"终极目的"的"方向""进步"，在康德看来，这是一个"先天性综合判断"，因而具有"必然性"，而不仅仅是"经验"的"普遍性"。

"历史"的"先天综合判断"所"综合"的是"过去"和"未来"的"在时间绵延中"的"事物"的"状态"，各种事件状态之间的关系之所以成为"可以理解"的"知识—科学"，正在于这种经验知识有一个"先天综合"的基础，即人们在它们之间有权探究一种"原因"和"结果"的"关系"，"历史"作为"经验科学"也是寻求"历史事件"之间的"因果关系"。而"原因"和"结果"二者常常只有一个是"现存"的，我们不是从"现存"事件"回溯""过去存在而现已不存在"的"原因"，就是"追问""现在尚未存在"的"未来"之"结果"，对于这个"非存在"的"结果"的"推测"，常常叫做"预言"，"历史科学家—史家"之"经验性"之"预言""权利"，当有"先天综合"之"因果""范畴""支持"，所以"历史科学"对于"未来"事件的"预言"是有"合法"根据的，不是一种主观的"预感"，更不是无权应用到经验现实中去的一种"神秘"的

"占卜"。但是，由于"过去"和"未来"都是"非存在"，要给"非存在"作出"规定"，作出"判断"，这个"判断"具有"超时空"的意义，因而是一个"理性"的"判断"，是对"理念"的"判断"，而不是对于"经验概念"的"对象"作出的"判断"，具有"理性""绝对"的"必然性"。"理念—善—至善"虽不具有"经验"的"对象"，但对于"经验"，却具有"范导—引导"的作用，因而"历史先天综合判断"对于"过去—未来"的"经验事实"具有"规范—引导"的作用。这种作用表现在人类理性—理念"引导""历史—时间"的"趋善"方向。

"历史"的"预言"不仅涉及"历史发展"的"终极目的"的"方向"，而且涉及"历史时期"中的"历史事件"的问题，因为"自由者""创造"的"事件"是一个"综合"，这种"综合"的"先天性"涉及"自由"与"必然"在何种意义上被允许"结合统一"，则是需要进一步探索的。

我们在何种意义上被允许"预言"一个"历史事件"的"发生"？

康德说，只有作为这个"历史事件"的"制造者"才有权宣布这个"预言"。这就是说，只有本身作为"肇事者"才有一种"确信"，这个"历史事件""能够"作为他的"目的"被他的不同程度的努力而"达到—实现"，也就是说，他的"意志"的"动机—目的"作为"原因""能够"成为"结果"。就"自由者"的"行为"来说，只有这个行为者自己才在"行为"的"决心"中把"自由"的"意志"和"必然"的"经验""结合"起来，亦即，把"（应当）是（目的—理想）"与"（必定）是（现实）"结合起来。这样，"历史"上"本该""发生"的"事情"往往"实际上"并未"发生"这样一种"现象"，才有一种"解释"：这种本该发生的事件"尚未"找到一个或一群"真正"的"制造者"，他或他们尚未具备在经验现实世界中将"理想""转化"为"现实"的"条件"，他或他们还不是"合适"的"制造者"。他或他们的"目的"只是一种"主观"的"愿望"，未能成为一个确定"原因"的确定"结果"，这样，他或他们的"预言"一时成为"一纸空言"。

然而，只要这种"目的"是"出自"或"符合""道德律"的，因而是一种"理性自由""目的"，在"历史"进程的"趋善"的"先天综合"

的基础上，这种目的的"实现"就有一种"必然性"的"保障"，一种符合"趋善"的"历史潮流"中"应该"发生的事件，总会找到这个"事件"的"制造者"，"让—令""应该"发生的"事件""发生"，从而在"理性"上，在"道理"上，关于这个"事件"的"预言"也就具有"先天综合判断"的性质。在这个意义上，我们常说，某种"合理"的"事件"，从长远的眼光来看，即在时间的绵延中一个尚未确定的"到时"，"终究"是会"发生"的，"因果律"并未"丧失"作用，这是黑格尔和海德格尔的意思，但跟康德有着思想的渊源，也是清楚的。

"应该"的"事"要"进入"经验世界，不必要有一个将它作为"动机"去"做—制造"它的"自由者"，亦即这个"自由者"不仅以这个"应该"作为"义务"，而且要"原意"去"做—制造"这件"事"，在这个意义下，我们才有权"预言"，这件"应该"发生的"事"也"将会"发生，至于这件"事"的"成败利钝"，要看主观和客观的"条件"，是由"时空条件"制约的，即使是"肇事者"也难以"逆料"；但这件"事"总是"做—发生"了，在这个意义上，这个"事件""发生"的"预言"，"肇事者"确实"有权"加以"宣布"，并有权被认为是"准确"的；而作为一个"旁观者"则无权代替"肇事者"来宣布这个"预言"，因为"旁观者"虽然"看到"这件"事"的"应该"的一面，但"看不到"它的"将会"的一面，因为"肇事者"不仅"看到"这件"事""应该"发生的一面，而且把这件"事"作为自己"自由意志"的"目的"作为该"事件"的"动机"来发动行为，这一点，因"动机"的"内在性"是"不显示"的，因而"旁人—旁观者"无法"看见"，也就无权作出该"事件""必定""发生"的"预言"。

然而，"事件"一旦"发生"，一旦进入"经验世界"，就将"不依""肇事者"的"主观意志转移"，有一套"经验"的"程序"，其实际进程则受千变万化的"时空条件"制约，就个别"事件""结果"而言，因"原因"之"复杂性"而难以"逆料"，即，即使在"结果"出现后，也难以"判断"出"真正"的"原因"。"历史科学"犹如一切经验科学那样是一门艰巨的学科，而又因其涉及"自由"的"人"，更增加了难度。

"史家—历史学家"总是一个"旁观者"。

"历史学家"这个"旁观者"之所以可能—有权对"历史事件"做出"预言"；并非他们是这些"事件"的"制造者"，而是他们根据他们的"修养（知识和道德）"，对于已经"呈现—发生"出来的"事件""有能力""看出"它们的"意义"，"看出"它们的"生命力"，于是"有能力"在这些"事件""被消失"后，"看出""必将"在"历史"的"某个时刻（到时）"还会在类似的方式下"重演"。

康德着重以他那个时代震撼人心的"法国革命"为例，而他晚年的这些思考，并没有放弃他对这场"大事件"歌颂的态度和同情的热情，尽管这个"革命"已经"失败"，但它在"历史"中体现—呈现出来的"精神"——道德的、法制的，都有"持久"的意义，而"必然"在"不确定"的某个"历史时期"在不同程度和不同的方式下"重复"上演这出可歌可泣的"戏剧"，当然，康德指出，那时候这个"事件"的"肇事者（们）"当可避免为此付出如此沉重的代价。

"历史"的"过程"中，居然常常是一些"大事件"的"重复"上演，似乎人们做了种种努力，却又回到了原地，人们的一切努力，都将劳而无功，人的生命在竭尽全力地"消耗"自己的能量，而这些能量复归于守恒。康德还提到另外两个极端的观念："恐怖主义"和"幸福主义"，都是很值得进一步研究的问题。

人类的劳作何以不会是"恶"的"积累"（恐怖的前途）为"前途"，居然也不是"善"的"积累"（盲目乐观之前途）为"前途"，更不是"劳而无功"之"无前途"？

"善"和"恶"都不是"数量"问题，而是"道德"的"性质"问题，是"出自或按照""道德法则"和"背叛或违反"这个"法则"的问题，而前者乃是"自由者—有理性者"的"内在"的"禀性"，这个"禀性"需要"开发—开展—展示"，并无"增—减"的问题，"自由者—有理性者"为"善"是一个"先天命题"，不受时空条件限制的绝对命题，"道德律令"是"无条件命令"；而"恶"是对这个命题的否定，它以时空条件为"借口"来"反抗"这个"绝对命令"，但它不可能"消灭"这个"命令"，因而也不可能"泯灭""善"作为"有理性者"的"内在禀性"，在这个意义上，"恶"不可能"大获全胜"，"恐怖前途"并无道理上的根据；同时，"善"也不是在数量上"积累"起来的，现实世界不是"积善堂"，"善"的数量上的"增加"，并不意味着"恶"的"减少"，相反，在经验世界往往是"道高一尺，魔高一丈"。

假设"善—恶"是一个"数量"问题，则"数量"有"增"也有"减"，得到的"财富"也会"失掉"，"富不过三代"，人们的"积善"也会像希腊神话中的西西佛斯那样，"善"的"积累"是为了它的"减少"，前人的"积善"是为"后人""为恶"垫付了资本，人类历史显示出一幅"反复轮回"的惨状。

人类历史之所以不会出现这幅惨状，人的内心并不真正信服这个"反复轮回"的"理论"，乃在于人的内心"确信"历史不仅常有一种"重复轮回"的"现象"，而且有一个"前进"的"本质—本体"不可泯灭，在历史出现的"重复"的"事件"中，特别在一些"大事件——海德格尔的Ereignis"中，"呈现"出以前被"恶"所"掩盖"着的"善"的"开显"，在这个德性的意义上，"真理"在于：人类在做着"解蔽"的工作（海德格尔）。

"善"的"进步"——"趋善"乃是"善"作为一个"原则"与"恶"也作为一个"原则"的"斗争"中，取得胜利、"逐渐开显"的过程，是人的"理性—自由—道德"的"内在禀性"逐渐"向外—在现实世界""逐渐显现"的过程，尽管这个"过程"是曲折的，我们在理性上，在道理上"确信"这种"进步"；"史家—历史学家"的"眼光"也"看到"这种"进步"的"迹象—轨迹"。

在这个意义上，"道德—善"的"进步"的"历史"，"趋善"的"历史"，亦即人类"自由—德性"的"历史"，是真正意义上的"信史"，它的"可信度"有一个"先天综合"概念的支持，对此凡"自由者—有理性者"都有"确然"的"信心"，可以作出"有把握"的"预言"。

就这个意思来看，对我们中国的"史家—历史学家"来说，要做出"信史"，就会是一部在另一种意义上的"春秋""大义史"，是一部"大历史"，而不是"小历史"。

这里作"大"、"小"之分，并无褒贬，只是说，"大历史"主要是探讨"德性"如何在"历史事件"中呈现出来，因此这样的"事件"往往是比较"重大"的；而"小历史"则"事无巨细"皆应在探讨范围之内，力求详尽——福柯所为"穷尽一切细节"之谓，因而是"知识性"的，就"历史学"作为一门"经验科学"来说，这个"小历史"似乎是基础性的，研究历史，当根据"事实"说话，而"事实"是不允许"捏造"的，都是"在时空中""存在"的，不能"无中生有"，尽管"历史学家"对于这些"事件"的"时间顺序—空间位置"或"因果关系"常常有"不正确"的"判断"；"大历史"则是"在时空"探讨那"不受时空条件限制"的"自由精神"，因而是"道德性"的，不仅仅是"知识性"的。"知识性"的"历史科学"以"客观性"的"判断"为主导，而"道德性"的"史家"则必有"道德判断"，亦即必有"褒贬"在内。

　　这种"褒贬"不是根据一个"受时空条件制约"的"道德标准"做出来的，这种"标准"往往是一种"凝固了—僵死了"的"概念"，而不是"自由"的"道德范畴"，那种"君君臣臣，父父子子"的"标准"恰恰不是真正意义上"道德"的，而是"受时空制约"在一定"历史时期"的"社会"的"概念—标准"，以此来"冒充"那"不受时空制约"的"自由"，作为"原则"来看，恰恰是"恶"的，因为它是对于"道德—理性—自由"的"僭越"和"背叛"，用这个"框框"是不可能"使乱臣贼子惧"的，因为"君臣—父子"都是在一定的"时空"条件下，是可以转化的，"父子"关系因有血缘的保障，比较不容易"改变"，"君臣"也只能以这种"血缘"来维系，似乎可以"亘古不变"，然则"血缘"这种"自然关系"，如同一切"自然关系"那样不能完全"排斥""偶然性"，人们可以利用这种"偶然性"制造出种种"活剧"、"悲剧"和"惨剧"来，而一旦"得逞—成功"，则就会"自然"地"名正言顺"，"乱臣贼子"立即"转换"成"开国圣主"和"孝子贤孙"，倒是使得"史家""秉笔"顿生"畏惧"之感，史上也不乏"史家"因"下笔乖谬"、"褒贬不当"而获罪的。

　　然则，就在那些可歌可泣的"尽忠尽孝"或"起义革命"的"故事"中，"史家"同时也"呈现"了人们在"做"这些"事"时"呈现"了一种不计"时空条件"的"自由精神"，呈现了一个"铁的道德法则"："人"是"自由者"，"时空条件"最终是不能"限制"的，从这个视角来看"历史", 则"历史"上呈现了许许多多这样的"大事件"。

就"大历史"的角度来看, 一切"帝王将相、忠臣良将"这类的"故事"和被斥为"乱臣贼子"的"故事", 都不应该因有悖当前的"观念"而斥之为"无意义"和"荒谬"。哲学地看历史, 当看到这些"故事"的"大意义—大义", 即透过这种错综复杂的"历史事件"有一个"自由"的"心"在"跳动", "自由"在"时间绵延中", 在"时空条件下", 如何"具体"地, 不是"抽象"地"呈现""自己"。"大历史"是人类作为"有理性者"的"自由史", 只要"理性"不被"泯灭", 则"理性者"的"自由"则绝无泯灭之理, 于是"大历史"作为揭示这个"理性的自由精神""呈现"历史, 也揭示了这个历史"趋善"的必然性, 使我们有权"预言": "作为自由的目的—对象"的"善", 必定会在"未来"的"某个(不确定)"的"时间"中"呈现"出来, 体现这种"自由精神"的"事件"也可以被"预言"必将"发生", "时间"固然难以"确定", 但必有"到时"的一天。

对于"大事件"的"大历史"中的"事件"之"发生", 因有以"道德律"为"规定"的"自由"作为"充足理由", 则这个"自由"的"结果"也是"必然"的, 这是一个"先天综合判断", 即它的"原因"和"结果"的"关系"不以"时空"之中"感性直观"为"条件", 它们的"关系"(因而是一个"综合")是"无条件"的; 但这种"无限制"的"理念"一旦"进入""时空"之中, 则也是"受到限制"的, 它的"呈现"也是"未完成"的, 它的"到时"的"日期"也是"不确定"的, 因为涉及"未来", 则"事件"的"肇事者"也未出现, "未来"的"事件""等待着""肇事者"把"道德法则""抉择"为"行为"的"动机", 这对于作出"预言"而又作为"旁观者"的"史家", 是无能为力的。

北京
2012 年 3 月 27 日

"一切哲学的入门"

——研读《判断力批判》的一些体会

康德《判断力批判》的地位在康德"批判哲学"系统中是明确的，它是《纯粹理性批判》和《实践理性批判》所涉两个独立"领域"的"桥梁"，是"沟通"着两个完全不同的"立法""王国"的一个特殊的环节，它并没有自己独立的"王国"，而是"依附"着"理论"和"实践"两边，时有偏重，所以似乎是一个没有"领土—领地"的"漂浮""部分"，只是一个"活动场所"，"活"的"部分"；而这个"场所"却是我们"人"作为"有理性者—自由者"的真实的"生活场所"，是我们的"家（园）"——康德叫"居住地—domicilium"。

如果说，《纯粹理性批判》涉及的是"科学"的"世界"，《实践理性批判》涉及的是"道德"的"世界"，那么，《判断力批判》也许涉及的是我们后来叫做"生活"的"世界"。

这条思路，再后来欧洲哲学的发展中似乎已有例证，在狄尔泰、胡塞尔、海德格尔等人的工作中似乎都可以找到一些迹象；这里要做的，是问这种理解就康德"批判哲学"本身有没有道理上的根据。

一　寻求"经验"中的"先天性"

我们一切的"知—有知"都来源于感觉经验，这是不可否认的事实，但是感觉经验之所以可以提升为具有普遍性—必然性的"知识"——无论是"理论"的，还是"道德实践"的，其原因不完全在于我们的"感官—感觉器官"的生理结构大同小异，而是这种"必然性"来自于"理性"。这层意思康德在他的第一个《批判》的一开始就指出了。

按照康德，"理性"原则上不依靠"感觉经验"，自成一套"必然"的系统，有自身的必然法则，譬如"逻辑"的一套规则，原则上不是从"感觉经验"中"概括"出来的，但它却能（有能力）使"感觉经验"所"提供—给予"的"材料""有序"。

"理性"虽然并不依靠"感觉经验"，但是康德还有一层意思，就是"理性"仍是跟"感觉经验"有关的，分析—离析它们之间的种种复杂"关系"，正是"批判哲学"的工作。康德甚至还有一层意思："理性"是在"感觉经验"的"刺激"下"明晰"出来的，但这个"出来"的"理性"并不受"感觉"的"规定"，"理性"自身是"独立"的，也就是说，这个"不依赖于感觉经验"的"理性"原本是"潜在"的，是"感觉经验""激活"了它；而这个被"激活—揭示"出来的"理性"却具有"不依赖感觉经验"的"先天性"。

这样，康德的"批判哲学"的工作最基本的似乎就是要在"综合"的"感觉经验"中寻求它的"先天必然"的"理性"的作用。

"经验"是通过我们人的"心智能力"形成的，既然"先天性"是"理性"的，因而，寻求"经验"的"先天性"也就跟我们"内在"的"心智能力"有关。

通常人们把我们人的"心智能力"分成"知识—情感—欲求"三个部分，康德的工作也就集中在这三个部分中寻求其中"先天性"的理性因素，也就是说，要在"经验"中离析出这种不依赖"经验"的"理性"独立自主性来。

我们知道，单纯揭示"理性"不依赖"经验"独立自主的"先天性"还是很不够的，因为"理性思维"自身的"逻辑形式"从亚里士多德起已经基本定型，现在的问题是：理性独立自主的"先天性"和"感觉经验"是什么"关系"？没有这层"关系"，我们的"理性"，或者说我们的"心智能力"只是空洞的"形式"，是没有"内容"的，甚至永远只是"潜在"的（谢林），只有"关涉""经验"，这些"心智能力"才是有内容的，并且，按照康德的意思，这些"心智能力"只有在"感觉—经验"的"刺激"下才"活动"起来，发挥自身的独立自主的"能动"作用，这时我们的"意识"才是"自觉"的，而不是"潜在"的。

这样，康德的"批判哲学"在揭示"理性"的"心智能力"的"先天性"的同时，更在这个原则下，更进一步地阐释了这种"先天性"是如何跟"经验"相"关联"的，阐释"理性"独立自主地与"感觉经验""相交"的这种"可能性"，康德叫做"理性心智能力——在理论知识方面是'知性'"的"先验演绎"，因为"理性—知性"既然独立于"经验"，因而"经验"的"存在物"无权做这些"先天性""心智能力"的"证明—证据"，而只能从"道理"上加以"演绎"，而这些能力又是"关涉""经验"的，因而是"经验"中而又"先在于""经验"的因素，对于它们的"证明"，康德就叫做"先验演绎"，而不仅仅是"逻辑形式—形式逻辑"的。这层层的意思，我们应该仔细地分析清楚。

那么，首先的问题是：我们人的"经验"中的"知识—情感—欲求"这些方面，其中是否蕴涵了"心智能力"的"先天"的因素？康德的回答是：它们全都是有的——因而顺便说起，康德《判断力批判》的"情"，中文似乎还是用宗白华译的"情绪"好，"绪"者"头绪—秩序"也——而它们跟"经验"的"关系"又是不相同的。

康德对于"知识"问题下了很大的力气，《纯粹理性批判》某种意义上是"批判哲学"的奠基之作，不仅事实上是如此，理论上也是如此，因为康德在写《纯粹理性批判》时，他的全部"批判哲学"甚至全部"形而上学"哲学思想已经成熟；这部著作之所以称得上"博大精深"，值得反复研读推敲，是因为它的论述已经照顾到今后著作的主要思路，后面的《批判》读不懂的时候，往往在《纯粹理性批判》里可以得到启发，而读后面的《批判》往往也使《纯粹理性批判》的有些问题有忽然开朗之感。

在这个意义上，康德的三个"批判"，甚至其他著作，包括他的一些短文，都可以当成一部（大）著作——"一部"大书来读。

当然，所涉问题还是有区别的。

谈到"知识"问题，康德的工作在于揭示：由"感觉经验"作为"材料"提供的"经验"不仅蕴涵了"先天性"，而且这个"先天性"的"心智能力"在"知识王国"还是起到"立法"作用的；"感觉经验"固然"激发"了"知性"的活动，使这部分"心智能力"活跃起来，但并不能够给"事物"以"规定"，也就是说，并不能够使"事物"成为具有"必然规律"的"现象",因而不能"确立—建立"起一个"合规律—必然性"的"知识王国",唯有"不依赖感觉经验"的"知性"的"纯粹概念"——"范畴"具有给"自然"作为"经验对象的综合"来"立法"。

这就是说,在"自然王国—经验王国—知识王国"中,"知性"这个独立的"心智能力"拥有"立法权"。"知性"这种"先天"的"心智能力"与"感觉经验"的"关系"是"立法者"与"守法者"的"关系"。"感觉经验材料""服从""知性"的"法律法规—法则",这样"建立"的"知识王国"是一个"必然王国"。"知性"的"法律—法则"对于"感觉经验"具有"强制性"。

然而,"知性"这个"立法权"是一个"权限",不能是一个"暴君—僭主",这份"立法权"本身也是"合法"具有的,它有自己的"合法"行使权力的"范围",在这个"范围"内,"知性"行使它的"立法权"是"合法"的,"超出"这个"范围"就是一种"越权—僭越",这个"范围"是"感觉经验"为"知性""划定"的,即凡"可以感觉经验"的"事物"皆可以—有可能遵守"知性"所"立"之"法",超出这个范围,"知性""无权"过问,即"知性"没有"立法"的可能性。

"可以感觉经验"之"事物"皆"在""时空"之中,于是,"凡在时空"中之"事物",则皆"有可能""进入"由"知性""立法"的"必然王国—知识王国"。

这就是"知性""先天"地为"自然王国—必然王国—知识王国""立法"。

"不依赖感觉经验"的独立自主的"先天性",原本也是"理性"的"自由"的表现,即不由"感觉经验"来"规定","自己""规定""自己",并且通过"知性"来"规定""感觉经验";那么这种"理性"本身的"自由"又复何如?

"自由"既然完全"摆脱了""感觉经验"的"规定","在""时空"之"外",它的"规定性"只能由"理性"自身来赋予。这种由"理性"自身"规定"的"自由"当然也是"先天的"。

于是,在这个意义上康德揭示,在我们的"欲求"的"经验"中,更有一个"先天"的"规定—决定"因素,"自由"乃是我们"欲求—意志"

的一个"决定性—规定性"的"先天""根据"。

这就是说，不仅"知识"是有"先天性"的，"意志—欲求"也是有"先天性"的；"知识"的"先天性""建立—建构"一个"必然王国—知识王国"，"意志—欲求"的"先天性""建立—建构"一个"自由王国—道德王国"。

这个"道德王国"由"理性""先天"地为"自由""立法"，亦即"理性"为"自身""立法"，"理性"为"不在时空"中的"事物（本身）—物自身""立法"。这样，原本在《纯粹理性批判》中被"悬搁"、"否定—消极"了的"自由—本体—思想体"在《实践理性批判》被"积极—肯定"了起来。

"知性"为"在时空"中的"事物""立法"，于是"在我外部"的"空间"中"并列"之"诸事物"得到了"综合"；而"在我之内"的"时间""先后"也被"综合"，被"知性""规定"为"因果"的"必然关系"；而在"自由—道德王国"，因为"在""时空"之外不受"时空""条件""限制"，则有一个不受"时间""先—后"、"空间""并列"条件限制、没有"前因"的"自由"作为"原因"，故"自由因"是为"第一因"。

也许，"第一因"是"原因性"的本意。在古代希腊，"原因"这个词原本含有"可以问责"的意思，亚里士多德把它纳入"真知识"的范畴，认为把握了事物的原因，也就是把握了该事物，就是"知道"了该事物，这样，"原因性"成为经验事物的把握—认知方式，由此组成为一个"因果系列"，而使"第一因"成为一个独立的问题。

"第一因"为"责任者"，就"原因性"的"因果系列""知识"问题来看，是"超越者"，"知识"的"因果系列"被（理性）"超越—提升"为"道德"问题。

"道德"原也可以理解为"经验"的问题。人类集团为了共同的生存和利益互相"协定—成文的和不成文的契约"，设定一些道德"规范"，这些"规范"因"时空"条件而"不同"和"变化"；然则，在这些由"时空"条件"限制"的"道德规范"中，有没有"超出""时空"条件的"先天性"的因素存在？也就是说，林林总总的"道德规范"之中，有没有一个

"不以人的主观意志为转移"的"客观—普遍—必然"的"基础"？

康德认为这个"先天"的普遍必然的"道德""根据"是有的，"道德规范"不仅仅有一个随"时空"条件"变化"的"现象"，而且有一个"超出""时空"、不受"时空条件"限制的"根据"，这就是"意志自由"。

"自由"是"道德"的"先天"的"根基"，因为唯有"自由者"才是"责任者"，否则，一切的行动，皆有"推诿"到"时空"条件限制的可能性，"人"作为"自由者""否定—堵绝"了这样一种"归于""因果系列""必然性"而加以"推诿"的可能性。作为"自由者"的"行动者""责无旁贷"，而每一个"有理性者"又"必定—注定"是"自由者"，因为"（实践）理性"即"自由"。

与我们这里相关的是："意志—意欲—欲求"在它的"经验"性的"需要—目的"之外，尚蕴涵着一个"先天性"的"规定"因素，即"规定"着"意志—意欲—欲求"在"道德"上的"性质"（德性）——"善—恶"。犹如"先天性"的"直观"和"知性""规定"着"经验对象"的"性质"和"知识"的"真假—对错"一样。

犹如"感觉""激活""知性"那样，"意欲"也受"内外需求"的"刺激"，就"意志"言，也有一个具体的"目的"，这个"目的"要由实际的"行动"在"现实"中"实现"，实现了的"目的"也可以看作"目的"作为"原因"的"结果"，这种"因果关系"，当适用于"因果范畴""规定"下的"因果律"。这样一种"因果"关系受"时空"条件的限制，"目的"的"实现"要"依靠""主观努力"和"客观的条件"；只是"道德"无关"成败利钝"，只问"行动"符合不符合"道德律"，而"道德律"是"自由律"，是"自由者"之间的"法律—法则"，问"行为"所"根据"的"原则"是不是具有人人都"遵守"的可能性，因为这个"道德律—自由律""应该"是"理性"的，在这个意义上，也是"普遍必然"的。

于是，康德说，"知性"在"知识王国"拥有"立法权"，而"理性"在"道德王国—自由王国"拥有"立法权"。"知性"为"自然""立法"，"理性"为"自由""立法"。

在某种意义上，"普遍必然"的"法"只是"形式"的，"立法权"并不"代替""行政权"，"行政实施"有自己的"规则"，"知识"有"先天综合"的，也有或更多有"经验综合"的，"意志自由"也必须要通过"具体的—经验的""目的"之"实现"才能"完成"。就这层意思来说，"理性"为"意志"的"立法"是无关乎经验的"目的"的，因此这条"法律"也并不受"经验目的"的"限制"，而是"自由"的，不受"感性欲求"的"驱使"，当然也并不在实际上"压制—抑制"这种"欲求"，要做到所谓的"清心寡欲"，只是在说"意志自由"是"悬搁"起（胡塞尔）诸种"经验欲望"，"意志"自有"规则—准则"，这条"自由—自有"的"准则""规定"着"行为"（包括其原因和结果）的"道德"上的"品质"，"规定"着"行为者""人格"的"品质"，即"规定"着"德性"。

然而，"意志"原蕴涵着一个"实践"的能力，它是"趋向"于"实现—现实"的，"理性"原本就有"实践"的能力，"自由"意味着"创造—开创"，而"现实性"又是"经验性"的，一切"现实"的事物都"应该"是"在""经验"中的，于是，"目的"作为"自由"的"理念"来说，它的"现实性"是"在""时间"的"持久绵延"中，"在时间中""接近"这个"理念"的"目的"和"目的"的"理念"，"有目的"的"理念"是"具体的理念"，乃是"理想"。

"理性"为"自由"所立之"法"，使"意志""有权""先天地""追求—欲求—意欲"一个"在""时间""无限绵延"中才能"实现"的"目的"，从而"理性"通过"实践—道德""立法"赋予了自身"建立—建构""终极目的"的合法"权利"，"确定"一个"超越""时间绵延"因而"超越时空"的"终极目的"的"理想"。

二 "判断力"与"合目的性原理"

"（实践）理性""阐明—演绎—证明"了"终极目的"是可以"合法"地"建立—建构"起来的，尽管"理性"在"理论知识"上的"运用"（知性）范围内不允许"建构"这样一个"终极目的""现实性"的"合法性"，因为"目的"在"时间"中是"无限绵延"的，这个"终极性"的"目的"只是一个"理念"，只能被"悬搁"起来成为一个没有"感觉经验"可以"验证"的"思想体—思想物"。

"理性"在"实践"领域里的运用，确切无疑地告诉我们：我们"有权""设定"一个"终极性""目的"，这个"终极目的"在"理性"的"实践"运用上其"现实性"被"设定"是"合法"的，因为"理性"在"意志—意欲—欲求"中有一种"（先天）立法"的"权利"，这种"立法权"是不受"时空"条件限制的，因而它与"理性"在"理论"领域的"（先天）立法权"并不发生冲突，因为它们各自是为两个原则上不同的"领域""立法"，遵循着不同的"原理"。"理性"为"意志—意欲—欲求""立法"，因"意志"本身具有的"能动性"，即"意志"以"目的"为"原因""必有"一个"相应"的"结果"，而这个"结果"作为"概念"本就有"现实性"，因而"意志"的"目的"就是一个"现实"的"目的"，也是"目的"的"现实—实现"。"理性"的"实践"功能——"理性"为"意志自由—道德王国""先天"地"立"的"法"，赋予人们（有理性者）一种"权利"去"设定—建构—建立"一个"终极目的"的"理想"。就建立这个"法律"的"实践理性"来说，这个"道德—自由"的"理性"是"有权""企盼"其"现实性"的，而不是一个"空中楼阁"或"海市蜃楼"。

这就是说，人作为"有理性者—自由者""有权""拥有"这个"终极目的"的"理想"，人所建立起来的"经验科学"的"理论知识""无权""否定—阻止""理性"给予"意志"的"自由""权利"——"超出""时空"条件的限制来"确立—建立"一个"终极目的"之"理想"。

"自由者""有权""拥有""理想"。

不仅如此，"理论理性"不仅"无权""阻止"这个"理想"，而且反倒要受这个"理性"的"影响"和"协助"。

"（实践）理性"固然"无权"为"经验"的"自然""立法"，使自己成为一个"建构性—规定性"的"原理"，"自然"有自己的"法则"；但是"理性"通过"实践"却"引导—范导"着"经验"的"自然"，"理性"这种"范导"功能促使"自然"与"自由"有"和谐"的可能性，保障了"时间"朝着"终极目的"的"方向""无限绵延"的可能性。

"实践理性"给予"理论理性"一个"超越"的"方向"，对"理论理性"的"僭越—超越""趋向"，不仅在"批判精神"下得到"遏制"，而且也得到"合理"的"疏导—引导"。

在这个基础上，原本两个各不相同的"领域"不仅有了"关系"，而且在"目的"这个"关键环节"中也找到了"沟通"的"渠道"。

这个"关键"和"渠道"是"判断力"为"主体"各"心智功能""先天立法"下的"愉快—不愉快"的"情感—情绪"。

"情感"通常被理解为"感觉"的，是一些"感官"的"快感"，当然是"经验性"的。"快感"或许也会是"通感"，是一般人类"共同"拥有的，它或因感官结构相同，或因习惯相近，但也可能每个人有差异，美味佳肴固然人人喜爱，但也会出现众口难调的情形，因为它们都是"在""时空"中由一些不同条件和因素所"规定"的。

现在要问，这些明显受"时空"条件"规定"的"经验性""情感—感觉"中，有没有"理性"的"先天因素"？如果没有，"情感"问题人言人殊，谈到趣味无争论；如果有，那么这种"先天性"和"理论知识"和"实践自由"中的"先天性"有无自己的特点？

康德认为，在"愉快—不愉快"的"经验性""情感"中仍然存在着"先天"的因素，"理性"仍然可以起着"立法"的作用，在这种基础上，"理性"以自己的特殊方式提供了对"情感—感觉"的"愉快—不愉快"的这种"描述"有成为"普遍必然性"的"判断"的可能性。

我们说"这朵花让我愉快"和"这朵花是美的"在哲学上具有不同的意义，前者"描述"个人的"感觉"，后者则是要求"认同"的"普遍命题"，而二者却通过"目的"这一共同的"环节"，因为"愉快"在康德就意味着"合目的性"。

涉及"理性"对"合目的性——即愉快—情感"的"先天性"功能，对其"权限"作出"审批—划定"乃是《判断力批判》的工作。

《判断力批判》从"合目的性"问题切入，因为"目的"概念兼跨"知识"与"道德"两个领域，而意义则不相同。

在"知识"领域，"目的"从属于"感性经验知识"，受"知性"为"自然"颁布的"自然律""规定—支配"，单纯"感觉"的"需求—欲求""必须"从属于"自然律"之下，"目的"才有"实现"的可能，在这个意义上，"目的"却受到了为实现这个"目的"的"手段—自然知识"的"支配—决定"，"目的"失去其自身的独立性，成为"时空"中"因果系列"的一个"环节"，一切所谓的"技术性的实践"其实都在"理论理性"的"领域"之内，接受"知性"为"在时空中"的"自然"所"立"之"先天法则—法律"的支配。

"道德的实践—行为之动机"是"自由"的，不受"时空中自然"之限制，"知性"无权为这个"领域""立法"，它的现实性并没有"现象界"的"结果—目的之完成"来保证，因而也没有任何"事实"作为"实例"来"证实"；但在"不计""时空条件"——按照"理性"为"道德实践"所立之"先天法则—自由律"，这个"自由"的"终极目的"的"理想"，因其"符合""道德律—自由律"而无须"时空"条件，就有"能力—实践能力""扩展"为"现实性"。这样，在经验的现象界，虽然找不出一个"自由—道德""目的"的现实的"例证"，但我们还是"有理由"亦即"有权利""信任—相信"这个"理性"自身的"目的"是具有"现实性"的，亦即"理性""有能力""实现""自己"，"自由"是"有能力""实现"的。这样，我们"相信—信任""自由"，"信任""自由—道德"的"目的"具有"现实性"，这种"相信—信任"，这种"信仰"不是"盲目"的，不是"迷信"的，而是"理性"的。"理性"的"法律—法则""赋予"了我们"有理性者""相信""自由"，"信仰""德性"的"合法权利"。

然而，这种"相信"和"信任"在"知性"为之"立法"的"知识王国"看来是"空洞"的，"不可靠"的，因为在它"立法"的领域，一切都受"时空"条件的制约，"自由"之"结果"，"自由"之"实现"，被"推延"到"无限长河"的"未来"，只是一个被"悬搁"了的"理念"。

在这里，"自然"和"自由"似乎是两个"极端"，康德《判断力批判》以"目的"的概念，把这两个具有不同性质"立法权"的"领域""沟通"起来，通过"目的"概念，我们可以理解到，"自然"具有自身意义上的"自由性"，"自由"也具有自身意义上的"必然性"。

康德在《判断力批判》里首先提出的"合目的性"概念正是"描述"

"自然"的，这就是说，"自然界"——我们作为只是对象总和的"自然界"是"有权—合法地"从"合目的性"方面去"理解—阐释"它的。这就是说，这种"阐释"方式也是有"先天立法"的"根据"的。

这个"先天立法"的"根据"何在？

"知性""无权"给出这种"法则"，因为"目的"概念并不是"自然—经验对象"的一个"属性"，"知性""先天概念—范畴""无法""归摄"在一个"普遍规律"之下；"目的"概念本身也不"在""时空"中，"时空"作为"感性直观"的"先天形式"也"归摄"不了它；当然，"自然合目的性"更不属于"自由"，因为"自然"绝没有"意志"。

这样，"自然合目的性"这个"概念"的"先天""合法""根据"何在？

康德说，其"合法性"的"根据"在于"判断力"这样一个"心智功能"。如同"目的"概念一样，"判断力"是一种"兼跨""知识"和"道德"—"自然"和"自由"两个"领域"的"心智功能"。

"判断"在思维的逻辑机能里是"概念—判断—推理"的一个环节，在欧洲哲学的传统中，只有运用"概念"才有可能进行"逻辑思维"，而"知识"的问题，则又是和"感觉经验"密切相关的。在"经验知识"中，"判断"将"经验事物"的"概念""归摄"在一个"普遍规律"之下；而在"道德—实践"中，"判断"则根据"自由律"从"本体事物""推论"出这个事物的"实在性"来，于是人们有权对这种事物作出"合理—先天"的"判断"来。

在这两个"领域"（"自然"和"自由"），"判断""按照—遵从—听命"各自所立不同的"法律"来执行自己的职能任务，"判断"在这两个领域并没有自己的"立法权"，"立法权"在"知性"和"理性"手里。

然而，既然叫做"法"，则其所要强调的重点则在于一个"普遍性"，天下万事万物"概莫能外"，而事物之"具体性—个别性"则被"悬搁"起来。"知性"为"自然"—"理性"为"自由"所立之"法"，乃是一些"普遍法则"，对于"具体事物"还得"具体分析"。

不错，"具体事物"在"知性立法"下经过"判断"已经有了一个"归宿"，但这个"归宿"是"理论"的，这个事物"属于"—是哪一

"类"的，"归属"于那个"普遍"的"类""概念"之下，因而这个"事物"也只是该事物的"概念"。一个"小概念""属于"一个"大概念"，至于那个"个体"的"事物"却尚未得到"分析"和"规定"。

然而，在一个"有序"的世界里，不仅要有"普遍法则"，使这个世界成为我们有权认知的"对象"，"在理论上—在道理上"我们有权把握它的"必然性"，而且还要求这个世界中的万事万物也处于"有序"之中，因而是我们"可以—有能力""理解—解释"的世界，世界不仅在"理论"上是"合规律"的，而且在"实际"上也是"有序"的，不仅是"可以理解"的，而且这种"理解"也具有"必然性"的"根据"。

既然康德的"批判哲学"揭示了"理性"在各"领域"的"先天立法"职能，使这些"领域"具有"必然性"而可以—允许"理解—把握"，那么，在具体特殊的世界，"理性"同样也有一种"先天立法"作用，使这个特殊—个别的世界也有"可以理解"的基础和根据。康德认为，在"心智能力"中，除"理性"和"知性"之外，尚有一种"判断力"，它正是这个具体特殊的世界成为"可以理解为具有必然性"的根据。

而"具体特殊"的"个体"世界也是"有序的—合规律"的，则也是"有理性的人"在"感官快乐—快感"之上—之外有一种"愉快"的根据，犹如（类比—类似）"德性"提供"有理性的人"以"敬重"的"感情"那样。

在这个意义上，"判断"不仅是一个"逻辑"的"环节"，而且也是一个"心智能力"，可以与"知性"和"理性"并列。因此，中文将其译为"判断力"是很好的，它也是一种相对（于"知性"和"理性"）"独立"的"（心智）能力"。

"知性""先天"地给出"普遍法则"，当然也承认在"特殊物"的世界中也有"合规则"的"时候"，但在"知性"的"立法"原理中，这种情形只是"偶然"的"有时候"，并无"先天必然性"，如同"幸福"在"实践理性"的视野里一样，"德性"和"幸福"没有"必然"的"关系"。

在这个意义上，"判断力"的"先天立法""职能"就使我们由于"特殊事物"世界之"秩序"而产生的"愉快"的"情感"有了一个"合法"

的"先天"根据，使我们"合法"地作出"这个事物是美的"这个与"知性""判断""相同"的"形式"的"判断"，而"要求""普遍"的"认同"。

然而，这个"形式""相同"的"判断"，在"实质—实际"上与"知识性—知性""判断"又是不同的，即它们的意义是不相同的。

康德说，"知性""判断"是一种"规定性"的，而上述"审美—感性""判断"是"反思性"的。"规定性"的"判断力"是将一个经验事物的"概念""归摄"于"普遍性""规律"之下的"能力"，而"反思性""判断力"则是对于"特殊的事物"进行"反思"，来"寻求"一个在"知性"是"不确定"的"普遍规律"，"知性"不能"规定"它"是什么"。"反思性判断力"与"规定性判断力"运行的路线正相反：前者由"特殊"到"一般"，后者则由"一般"到"特殊"；后者使"事物"在"理论"上有一个"秩序"，前者则更使"千差万别"的"无限复杂"的"特殊"的世界也有一个"可以理解"的"秩序"。

在康德"批判哲学"的"分析"下，这两种（知性和判断力）"建立秩序"的"先天立法"的性质和意义是不同的。"知性"为"自然""立法"，使之成为"可知"的"对象"，"判断力"的"合目的性"的"先天立法"不能"借用—借过来""知性"所立之"法"，因而"反思性判断力"所立之"法"是为"判断力""自己"立的，在这个意义上，"判断力"并不为"自然""立法"。"自然"并无"合目的性"的问题，因此在这个意义上，"统治""自然"的是"盲目"的"必然性"。

所谓"判断力"为"自己""先天立法"，也就意味着，"判断力"是为了各种"心智能力"的"协调—有序""建立"的一个"法则"，亦即为"协调""知性"和"理性"的"关系""先天"地"立法"。

也就是说，"知性"和"理性"都为"客体—对象（自然和自由）""立法"，而"判断力"却为"主体""立法"。这样，按照康德，"知性"和"理性"为"客体""立法"，亦即"建立—建构"各自的"普遍对象"—"自然"和"自由"；而为"主体—主观""立法"的"判断力"，则"建立—建构"不起一个"普遍对象"，它的"对象"仍然是"知性"通过"知觉""给予"的，它的作用只是使这些"知觉表象"在"主体—

主观""内部""协调"各种"心智能力"之间的"关系"，使之"和谐一致"，因而其作用—功能也是"范导性"的，不是"建构性"的。

"知性"只能为"知识"给出一个"普遍——一般"的"经验对象"，而"反思判断力"从"知性"建立的"对象"中并不离开"知觉"的个别性，对这种特殊的个别事物按照"判断力"为自己"建立"的"先天法则""寻求"一个适合该事物的"规律"，从而将该事物"判断"为"类似"为"规定性判断""归摄"下的"属性"，这个"归摄"，不是对这个事物在"客观—客体"上有所"断定—规定"，而是表现"主体—人"对该事物进行"反思"的一个"合理"的思路。

"知性"的"先天立法"只告诉我们，"自然"作为"经验对象"，必定遵守"因果律"，因为"时间"的"先后"为我们提供了一个"感性形式"的"条件"，在这个条件下，在"时间"中的事物，必有"因果关系"，"原因性"作为"先天概念—纯粹概念—范畴"是"知性"为"经验"确立了的。

然而，"普遍原则"确立以后，尚有特殊事物之间的具体的"因果性"原理有待"确立"，这样，这个形形色色的大千世界，不仅在"理论"上必定具有"因果性"，因而是"必然"的，但就具体到"每一个""特殊事物"之间的关系来说，"知性"只能"断定"它们之间的"合规律性—有序"只是"偶然"的。

"知性"在"偶然性"面前之所以没有"却步"，是因为"知性"为"判断力"对"特殊事物"的"反思"留下了余地，"知性"的"普遍立法""等待着""反思判断力"的"深入现实"，并将这些"特殊事物"的"现实性""提高"到"合规律"性。不仅"普遍经验对象"因"知性"而"建立"，从而是"合规律"的，就是那在"知性"看来具有"偶然性"的"特殊事物"之间的关系中，经过"反思判断力"的"先天立法"作用，也"应该"被看作是"有规律"的，尽管"知性"对此不能提供确切的"知识"。因而在这个意义上，"反思判断力"所做的事情，也是"知性""想—有这个意图"做的事，但因自己的"立法""权限"而未能做的。这样，"反思判断力"对"知性"来说是一个"继续"和"补充"。"反思判断力""完成"着"知性"的"未竟事业"。

不仅如此，"知性"还要在"反思判断力"的"引导—范导"下，因不在"特殊事物"面前"却步"而"不断""扩展"自己的"事业"。在某种意义上，"反思判断力""推动—扩展"着"知性"的工作。

"趣味—鉴赏力"的提高，有助于"科学"的不停顿的"发展"。

三 "合目的性"与"趣味—鉴赏力"

"合目的性"是"理性—知性""委托"给"反思判断力"的一种"权利"，它的"权限"是"调节性—范导性"的，而不是"建构性"的，它无权给"知性"建立的"对象""立法"，而只是给在这个"对象"中的"特殊事物"提供一个具有先天性的"理解方式"，"相信"这些"无穷尽"的个别事物同样也是"有序"的，而由这种"特殊事物"之间这种"有序性"产生的"愉快"的"情感—情绪"，也是有"先天立法"根据予以保证的。"合目的性"乃是"反思判断力"为"自己""调节""诸心智能力"所据有的"立法"权力。

"合目的性"原则所涉及的是一个"自然"的"特殊事物"的世界，是"自然"在"特殊事物"之间的"合规律性"的"先天条件"，因而都离不开"个体"事物的"知觉表象"，但又不是单纯"感觉"的，不是单纯由"感觉器官"提供的"感觉材料"，从这个意义上说，不是"实质"的，而是"形式"的，是一种"形式的合目的性原则"。

这样，康德引用了鲍姆加登的"审美的"一词。我们知道，在鲍姆加登那里，"审美的"是"理性知识"的一个低级形态，也不仅仅是"感觉材料"的。这一点康德是考虑到了的，尽管他的"批判哲学精神"与沃尔夫－鲍姆加登不同，但"审美—趣味"是在"理性""引导"之下这一点是相通的。

"审美的"是离不开"感性的"，但又不单纯是"感觉的"，在康德看来，乃是由于"判断力"在"反思""感官"提供的"特殊事物"时有一个"先天"的"根据"，尽管这个根据仅仅是"内在"的，即为"诸（内在）心智能力"的"协调"而立的"法"。

什么叫做"仅仅是内在的"？既然康得把"时间"设定为"内在"的

"先天直观形式"，而"空间"为"外在"的"先天直观形式"，那么，在这里，所谓"仅仅是内在的"就可以指"仅仅是时间的"，这就是说，"审美的"并不"涉及—顾及""外在"的"实物"，而是将这个"特殊"的"实物"表象"吸收"到"内在—时间"中来，加以"反思"，在这个意义上，对于"外在空间"中的"实物"，"审美—鉴赏—趣味"并不"涉及"它的"实质—感官材料"而只涉及"形式"。

于是，"审美的—鉴赏—趣味"的"愉快"并无"功利性"，就不是康德的"独断"，而是经过"批判—分析"的。

"审美判断"作为"审美"当然是"感性"的，离不开个别事物的"形象"，但是这个个别事物的形象作为"审美的对象"即使是"实物—实在的"，却也是"虚拟"的，是通过"想象力"将其与"实在的""时空条件""剥离"出来，这个"对象"有自己的"虚拟""时空"，也就是说，有一个"内在化"了的"时空"条件，所以也是可以"直观"的，只是这种"直观"又是"内在"的，即"空间"也是"时间"的。将"空间"的"实物""吸收"到"内在"的"时间"中来，以便"判断力"对这个"内在"的"对象"进行"反思—思维"，即由这个"内在"的"直观"作为"知性""范畴—（纯粹）概念"的"条件"，而并不是就以这种"内在直观""直接"用来"反思—思维"，在这个意义上，康德并不是说"审美判断"是"形象思维"，按照康德，"思维"是必定要用"概念"的，"反思"也不例外；"审美"的问题不在于用一种"不同于""逻辑（概念）思维"的"另一种""独立—独特"的"思维"，而是由"直观"与"概念"的"关系"的特殊性遂使"审美"这样一种"思维"有自己的特殊"意义"。

这样，"审美判断"作为"判断"仍然必须向"知性""借用""（经验）概念"以及"（先验）范畴"（不是"借用""知性"所立之"法"，"判断力"有自己的"法"）才能成为"判断"表述出来；只是这种与"知识判断"在"形式"上相同的"审美判断"在"意义"上却是不同的。"审美判断"并不是将两个"概念（不论是经验的还是先验的）""先天—必然"地"连接"起来，譬如，"水"在"通常"环境中，加温至100℃必将成为"气"，表达的是在一定"时空条件"下，"水"这个"自然对象"

的"自然律"，这里和一个对"水"的"审美判断"所要表达的"情绪"有不同的"意义"。"水"作为"概念"当然是"经验"的，不是"先天"的，但它是"经验"的"抽象"和"概括"，而不是一个"直观"，这样"知性"才有可能为之"立法"，按照"自然律"找出"水"的"客观属性"，掌握其"规律"；相反，作为"审美判断"的"水"——如果这个判断中有"水"的话，则总是"具体"有所"指"的一条河、一滴水等等，而不是抽象的"经验概念"，"小桥流水人家"其中的"小桥—流水—人家"尽管未曾"确定—规定""什么桥—哪条河—哪一家"，却有一幅"直观"的、"内在"的、"虚拟"的"画面"，对于这个"内在虚拟直观"的"画面"作出的"判断"——"美"，并不属于"客体"，甚至不属于这个"虚拟"的"客体"，而是"主观""（对它们）反思—思维"的"评判—鉴赏"，用"诗"的形式表达出这个"鉴赏"的"情绪"，则有那首"小令"传世，而它之所以有权"传世"，乃是这个"评判—鉴赏—情绪"同样有"反思判断力"为"自己""立法"的"先天性"作为"根据"，未能"欣赏—鉴赏"的"人""须得学习"，提高自身的"鉴赏力"，如同在"科学知识"上"须得学习"一样。

于是，康德有理由指出，"审美判断"的"主语"总是一个"特称概念"，"指"一个"具体事物"，而不是一个经验的"种—类""概念"，因此，严格来说，"审美判断"只是说"这朵花是美的"，而说"花是美的"也意味着"大多数"而言，犹如我们不能笼统地说"花是红的"一样。这就是说，不仅仅"在时空中""可以直观"的"经验概念"，而且"就是""直观本身"，就是"时空本身"，而按照康德《纯粹理性批判》划定的"界限"，这些"本身—自身"对"知性"来说是"不可知"的，是"事物自身"，是"思想体"，因而是"内在"的，于是在这个意义上，"审美的"所涉问题恰恰不是"现象"的问题，而是"本体"的问题。

当然，"知性"不可能通过"反思判断力"的"先天原理""认识""事物自身—本体"，但通过这个为包括"知性"在内"诸心智能力"之间的"合目的性"的和谐一致，对于"知性"的那种超越"现象""认识""本体"的"僭越"趋向和意图，有了一层"引导—疏导"的方式和途径，即通过"合目的性"的"先天原理"，人们被允许在自己的"内在"的

"判断力"的功能中，"反思"出一种对于"事物本身—本体"的"体验—经历—经验"。"美"虽然并不是"知性"为"自然立法"的"自然"的"客观属性"，但人们却"有权""类比"于这种"合目的性"的"美"也是"事物本身"所具有的一样。同样的，单靠"知性"的工作，只能揭示"本体"的"存在"，对于这个"本体"却不能进一步加以"规定"，"知性"也不能通过"判断力"对"美"加以进一步"规定"，而只能"托付"给"判断力"对其进行"反思"，亦即"托付"给"情感—情绪"，使其成为具有在"主体"上有"普遍性"的"审美—鉴赏—趣味判断"，使原本具有"偶然性"的"感情（千变万化—喜怒无常的好恶）"在"反思判断力"的"内向—内在"的"先天性""原则"的"指引"下，也有一层"必然性"的意义。"美"作为"反思"的"概念"，对于"知性"来说，犹如对"本体"的"概念"一样，是"不可知"而只能被"思维"的，这个"可思维性"，由"判断力"的"反思"在"诸心智能力"的相互"协调一致"的"关系"中有一种"内在"的"先天必然性"，有权借助"知性""判断"的形式表达出来，提请"普遍"的"认同"。

于是，在这个意义上，我们也可以说，"审美判断"是按照"合目的性原则"对于"本体"的一个"反思性判断"，而并不是"规定性判断"。

然而，既然"反思性判断"已经涉及一个"本体""概念"，则也就把自己的"判断""伸向—扩展"到了由"理性""立法"的"自由"领域，因为"自由"正是"在""知性"为之"立法"的"自然—必然"之"外"的"意志—道德"领域之中。在这个意义上，"审美—鉴赏—趣味"并不受"知性立法"的"限制"行使着"判断力"的"反思"职能，并使"有序"的"情感"—"情绪"与"道德"的"敬重"之"情绪"相互沟通。"敬重"是"自由律—道德律"对"情感"的"反作用"，而"（审美）愉快"是"自然律—必然律"对"情感"的"反作用"。

于是，"审美判断"就有沟通"自然"和"道德"两个领域的可能性，即"知识"向"道德""过渡"的可能性。这种"可能性"由"判断力"的"反思"职能所"提供"和"保障"，而"反思"则是"知性"只能为之"思维"的"本体"的"再思"。"再思—反思"使"知性""上升"地"进入""理性—自由—道德"领域；而反过来说，也使"理性""下降"

地"进入""知性"的领域，虽然它们各自的"立法权"不能"转让—让渡"。"知性"不为"道德""立法"，"理性"也不为"知识""立法"，但是通过"判断力"根据"自己"为"自己""立法"的"（反思性）原理"，使人们可以"理解"到"理性"与"知性"作为不同的"心智功能"之间的"合目的性"的协调关系。

按照"理性"在"实践"上为"道德"所立之"法"，"自由"作为"第一因"也意味着"终止"了"以前"的"原因"系列，在这个意义上"自由"是"始"也是"终"，而"目的"就其概念来说，是"始"也是"终"，于是，"自由的目的"不仅意味着"初始原因"，而且同时意味着"最后结果"，即"终极目的"。"理性"在"实践—道德"上的"法则"，提供了"终始之道"的"先天可能性"，并且只有在这层"合目的性"意义上，即康德"实践理性—道德"的意义上，我们看到了"原始反终"所蕴涵的道理："原始"也就是"终结"，"终结"是"反（返）（回）"到"原始"。

然而，"知性立法"的"经验世界"不提供"初始原因"和"最后结果"这样一个"可能性"，"空间"在"无限""扩展"，"时间"也"无限""绵延"，这样，如果"理性"执意要按自己所立之"法"办事，则必须发出一道"指令—命令"，"令""万物终结"。只有在"万物""终结—完成"之后，"理性"才能作出"道德"的"最终"的"判断—判决—审判"，否则就只能像尼采所指出的那样，"善—恶"只是随"时间—空间""变化"的"相对"的价值标准，人们无权作出"终审"——世间并无"末日审判"，而也只有到了海德格尔，指出"死"使"时间"成为"有限"的，而"死"就是"大全—终结—完成"，从而使"死"重新成为一个现代的哲学问题。

康德哲学并未"推广—延伸"到这个程度，但他的"批判哲学"在精神上为以后的哲学创造留下了余地。不管后来的哲学家如何"评价"（尼采的猛烈批评和海德格尔的审慎的尊重），我们都可以看到他们在理路上的可沟通之处。在"审美判断""形式合目的性原理"中，"内在虚拟时空"使"实际的时空""定格"，"置之死地而后生"。

就康德来说，"知性"虽然在"法则"上即在"一般—普遍"的意义上"否定"了"事物"之"终结"，但对于"个别—特殊"的"事物"的"规律"性，"允许""反思判断力"按照自己的"先天法则"（而不是"非法"借用"知性"所立之"法则"）来把那些在"知性"看来是"偶然"的"规律"也看成在"诸心智能力"的协调关系中有"先天必然"的根据。

这就是说，"知性"固然不允许"事物"在"客观"上"终结"，亦即不允许将"目的"和"合目的性""赋予""自然"，但却允许"判断力"在"反思—再思"的意义上来"理解"特殊、个别的事物之间有一种"合目的性"的关系，从而"使—令"它们"完成—终结—定格"，允许"设定"有一个"初始目的"成为其"完成—完善—终结"的"自由—第一""原因"。

这个"自由因"的"引入""经验"领域，不但"自然"的"普遍规律"由"知性"的"立法"在"理论上"具有"必然性"，而且"自然"的"特殊规律"由"反思判断力"提供了一个"主观上—情绪上"的"必然性"，从而并不像"知性"那样把"特殊规律"看成是"偶然的"。

在这个意义上，"知性"借助"判断力"有可能"看"得更"深远"，不仅"看"到了"理论上"的"必然性"，而且"看"到了"实际上"的"必然性"，只是"知性""止于"这种"看"是"主观—内在"的，并不给"自然""颁布"什么"客观"的"法则—法律"，因而只是对"自然"的一个"反思—再思"，对"知性"的一个"协助"和"补充"。

但是，"判断力"通过"反思—再思"对于"知性"的这一"协助—补充"不是可有可无的，而是必要的，甚至是基础性的，因为通过这一功能，"判断力"把"理性"的"自由""带进—邀请"到"经验世界"中来，使这个世界"增添"了一层只有对"有理性者—自由者"才"开显"的"意义"来。"美"成为"善"的"象征"，"审美的""眼光"使"有理性的人"在内在的"时空定格"中看到"至善"的"象征"。

具有这种"反思判断力"的人，就是具有"鉴赏力"的人，按照中国的习惯也许可以叫做"有情趣"的人。

这种人虽然不是"科学家"，也不一定是"艺术家"，但有"艺术"的眼光，即有"判断力"的"反思—再思"能力，能够在"自然"的"特殊性"中"看"出"合目的性"的"规则—规律",亦即原本"自在—自由"的品类万殊的大千世界,通过自己的"愉快""发现"一种"合目的性"的"美"的"情绪—情趣";此时的"自然对象"已不是在"知性""建构"起来的一个"必然"网络中的一个"环节",而且是一个"自由"的"产物","脱离—摆脱"了"一时——一地"的"时空"条件的"限制"(虚拟时空使之定格)——尽管如叔本华所说只是"暂时"的。"大自然""鬼斧神工","似乎""超越"了"知性"的"领域",或者就在这个"领域"内"显现"出另一番"意义"。这种"自由"的意义,"似乎"有"另一个""知性"为它的"产生"提供了保障,而这"另一个知性"当然实际上并不存在,"判断力"通过"反思—再思",使"知性""承认"但并不能够认识它是"什么":"人"作为"有理性者—自由者""有权"在自己的"主观—内在"的"诸心智能力协调"中"设定"一种"超越""知性"的"能力""在",通常人们也把这种能力叫做"智慧"。

"鉴赏—情趣"乃是一种"形而上学"的"智慧",这种"智慧"当然不能—无权"代替""知性",但却"有助—协助""知性","引导—范导""知性"使之"深入"到"事物"之"内在"、之"协调",从而"扩展"自己的"领域"。

"人"作为"自由者"不仅是"有知识—知性者",而且是"有智慧者",似乎就是叔本华说的,"人""天生"就是"形而上学"的,我们"天生""生活""在""意义"的世界,这是一个"基础"的世界,"知性"建构的"科学"的世界,是"在"这个"基础"之上"建构"的"科学王国"。

2011 年 10 月 9 日于北京

试析康德"自然目的论"之意义

康德《判断力批判》分两个部分，"审美判断力批判"比"目的论判断力批判"更为后世所看重，这种倾向，自有正当的理由。前者有很普遍的艺术创造和鉴赏评论工作关注，而"目的论"则缺少科学工作的支持，被看成康德批判哲学中陈旧落后的部分，是向中世纪经院哲学和神学妥协的表现，似乎不必下工夫去研究理解，一笔带过可矣。

然而这个态度是不够全面的，康德《判断力批判》中"目的论判断力批判"部分其实是康德从《纯粹理性批判》开始已经构思好了的"批判哲学"体系中的组成部分，也就是说，在《纯粹理性批判》中已经预示了这一"批判"的存在，而"审美判断力批判"倒或许是新增加的部分，甚至是康德思想有所改变的地方，而"目的论"问题则有康德一贯的思想轨迹可寻。或许我们可以说，康德的限制"知识"为"信仰"留有余地，实际上也就意味着为"目的论"留下了余地。

更有甚者，我们还可以说，《纯粹理性批判》"普遍必然化""知识"为"目的论"留下了余地，而《实践理性批判》"普遍必然化""道德"也为"目的论"留下了余地。这层意思，要慢慢研究。

一 "普遍—必然"性之追求

"哲学"既不同于一般经验科学，当有一种不可动摇的"普遍—必然"性，亦即不以经验为转移的"普遍—必然"性，而不仅是"习惯"之"普遍性"；然而"哲学"之所以为"哲学"，又不仅仅是"形式"的，"哲学"不是"形式科学"，因而不止于"逻辑"之"形式推理"。于是，"哲学"要迎接休谟的挑战，使自己成为既是"普遍—必然"的，又是有"内容"

的。为了"哲学"的"内容"，康德在《纯粹理性批判》里很费了一番工夫，他的问题是"先天综合判断"如何可能，其着力点在于：不仅"分析判断"是"先天"（必然）的，而且"综合判断"也可以是"先天"（必然）的，亦即有一种"先天性"的"综合判断"在。

"知识"由"概念"和"直观"组成，"概念"使人有"思维—思想"的可能性，"直观"使人有"感觉"的可能性。前者问题小一点，后者问题就大一点。"概念"有经验的，如桌椅板凳、人手足刀尺、日月山川等等；但也有逻辑的诸范畴，如必然性、可能性、偶然性、现实性等等，这些"范畴"不依靠"经验"，自成体系，有一种"先天"的"必然性"，即"从前件推出后件"的"必然性"（a priori）。诸"范畴"的"先天性—必然性"固然可以争论，但说"感性"的"直观"居然也可以是"先天"的，即也可以是"a priori"，则要说服争论的对方，就要花费更大的力气。

康德的办法是提出"时间—空间"作为"感性直观"的"先天条件"，凡是"可以感觉"的都要"在""时空"中，都要有"时空"的条件。

"直观"尽管不是"推论（理性）"的，而是"感性"的，但却也必须要有"先天"的"条件"，有了这些（时间和空间）"条件"，"直观"才有"可能性"。凡"在""时空"中的事物，才有"可能"被"直观"到，亦即"被""经验"到。这样，康德才可以说，"经验"的"条件"也就是"经验对象"的"条件"，因为要成为"感觉经验—直观"的"对象"必有"时空"的"条件"，而这个"条件"却是不依靠"经验"的"先天"的。

"时空"作为"感觉经验"的"条件"，固然不是"理性"的，而是"直观"的，但它们作为"先天条件"，却是"理论"上的必然的"设定"，不是"源于""感觉经验"的。"先天"之所以为"先天"，正是它不以感觉经验为转移，而"感觉经验"之所以成为"感觉经验"，"感觉经验"之可能性的"根据"反倒不在"感觉经验""自身"，而在于"理论上"—"道理上"的"先天性"。

以"先天性"为"相同"的"根据"，康德似乎可以"打通""概念"与"直观"的"关系"，从而使"知识"的"形式"和"内容""结合"起来，使"范畴"有了"直观"，也使"直观""进入""范畴"，但这种"结合"和"沟通"，还只是停留在"理论"上，因而，康德整个"知识论"只是"理论"的，他的《纯粹理性批判》所着力"批审"的只是"理论理性—思辨理性"的"权限"。

康德的"批判哲学"之所以必要，也正是因为他的"知识"只是"理论"的，如果光是"理论知识"当然是有其自身的"局限"的，康德指出"不在时空中"的"事物自身"也"不在理论知识"的范围之内，因而"不可知"。康德的"不可知"，应是指"理论"上"不可知"，亦即不可能形成一种"规律性"的"理论知识"。

于是，在"理论知识"之外，尚有一种"实践—实际"的"知识"，这个知识同样是"理性"的，"先天"的，而这种知识，不是"理论—必然"的，而是"实践—自由"的。

"时空"、"范畴"是"理论知识"的"先天条件"，而"自由"则是"实践知识—道德行为"的"先天条件"；没有"时空"、"范畴"，就没有"知识"的"必然性"，而没有"自由"，也就没有"道德律"的"必然性"。

但是，"知识"和"道德"这种"必然性"，又完全来自"理性"自身的"先天性"，即"理性"有不依靠"感觉经验"为自己的"对象""立法"的"权利"，而"批判哲学"的工作，就是要进一步为"理性"这种"权力"厘定"合法"的"界限"：在"知识"领域，"理性"以"知性"的作用为"自然""立法"，而在"实践—道德"领域，"理性"直接为"自由""立法"。

"知识的王国"是一个"必然的王国"，"必然"带有"强制性"，因为"理性—知性"是为原本作为一个"异己—感性—非理性"的领域"立法"，以"法律"的形式，使"异己""同化"为"自己"，成为"理性—知识王国"的"一分子"；"道德的王国"似乎更是一个"必然的王国"，甚至是一个"森严的王国"，但是在这个王国，"理性"是"自己为自己""立法"，因而是"自由""立法"，"为自己""立法"，而不是"为异己""立法"。

这就是说，"理性"无论对于"自然"的"概念"，还是"自由"的"概念"，都拥有不以"感觉经验"为转移的"先天""立法"的"权力"。"自然概念"和"自由概念"都属于"理性"拥有"先天立法""权力"

的"领域"。康德在《判断力批判》里把这两个"领域"叫做"领地—封地—ditio",亦即不但有"管理权—行政权",而且有"立法权","理性"自己"先天立法"使这两个"领地""有序"运作,成为"理性"的"王国"。

"自然"和"自由"既然是一个"有序"的"王国",也就意味着它们的"运行"是"合理的",首先是"合逻辑"的,同时也是"有内容"的。"科学(知识)"和"道德(自由)"都是可以"推理"的,符合"概念—判断—推理"的"逻辑"形式。

然而,"理性"这两种"立法权"在"知识"与"实践"两个"领地"里又是不容"混淆"的,康德的"批判哲学"严格划定了这两个"王国"的"界限",在原则上不得有"双重国籍",更不得"偷越国境"。所以康德把"理性"在"知识"领域—领地里的功能—作用叫做"知性","知性"不是在"理性"之外的另类,而是"理性"顾及"异己""限制"的特定的功能。

但是即使在《纯粹理性批判》里,康德也清楚地看到,要想"限制""理性"是"不可能"的,因为"理性"本是"不可限制"因而是"自由"的。对于"理性"来说,并不是"遵守"了"规则"就"不自由",或者"自由"了就"不遵守规则",恰恰相反,"理性""合理"地就要求"自由",同时"理性""自由"地就要求"合理"。

在这个意义上,就"知识"来说,"理性""合理地""超出界限",也就是说,"理性"的"僭越—越位"不是"不可思议"的,而是"可以思维"的。

于是,那些对"知识领域"仅是"可以思想"而无"直观"的"本体—物自体"却仍具有"基础—基质"的"地位"——尽管它们不占"时空",不能成为"经验知识"的"对象",不向"感官""显现"出来,但即使对于"知识"来说,也是不可或缺的"理念"。

"理念"在"知识"里只是"思想体",它的"作用"是"消极"的,即给予"知识""(经验)概念"以一种"限制—界限",表明它们只是"理性"的,没有相应的"感性直观",对于"知识"只起"规范—范导"的作用,而不是将"感性直观""规定"在一定的"概念"之下作出相应的"判断"和"推理"那样一种"规定性"的功能。

"理念"的作用在《实践理性批判》里有了根本性的变化。由于"理性"为"自己""立法",作为"思想体"的"理念"则具有了"规定性"的功能。之所以能够如此,乃是由于"理性"在"实践"领域(领地)本身就具有了"现实性",即它的"直观"不需要由"感觉经验"来"提供",而"理性""自己"为"自己""提供""直观",原在"知识"领域里似乎是"抽象"的单纯"思想体"的"理念",在"实践理性"领域——领地里,成为"具体"的,本身就具有"现实性"。

"理论理性"的问题是"理性"为"知识""先天立法","实践理性"的问题是"理性"为"欲求—意志""先天立法"。

在这里,我们遇到了"目的"这个概念,而在"(理论—思辨)知识"领域是从属于"经验概念"的,而就"实践理性"来看,"目的"原本就蕴涵了"现实—实现"的意思在内。一个含有"现实性—实现性"在内的"概念",就是"目的"。

"理性"为"欲求—意志""先天立法",使"目的""摆脱""感觉经验"的"束缚",从"附属"的地位"挣脱"出来,成为独立自主的力量,"理性"在"实践"层面使"目的""自由化",同时"目的"概念本身的"现实性"也使"自由""实质化"具有"内容"。"实践理性"的"自由"不仅仅是"形式"的,也是"实质"的,"理性—自由""自己""创造""自己"的"内容",这个"内容"原则上不是"感觉经验"所提供的"异己"的"材料—感觉材料—sense data",因而不仅是"知识"的,而且是"价值"的,不仅是"真",而且是"善"。如同"理性""保证"了"知识"的无限进步那样,"理性"也提供了"善"的无限进步的"目的"——"至善"。

二 "概念"的"普遍性"与"现实"的"特殊性"

《纯粹理性批判》和《实践理性批判》都需要"概念—判断—推理",对它们的运用都是"规定性"的,即在"理性"分别对两个领地行使"先天立法"权力以"普遍—必然"的法则来"规定"所"给予"的"材料",

使之"有序化",成为"王国"的合法"成员—子民"。这种"先天立法"以"普遍—必然"为皈依,在强调"自由"的《实践理性批判》中也不例外。"理性"为"自然概念"和"自由概念""先天立法"具有"强制性—必然性";然而如同"理念"在"思辨理性"里的"范导"作用一样,"理性"的"概念—判断—推理"原本可以具有自身的"范导"作用,而且,在"规定性"作用上,"理论理性"和"实践理性"——"必然"和"自由"之间不可"沟通",但在"范导性"作用方面,二者的界限似乎是可以—允许"逾越"的。就"理性"的"实践"功能来说,可以"下降"到"现实"中来,而且,"现实—必然"的"知识",也可以在"范导"意义上,"上升"到"实践—道德—自由"上来。这就是说,在"理性"的"范导"的意义上,"理论理性"和"实践理性"、"知识"和"道德"是可以—允许"沟通"的,而这个"沟通"的关键在"审美"与"目的(论)"。

"实践理性"对于"理论理性"具有优先地位,这是《实践理性批判》里明确了的命题,问题在于"理论理性"如何与"实践理性"有沟通的渠道,因为康德在《纯粹理性批判》里为防止"知性"之"僭越"很费了一番工夫,到了《判断力批判》如何又像20世纪法国德罗兹在《什么是哲学?》中说的,把苦心设置的"界限—障碍"统统"拆除",这支"拆弹部队"由什么组成,它们又被赋予了何种"权力"来做它们的工作?

原来这支"部队"已经"埋伏—潜伏"在《纯粹理性批判》之中,就是那些作为"现象显现"出来的"事物"的"基础—基质"的"事物自身—事物本质"的"理念"。

"理念"在《纯粹理性批判》中不是认识的对象,是"不可知的","理念"因不具备"时空"形式,它们的"存在"只是一些"单纯的思想","理念"是"思想体",因而"不在""感觉经验"的"世界"之中。于是,作为"理论理性""逻辑"结构—支架的"概念—判断—推理",不允许运用到单纯思想的"理念"来得出"知识—经验"的"判断";"概念—判断—推理"的"逻辑"形式由于其"抽象性—形式性"当然可以运用到"理念"上,但由于缺少"时空"中"感觉经验"的"规定",从而得不到"鉴定—检验—验证",遂造成对于"理念"的"概念—判断—推理"就会陷入"矛盾",从而由"自相矛盾"而"自行解体"。这就是说,"理性—知性"在"理论思辨"上"不可能"为"理念""立法",盖因"自己立法"而又"自己犯法"使之不成其为"法";只有到了《实践理性批判》,"理性"由于自身具有"现实性"而无须"时空"之"感觉经验"提供异己的现实材料,此时"理念"在"实践"意义上也具有了"现实性","理念"自己就有能力"规定"自己。

"理念"作为"概念"通过"实践—意志—欲求"的"目的"自身就具有"现实性",因为"概念"而具有"现实性"或具有"现实性"的"概念"就是"目的"概念的基本含义。

在"实践理性"意义上,"理念—目的"都是"自由",这个"目的"由"理性"为"实践理性""先天立法"所"规定",在这个意义上,这个"目的"与经验世界受人的七情六欲驱使的"经验目的"无关,是一个"优先—先天"的"目的",之所以叫做"目的",乃是它的"概念"本身就具有"现实性",是一种"无经验目的"的"目的",是"自由"的"目的"。

于是,在这个"实践"的意义上,"理性概念—理念"通过"自由"的"目的""进入""现实",与面向"经验世界"的"理论理性"有了关联,并由其"优先地位","迫使""经验世界""服从"这个"实践"的"自由""理念"。

这就是说,"实践理性"的"目的",通过自身的"自由","开创"了"自己"的"现实性","实践理性"的"现实性"就意味着"理念—目的"的"现实性",自己"自由"的"现实性",而"自由"的"现实性"也就是"自由"的"创造性"。"自由"就意味着"创造"一个"属于""自己"的"世界"。由于"理论理性"的"目的"本是"感觉经验"所"提供—规定"的,在这个领域中,一切"概念",包括"目的"概念在内,必定要通过"感觉经验"才能具有"现实性",而单纯的"概念"并不具有"现实"的"内容",因为在"理论理性"中,"概念"就是"概念",尚不具备"现实性",它的"现实性"要以"异己"的"感觉经验"来"补充—结合—兑现(胡塞尔)"。

这样,在"理论理性",所谓"理性—知性"的"立法权"是很有限的，它只"限于""概念"的"普遍性—必然性"，在这个领域，"理性"不能以自己的"立法权""保证"受制于"七情六欲"的"目的"的"现实性"，这些"目的"的"实现"，只具有"偶然性"，不是"必然普遍"的。

在这个意义上，我们看到，无论在"理论"领域还是在"实践"领域，"理性"的"立法权"都是"限于""概念"的。一方面，"理论理性"的"概念"不具备"现实性"；另一方面"实践理性"的"概念（自由）"虽然必然意味着一个"现实"，但只是"理念"的"现实性"，要"进入""经验世界"，仍须"感觉经验"的配合。这样，康德之"理性"为"自然"和"自由""立法"，实际是为"自然概念"和"自由概念""立法"。康德的"知识王国"和"道德王国"，到头来实际都是"概念王国"。这种"立法权""保证"的是一个"普遍必然"的"王国"，它（们）的"子民"都是"受"这个"普遍必然""规定"的。

在这两个"普遍必然"的"王国"中，"概念"是"规定性"的，经过"推理"的"判断"也是"规定性"的，即"判定"一个"对象""归属于"何种"普遍必然"的"法则"，所谓"知识"也就是"理论"的"知识"，"概念"的"知识"，或者是"自然"的"理论—概念"的"知识"，或者是"实践—自由—道德"的"知识"，在这个道德领域，"理性""规定"了"道德"上"善—恶"的"概念"。

我们看到，在这两个领域中，"目的"都带有"主观性"：在"实践理性"中"目的"引向"至善"的"理念"，从而"设定—悬设"一个"最高存在者—神"；在"理论理性"中，"目的"是"人"作为"有限理性者"的"意愿"。"自由的目的"须设定一个"神"，"必然的目的"要设定一个"人"。"目的"须设定一个"目的者"。

《判断力批判》中"目的论批判"的意思是要阐述一个没有"者"的"目的论"，亦即既没有"人"，也没有"神"的"自然"自身的"目的"。于是，从这个角度来说，康德的"目的论批判"似乎蕴涵有一个积极的"批判"的意义，即"审定—厘析""自然目的"的"应有"的"意义"。

康德《判断力批判》从"审美判断力批判"入手，涉及从一个特殊事物出发寻求一个普遍的"概念"，这个"概念"虽然不是"确定"的，不是"理论理性""判断"的"谓词",亦即不是一个"客观"的"属性"由"知性"的"先天立法""权力""赋予"这个"自然"的"对象",但这个"非规定"的"判断"仍然有"先天"的"权力"对这个特殊的事物—对象作出"评论",也有"权"要求他人也"认同"他的"判断"因而具有"普遍性"的"形式",于是"这花是红的"与"这花是美的"虽然具有相同的"判断""形式",但却具有不同的"性质",前者是一个"知识"的"经验判断",后者则是"审美判断",两者的区别在于:前者是将"特殊的花—这花""判定—规定"在"红"这个确定的"概念"之下,后者则由于"美"不是事物的客观确定的"属性"而不可能被"抽象"出来成为"确定"的"概念",因而不允许脱离这个被"评判"的特殊对象,于是所谓"审美判断(力)"乃是一种不是可以完全"概念化"的"感性判断—aesthetic judgement—aesthetischen Urteilskraft"。"审美判断"不离开"特殊"与"个别"感性事物。

正是由于这种"特殊—个别"的"感性"特点,"审美判断"的对象才给人带来"愉悦"的"感觉",而如果"有权"声称这个"感觉"具有"普遍性"而"合法"地要求人人都要"赞同",则这种"愉悦"的"感觉"就成为一种"鉴赏"。"鉴赏"是对于"美"的"判断力","鉴赏"的"愉悦"就不仅是个人的"感觉"的"申述—表述—表达",而是一种"判断"。

"审美—鉴赏判断"永不脱离"特殊"与"个别","美"不能—不允许"推论"出来,因为它的"普遍"的"概念"原是"不确定"的,因而不可能成为"客观"的"知识判断",而只能是一种"情感"。一种"有权"将其"普遍化"的"情感",就是对于"美"的"鉴赏"。

"鉴赏"之所以"有权"宣称自己的"普遍性",其根据在于"情感"也有一条"先天的法则"为其"立法",只是在这里"理性"的"立法权"不是针对"确定"、"客观""概念"的,而是针对"不确定"、"主观""概念"的,"理性"对于"情感"的"立法",不是为"客体"的,而是为"主体"的,这就是说,"鉴赏"的"对象"虽然是特殊个体,是"感性"的,但却不仅是感觉经验世界的"实存—Dasein—existence",而只是一个"主体"的"表象","鉴赏"的"对象"实际是一个具有"感性形式"的"思想体",是一个"具体—特殊—个别"的"理念"。

"感觉经验世界"的"愉悦"的"判断"对具有"(符)合目的"的"结果"的"判断",是对"客观对象"与"主观状态"的"实际关系"的一种"反应",但"鉴赏"的"判断"并无"实际"的"功利性",因而它的"合目的性"不是"实质"的,而是"形式"的,不是"现实—实际"的,而是"理想—理念"的,"具体的理念"就是"理想"。"形式的合目的性"亦即"理想的合目的性",亦即"具体的理念"的"合目的性"。

于是,从"个别"中"看到""一般",从"现实"中"看到""理想",而不是把"个别—现实""归属"于"先天概念—范畴"之下,由此按照"概念—范畴"的"先天法则"作出"推论";也不是把"现实"当作"手段"来达到某种"理想"的"目的"。

"知识—知性"具有"确定"的、"客观"的"概念"却"超不出""经验","鉴赏"只有"不确定"的、"主观"的"概念",却"超出""经验"进入"理念—理想"。

"判断力"成为"理论理性"与"实践理性"的"过度"的"桥梁"。

"判断力"不仅由"情感—鉴赏""形式—主观"环节与"理念"沟通,而且还通过"自然目的论"的"内容—客观"环节与"理念"沟通,为这两部分设定"界限",以完成对于"判断力"的"批判"工作。

"自然目的论"并不是说"自然"在"客观"上就具有"合目的性","目的"并不是"自然"的"属性",因而"合目的性"不像"因果性"那样是"知性"的"范畴",不是"知识—必然王国"里的"份子","目的"自有"自己"的"王国",但这个"王国"也不是"神"的"王国",甚至不是"人"的"王国"的"份子",这里的"目的",不在"神"的"脑子"中,也不在"人"的"脑子"中,而是"在""自然"中,"自然"本身就"应该"从一个"目的"的"理念"去"理解"。

"知性"为"自然""立法","建构"的是一个"理论"的世界,亦即"概念"的"世界","特殊—个别"都"归摄"在"概念"之下,这种可能性由"先天感性形式—时间和空间"与"想象力"之"统摄"所保证;但是这个由"概念""建构"起来的"理论世界"并不是"世界自身"，"实际的世界"乃是"大千世界"，千差万别。这样一个"实际的世界""迫使""理性"要有不同于"理论"的方式去把握它，以免"理性""面对"它而"惘然无序"，"理性"的功能就是要使"无序"的"混沌"成为"有序"的"王国"，而"理性"面对这个"大千世界"除了"自上而下"——"由普遍到特殊"地"建构"起一个"知识王国"，而且也要"自下而上"——"由特殊到普遍"地"组织"成一个"目的王国"。

由于这个"目的王国"是由"特殊"到"普遍"，所以也还是"不出""自然"之外，"目的"是"自然"的"目的"，而不是"神"或者"人""加诸—赋予""自然"的。"目的"仍在"自然"之内。如何"组织"这个在"自然"之内的"目的王国"，这是康德为自己的"批判哲学"增加的一项困难的工作。

康德这项工作的难度在于要阐明："自然"不仅在"理论"上是"有序"的，而且在"实际"上也是"有序"的，这就是说，"自然"不仅在"普遍概念"系统（理论知识）中是"合规律"的，而且在"特殊现实"（具体经验知识）中也是"合规律"的。"自然世界"如此众多的"个别事物"既非"混沌一片"，也无须莱布尼茨的"预订和谐"，"大千世界"千般事物相互之间由一个"合目的性"的"关系""协调"着，使得这个世界，虽然千奇百怪，似乎可使"科学理论知识"却步，但仍然是"相互为用"、"相互适应"的一个"有机""整体"。"理性"虽然不能像以"理论知识"的形式"建构"一个"科学"的"概念体系"，但仍然可以从"合目的性"这种关系上来"理解"这个世界，把那些在"理论"上看起来只是"偶然"出现的"适应关系"，"判断—评判"为一种在"目的"上的"必然性"。鸟的胸腔空洞，是"为了"飞行，这种"目的"的"必然性"，在"思辨理性"范围里，则是"偶然"的，"自然"本没有这种"目的"，但这个"目的"也不是"随意—有意""加"给"自然"的，不需要一种"有意识"的"目的者（神或人）"，因为"自然"作为"自然"，本是"无意识"的。

"无意识"的"自然"要具有"有意识"的特点，这种"相同"只能是"相似"，是一种"类比"，或许我们可以说，"自然合目的性"虽然是"自然"的，但并不是"自然"的"存在方式"，而更多的是"自然""提示"的一种"被理解方式",是"理性""理解""特殊—个别"事物所"必须"的一种"判断—评判"方式。康德的"批判哲学"要为这种"评判—判断"方式"论证"其"合理性","厘定""界限",于是有《判断力批判》的"目的论判断力批判"部分。这个"批判"的工作在于将"判断力""限制"在"反思性"的性质内而与"规定性判断"不同。

康德说,"自然合目的性"的"判断"是一种"反思性""判断",是对"自然"作为"对象"有所"理解—解释",而不是对它有所"认识"。"反思性判断"的基础在于主体的包括"直观能力"在内的"诸认识能力"得到"协调—贯通",而"规定性判断"则将"个别直观""对象""归摄"于"概念"之下作出"规定性"之"断定"。

"反思性判断"是从"个别"到"一般",而"规定性判断"则从"一般"到"个别"。后者使"个别"得到"规定",而前者则使"个别"得到"理解—解释"。后者的问题是"是什么",前者的问题则是"何以是(什么)",即"为什么是(什么)"。中文"反思"有"反问"、"再思"的意思,外文也有一个"re—再—reflection"。

"反思性"是"解释性"的,"规定性"是"认知性"的。也许我们用后来的名字更好一些:"反思性"犹如"hermeneutic","认知性"为"可知性—knowable"。"反思性—解释性判断"指的是一种"意义",而"规定性—认知性判断"则是"断定"事物的"客观—自然"的"性质—属性"。

"意义"是一种"理念"而不是单纯的"经验"的"概念"。"自然界"是一个"合目的"的"有机体",乃是一种"理念","自然界"万事万物的"普遍联系"都"相互为用","互为""目的"与"手段","连成"一个"整体"。

"整体"为"目的",万事万物皆在"整体"中"占有""位置",是"整体"的一"部分",但"整体""规范—范导"着"部分","有机整体"不仅仅是"部分"之"总和","整体""大于""部分之总和","自然界"万事万物都"为了"—"趋向"这个"整体","整体"是一个"理念",不可为"诸经验概念之总和"所"穷尽"。"整体"—"目的""蕴涵—潜在"着"无限"与"自由","蕴涵—潜在"着"过度"到"实践理性"的可能性。"判断力"在"反思"层面成为"理论理性"与"实践理性"的"桥梁"。

三 因果性:机械因—目的因—自由因

康德《纯粹理性批判》强调"原因性"作为一个"知性"的"范畴"来理解,是一个"纯粹的先天概念",而不是"经验概念",不是从"经验"中"概括"出来的"习惯"。这样,"因果性""范畴"就不是一种"事物"之间的"实践—实际—现实"的"关系",而是一个"理论"的"关系",因为它是一种可以运用到"经验事物"上去的"纯粹概念",因而具有"普遍的必然性—必然的普遍性",因为"原因"与"结果"既作为"概念",它们之间就有一种"可以推论"的"必然关系"。

"原因—结果"既然是"知性范畴",也就意味着它们是"被允许"运用到"经验"的"对象"上去的,对于这些"对象","原因性""范畴"对于它们,都是"被允许"起到"规定"作用的,我们"有权利""判断""某甲"为"某乙"的"原因","某乙"为"某甲"的"结果",只要"某甲"和"某乙"都是"在""时间"中的。"时间"是"感性直观"的"先天条件",这个"条件"使"感性事物""在""前—后"的"秩序"中,而"原因—结果"的"范畴"就有可能对这一"前—后""秩序"作出"进一步"的"概念"式的"规定",将"前—后"的"直观表象"的"事物—对象","规定"在"原因—结果"的"概念"之下。

在"知性—知识"范围内,作为"事物""进展"的"前—后"关系"长河","事物"的这种"因果关系"是不受限制的,"后浪推前浪",永无止息,因为"时间"作为"前—后""系列"也是不受限制的,因而一事物的"原因"就会是另一事物的"结果","结果"也会是另一事物的"原因","原因—结果"是一个"无头无尾"的"系列",只是在这个"系列"中,"原因—结果"的"前—后""次序"是不可颠倒的,"原因"总是在"结果"的"前面","结果"总是在"原因"的"后面"。

然而,在"实践理性"的"道德"领域,"原因—结果"的"范畴"不是运用到"自然"的"对象"上,而是运用到"自由"的"对象"上,这个"原因—结果"的"关系"似乎就被"颠倒"过来,而在"实践理

性"中，"原因—结果"的"系列"竟然是"有头有尾"的。之所以出现
这种情况，关键可能在于作为"实践理性"的"自由"即使在"理论理
性"中也是作为"理念—基础""范导—规范—引导（而不规定）"着"理
论"的"必然性"的。

"自由"在"理论理性—知性"中不"在""因果系列"之内，因为它
不在"时间"序列（形式）之内，"自由"不可能成为世间万事万物之可
以"直观"的"原因"，因而也不是"时间"中万物可以做"因果""推
理"的"理论上"的"先天根据"；但是在"实践理性"中，亦即在"理
性"的"实践"运用中，"自由"却是"道德"的"道理"上（根据法
则—de jure）的"先天根据"。在这个意义上，"道德—实践"领域，有一
种不同于"知识"上的"原因性""范畴"，即"自由因"。"自由因"因
其无其他"原因"来"决定—规定"，也是"第一因"。

"事物"在"知识"领域并无"第一因"，凡事都在"因果序列"的环
节中，一个事物既是"原因"，也是"结果"，只有在"实践—道德"领域
才"有—存在""第一因"，这个"因"不再受制于其他的"因"而成为
"第一"。"第一"就是"自由"，就是"道德"的"根据"。

在这里，我们也许可以看到一种有趣的现象：我们甚至可以说，在
"知识"领域，万物既是"因"又是"果"，既可以把"现实事物"看成
"原因"，"等待"着"结果"，也可以看成"结果""回溯"其"原因"，
而就"现实"的"给定性—既定性—given"来说，则是一个"结果—果"
的"系统"；相反，在"实践—道德"领域，因以"自由"为根据，"自
由—道德"无须"结果"而自成"体系"，"成败利钝"在所不计，因而在
某种意义上，这个领域，竟然是一个单纯的"原因—因"的领域。

于是，在某种意义上，我们似乎可以说，"经验的世界"是一个"果的
世界"，而"超越的世界"则是一个"因的世界"。当然，"因""果"是一
对相应的概念，有"果"必有"因"，有"因"也必有"果"，但以"实
践"和"理论"作"因"和"果"两种侧重不同的关系来研究，不仅可以
强调两个领域原则的"不同"，而且能兼顾到它们之间的"联系"："实践"
作为"理论"的"（第一）因"而具有"优先"的特点。不是"理论"
"规定""实践"，而是"实践""规范—引导""理论"。在这个意义上看，

"超越性"的"道德"是"经验性""科学"的"（第一）因"。

"自由"不可能在"知识"领域作为"原因""规定""结果"，道德的"善"不可能作为"理论"的"原因""规定—决定"其"结果"，道德上"善"并不能"推论"出"必然"的"幸福"。"原因""好"不一定"结果""好"；但"实践道德"的"原因"，必定要"通过—下降"到"经验世界"来，才会有"实际"的"结果"。"自由因"作为"第一因"的"第一"，一方面是指这个"因"并无另一个"因"来"决定"它，所以它是"第一"，同时也是指这个"因"就其对于"经验""结果"系列来说，是一个"创始性"的，并无其他"结果"来作为它的"因"。对于"经验世界"言，"超越世界"永远为"因"。

这就是说，"自由"永远是"因"，而不是其他事物的"果"。"自由"必须也只有通过下降到"感觉经验"，才有获得"果"的可能性。理解这个"可能性"的关键环节在"目的"。"自由"的"意志"通过"目的"使"经验性""行为"具有了"目的"性的"结果"，无论"成（合目的）败（不合目的）"皆有"目的"的意义蕴涵在"结果"中，而不能用单纯的"机械性"的关系得到"充分"的理解。

然而，"经验"的"目的"也是"目的"，是一种"感性"支配的"欲求"，在这个意义上，受七情六欲支配的"目的"，实际上只是为达到"另一个目的"的"手段"，感性欲求系列实际上是一个"手段"系列，万物皆备于我，为我所用，在"合目的性"的关系上的"理论理性—知性"表面上很"客观"，但实际上却是后来所谓的"工具理性"，"知识"为一种"利害关系""服务"。

唯有"实践道德"领域，"目的"才有自己的独立的意义，是一种"自由"的"目的"。"自由目的"不是"经验目的"而是"超越性""目的"，这个"目的"是一个"理念"。"超越性"的"自由目的"不可能在"经验世界"有"必然"的"结果"，在这个意义上，"自由因—第一因"与其"结果"，不可能有"必然"的"推理"关系，因为这种"必然推理"的关系只服从"感性世界"的"因果律"。于是，"自由目的"的"理念"对于"感性世界"来说，并没有"规定性"作用，即这个"概念—理性"并不能"规定"其"结果"的"必然性"，"种瓜得瓜，种豆得豆"，但是

"好心"未必有"好报"。不过，"德性"虽不"保证""幸福"，但当"世间"发现"德性"与"幸福""一致"的"事实"后，即使就"理论"来说只是一种"偶然性"，但对于"道德—实践理性"来说却是一个"例证"，"引导—规范—范导"着人们按照"道德"的"理念""做事"，而不仅仅"计较得失"的"利害关系"。

"实践理性"对于"理论理性"的"优先地位"也表现在"道德范例"的"引导—指导"力量，尽管这种力量不足以"保证"在现实感性世界的"普遍必然性"。

"自由—道德—实践"对于"经验世界"的作用是"引导性—范导性"的，即"道德实践理性"的"判断"不能"代替—涵盖""理论理性"的"判断"，但反过来，"理论理性"的"判断"也不能"代替""实践理性"的"判断"，即不能以"成败"论"英雄"。这就是说，这两个"领域"的"判断"在各自的"领域"都具有"规定性"，但不能"相互规定"，而只能"相互引导"。在某种意义上，"理论理性"对"实践理性"的"范导—引导"作用，表现在"自然目的论"上，我们也可以说，"实践理性"和"理论理性"的"相互引导—范导"的作用，或许也表现在"自然目的论"上。

"自然目的论"并不意味着将"目的论""还原"为"机械论"，"目的因"不是"机械因果"关系，也不是把"自然"当作一个"有意识"的"目的"系列，从而"赋予""自然"以"道德"的意义。"自然"仍然是按照"必然的因果律""自己""产生""自己"，只是这个"因果律"只涉及"自然"的"普遍性"，而不能穷尽其"特殊性"，只涉及"自然"的"概念"，未穷尽"自然"的"个体"；而当"个体"不仅仅"归属"在一个相应的"概念"之下，并且还是这个"概念"的"体现—例证"时，这个"个体"就可以被"看作—评判"为是"合目的"的。在这个意义上，"自然"的"产品"并不需要设定一个"生产者—创造者—人或者神""自己—自然"就可以是"合目的"的。

于是，传统上"有效因（nexus effectivus）"和"目的因（nexus finalis）"就有了一个连接点，在"自然合目的性"中，"有效因"蕴涵着"目的因"，"自然合目的性"成为一个"判断"的"先天性""原则"，"目的判断"如同"审美判断"一样，"有权""要求""普遍"的"认同"。当然，在这个意义上的"判断"，不是一个"规定性判断"，而是一个"反思性判断"，因为前者是将一个"个体""置于""概念"之下，而后者相反将一个"概念""从属"于"个体"之中（之下），是从这个"个体"出发而作为一个"概念"的"例证"来"判断"。前者思考的是将"个体直观"归于"概念"之间的"关系"，后者则在"概念—目的""引导—范导"下来理解——"反思""个体"之间的关系。

"目的"固然是一个"概念"，是一个"整体"，但这个"整体"又是一个"个体"，"目的"是"整体性"的"个体"，也是"个体性"的"整体"。"整体"为"完整—完成"，因此，"目的因（nexus finalis）"为"终结因"，"终结"即"完成—完整"，"完满—完整""体现了""目的概念"的"个体"，是一个"理念"的"例证—典范"，通过这个在"经验的自然世界""偶然"出现的"例证"，"指引—引导"着我们对于这个"自然界"不同于"机械因果关系"的"理解—评判"，这个"例证"是为"理念"的"范例"，由"范例""引导"着具有理性的人们的"理解"，是为"范导"——中文这个词可能比西文的 regulativ（e）在某方面更加适切些。

"自然合目的性"由于并不需要设定一个外在于"自然"的"有理性者（无论是有限的理性者——人，还是无限的理性者——神）"，因而是"自然"的"内在"的"合目的性"，是"自然""产品"自身的"合目的性"，但是这种"合目的性"在"自然"本身又找不出"客观"的"根据"，因为"目的"并不是"自然"的"客观属性"，不是"自然"可以向"知性"提供的"知识对象"，其根据只在于"判断力"这个逻辑的环节中；于是，"自然合目的性"虽然无须设定"产生—生产"的"理性产生者"，却仍需设定一个"评判者—判断者"，这个"有理性者"根据"判断力"的职能，并不是"规定""自然"在"客观"上有"合目的"的"属性"，而是在"主观"上"协调"各种认知能力，把"自然"作为一个"有机整体"来"理解"。

在这个意义上，"自然目的"就不像"人"的"经验目的"那样有一个"客观"对应的关系，因而"自然""有机""产品"的"合目的性"之"目的"，就不仅是一个"经验概念"，也因其不能"规定""经验材料"

而并非"知性概念—先天范畴",从而具有了"理念"的意义。

　　然而,"自然目的"作为"理念"又是被"评判—判断"为"在""自然"中的一种"关系",一个"整体"的、"有机"的"具体(实际)关系",而不是"机械"的"抽象(概念)关系"。在这个意义上,"自然合目的性"的"理念"是一个"具体",而不是"共体",它的"普遍性"就在"特殊性"之中,"共性"就在"个性"之中。

　　大千世界,万般风情,并非杂乱无章,那个千变万化的"感性世界"首先要被"看成—判断为"是一个"有序—有机"的世界,"相互适应—互为因果",作为一个"合适的"、"和谐的"、"相互适应"的世界,才是一个"有序"的"王国",在这个意义上,"自然界""首先"需要作为一个"相互适应"的"合目的"的世界,才可以为"自然王国",在这个"前提"下,人类"理性—知性"才有"基础"进一步探求并把握"自然"的"知识"。于是我们可以说,"自然合目的性"原则的"理念"作为"自然知识"的"基底""引导"着"科学"的"永远"的"探索精神",而不至于在姿态万殊的"自然"的"个体"世界面前却步。

　　这样,从某种角度来说,"自然合目的论"似乎是一种"先于""知识"的原则,在它的"指导—引领—范导"下,"科学知识"开辟着自己的道路,"建构"着自己的"王国"。

　　"自然的王国"作"有机体"来看,是一个"目的"与"手段""交相作用"的"王国",既是一个"目的王国",也是一个"手段王国",众多"个体事物"既作为"目的"又作为"手段"相互结合,相互利用,成为一个"有序"的世界,在这个"观念—理念""指引"下,"理论理性"才有可能将"个体事物""普遍化—概念化"进入"知性范畴"的"必然"体系。"目的—手段"的在"实际"上的"适应性—普遍性"才可能"提升"为"范畴"的"必然性"。在某种意义上,相对于"自然目的王国"来说,"知识王国"似乎是"手段王国"。

　　"自然合目的性"的"理念"同样不提供"知识"的"概念",因而也不"保证""知识"的"必然性",但却"提供"对这种"必然性"的"信心",使人们"有理由""相信"从"个别具体""事物""理性——知性"同样也可以——有理由、有能力作出"反思性""判断",对于它们之间的"关系",尽管就"规定性判断"来说,是"偶然"的,但即使是"偶然性",同样也是"有序"的,是"可以理解"的,从而也是"有原因"的。个别—特殊事物之间,通过相互的"目的—手段"的"有机性",提供了在"机械性"的"原因性"之外的另一种"原因性",这种"原因性"和"实践理性"的"自由"的"原因性"有着"内在—家族"的"相似性",但并不需要设定一个与我们不同的"另类(神的)知性",而"反思性判断"在我们人类"理性"内部诸认识能力之间进行协调,就可以将"个别"与"普遍""结合—贯通"起来,使"普遍"就"在""特殊"里面,即"内在于""特殊",从而具有"类似""直观理智—理智直观"的特点。之所以说仅是"类似(类比)",是因为"自然合目的论"这里所做的"判断",不是"规定性"的,它的意义犹如"自由"的"理念"在"理论理性"中的作用那样是"引导性—范导性"的,"引领"着"知识""满怀信心"地开辟自己的道路,在"学理"上"坚定""(科)学无止境"的"信念"。

"自然目的论"是"科学(知识)"的"信念",而不是"宗教(神学)"的"信仰",因为这个"合目的性""内在于""自然",而不设定在"自然"之外有一个"另类的知性—神的知性","自然"自己"生产"自己,而无须"创世主"。"自然目的论"并不将"自然界""引向""天国—神城"。

康德"自然目的论"固然由于沟通"理论理性"与"实践理性"从而为"宗教信仰"留下"通道",但就这个"目的论"限于"自然"自身来说,也有"划出""自然"与"神学"界限的意思。"自然合目的论"不是"自然神学",而在康德看来,"神"之"存在性"问题不是通过自然而是通过"道德"才能得到"证明"。

在某种意义上,"合目的性"如果"扩展"到人类"社会",则会"引导"到一个"普遍"的"幸福"的境界。因为人的"幸福"正是那"合目的性"的"现实状态",而在康德,"理性"的"实践道德"是和"幸福""无关"的,"德性"与"幸福"之间并无"理论"上的"推论"关系,它们的"一致"并非"理论""必然",而只是"偶然"的。"道德"的"目的"不是"自然的目的",而是"自由的目的","自然目的"是"现实的目的",而"自由目的"则是单纯"理想的目的","自然目的论"是"知性"的"理解"方式,而"道德目的论"则是"理性"的一种"追求—欲求"方式。"理解方式"的"现实性"无可怀疑,但"追求方式"的"现实性"亦即"至善"作为"终极目的"的"现实性",则须得"论证—演绎",因此,在《实践理性批判》中,"灵魂不朽"和"神之存在"就成为"自由"作为"自由目的"在"至善"的"现实性"的"论证"之"根据";而"自然目的论"并不"需要"这些"根据"来"论证—演绎"其"现实性"。

经过康德"自然合目的论"的"批判"将"(自然)目的论""拉回"到"自然"自身,"从天上拉回(回归)到人间"。

"人"作为"感性的存在者"属于"自然",就"自然合目的性"来看,也可以说"人"是一个"目的王国"的"成员",是一个"追求幸福者"。"人"的"社会"同样也是一个"有机体",各种"感性欲求"可以被"判断—反思"为具有"合目的性",这样,"人""组成"的"社会"和"自然"一样是一个"自然合目的"的"有机体","利益"的"冲突"得到"自然目的与手段"的"协调"而成为"有序",每一个成员的"幸福"得到"规定—限制",从而各得其所,犹如"大自然"的种种事物由"相互为目的与手段"的调节各安其位。

然而,"人"还是"有理性者",不仅仅是一个"自然王国"的"成员",而且是"道德王国"的"成员",不仅仅是"幸福追求者",而且更是一个"自由追求者"。"人"本质上是一个"自由者",以"至善"为自己的"终极—最终目的"。

"人"具有的"自然"与"道德"的"双重"特点,使它肩负着"协调"这两个"相异—不同"世界的重任。"人"在"道德"领域作为"自由者"只是一个"目的",而"拒绝"作为一个"手段"存在。一个人作为"自由者"永不可以成为"另一个自由者"的"手段",在"目的论"意义上说,"道德—自由"的"王国"是一个单纯的"目的王国","自由的目的"无须外在的"手段"就具有"现实性","应该"做的,"一定""能够—可能"做到。在这个意义上,"实践理性"自身就有"优越性"。

然而,"至善"作为"德性"与"幸福"的"结合"之"必然性",

"自由"又通过"自然的合目的性"这条"原理""进入—下降"到"感觉经验世界"中来,"人"在"自然"里"安身立命":如实地把"人"既作为"道德王国"的成员,又作为"自然王国"的成员,"人""生活"在"目的王国"中。

"人""在"自然王国"中""安家"。"人"以"四海为家"。"自然"是"人"的"居留地—domicilium"。

北京
2011 年 2 月 18 日

康德的法权哲学基础

康德哲学初看有一副死板、教条的面孔，他的形式主义也是经常受到批评的一个倾向，虽然康德哲学也很注意探讨内容的问题，只是他在解决形式与内容的关系方面，常常强调"形式"之必然性来使"内容"成为"有序"，"形式"之"逻辑""必然性"是"内容""有序"因而"可知"的"根据"，这个倾向似乎奠定了我们常说的德国古典哲学的思想基础，黑格尔虽然批评康德把必然性归结为主观思想形式，而忽略了这种必然性原就在"客观对象"之中，但是黑格尔自己的"哲学体系"，仍是一部"逻辑科学体系"，是"概念"自身"发展—演化—推演"的"逻辑过程"。"事物—对象—客体"之"本质"是"概念"，事物变化、发展的过程，也就是事物"概念"的逻辑推演的过程。找到了"事物"之"概念"的"逻辑推演"的"根据"，也就找到了"事物"的"根据"，这是德国古典哲学的一条基本思路，而奠定这个思路的是康德。

关于"法权"问题，康德同样是这个思路：不是从实证的各种条规出发来研究它们的意义，而是从"法权"——"正当"、"所有"等这些"概念"出发，问它们在"道理"上的"根据"，然后再来看"实际"的情况，这样一条"从概念出发"的路线，在被理所当然地批评得体无完肤之后，再来探讨一下这条思想路线是不是那样简单，到底根据的是一条什么理路，在学术上也是有意义的。德国古典哲学这条思路，并不完全是"正名"的意也不是单纯的逻辑形式的思想，它实际上是要找出理解现实中的必然关系的根据来。

康德的法权哲学思路是和他的三个《批判》所述一致的，提问题和解决问题的方式也是有意识地互相呼应的，如果熟悉那三个《批判》，特别是第一（《纯粹理性批判》）和第二（《实践理性批判》）的理路，那么关于

"法权论"和"德性论"的工作，似乎人们可以自己来做，这也许就是哲学的一种"普遍必然性"吧。

康德在《纯粹理性批判》所面对的问题是我们对于（自然）事物的"科学知识"，有没有"必然性"？康德研究的结果，答案是有的；也就是说，面对种种的"科学知识"的现象，康德分析它们的组成要素，发现在这些要素中，起"建构（知识）"作用的是"理性（知性）"的"先天功能"，这些功能独立于"经验"，但又不是单纯"逻辑"的，康德在知识论里一项重要的工作是提出了"先天直观"这样一个独立于经验的"直观形式（时间与空间）"，这样就使得"科学知识"避免了单纯的"概念"体系而有了"直观"的"内容"，康德的问题："先天综合判断何以可能"也就是"概念"与"直观"的"结合"何以可能，其实，这条"先天综合——概念与直观结合"的思路，才是从康德到黑格尔德国古典哲学的基本思路。

在康德，"科学知识"要发现"自然（关系）"中的"必然性"，而"法权学"则是要在"人"的"关系"中发现"必然性"，也就是关于"法权"的"先天综合"何以可能。

然而，"人"和"自然"不同，"人"按其本质来说是"自由者"，"自由者"之间如何可能有一种"强制性"的"法权"关系？这样，"法权"问题就又和康德在《实践理性批判》里所论述的"自由"密切相关，"自由者"之间的关系，一方面是"道德"的，一方面是"法权"的。"道德"只讲"自由者"的"行为动机"，而"法权"则只讲"自由者"的"行为结果"；然而，"法权"的基础仍然是"自由"，只有"自由者"之间才有"法权"问题，单纯的"自然"跟"法权"无关。

一　"自由"之"秩序"

按照康德《实践理性批判》，"自由"乃是"理性"的"本质"，"理性"是"不受限制"的，因而是"自由"的，而"理性"又是"普遍"的，因而也是"必然"的，于是"自由"原本也是"普遍"的、"必然"的，"有理性的人"原本是"不受限制"的。

所谓"不受限制"乃是"不受""感性"的"限制"，为"感性欲求"

所"驱使"、"为所欲为"，原本不是"自由"的，不是"自主"的，而是"被动"的。世间许多事情或者甚至全部的事情都是带几分"被动—驱使"去做的，人不可能不受"感官"的"刺激"，但"感官""可以"而且"必定""刺激"人，但却不能"规定"人，人的"善—恶"不受"感官刺激"的"规定—限制"，只有"自由"有能力"规定""人"。"是什么人"不是把所做的"事情"一件件加起来的"总和"，而是这些事情—行为的"根据""规定—决定"是"什么"人，如同我们"认识"一个"杯子"不必"穷尽"一切感性实存的杯子一样。"什么"不仅仅是"感觉""概括"出来的。

当然，"什么"有多种含义，有的是经验方面的，由"做什么事"就可以概括出来，譬如善于应对种种"挑战"，一般也可以说是"聪明"的人，但由"德性"上对一个人的"人格"作出"判断"，既不能仅靠"听其言"，甚至也不能仅靠"观其行"，而且还要从其"言行"中"分析"出他的"准则"，即他的"言行"是根据一个"什么"样的"原则"来"说"、来"做"的，这个"准则—原则"如果是"普遍的"，也就是说，凡有理性者都适用的，则就可以评判为一种"德性"，否则，就只能是他的个人的言行方式，不是"自由""道德"范围的事情。"私人"的言行方式，要说也有"准则"，大半都是"权宜之计"，这些"准则"不可能成为"道德命令"，"令"人人都"应当""遵守"。

然而世间有一种"命令"，居然可以不问言行的"准则"而"令"人人都要"遵守"，这就是一个国家的"法律"。

"准则"是"内在"的，因而"道德"所涉及的是实践理性的范围，就理论理性来说，它只是一个"理念"，只有从实践理性中"推论"出来，理论理性并不能作出科学性知识的"判断"来；但是"法律"则是一门"科学"，学习法律就是学习一门科学，而法律的条文犹如其他科学的规律一样，原则上是"铁律"。

知识"法律"所涉及的不是"自然"，而是"人"，而"人"又是"有理性者"，是"自由者"，于是，如果说，"科学知识"何以可能是康德的基本问题，则"法律"何以成为一门"科学"这个问题对康德来说就会更加严峻。

　　"人"是"自由者"，"法律"并不是要把"人""规定"为"不自由者"，并不是要把"人""规定"为"物"。将"人"转化为"物"，关于"自由"的学问就会转化成关于"自然"的学问，则康德的《纯粹理性批判》在"批判哲学"框架内就是已经解决了的问题，无须从《实践理性批判》衍生出对于"法权"问题的划分。"法律"问题是问"自由者"之间何以可能有"法权"的划分，亦即"自由"可以也有"规定性"。

　　"自由"本是"无限制"、"无规定"，"自由者"之间可以设想为一种"无序"的"混沌"，这是种状态，也可以叫做"自然状态"。

　　"自然状态"并不是把"人"归结为"（动）物"的一种状态，而是一种抽象的"自由者"状态。"动物"按照"自然"的法则"生存"，不一定就互相残杀；"自由者"之间如无"自由"之"法权—法律"的"规定"，则必陷于"无序"，而"无序"和"理性"相矛盾，亦即与"自由"相矛盾，于是，"无序"之"自由"则为"自相矛盾"。"自相矛盾"不可思议，于是"无序"之"自由"则是"自由"之毁灭。这样，为"自由"自身计，"自由"自己必产生"有序"。"自由"既然是"理性"的，则"自由"必定"开出"（"自由"）的"秩序"。由"混沌"到"有序"在哲学的层面上已经有了解释—理解的途径。

　　就康德哲学来看，"自然"之"有序"，特别表现在"自然"之"有机体"方面的"有序"，可以从"自然的合目的性"来解释；"自由"之"有序"则反倒需要从另一个角度来解释，因为"法权—法律"的"根据"，不是"目的—动机—准则"，而在"自由者"自身的"规定性"，即"自由者"自身的"限制—强制"。

　　世间什么东西有能力"限制""自由"？萨特认为只有"另一个""自由者"有这个能力，因此"自由"的"限制"是"自由者"之间的"关系"。这种"关系"就《实践理性批判》所涉及的"道德"来说，"根据"在于一个"形式"的"应该"，而就现实的"国家"来说，则是"自由者"之间的"法权"关系，即"自由者"之间的"权限"之划分，犹如"理性"本身的各种"权限"之划分一样，是康德"批判哲学"的主要的问题和任务。

二　"法权""判断"为"先天综合判断"

所谓"权—权利—法权"首先是"所有权"。"我"对"我"自己拥有"所有权"，这是不言自喻的，"我是我的"是一个"分析判断"，而对于一个与"我"不同的东西表示"所有"的判断则是"综合"的，对"我""身外之物""判断"它是"我的"，"我"对它的"所有权"要表达的是一个"经验事实"，"我"说"它"是"我的"，是一个经验的综合判断，譬如"我"手中的"苹果"，"我""存身"的"居室"等等，"我"如果根据"事实"上的"占有"宣称"是我的"，则需要"事实上的""证据"，而这些"证据"也都是相对的，"事实"是可以改变的，"证据"是可以反驳的，因而单纯经验上的"所有权"是允许"争论"的，在"事实"改变的情况下，也是可以"剥夺"的，单纯经验事实上的"权利—所有权"往往是"纷争"的源头。

儿时为一个苹果而争，把它夺到手中就算是"我的"；长大了为金银财宝争，无论巧取豪夺，进了我的口袋，就算是"我的"，更有为"江山"而争，则常是"战争"的原因。

为"平息—敉平""纷争"，又有种种"契约"，相互协商，解决纷争，以求"太平"；但根据经验事实签订的契约，往往很不可靠，撕毁条约反倒是家常便饭的事情，因为这种契约—条约，往往在签订时已各怀鬼胎，准备在适当的时机弃而不顾。

经验事实的"所有权""在""时空"中，受"时空"的条件制约，这是一切经验知识——在这种意义上的"法权—法律科学"也是一种"经验知识"。

然而，按照康德的"批判哲学"，一切经验科学又都是有"先天"的结构可以保证它的"必然性"的，康德《纯粹理性批判》的主要工作，都是围绕这个问题做的：有没有"先天综合判断"？"自然"的问题如此，"自由"的问题也是如此，"自由"领域如何"建构"起一个"先天必然"的王国，在林林总总的法律条文中，有没有"先天的必然性"？抑或这些条文全都是"权宜之计"？

我们体会，在解决"自由者"之间的"法权"关系问题上，康德采取的程序是和解决"自然"必然知识问题不同的，或者其进程是相反的。

在解决"自然"问题时，康德不能脱离"时空"条件，"时空"是"自然"的"存在方式"，他的"先天概念—范畴"也只允许运用在"时空（经验）"之中；而在"法权"问题上，"批判哲学"面对的是"自由—自由者"，"自由"是不受"时空"限制的，这里的问题是：在"不受时空限制"的"自由者"之间如何又有一种"综合"的"关系"，即"先天综合"的"关系"。也就是说，以实践理性为基础的"法权"的"先天性"，甚至无须"先天直观条件—时空形式"就作为一种"本体性—noumeno"而"存在"。这里"法权""必然""存在"，就如"自由""必然""存在"一样。"概念"与"存在"在"实践理性"的"本体"意义上结合了起来。

然而，"所有权"毕竟是对一个"外在"于"我"的、不同于"我"的"他者"的"权利"，这种"权利"犹如"实践理性"中"意志"的"对象"一样，也是一种"扩展"，"推及""自身"之外，因而不是从"概念"的"内涵""分析"出来的，而是一个"综合"；与"科学知识"不同的在于"所有权—法权"的"先天综合"，不仅不在"时空"中，而且无须"时空"之"形式"，从而是在"时空"之外，或者是无关乎"时空"的。

在这个意义上，作为"先天综合"的"法权"上的"所有权"就和单纯经验上的"占有—拥有"有了原则上的区别，如同科学知识中的"数学—几何学"与"物理学"有所区别一样，又如同从感觉经验得来的"知识"须由"理性—知性"提升为必然的"科学知识"一样，经验事实上的"占有—拥有"，必得由"法权—法律"上的"保障"和"证明"一样，单纯经验事实上的状况（占有或丧失），不是"合法性"的"证明"。在"法权"原理看来，"眼见"固然"是实"，但对一个"事实"，不见得总是可以"判断"为"合法"的。或者甚至还可以说，单纯经验上的"占有"，就"法权"的原则来看，往往是"不合法"的，犹如"现实"与"理想—理念"的关系那样。

不过，"法权—所有权"既然也是一个"综合"的"判断"，"我"与"另一物—非我"的关系，如何又能够脱离开"时间—空间"的条件？

仍然是小到一个苹果，大到山川高楼，无论在"我""手"中与否，无论"我"在什么地方，无论"我"多大年纪，"我"都"有权"作出"判断"："这是我的"。在这个意义上，作这个"判断"的"权利"与"时空"条件无关，尽管"我"和这些"事物"都是"在""时空"中的。这就是说，就"法权"的角度来说，"理念—理性"的"权利"大于"感觉经验"的"权利"；不是"强权就是公理"，相反，"公理才是强权"。

在某种意义上，"理性—自由"的"公理"运用自己的"强权—强制的权力""迫使""经验事实"的"所有权""状态"，作出"改变"，"强制""经验事实"的"所有权状况"向着"合法性"的方向发展。在这个意义上，我们也可以说，一切"经验事实"的"所有权状况"都是会—可以—允许变化—改变的。

三　"法权"与"禁令"

康德把"法权"问题分成"本体的所有"和"现象的所有"，后者以前者为基础，"本体的所有"是一种单纯"法权"上的"所有"，不涉及"时空"的"所有"，于是，在某种意义上，"本体的所有"是"自由"的"所有"。"自由"的"所有"意味着"我"作为"自由者""有权""拥有""一切"；同时也意味着"我""一无所有"。人人作为"自由者"都"有权"对一切作出"我的"这个"判断"，这个"判断"只能是"形式"的、抽象的、空洞的，只有剥夺其他一切"自由者"的"自由权"，"规定"其为"不自由者"，亦即只承认一个人或少数人的"自由权"，这个"我的"作为"判断"才是有内容的、实质性的，"普天之下莫非王土"才是一个"法权判断"，在一个"自由者"的集合体，没有人有权作出这样的判断。

就"自由者"集合体来说，所谓"本体的、自由的所有"由经验的眼光——即"现象的所有"来看，实际上是"悬搁"了一切的"所有权"，犹如在"知识领域"对"本体—事物本身"的"知识"被"悬搁"了一样，"科学""知道""有"一个"本体""在"，但这个"本体"究竟是"什么"，我们一无所知；"自由者"保持着对"一切—全体"的"权力"，但实际上，并不在事实上"占有"任何事物。"自由者""占有"一个"无"。"自由者"总是"从无到有"而又"保持"着这个"无"。

对"自由者""们"来说，世上全是"无主之物"，但是事实上的"占领"并不意味着"法权"上的"所有"，"法权"不承认"占山为王"，"自由者"不"情愿"付"买路钱"。"无主之物""悬搁"了"所有权"，等待着"法权"之"公正"。

在这个意义上，"本体自由之所有权"乃是一个"悬搁权"，和道德的、宗教的"戒律"一样，原始的"律令"，是一个"禁令"。这又像"理论理性—科学知识"一样，对于"本体"是一个"禁区"，实际也是将它"悬搁"起来，"等待"着"实践理性—道德宗教"来"扩展"。

于是，对于"无主之物"，表面上看似乎是在事实上谁最先占有应该就是"谁的—我的"，这当然是为许多历史实事所证实了的，但如果这种占有没有进一步的"法权"上的"承认—允许"，首先是对于"无主之物"在"法权"上的"开禁"而长久停留在单纯经验事实的状态，则这种"占有"并没有长久的"保证"，如果人人都以这种经验的"原始占有"方式对待"无主之物"，就会陷于一种"自由"的"自然状态"，则"纷争"甚至"战争"又都是必然的。

就历史的事实来说，"法权"似乎都是经过"原始的经验占有"确定下来的，就好像一切的"知识"都是"感觉经验（对象）"所提供的，但是按照康德哲学，这些由"感觉经验""组成"的"知识"中，却包含"有"不依赖经验的先天"因素"，没有这一条，"知识"的"普遍必然性"就得不到"保证"，常常陷于感觉材料之"无序"状态，而正因为"经验"中有着"理性""先天"的"建构"作用，"经验知识"才走向"有序"。

"理性"的"理论功能"在"经验知识领域""建构"起来的是"自然律"，而"理性"的"实践功能"在"经验的法权领域"所"规定"的乃是"自由律"。

"自由"是"本体"领域的问题，在康德，避免陷于对于"本体"的"判断"的矛盾（二律背反）是首要的任务，对于黑格尔哲学来说，如何通过矛盾发展达到"对立统一"的"和谐"也是哲学的主要宗旨。

就"知识"眼光来看，"本体"似乎原就是一个"无主之物"，它是绝对"主观"的"思想体"，同时又是绝对的"客观"，没有"主体"能够—有能力—有权力"进入—占领"这个"地域"，只是一般意义上的"有—存在"，就"科学知识"言，是"空洞"的，无"内容"的。

在这个意义上，"本体"亦即"自由"原本也是一个"无主之物"。"我"只"属于""我"自己，不属于任何"他者"，"自由""禁止"一切外来的"伤害"，"本体的所有权"最基本的要求是"行动"不得伤害"自由"，无论是"我的自由"还是"他的自由"。"无主之物"不属于任何人，或者说，同时属于任何人，"属于人人"。对于"无主之物""我"要从单纯事实上"占有"它，实际上也就"伤害—妨碍"他人"占有"它的可能性，因为他人也有权占有它。"所有权"的"悬隔"，也就是"悬隔"起作为"经验条件"的"时空"，按照"法权"的"原则"来"规定—厘定"每个"自由者"的"权限"，是康德"批判哲学精神"在"法权"问题上的贯彻。

在"科学知识"领域里，"经验"有"非经验—先天的""时空形式"和"范畴"的"规定"，但接受"感官"的"刺激"，那些"先天的规定"以"感觉"提供的"材料"为"限"，"感性""限制"着"理性—知性"的运用"范围"，"知识王国"有自己的"领地"，"不得""僭越—越权—超出自己的权限"，"本体—自由"不是"知识王国"的"领地"，"知识""不得"在这个"地域"行使它的"权力"，也就是说，"科学知识""无权"对于这个"地域"作出"判断"，这个"地域"，要由"实践理性"来行使自己的"权力"，而这个"权力"，乃是"自由"的"权力"；然则，康德已经指出，"思辨理性"常常有一种"明知故犯的倾向"，"越权—僭越"是经常发生的事情，也就是说，"知性"的"范畴"和"时空"的形式总是倾向于要"限制""自由"的"理念"，使它成为一个"必然"的"概念"。

"法权"的"本体性所有"常常被理解为—限制为"经验性—现象性所有"，"原始的所有"，常常为"实事的所有"所代替，如同旧形而上学将"本体—自由""降格"为一个"知性概念"的"知识体系"一样为了解决—决断—判断"本体"的哲学问题，"纷争—矛盾"必然出现，在理论上的"武断—独断"就有用武之地，古代"智者学派""退化"为"棒喝主义","先声夺人",以"气势"胜。中国传统哲学中也会找到这种痕迹。

消极的"禁令"是建立积极的健全的"法权"的第一步,既然人人都是"自由者",人人都有"自由权",对于事物的"本体所有权",即无关"时空"条件的"自由意志"的"所有权",首先要"悬搁"起来,因为"无关—超出"具体的"时空"条件并不是"事物"不在"时空"中,而是"我"的"权利"是不以"事物"的"时空"条件为转移的,"我"对"事物"拥有"自由"的"所有权",而"本体—自由"的"我"原也不受"时空"条件的"限制","我"合法的"所有物",并不因为"我"的"迁徙"而丢失。

然而,"本体—自由"在"现实经验"的领域,按照康德批判哲学,只是一个"理念",而没有"建构"起一个"必然王国"的可能性,"理念"对于"感觉经验"没有"建构"的作用,但却有"范导"的作用,在这个意义上,我们或许可以说,"本体性所有权""范导"着"现象性所有权"。

这样,世上尽管全都是按照经验事实"建构"起来的种种"所有权",但并不能"排斥—杜绝""本体性所有权"的"范导"作用,犹如不能完全"拒绝""哲学—形而上学""理念"的"范导"作用一样;也如同"我"的确是"在""时空"的"经验世界",但这个"实事"并不可能"拒绝""我"的"不计""时空条件"的"自由"一样。"我"的"经验"的"存在","服从""经验科学""建构"的"自然律","我"的"道德"的"存在","服从""实践理性""建构"起来的"自由律—道德律",而后者"范导—引导"着前者。

如前所述,"自由律"分两种,一是"内在的""道德—德性",一是"外在的""法权"。"道德—德性"并不问"外在的""行为",而只问"行为"所遵守的"准则",问你的这个"准则"是否具有"普遍性",可以"让—令"人人都遵守;"法权"则不问这个"内在的""准则",只问"行为"的"正当—合法"与否。

这就意味着:"德性"与"法权"所涉及的是两个不同的"原则—原理",而又都建立在同一个"自由"的基础上。就其同一性看,它们都属于"实践理性"的领域;就其所涉"内"与"外"的区别看,我们甚至可以说,有德之人也有犯法的时候,而守法之人,未必有德,因为"法权"的

"理念"并不要求过问"行为"的"准则"。或许，"守法"之人之所以"守法"，只是为了"讨好"上级，为自己的"升迁"更加顺利等等，这样的行为"准则"，如果人人都加以采用，这个世界就成了"小人国"，不是一个有德的集体，但却是一个"循规蹈矩"的群体；反过来说，"法权"也并不问"行为"的"准则"，只要行为"合法"，不问其"动机"的"准则"如何，"判断"只能是"合法"的，在"法权"上不能"问责"于它，更不能作出"罪罚"。

然而，须当注意的，无论"内在"还是"外在"，都是以"自由（者）"为基础的，"小人国"不是"道德王国"，也不是"法制王国"，而是"奴隶"的"社会"。"奴隶"与"主人"的关系，并非"法权"的关系，"奴隶"不在"法权"范围之内，只有在"自由者"之间才有"法权"的关系，这样，"法权"的"理念"又是与"平等"的"理念"不可分的。

四　"自由共存"的"理念"

"道德""动机—准则"由"个别"到"普遍"，"法权"则由"普遍"到"个别"，殊途而同归：看你的"自由"是否具有"普遍性"，即你的"自由"是否基于"理性"，因为"理性"的"自由""放之四海皆准"。在这个意义上，"德性"与"法权"又是统一的，"德性王国"与"法制王国"是同一个"王国"，其区别只在于"视角"的转换之间。

在某种意义上，我们也可以说，"德性王国"是"由（推）己及人"，"法制王国"则是"由（推）人及己"。此话怎讲？

我们说过，"道德—德性"问的是你的"行为""动机"的"准则"是不是能够"普遍""推广"，使得人人得而行之；"法权"的问题则是你对"他人"的"限制—强制"是否也能够推及你自己的身上？我们看到，就"本体性法权"言，应该以此条为试金石。"法权"的一切"限制—强制"都应该包括"立法者"和"执法者"在内。

套用中国传统哲学的话来说，"德性"说的是"己所欲"，"人亦欲"；而"法权"说的是"人不欲"，"己亦不欲"。这样来印证孔子的话，"己所不欲勿施于人"，既不包括你自己在内的"强制—禁令"，也不要加给"别人—他人"。

"法权"是"自由者"之间的"关系","自由者"在"平等"的基础上"限制"着各自的"自由",只有"平等"这个原则,才能谈得到各自的"自愿","自愿"意味着"自由",只有"普遍的限制"对人人的"限制—禁令"才有"自愿"的可能性,有了这个前提,我们才能够说,"法权""判断"是一个"先天综合判断",才能够把"外在"的"人"和"物"以"所有权"的方式"综合"进来使"法权"的"判断"也具有"先天必然性"。

要使"他人"受到"限制",必先"自己"受到"限制",这是一个"平等"原则,也是一个"自由"原则。"平等"原则保证了在"受到限制"的"条件"下,仍然具有"自由意志",这种"限制"可以被理解为出自"我"的"自愿—自由",出自"我"自己的"意志"。

"自由者们—诸自由者"之间"相互限制","限制""我"的"他者"也是一个"平等"的"自由者","自由者"以"自由"——另一个自由者为"限制",为"条件",于是,"诸自由者"形成一个"共同体",这个"共同体"乃是"自由的共在"。

和"自由"的概念一样,"自由的共在—共存"对于经验知识来说只是一个"理念",但这个"理念"通过"规范—调整"这种知识"范导—引导"着我们的生活的世界,以使通过人们的"共同""努力"使这个世界趋向这个"理念"而行进。"法权哲学"的"理念"同样也"引导—范导"着经验的法权状况经过曲折的道路向着这样一种"理想—理念"行进。

在康德所理解的"法权哲学"——"法权的形而上学""指引"下,对于"国家体制"和"法律框架"都有不少具体论述,直接影响到费希特、黑格尔这一条德国古典哲学的思路,值得进一步研究。他们都有专门的"法权哲学"著作出版,也都和各自的哲学体系紧密结合的自己的创建,但也都共同把"法权"问题奠定在"自由"的基础上,围绕"自由—诸自由者间"的问题沿着各自的方向展开。

黑格尔认为"主体自由"间的关系不仅仅是一个抽象的"应该",实际上,康德的"自由"同样也有一条由"抽象"到"具体"的推进的过程,只是他这个"具体"不是"感觉经验"的,而是从"实践理性"上"扩

展"出来的。这种思路，费希特是重视的，黑格尔当然也是作为他的"绝
对哲学"的出发点的，只是在"进入""经验世界"之后，问题就变得纠
缠复杂起来，在"法权哲学"问题上，也有这个问题，对于历史问题，或
许有一些理念的框框"套用（武断）"，而对于现实的问题，又或许过于
"迁就"。马克思早年对于黑格尔的《法哲学原理》有尖锐的批评，也很值
得我们努力学习。

　　（作者附记：这篇文章只是一个习作，因为对于法学的实证材料和理论
知道得太少了。写这篇文章只表示一种对问题的关注，敬请批评指教。）

北京
2011 年 9 月 14 日

黑格尔哲学断想

——围绕着"自由"与"必然"问题

黑格尔哲学以《精神现象学》为"导论",从"意识"入手,先解决"意识"及其"对象(存在)"的关系,将感性自然的"存在(者)""悬搁"起来(胡塞尔),进入"自我意识",按照费希特的"自我""设定""非我"的路线,逐步"扬弃—升级—发展",达到他的"哲学"的"绝对性"。"理性"在自己的"对方""发现—认出—证明"了"自己",是为"精神"的"绝对活动"。在这个思路的基础上,黑格尔"引导"出他的"哲学全书纲要",一个百科全书式的"绝对哲学体系",包括了"逻辑学—逻辑科学"、"自然哲学"和"精神哲学"。

就某种意义来说,黑格尔这条思路是和康德相反的,尽管康德"批判哲学"开启了以黑格尔为大成的"德国古典哲学"的发展方向。就康德的意思说,黑格尔哲学已经不是"批判"——为"理性"不同"职能"划出"界限",而是"理性"如何"超越""自己"为自己"设定"的"界限",使"界限"转化为"理性""自己""发展"的不同"环节",以这种"发展""显现—开显—证明"自己的"自由"。"理性"的"自由"不是由"外在"因素给出"规定性—限制",而是"内在于""理性"自身的诸种"环节"的因素所"规定"。

这样,我们看到,康德以《纯粹理性批判》面对的是一个"经验知识"的"必然"领域,而到《实践理性批判》才着手探讨"自由"的问题,而把这二者"结合"起来的"判断力"却是一个游离于二者之间的很特殊的"反思"的问题,并无自己的"独立"的"领地"。

当然,康德的"哥白尼革命"将"知识"的"必然性"归于"理性—知性"的"纯概念—范畴"这一点意思贯穿于整个德国古典哲学之中,黑格尔也不例外；但是由于康德的"纯概念"只是"形式"的，它的"内容"必须要由"感觉经验"来提供，成为一个"括不出去"而必须接纳进来的"外在—异己"的"材料"，"内容"不是"自己"的，而是"异己"的，因而充其量只能将"二者""结合"起来，而不能"一以贯之"，所以康德哲学被叫做"二元论"。

黑格尔既然在他的"体系导论—精神现象学"中已经以他的方式将"意识"及其"对象"的关系引向"自我意识"以后的发展，就可以在他的"逻辑学—逻辑科学"中，着手研究"概念—判断—推理"。

既然是"逻辑"，"必然性"是不成问题的；但黑格尔既然认为"纯粹概念—范畴"的"内容"本质上不是"外来"的，是"概念—范畴""自己"发展出来的，"概念"就不再是受"外在"因素"制约"的，因而是"自由"的，于是，黑格尔哲学就必须一方面要阐明"概念"何以是"自由"的，同时也要阐明"概念"既是"自由"的，何以会有"必然性"，也就是要解决"自由"与"必然"的"内在一致性—同一性"，而不仅仅是一种不同因素的"结合"。

黑格尔哲学中的"概念"不是一般只具形式的"抽象概念"，不是"抽象"的"必然"，也不是"抽象"的"自由"，并不仅仅是有一个"外在"的"对象"的"存在"与其"对立"着，而是进一步"发现"这个与其"对立"着的"对象"里却原来就"有"它"自己""在"。"理性"的"概念""发现"在"对象"中有它"自己"，是人类"精神"发展的"结果"。"精神"发展到使得"理性""有能力"在"对象"中"确认"自己，就是黑格尔的"绝对"，"绝对精神"，"绝对理性"。在这个意义上，"绝对"不仅是我们以前理解的"无对"，而也可以是"有对"，但要在"自己与自己相对"的意义上来理解这个"有对"。"absolute"在希腊文是"to auto"。这种意义上的"有对—绝对"就是"自由"的本意。"自己"跟"自己""相对"，也就是说，"对象"也就是"自己"，在"对象"中也"保存着""自己"，认识到这层"关系"，不仅认识到和"对象"的"关系"是"相对"的，而且也是"绝对"的，这样，这种"关系"就不仅是"必然"的，而且是"自由"的，是"自己"和"自己"的"自由"的"关系"，于是，"绝对"也就是"自由"。

在这个意义上，在"理性"具有了"精神"—"活力"的"发展阶段"，就黑格尔自己的哲学思路来说，在《精神现象学》经过了"意识"、"自我意识"等诸阶段的历史发展后，黑格尔的"哲学科学全书"的体系则从"逻辑学—逻辑科学"开始，而"逻辑"当以"概念—判断—推理"为核心，黑格尔"哲学科学全书"也以"概念"为核心，或者说，以"概念"为他的"哲学全书"的"出发点"。

如果说，《精神现象学》是黑格尔哲学科学的"现象学"，"精神"还"逗留"在"现象"，则他的"逻辑学—逻辑科学"可能就意味着"精神"开始进入"本体"。也许我们还可以说，《精神现象学》具有更多的"历史性"，《哲学科学全书》则更多"逻辑性"。

重要的是，经历了"历史现象"的"精神"，已经使得"理性"有足够的"能力—力量"在"异己—对象"中"发现—认出""自己"，"认出""自己"与这个"异己"的"对立"的"对象"原来在"本质"上具有"同一性"。

这就是说，"思维—主体"和"存在—客体"在"现象—表象"上是"对立"的，而在"本质—本体"上则是"同一"的，"存在"的"本质"是"概念"，"概念"的"本质"也是"存在"；"思维"与"存在""同一"，而不仅仅像康德那样提出一个"谁围着谁转"的问题。两项不同东西的"关系"，无论"谁围着谁转"，都可以是"决定"的，"必然"的，而"同一性"的"关系"，因其是"一"，故而是"自己"的，"自己""决定""自己"，是"自由"的。

于是在这个意义上，理解"概念"的"自由"或"自由"的"概念"会成为理解黑格尔哲学的关键。

黑格尔哲学中的"概念"不仅是康德意义上的"纯粹概念—范畴"，不仅是"主体—理性"的"自发性"、"先天性"，一些"空洞"的"先天形式"来"整理""感觉经验"的"材料—质料"，这些"知性范畴"仅仅是一种"理性"的"先天""功能—职能—工具"；黑格尔的"概念"同时也是具有"客观—客体"的意义，即"理性""发现"，"概念"原本是"客体—存在"的"本质"，"概念"也是"客观"的。这样，"主体"与"客体"就不是两个"互相限制"的"相异"的东西，而是"同一个"东西的

"相互反映"，"我中有你—你中有我"。"主体—思维"与"客体—存在"的"关系"是"同一"的"关系"，亦即"自由"的"关系"，"绝对"的"关系"。

这种"同一"的"关系"不是一般意义上的"不同事物"的"结合"，所以黑格尔"越过—克服"了康德"先天综合判断何以可能"被理解为"两种不同来源——先天的和经验的"的理解，将"先天性—必然性"的"综合"理解为"自由"、"绝对"的"综合"，这种"综合"也就是本体论意义上的"同一性"（海德格尔后来阐述了这一方面）问题，从而这种"同一"，也不能被理解为"经验上"的"混同"。也就是说，不能简单地说，黑格尔哲学的"思维"和"存在""同一性"也就是日常意义上的"同一个东西"。

通常意义上—经验意义上"自由"只是"偶然"出现的"现象"，这是康德批判哲学给我们的启示，但在"理性"上，"自由"却是"必然"的，这同样也是康德的启示。

在这个意义上，也许我们可以说，"经验"意义上的"自由"是"相对"的，而"理性"意义上的"自由"则是"绝对"的。就黑格尔的"概念"说，它的"自由"也是"绝对"的，亦即不受"外在条件"的"限制"的。

然而，在"绝对"而又"有对"的意义上，黑格尔的"自由"的"概念"和"概念"的"自由"是"自己""设定""自己"的"对立"作为"自己"的"限制"，作为"自己"的"规定性"，因而这种"概念"就不仅是"形式"的，而且是"内容""充实"的，只是这个"内容"并不需要从"概念"的"外面""填充"进来，而是"概念""自己""产生"的，"本质"原本就在"思想"之"内"，"产生"的"对立面—客体—现实"把它"显现—开显"出来，"概念"原就是"本质"，"概念""现实化—外化"把这个"本质"显现"出来"，"概念"就不仅仅是一种"接收器"，从"外面""接受""感觉经验"所提供的"内容"，而是"理性"已经在这些"外在因素"中"认出"了"自己"，"内容"原来是"自己"为"自己""提供"的，由于这个"基础"，"理性"才有权—有能力也有根据把"外在"的"经验世界"作为"合理的"、"有规律"的、"有秩序"的"实存世界"来"把握"。

"理性"的"自由"为"我们"的"世界"的"合理性"、"可知（认识）性"奠定了"基础"，提供了"根据"。在这个意义上，黑格尔才可以说，一切现实的都是合理的，一切合理的都是现实的。这个话，也只有在"本体论"亦即"理性"的意义上，才说得通。亦即，"思维—概念"与"存在—客体"的"同一性"也只有从"理性"上、从"本体论"上来理解，才有意义。

这就是说，"思维—概念"的"能动性"，也是"自由（性）概念"的"能动性"，而不是任何"主观"的"臆想—异想天开"都是"现实的"，都有能力、有根据成为"现实"。

只有"自由（性）的概念"才"必然"成为"现实"。

这就是说，"自由（性）"的"概念"具有"绝对"的"必然性"；所谓"绝对的必然性"是指"自己"的"必然性"，亦即"内在"的"必然性"。

"内在必然性"是针对"外在必然性"说的，亦即，是针对康德哲学的"因果性"说的。

康德肯定了"原因"与"结果"之间"必然关系"的合法性——"因果性"在"理性—知性"中有了根据，具有"先天立法"的权力，从而为"经验科学知识"的"可能性"奠定了基础；然而，由于康德"因果律"只是一个"形式"上的"立法权"，这种"权力"在它的"执行"中是受"经验诸条件"的"限制"的，因而只是"相对"的，"形式"的"必然性"，不能排除"实质"的"偶然性"。

就我们现在的论域说，康德"因果律"在实际上的这种"相对性"乃在于他把"原因"和"结果"分离成"两个事物"，"因果律"是"不同事物"之间的"关系"，"原因""产生"了"另一个""不同于原因"的"结果"。康德哲学向人们"保证"：一个事物"必然"有"另一个事物"为其"原因"，也"必然"有"另一事物"为其"结果"，至于究竟"何物"为"另一物"的"原因"，而这个"何物"又以"何物"为其"结果"，则要"具体问题具体解决"，"大千世界""万物"之间的"关系""错综复杂"，"充满了""偶然性"，"经验事物"之间，并不能完全"归结"为"逻辑"的"推论"的"形式"关系，而只是这种"逻辑—形式关系（必然性）"被运用到现实经验中是"合法允许"的。因而"万物皆有因—有因必有果，有果必有因"作为"经验知识"的"规则"是"合法"的，但只是"形式"的。

在"知识论"中，康德所谓"形式"的是指在"理性—知性"之"内"的，因为在他的"批判哲学"中，"知识"的"内容"是由"外"面的"感觉经验"授予的；而在他的"形而上学"的视阈中，"结果""必然"有一个"外部"的"原因"，就成为一个"学说"，而不仅仅是"批判"；而"形而上学"的"学说"，在康德已不是"经验知识"的领域，不是"知性"的"管辖范围"，而是"理性"的"领地"。

在"因果"、"必然"问题上，康德这种"分分合合"的"复杂""关系"被黑格尔的"绝对"—"自由"的"概念""统一"起来："受制于外部材料"的"概念—逻辑""必然性"必定是"形式的"，"抽象概念"的"必然性"也是"抽象"的，只有"具体"的、"自由"的"概念"其"必然性"才是"绝对"的；反过来说也一样，只有"绝对"的、"必然"的"概念"才是"自由"的。

黑格尔通过对"概念—存在"的"同一性"进而使"必然"与"自由"也得到了"同一性"的理解。黑格尔的"概念"，不是"（可以一一对应的）经验概念"，也不是"（彼岸世界的）单纯抽象概念"，而是他所谓的"思辨概念"。

在黑格尔，"思辨概念"是经过"否定之否定"的"肯定概念"，是"包含—克服—超越"了康德"辩证—矛盾概念—二律背反""否定性""概念"的"肯定性""概念"，是"经历—亲历"了"矛盾—变化—斗争""回到""自己（家园）"的"充满内容"的"概念"，是"概念""自由地""异化—否定""自己"—"转化—外化"为"对象—客体—存在"，而"理性"有在这个"对象—客体"中"认出—发现"了"自己"，把"自己""认领""回到""自己""理性"的"自由家园"的"绝对概念"，"理性"在"精神—活力—能动性""引导"下，"自己认识到自己"，"认识到""自己"是"自由"，是"绝对"，是"理性""认识对象—认识世界"并由此"认识自己"的"路—过程"，是"真理之路"，是"必然之路—必由之路"，也是"自由之路"。

在黑格尔哲学视阈内，所谓"认识世界"，不是"感知—感悟—感觉""世界"，而是"认识""事物"之"本质"，"把握""世界"的"规律"，亦即"事物""变化—发展"的"必然性"。"世界事物—世事""变化—发展"的这种"必然的规律性"和"规律的必然性"是一个"合理"的"过程"，亦即"合逻辑"的"过程"；只是这个"逻辑过程"不仅仅是"形式"的，不仅仅是用"概念—判断—推理"的"形式"来"整理""感觉经验"所提供的"材料"，使之"有序"地"呈现"出来，成为"知识"，而是"认识到"，这些"逻辑形式""原本"就是"有内容"的，因为"事物""原本"就是"有形式"的，"原本"就是"合理"的、"有序"的。所谓"认识"无非就是把"理性"的"合理性—逻辑性"从"外面—外在"的"对象—客体"中"收回—回归"到"理性""自身"来，因为"理性"已经在"对象—客体"中"认出"了"自己"，"发现"了"对象—客体"的"合理性"和"合规律性"，"理性""认识—发现"了"规律"，也就"回到了""自己—自身"，"回到了""自由"。在这个意义上，我们可以说，"必然之路"也就是"自由之路"。

"自由之路"和"必然之路"是"同一条路"。

所以我们说，"认识"了的"必然"，就是"自由"。这个意思并不可以仅仅在"技术"层面上来理解，似乎"掌握了一门技术"运用起来"得心应手"，"熟能生巧"，或者"随心所欲而不逾矩"，就是这种"理性"的"自由"的意义了。

哲学意义上"理性"所谓的"自由"和"必然"是一个意思，"自由"与"必然"具有"同一性"，也就是康德所"分离"了"理论理性"和"实践理性"具有"同一性"。"概念—判断—推理"不仅是"理论"的，而且是"实践"的，于是在"本体论"意义上，"逻辑"与"历史"也是"同一"的，"逻辑"是有"历史内容"的，"历史"也是"有规律"的。

从这个意义来说，"概念"就不仅仅是"逻辑"的，而且也是"历史"的，具有"逻辑"和"历史""同一性"的"概念"，"肯定"这种"同一性"的"概念"，黑格尔叫做"思辨概念"。

黑格尔把自己的哲学也叫做"思辨哲学"，意味着他的"哲学体系"有

"分离"的"对立矛盾—斗争""否定"的"环节""达到""肯定"的"绝对","绝对""扬弃"了"分离—抽象"的"环节",但"包容"了这个"否定"的"环节","提升"了这个"环节"而达到更高的"肯定",所以他把这个"肯定"叫做"否定之否定",因为这个"肯定"并不是"单纯"的"抽象"的"肯定",而是"包容—扬弃"了"否定"的"肯定"。

从这个意思引申出来,"否定之否定"的这个"肯定",同样也具有"否定"的意义,因为她是前一个"否定"的"否定",它"否定"了"前一个""否定"使"自己"成为"肯定"。

"存在""否定"了"概念",而"概念"又"否定"了"存在","否定"了"存在"的"概念","包容—扬弃"了"前此作为否定"的"存在"与"概念""自身","概念""蕴涵"着"存在",是为"思辨(性)概念"。"spekulativ"有"镜像—反映"的意思,"spekulativ Begriff","概念"中"蕴涵—反映"着"存在","存在""已经""在""概念"中(内),"概念"为"绝对—自由"。

"绝对—自由"的"思辨概念",不仅是"理论"的,而且是"实践"的,不仅是"知识",而且是"意志"。

蕴涵着"存在"的"概念"为"目的"。"思辨概念"既然已经"克服"了"抽象概念"的"片面性","理性"在"存在—客体—对象"中"发现—认出"了"自己",于是"具有理性"在"内"的"存在—客体—对象",就是"合理的",同时也是"合目的"的,"合理性"与"合目的性""同一","知识"与"意志""同一","理性—概念""认识到""存在—客体—对象"的"合理性",也就是"认识到"它的"合目的性","客观事物"的"规律性"也就是"合理性"和"合目的性"的"同一",换句话说,也就是"必然"与"自由"的"同一"。

或谓,单纯的"目的"尚未"实现",是一个有待"外化"的"概念","目的"的"现实性""在""未来";然而"合理性"与"合目的性""同一"的"概念"——亦即"合理性"的"目的""必然""有"一个"未来",也就是说,这个"目的"的"现实性—存在"是"必然"的。"时间"作为"感性存在"的"形式"或一个"不断"的"流",在"过时—现时—未来时"自然都具有"偶然性",但作为"时间"的"本质","时间"的"概念","过时"与"未来时"皆"同一"于"现时","时间"的"本质"—"概念"为"永恒",亦即"永恒的现时"。

"永恒"不在"时间"之"外"与"时间"相"对立","永恒"不在"彼岸","永恒"在"时间""内",为"时间""概念"的"内在矛盾—内部的对立面","时间""自身（概念）""蕴涵着""非时间—永恒"。"时间""自己""蕴涵着""自己"的"对立面","时间""自己"为"自由","时间""自由地""设立—产生"着"自己"的"对立面—永恒",也是"必然地""设立—产生""自己"的"对立面—永恒"。不在"彼岸"而就在"时间"中的"永恒",同样也是"时间性"的,故而为"永恒的现时","永恒的现时"为"永恒的现实",亦即"必然的现实","合理的目的""必然地"成为"现实"。"合理的""必是""现实的",反之亦然。

然则,"同一性"并不取消"区别"与"矛盾",只是理性已经有能力"认识到""异己"和"矛盾"既然是"理性""自己"已经"蕴涵"着的,"自己"也就有理由"确信"凭借"理性精神"的"能力"加以克服—超越的。"理性—概念"的"内在矛盾"恰恰不教人"安于现状","现状"不是"绝对",不是"无限",一切"现状"都不"符合""自己"的"本质",都是要"改变"的,所以黑格尔说,一切有限的都是要毁灭的;于是,在这个意义上,不仅"一切现实的都是合理的"可以成立,而且它的"否定"式同样也是可以成立的,即,"一切现实的都是不合理的",于是,那句"一切合理的都是现实的"才有针对性和一种"实践"的力量。在这里,我们又一次看到了康德"二律背反",而"克服—超越"这种"二律背反","迎接"这种"挑战",是黑格尔采取的态度,而不是像康德那样采取一种消极的"避免"的态度,以"理性"自身"职能"的"界限"来"防止""职能"上的"僭越",一次求得"永久和平"。既然是"理性""自己""产生"的"自己"的"对立面",躲是躲不掉的,既然"界限"是"理性""自己""设定"的,"理性"也"有权""超越""界限","理性"的"僭越"是"理性"的"必然",也是"理性"的"自由",于是只有积极地加以"克服—超越",从"否定"走向"否定之否定"，走向"肯定"。"理性"既有"能力—能动性""制造""矛盾"，也就有"能力""克服—超越""矛盾"，"理性"有"信心"从"否定性"的"辩证法"（康德），走向"肯定"的"思辨哲学"，从"批判"走向"学说"。

"理性"之所以有这样一种"信心—确信"，乃是"理性"认识到这是一条"必然"的"道路"，也是"自由"的"道路"，是"符合""理性""自身""本性""道路"。在这条道路上，"理性""满怀信心"地"披荆斩棘"、"勇往直前"；"理性"也"认识到"，这是一条"前进"的"路"，也是一条"回归"的"路"，"向上的路"和"向下的路"是一条路，"向外的路"和"向内的路"也是一条路，之所以是"前进"不是"倒退"，是因为这条路并非"直线"的，也非"线性"的，而是"圆圈"的，或者说是"球面（上）"的"路（线）"。

"必然"的"路"或许是"不归之路"，也许正是"不归之路"，只有同时又是"自由之路"才是"回归之路"。

康德的"知性"执著于把"对立面—对象—客体"看成"两个东西"，虽然确立了"主体"的中心地位，但是"客体"仍然保持着自身独立的"外在性"，"知性"的"合法"工作只限于"保证""经验科学""无限""前进—积累"的当然是非常重要的"权利"，"科学精神"是一种"永不回头"的精神，走的是一条"不归之路"；为了"规范—范导"这种"知性"精神，康德"另外"弘扬一种"道德—实践"的精神，而在"至善"这个"理念"中求得"不同东西"的"协调"，这样，这个"协调"在"现实"中总是"相对"的，而"至善"这个"理念"的"现实性（规定性）"则只能"在""彼岸"。"在""时间的绵延"中"找不到""至善"，就像"在""时间的绵延"中"找不到""自由"一样。

对康德来说"自由"不"在""必然"中，"必然"也不"在""自由"中，它们似乎是"相互外在"的两个"不同"的东西，遵循着"不同"的"原则—原理"，"二律背反"，它们的"协调—结合"充满了"偶然性"，就像在现实世界，"德性—自由性"和"幸福—必然性"的"结合"只是"偶然"的一样。

然而，康德在论述"道德—自由—善"的问题时强调了"善"的"绝对性", 说只有"动机"才是"绝对"的"善", 虽然他的重点在阐明"道德动机"不是"知识"问题, 因而实际上并不"可知"; 然而这个思想在运用到"恶"的源泉问题时, 就导致了"恶""派生"于"善"这个带有"思辨性"的思想。"善""自由地""设定—产生—派生""自己"的"对立面—恶"。

"道德"上的"恶"之根源, 并非"自然", 而是"自由", 这样世上一切"作恶者"才须得负有"不可推卸"的"罪责—责任", 而"自由意志"之"本质"为"善", 也就是说, "自由"这个"概念"原本是"善", "自由—善"为"无限", "恶"为"有限", 一切"有限者"都"隐藏""有""恶"的"一面"; 于是, 在某种意义上, "恶"是"有限"的"善", 是"善"的"定在—具体存在", "善""自己""派生—产生"出"自己"的"对立面—恶", 在这个意义上, "善—恶""同出一源", 同出于"自由", 但是"善"是"绝对"的, 而"恶"是"相对"的。"绝对""派生—产生""相对", "无限""派生—产生""有限", "一生二, 二生三, 三生万物", "一分为二", "二律背反"为"理性""自由"的"必然""矛盾", "矛盾"之所以"不可避免", 乃是因为"矛盾""产自—源于""理性""本身", 而并非"另有一物, 另有一律"与"理性""外在"地"对立着"。这是黑格尔"一元论"的哲学思路。

在这个思路上, 我们看到, 是"绝对""派生—产生"了"相对", 是"无限""派生—产生"了"有限", 由此, 既然是"主体""派生—产生"出"客体", 那么由此可导出一个荒谬的观念: 是"理性（精神）""派生—产生"出"自然"。这个论断显然是"（神）创世"说的哲学翻版。

应该说, 从康德到黑格尔的德国古典哲学都深受基督教思想的影响, 也力图在自己的哲学框架中"化解"宗教所提出的问题, 没有基督教思想, 德国哲学当有另一番面貌。

然而, 德国古典哲学既然已由康德奠定了基础, "神—至善"被"束诸""彼岸""高阁", 要把它请回"现实世界", 也不能"简单从事", 黑格尔的"理性—精神""创世"说并不意味着作为"客体"的"自然"之"质料—材料"都是"被创造"出来的, 而只是意味着"自然"的"概念—本质"是"理性—精神""派生—产生"的, 在这个意义上, 如费希特所说，是"理性—精神—自我""设定"的，"理性—精神""自己""设定—树立""自己"的"对立面"，而并不是探究"感觉材料"这个世界的"自存—自在"问题。

在这个意义上，黑格尔的意思或可理解为"理性—精神""派生—产生—设定"的是"自然"的"概念—本质"，因而使得"自己—理性—精神"有了一个"规定性"，把"自然"看作"有规定"的"理性—精神"的"定在"。"理性"这一番"设定—派生—产生"的"工作—能动性"同时也使"自然"成为一个"合理的""有规律"的"可把握—可知"的"世界"，而无须像康德那样"保留"一个"不可知"的"本质—本体"的"彼岸"世界。

于是，按照黑格尔的思路，我们可以进一步说，既然"绝对"、"无限""派生—产生—设定"了"相对"、"有限"，也就意味着"自由""派生—产生—设定"了"必然"。

康德"设定—悬设""至善"，认为"在""现象界""德性"和"幸福"没有"因果"关系，相互不允许"推论"，而只有在"彼岸"的"本体界"，这种"推论"的"逻辑关系"才能成立；而就黑格尔的思路来看，"德性"和"幸福""同出一源"，"相互蕴涵"，它们之间并非"外在"的"关系"，而是"内在"的"关系"，"幸福"所涉"经验领域"，就"（实践）理性"的视阈，原本是"德性"作为"理性"自己"设定"的一个"对立面"，"理性—德性"为"克服"这个自己设立的"对立面"，使之"回复"到"理性""自身"，于是在道德意义上，"至善"（康德的第一种意义）与"至福"原来是一个意思（康德"至善"的第二种意义），在这个意义上，"至善"和"至福"既是"终点"又是"起点"，是为"原始反终"，"起点"是从"终点""返回来"的，"终点"是"始点"的"反面"，是"始点"自己为自己的"发展—丰富""设立—悬设"的"对立面"。

于是，在这个意义上，我们或可以说，康德的"无限时间绵延"的"至善"这一"理念"已经很接近黑格尔的"绝对精神"。"至善"是"理性""自由""在时间中""开辟"的"必由之路"。"德性"和"幸福"不仅仅是"两个相互外在事物"之间的"因果"关系，它们在"理性"、"本质"上有"同一"的关系，它们"相互内在"，如果作为"两个事物"看，则它们就是一种"相互反映"的"关系"，是"你中有我，我中有你"的"相互""映照"的关系。这是黑格尔对于"世界"的"本质性—本体性"的"视阈"。

在这个"视阈"中，"绝对—相对"、"无限—有限"、"自由—必然"也是"相互映照"的，看起来似乎是"不同"的"领域"却是"相互重叠"的。我们常说，"绝对—无限""在""相对—有限"中，"相对—有限"中"有""绝对—无限"，就黑格尔的哲学体系说，我们似乎也可以说，"相对—有限""在""绝对—无限"中，"无限—绝对"中"有""有限—相对"，引申开来，也可以说，不仅"自由""在""必然"中，"必然"中"有""自由"，而且"必然"也"在""自由"中，"自由"中"有""必然"。于是，"必然"是"自由"的"开显"，是"自由"的"证明—证实"。

"自由"通过"必然""证明—证实""自己"，犹如"本质—概念"通过"现象—存在""证明—证实""自己"，"感觉经验""理性的"必然（规律）世界""证明—证实"了"有"一个"理性"的"自由（道德）世界""在"。"理性"的"信心"由这样的"证明—证实"成为"确信"，于是，关于"理性""自由—绝对—无限"的"学问"，由这种"必然性"、"现实性"的"证明—证实"也成为一门"科学知识"，这门"科学知识"叫做"哲学"。

北京

2012 年 10 月 23 日

"他者"与"自我"

——再读黑格尔《精神现象学》的一些感想

"黑格尔哲学"有自己的"命运",说来颇为坎坷。

黑格尔在世时据说也曾辉煌过,叔本华虽然极尽讽刺挖苦之能事,但未能撼动其地位;不过此后不仅尼采接过叔本华的"大棒",其学派内部也的确按照黑格尔之辩证法发生了"分化",从此一蹶不振,只有马克思这样有大智慧的人,才能公正地评价其哲学的历史地位。

黑格尔哲学还受到来自另一方面的批判。这个学派在英美的影响,激起像 G. E. 莫尔这样实在主义的反击,流风所及,直至后来的实证主义及逻辑分析学派;而欧洲大陆的哲学,后来虽有三个"H"(黑格尔、胡塞尔、海德格尔)之说,但是基尔克特"实存主义"之兴起,尼采之复苏,黑格尔哲学似乎又要成为"死狗",于是海德格尔才要为其作出辩护。

我们这一代的中国学人,从学习马克思主义哲学,上溯其来源,一个时期相当重视批判地研究黑格尔哲学,在从康德到黑格尔的"德国古典哲学①"范围内,按马克思,对黑格尔评价最高,故受到更多的重视;但研究的思路受到相当的限制,在苏联的某些影响下,不免有简单化的毛病。

这样,到了 20 世纪 80 年代初期改革开放,"拨乱反正",对黑格尔哲学的研究和思考,被新一代的学者"搁置"起来,一时间遂有"重康德,还是重黑格尔"之议。

事情又经过 30 多年。这几年我反复来回再读黑格尔的书,思想似乎又回到了"过去",只是不像"过去"那样"简单化"——我深感,过去我

---

① 或谓西方只有"德国唯心论"而无"德国古典哲学"一说,我觉得"德国古典哲学"一词有其合理之内涵,故仍沿用之。

对黑格尔哲学的理解，过于浮浅，而做哲学，最忌一个"浅"字，因为"哲学"原本是"在""深处"的学问。

一　黑格尔哲学对康德哲学的推进

我们并不着眼于区分康德和黑格尔的"优劣"，就评价言，他们犹如伦勃朗与毕加索那样不能以"优劣"来评论的；只是为了理解思想的历史发展线索，我们要看看黑格尔在哪些方面"推进"了康德的思路。

我认为，从康德到黑格尔这条"古典哲学"的发展基础，是奠定在对"人"的"精神世界"、"理性世界"的理解上，也就是"人"已经将自己的"自然"方面暂时地"搁置"起来（用后来胡塞尔的话）以后，来看"人"的"精神世界"，或作为"理性"的"人"，它的"世界"的特点及其"能动性"的问题。这是一个理解的"前提"。在这个"前提"下思考"精神"，思考"理性"，因而它的重点就不仅仅是在"吃饭—穿衣"这些物质的方面；不是说这些方面不重要，而是说，除此之外，也还有一些堪称"重要"的问题，有了另类的重要问题，才可以理解"杀身成仁"这类的精神性、理想性问题，也才会有"奉献"、"牺牲"这类的问题。正如黑格尔在《精神现象学》开头不久说的："在文化的开端，即当人们刚开始争取摆脱实质生活的直接性的时候……"①

这两类问题当然是密切相关的："物质—自然"的问题，必定"上升"为"精神—自由"的问题，而"精神—自由"的问题，也必定会"下降"为"物质—自然"的问题；然则，我们理解"德国古典哲学"或"德国唯心论"，当以"精神—自由"为这个世界的"立足点"与"归依"，它认为，真正的"历史"从这里"开始"，此前则是"人"的"史前"阶段。"人"不是"动物"，"人"的"历史"不是"动物史"；"理性"也不仅仅是"工具"，就对应"自然"挑战的"手段"言，动物在总体上固然相当低级，但在某些方面，甚至比人类还更高明；然则，"动物"没有"德国古典哲学"意义上的"理性"，因为它们没有这层意义上的"自由"。

---

① 黑格尔：《精神现象学》上卷，贺麟、王玖兴译，商务印书馆1962年版，第3页。

　　"理性—精神"之本质在"自由"。"德国古典哲学"的核心问题，在于理解"自由"的发展历史，其中当然涉及这个"自由"与"自然"的关系，在他们的意义上，涉及"自由"与"必然"的关系；然而更重要的，也在于"自由（者）—自我"与"另一个自由者—他者"的关系。德国古典哲学这一理路，是对于"理性启蒙"思潮的发展、深化和成熟。

　　"自由"这个问题固然在奥古斯丁那里已经提到了相当的高度，但是将其引进哲学的深层次，成为一个哲学的核心问题，始于康德。康德将"自由"观念置于他的"批判哲学"的"顶峰"，作为"道德—实践理性"的"根据"和"基础"："理性"在"实践"上原本就有"能动性"，道德行为只有出自"自由"（因），谈论"责任"，才是有"根据"的。

　　康德这个"自由"，被后人批评为形式主义的，因为它与一切感觉材料无关，完全脱离"现实"，因而是"无内容"空洞的。康德在"知识论"里批评那种"空洞无物"的形式主义，但是到了道德—实践领域，却倡导理性的形式主义，引起批评，当是很自然的事情。哲学的工作，当然不仅仅在于指出一种"失误"，而是要在自己的工作中自然地"消除"这个"失误"，康德以后，费希特、谢林正是做了这样一种工作，而黑格尔应是集大成者。

　　为克服康德的形式主义，并不是抛弃"自由"的观念，而是深挖康德对于这个观念尚未见到或不很清楚的方面，即"自由"的"内容"方面，"自由"的"现实"方面。

　　其实，康德并非完全忽略了"自由"的"现实""内容"方面，只是他把这种"充实""自由"的"内容"的"现实性"，推向了遥远的"天国"，认为只有在这个假想的王国里，"自由"才有"充实"的内容，"自由"才是"现实"的。康德实践—道德由"自由"通向"宗教—基督教"。

　　这就是说，在康德意义上的"现象界"，"自由"只与"必然—自然""对立"，就"自由"言，它是"唯一的"，"自由"不允许有任何"界限"。

　　然则，按照康德的"启蒙"观念，没有"界限"的"理性"，乃是"不成熟"的表现，他在"知识论"里所做的工作，就是为了"划定""理性"对于"知识王国"的"职权范围"。

"自由"固然不受任何外在的"限制",但是它仍然可以是"具体"的,有"内容"的,因而有"界限"的;"另一个自由—他者""限制"着"这一个—自我"。"自由"不是"唯一者","自由(者)""之间",也有"关系"。"自由""在""自由(者)"的"关系"中。

有了"关系",才能成"体系—系统",才能成"王国"。

黑格尔的哲学,正是这种"自由(者)"的"体系",是"自由(者)""之间"的"关系",是"自由(者)""之间"的"逻辑""关系"。

于是,这样的"逻辑"就不仅仅是"形式"的,而是"现时"的、有"内容"的,是"自由"的"逻辑"。

康德哲学也以改造传统逻辑为己任。康德甚至认为,传统逻辑之所以自亚里士多德以来直至休谟进步甚少,正在于它止于"形式"而缺少"内容",于是他的知识论讲的是"先天综合",既是"先天",又具有"经验内容",这样,他理解的"知识",才不仅仅是"形式"的,而是含有"经验知识"的"科学"。

然则,康德之"先天综合"也只是止于"经验科学",至于真正的"实践"领域,人生道德实践,社会实践和人类历史发展,只有在可以简约为"经验科学—因果系列"的范围,具有可以推理的必然性。这样,他尽管申言"意志自由"乃属于"理性",甚至是最高的、最纯粹的理性,但是他的"自由"却和"逻辑"无关,而在此意义上,黑格尔的改造传统逻辑的工作,就比康德彻底得多——不仅"自然界"有"逻辑",而且"(由自由者组成的)自由界"也是"合逻辑—有逻辑"的,因而是"合理的—有理性的"。①

这样,黑格尔的工作,就不仅将"自由"问题更加牢固地置于"理性"的范围内,而且还将"逻辑"的"合理"精神,贯穿于整个"哲学"的体系,而避免了康德只限于在"知性"范围内讲"逻辑"的局限性。在这个意义上,黑格尔的《精神现象学》也可以说已经意味着"精神—理性"的

---

① 从这里,似乎也可以看出,为什么叔本华极力诋毁黑格尔,而保持了对康德应有的崇敬;同时也可以理解,叔本华为什么反对将"自由"理解为"第一因",反对"充足根据律"。

"逻辑学",他后来从《精神现象学》到两部《逻辑学》的过渡,也就很自然了。黑格尔《精神现象学》已经蕴涵了他的"逻辑学"的"体系"①。

二 "自由(者)"之"间"的关系:
"自我"与"他者"与"精神"

《精神现象学》有一篇很精彩的"序言",并不是解释何谓"现象学",而是强调"精神"的"历程"何以开展为一个科学发展的过程,亦即,有一个合理的"逻辑"过程,而这个"逻辑推理""过程",与"现实"的"历史""过程",又是"同一"的。这就是说,"精神"的"理性"发展过程,不是"偶然"的,而是一个"可以理解"的"科学历程"。

然后,黑格尔从"意识"开始,陈述(解释)从"感性确定性"开始的这个"精神"历程:经过"外在""知觉","意识"进入"自我意识",然后进入"理性","精神"回到自身,遂有伦理、法权、信仰至启蒙,到"绝对知识",这样一个"圆圈"式的发展过程。

为什么是一个"圆圈"?黑格尔这个"圆圈"引起种种批评,也是理所当然;然则"圆圈"之所以"必要",乃在于"保持""精神""自由"之"身",在"过程"中"保持""自身";而这个"圆圈"之所以未曾"封闭",乃在于在"过程"中,"自由"、"精神"并非"止于""原点","止于原点"并非"圆圈",而只是一个抽象的"点","圆圈"之所以为"圆圈",是在于它"运动""不止",于是此种"圆圈",被正确地理解为"螺旋"式的,或谓只有"螺旋"式的,才是真正的—并无止境的"圆圈"。当"精神—自由"表面上"回到""原点"时,它已经得到"提高—升华",已经"充实"了"自己"。

"精神—自由"在"回到"、"保持""自身"中,得到"内容"。"自由"、"精神"不是形式的、抽象的,"圆圈"也不是形式的、抽象的,而

———————————

① 这种蕴涵关系,我们在后来胡塞尔哲学里,似乎也能发现出来,只是次序颠倒了:胡塞尔的"现象学",蕴涵在他的《逻辑研究》中。

是充实的，有内容的。

黑格尔这层意思，倒并非说"精神—自由"就没有"形式"。

应该说，黑格尔的"自由"仍然保持着康德那种"摆脱一切感觉经验材料"的基本含义，黑格尔的新贡献在于"自由"并不"止于""形式"——"自由"自己"创造"自己的"内容"。此话怎讲？

黑格尔意义上的"自由"，并不完全"消极"地"对待""感觉经验材料"，而是同时也要以一种"积极"的态度将那与"我—自由""坚硬对立"的"自在"的"外在""存在""转换"成"为我"的"内在""存在"。"我"作为"自由者""发现—意识到"，"有"一个"外在"的"存在者"与"我—自由者""对立"。我们不妨理解为，这是"意识—觉醒"的"第一步"。此时，"我—自由者""意识到"有一个"不同于我"的"他者""存在"，这个"存在"是"给予""我"的，是"既定"的，它与"我""对立"；然则，与这个"他者"被发现同时，"我—自由者"也"意识到""有"一个"自我""存在"，这个"自我""可以—有能力""摆脱""感觉材料"之"给予"，它是"自由"的。

在这个意义上，"自我"与"他者"同时"被意识"、"被发现"，"自由"与"自然"同时"存在"。

在这"意识"的"初阶段"，这两种"存在"是"坚硬""对立"着的，而此种"对立"，同样也是一种"关系"——"自由"并不是在真正的意义上与"自然""脱离—摆脱"了"关系"。"自由"虽"摆脱—脱离""自然—感觉经验"，但仍"在""关系"中；只是这时的关系，乃是"抽象"的，"片面"的，所以才叫"僵硬—坚硬"的"对立"，这是一种"外在"性对立关系。这就是说，在这个阶段，不仅"自由—自我"是"形式"的，"自然—感觉"也是"形式"的。

在某种意义上，康德没有彻底克服这种"形式主义"，即使在他的"知识论"里，尽管强调"科学知识"必须具有"感觉经验"之"内容"，但他为"批判哲学"与"经验科学"划有严格界限，前者只为后者的"可能性"作出理论的论证，于是，使"哲学"停止在广大"经验领域"的门外，对康德来说，"哲学""止于""批判"。

　　与此不同，黑格尔在这个基础上，将"哲学"推进广大"经验领域"，从而扩大了"哲学"的"领地"，但又不将"哲学""下降"为"经验科学"，而是将"经验""提升"到"哲学"的层面来思考。

　　"哲学"这种"提升"的"能力"，来自"对立统一"和"对立转化"之"辩证法"，在黑格尔，这种"辩证法"，乃是"精神"的"特性"。

　　何以"需要""精神"？"精神"从哪里出来的？

　　"自由—自我"要"有能力"在"自然—他者"中同样不丧失自己，在"他者"中"保持"住"自己—自我"，在"自然"中能"保持"住"自由"，在黑格尔看来，只有"精神—der Geist"才能"做"到。"精神""有能力"在"对立"中"保持""自身同一"。

　　黑格尔这一伟大思想，揭示了"人"，也唯有"人"，才"有能力"在"自然"中，在"大千世界"中，不"丢失""自己"，不"丧失""自由"。"人"靠什么"有"这种"能力"？靠"精神"。

　　同样的，正是有这种"精神"，"人"才"有能力"将作为"他者"的"自然""吸收"进"意识"，使"意识""提升"为"理性"，于是，"人""有能力""获取""知识"，这样，"自然"才有"条件"成为"知识"的"对象"。一切"知识"，都"贯串"着"精神"，在黑格尔，则都是"精神"在不同方式下和阶段中的"显现"，于是才有"精神现象学"。

　　于是，由于有了"精神"，"自由"进入"自然"，不但不会"丧失""自己"，而且会将"对立面""消解—吸收""回来"，"充实""自己"，此时的"自己—自由—自我"，已"今非昔比"，它是有"内容"的，有"实质—材料"的，这样的"自由"，才是"真实"的、"现实"的。康德意义上的"自由"，因其为"形式"的，也仅是"理想"的，它不"现实"，因而为"非—不存在"，黑格尔的"自由"，才是"真实—现实"的，因而是"存在"的。

　　在这个意义上，"精神"的"力量"，也就是"（使）存在"的"力量"，即"保持""存在"——不使"消亡"的"力量"。

　　当然不是说，强调"辩证法"的黑格尔竟然要否认"事物"之"变化—消亡"，这种"感性具体事物"之"生灭变化"，远古的人就能有很深的体会，不待黑格尔赘述①；黑格尔的贡献还在于揭示"精神"之有"力量"在"幻灭"中"保持""自己"，黑格尔的主要工作恰恰不在于指出"人生如梦"、"幻灭无常"，而在于指出在这种"生灭（轮回）"中，有"永恒—常驻—无限"（之"力量"）"在"焉。

"精神"是一种"保持"的"力量"，也是一种"摧毁"的"力量"。"精神""摧毁""自我—自由"，进入"自然—他者"。"自然"原本"自在"，只是在"精神"之"关联"中，"被意识到"为"他者"，亦即，"精神"之"力"，"使""自我"与"他者""对立"，就"人"原本为"自然"言，"精神""使""自然""一分为二"。

"精神""摧毁"那朦胧的、原始的"天人合一"。

"精神""使""自然"与"自我""对立"——在这个意义上，"精神""创造"了这种"对立"，"精神"的本质在于其"创造性"，"精神"于是也"使""自由"与"创造"结合起来。

然则，"精神"有在"他者"中"保持""自身—自我"，在"自然"中"保持""自由"，"精神"正是这种"使""对立面""同一"的力量。

简单的、直觉的"天人合一"，并不展现"精神"的"力量"，只有通过"对立"之斗争回归为"同一"，才是"精神"的"力量"。既曰"斗争"，就有"过程"，"精神""力量"之展现，也是一个"过程"，由"过程"之漫长，积蓄之"力量"才可言其"大"，"精神"之"力"，也才不是"抽象"的，而是"现实—具体"的，才有"量"可言。

关于"精神"之"力量"，黑格尔在《精神现象学》中有很深入的阐述，在谈到否定物时他说：

> 偶然的事物本身，它离开它自己的周围而与别的东西联结着并且只在它与别的东西关联着时才是现实的事物，——这样的东西之能够获得一个独有的存在和独特的自由，乃表示否定物的一种无比巨大的势力，这是思维。纯粹自我的能力。死亡，如果我们愿意这样称呼那

---

① 过去我（或者还有不少和我同时代的人）理解黑格尔，常常着重在或"止于"他的"变化—发展"思想，现在觉得是片面了。

种非现实的话，它是最可怕的东西，而要保持住死亡了的东西，则需要极大的力量。柔弱无力的美之所以憎恨知性，就因为知性硬要它做它所不能做的事情。**但精神的生活不是害怕死亡而幸免于蹂躏的生活，而是敢于承担死亡并在死亡中得以自存的生活。精神只当它在绝对的支离破碎中能保全其自身时才赢得它的真实性。精神是这样的力量，不是它作为肯定的东西对否定的东西根本不加理睬，犹如我们平常对某种否定的东西只说这是虚无的或虚假的就算了事而随即转身向他不再闻问的那样，相反，精神所以是这种力量，乃是因为它敢于面对面地正视否定的东西并停留在那里。精神在否定的东西那里停留，这就是一种魔力，这种魔力就把否定的东西转化为存在。**①

之所以长篇引证，因为我觉得这一段话很值得多加体会。

"死亡"是纯粹的消极性。就一般事物的"消亡"说，"死亡"乃是从"一事物"向"另一事物"的"转化"，就该事物言，是由"有—存在"到"无—非存在"。"事物"发展，由"生"到"灭"，有"始"有"终"。"事物"之"终结"，往往就是"向另一事物"之"开始"。

然而，"终结"除了此种消极—消亡的意义外，还有一层积极的意义，这层积极的意义体现在"完成"这样一个观念中。人们说，一件事情"完成"了，并不意味着该事物的"消亡"和"终结"，而恰恰是意味着该事物的"开始"。日常语言中"完了"观念的这种消极和积极的双重意义，说明了事物存在与非存在两种形态的辩证方面，而在黑格尔看，"精神"的发扬，使人们有能力加深对事物的对立意义之理解。

一方面，"精神"从其自身"无限"之特性，可以见出一切有限事物必终归于消亡，"精神""透过现象看本质"，透过"存在"看到"非存在"，无论多么辉煌伟大之事物，即使在其"鼎盛"时期，"精神"皆有能力看出其逐渐走向"消亡"之趋势，亦即，看到它的"内在矛盾"，必将使其"自身""分化瓦解"。一切"有限事物"，不可能"永恒"。

---

①　黑格尔：《精神现象学》上卷，贺麟、王玖兴译，商务印书馆 1962 年版，第 21 页。后一段引者改变了字体，以示重点。

　　然则另一方面，"精神"除了这种"否定"力量外，尚有一种"肯定"的力量；过去我只是重视"精神"的这种"摧毁"性的作用，把世间万事万物都看成仅仅是"过渡性"的，任何丰功伟绩，皆会"灰飞烟灭"，到头来，都是"万事空"，而嘲笑那执著于"事功"孜孜于尘世功名富贵的，为"看不开"。且不说一种美其名为"豁达"精神之空洞无物，或尚有一点"酸葡萄"的味道；就其对人类"精神"能力来言，也具有相当的片面性。

　　上引黑格尔那段话，却是很中肯地阐明了"精神"的积极的、对世上种种美好伟大事物之"保护"性意义。

　　"精神""有能力""保持"住事物的"终结"，使"完成"了、"终结"了、"消亡"了的"事物""长存"。"精神"不仅"促使""事物""消亡"，"精神"还"阻遏"事物之"消亡"。

　　"精神"这种"力量"，来自于它不同于一般"理智—知性—知识"的特性，如上文所引。当"知性—知识"告诉我们，"该事物""正""存在"时，"精神"看到其"正""非存在"；同理，当"知性—知识"告诉我们，"该事物""已""非存在"时，"精神"却"有能力—有理由""宣称""该事物""尚""存在"。

　　当然，"精神"并无"能力"—并无"权力"把"活"的说成"死"的，也无"能力"和"权力"把"死"的说成"活"的，"精神"不会"指鹿为马"；"精神"只是在"意义"上注重对立面转化的辩证法，揭示"事物"自身的内在对立矛盾的两面，"精神"这种"能力"和"权力"来自"事物""本身"——"事物本身"之"存在"与"非存在"之"统一"，"精神"因其"不受限制—无限"性——即不受任何"片面性"之"限制"，"限制性"即"片面性"——而"有能力—有权力"揭示"事物"之"全面"之"真实"本质。

　　就个人之存在来说，"生"—"死"乃是个人"生命"之"始"—"终"，任何"物质"的力量不能"阻遏"这个"过程"，"精神"在"物质"上也没有能力阻遏它，"精神"不能在物质实际上阻止"死"的到来——人类的科学技术固然有能力，也有必要"控制"人类自身（以及其他生物甚至非生物）"生"—"死"的"速率"，可以延缓或加速这个"过程"，但绝无能力"避免"这个"过程"；但是"精神"却可以—有能力在

"意义"上"超越"这个"过程"。

这就是说，"精神"不是在实际上阻止这个"过程"，相反的，它实实在在地"承认"这个"过程"，而不是将"生"—"死"作为一个"无内容"的"点"，任其"稍纵即逝"。 "知性"执著于"事物—生命"之"质—点"的理解方式，"生"就是"生"，"死"就是"死"——"存在"就是"存在"，"非存在"就是"非存在"；"精神"之辩证法在于将僵固的知性"质—点"观念，转化为"质—过程"观念，"生"—"死"为"同一"之"过程"，因此，"事物—生命"之"质"原本具有内在矛盾，"同一"之"事物""一分为二"。

在这个意义上，"死"固然为一"质变—突变"，但仍有"（一）生"之"量（变）"之积累，"死"蕴涵着"（一）生"，凡说到"人"之"一生"，往往意味着斯人已然逝去，"一生"为"终生"。

"精神"全面把握"质"和"量"的关系，也全面把握"点—线—面"的关系，使"知性"之僵固的抽象关系"流动"起来，成为具有内在"不可分割"之同一个"过程"，"生—死"不仅在抽象意义上"不可分割"——诸如"没有生哪有死"之类的意思，而且在真正的"实际上""不可分割"，亦即因"生""死""相互包容"才使它们"相互转化"，"生"的"过程"与"死"为"同一"个"过程"，"存在"与"非存在"作为"过程"看，原本是"同一过程"。

"死"作为一个"点"，"稍纵即逝"，但作为一个"过程"，就会跟"生"一样是一个"绵延"，就具有被"持续—保持"之可能性，那个"无限（制）"的"精神"，把那"稍纵即逝"的"抽象"的"点"交付与"知性"，而将这个充满内在矛盾、"存在—非存在"相互纠葛着的"过程"收回到"自身"中来。"精神"勇敢地承认、面对"死"这个"最严重"的"质变""点"，如实地将其"收回"到"过程"中来，使其不会"稍纵即逝"，而得以"绵延"，得以"延续"，得以"保持"。

在这个意义上，一个人虽然"死"了，但他一生之"事业"并未随着"瞬间"作为一个"点"而消失，所谓"死而不亡"当是指此种意思；而通常所谓"精神不死"，并非"死者"真有什么"精神—灵魂"游荡于太空之间，而应是人们之"不死"观念，盖来源于"精神"之辩证法，"精神"于"他者"中"看到—保存""自我",于"死"中,"看到—保存"
"生"。"精神""面对—肯定—直面""死",也正是"面对—肯定—直面"
"生";"保存""死"正是"保存""生"。

黑格尔说,"精神"需要很大的力量保存住"死",因为"精神"所要
"保存"的不是一个"点",而是整个的"过程";"精神"的力量越大,其
"保存"的"过程"就越长,而其持续性也就越远。

"精神"之所以有能力和有必要"保存""死",乃是因为有"他者"
"在"。"自我"已经"终结","他者"尚"在""开始"。

从上述意思来看,"知性"或能"保存"一个"点",譬如某人"生
于""何年何月何日",又"死"于"某年某月某日";如果此人重要一些,
或也能将其一生"事功—事实""载入史册"。然而"知性"之"历史事
实"乃是将该人"一生","简约"—"抽象"成"事功—事实"之间之
"因果必然"联系,从而对其"一生"作"经验科学"之把握。"学习"此
种"历史"之"他人",并非真正之"自由者",他"无权"对于"事实"
之"因果联系"作出"改变"和"选择",此时"他人"亦是"自我",
在种种"条件""限制"下,"事实"只能—必然"如此这般"地"造
成",任何人不得"例外"。这种"经验科学"性的"保存",乃是将"连
续性""切断",将"人世"作"一点""一点"的"累计",以此求它们
之间的"因果—推理"的"关系"。

"精神"对于"生死""一世"之"保存",不是将其作为"必然环
节"的"保存",而是作为"自由绵延"之"保存"。

我们说,唯有"精神"之"保存"为"真正—真实"之"保存",乃
是"意义"之"保存",而非"事实"之"保存"。"既成事实"只能"保
存"于"过去"之"记忆",只有"意义"之"保存",才"贯穿""过
去—现在—未来"——"人生"之"意义",只有通过"(自由)精神"之
"提升—陶冶",才能"穿越""个体"之"死","进入""未来",从而,
这个"死",才"带着"它的"意义",对于"生者—未亡人—他者"起到
现实的"影响"的作用,于是伽达默尔有"有效应历史"之说。

只有一个"自由者"才能真正"理解""另一个自由者";只有"精
神"才能"保留—存留""自由",使"自由者""死"而不"亡",使

"自由者"不至仅仅"简约—抽象"为"一个点"，仅仅为"一个必然"的"环节"。"精神"之"大能"在于"使""自由""存在"，而海德格尔所谓"存在"乃是"使（之）存在"，在黑格尔的意义上，乃是"精神""使""自由""存在"。"精神"不仅"使""生""存在"，而且也同时"使""死""存在"；或者甚至可以说，既然"人固有一死"，则唯有"有能力""使""死""存在"，也才"有能力""使""生""存在"。

"精神""使""自由""存在"，即"精神"有能力揭示、展示"死"的"积极"的"意义"，"死"将"一生"的"完整""意义""保存"下来，亦即将"一生"之"自由"——"一生"之"兴衰—荣辱—矛盾斗争""全面"地"呈现"出来，而这种"意义"的展示，当会"影响""另一个（些）自由者"，与"他们—他者"有一种"活"的"交往"，遂使"死者""虽死犹生"，从而如黑格尔所言，"精神"有"大力量—大能""保持住""死"，不使其"湮灭"。

三　"精神"、"自由概念"与"逻辑"

在黑格尔，"精神现象学"必趋向"精神辩证法"，亦即"精神逻辑"。"现象学"与"逻辑学"统一。

如何理解黑格尔的"逻辑学"是一个艰巨的课题——康德对于"哲学"止于"批判"，而黑格尔却能按照这条道路，通过"精神现象学"走进"逻辑学"的领域，使"逻辑学"有一个彻底的观念上的转变，也使"哲学"作为一门"学科—科学"有了一个自己"安身立命"的地方。

黑格尔之所以能够将传统"逻辑"的"改造"工作向前推进，乃在于他将他的"精神"的意义贯串进通常的"逻辑"形式之中，使之有"另一种"面貌。

我们知道，通常的"逻辑"，乃是"思维"的"规律—规则"，涉及的是一般"符号"之间的"关系"，而逻辑"符号"虽有"变项"、"常项"之分，但并不涉及其"所指"的"存在"与否，也就是说，"逻辑"只是关乎"符号"之间的"形式"关系，而将它们所指"对象"的"存在"关系"悬搁"起来。

不错，康德之改造"形式逻辑"，对于所指之"对象"在他的"先验逻辑"中是被接纳了进来，因而，他的这种"先验逻辑"，也就是"知识论"，而正是在他的"知识论"范围内，康德讨论"存在"问题。"存在"问题必与"经验"有关，这是康德所坚持的，因而他的"先验逻辑"不同于"（传统）形式逻辑"，"逻辑"形式要进入"经验"，才能成为"（科学）知识"，于是，康德将"（传统）逻辑"改造为"知识逻辑"、"经验逻辑"、"（经验）科学逻辑"。所以，康德哲学已经不再单纯涉及"思维"问题，而同时涉及"（经验）存在"问题。

不过，康德哲学以后的发展，显示出这种改造工作尚未彻底：康德固然考虑到"思维"和"存在"两个方面的问题，但他认为，这二者都有各自的"来源"，"知识论"的工作，只是把它们"结合"起来，只有二者的"结合"，才有"先天综合"的出现。在这个意义上，我们看到，康德仍然拘泥于"逻辑"的"形式"性，"逻辑"是"先天的—a priori"，而"综合"是"经验"的，"存在"是"后天"的。对于这二者的"结合"，应该说，康德竭尽了全力，只是他将二者"定位"于"两个来源"，这种"结合"工作，就其哲学意义言，虽不能说"劳而无功"，也总是"事倍功半"的。

这种"思维"与"存在"不同一的二元局面，到了费希特已经打破了。

费希特说，"A 是 A"这个恒等式—重言句，固然不问"A""存在"与否都是有效的；但是，两个"A"因在句子中的"位置"不同，而"意义"也是不同的，前一个"A"在"主位"，为"主语"，后一个在"宾（客）位"，为"宾语"。

"A 是（等于）A"与"A 不是（不等于）非 A"同值，进一层的意思是："非 A"原是"A"的"否定"，它们"同是""A"，只不过一个为"肯定"，另一为"否定"而已。"A"与"非 A"同出一源，而不是两个来源。

这样，我们对于"思维"与"存在"的关系，就可以有一种不同于康德的理解。

"思维"为"主体—我"，而"存在"为"客体"；如果"思维—主体—我"相当于"A"，则"存在—客体—经验存在"就是"非 A"，于是

"我"与"非我"在康德那里"分离"的两个原则，在费希特这里就成了一个原则，它们有同一个来源。在这个意义上，费希特才说"自我""设定""非我"。

我们看到，黑格尔虽然批评费希特"A是（等于）A"这个命题的抽象性，缺乏进一步的发展环节，但是这个"思维存在同一性"思路的基础，当是费希特奠定的。

什么是黑格尔的"进一步"的工作？

黑格尔的辩证法要在"他者"中"保持"住"自我—自己"，并将"他者""收回"到"自我—自己"，这样一个"过程"，这个辩证法，同时也保证了"思维"在"存在"中"保持"住"自己"，并将"存在""收回"到"自己—思维"中来，这样，"思维"就是有"内容"的，而"存在"也就是有"意义"的。也就是说，"思维"有"存在"的"内容"，"存在"也有"思维"的"概念"。

黑格尔哲学强调"概念"，经常在《精神现象学》中批评谢林的"直觉"把握方式是"无概念"的。说"直觉"为"无概念"，不难懂，但是他还说"知性"也是"无概念"的，就费解了，可是他在《精神现象学》"序言"一开始就指出："再者，在这样一种不配被称之为科学的知识堆积里，谈论目的之类普遍性的东西时所采用的方式，通常也就是叙述内容本身如神经、肌肉等等时所使用的那种历史性的无概念的方式，两者（另一种黑格尔前面批评只重结果不重过程的方式——引者）没有什么不同。"①

上引"解剖学"的方式，为什么在黑格尔看来是"无概念"的？难道"经验科学"不运用逻辑"概念"？黑格尔哲学意义上的"概念"与通常逻辑意义上的"概念"有何区别？又怎样去理解这种区别？

我们已经意识到，黑格尔哲学的"概念"必定有不同于通常逻辑"概念"之处。

我们也理解到，普通逻辑里讲的"概念"，是"抽象"的，而黑格尔的"概念"不是"抽象概念"，而是"具体"的，是"具体共相"，这当然不错；只是我们还要进一步追问：如何理解这个"具体共相"？"人、手、足、

① 黑格尔：《精神现象学》上卷，贺麟、王玖兴译，商务印书馆1962年版，第1页。

刀、尺","日、月、山、川"这些"事物"不就是又"具体（有所指）"，又是"共相（抽象）"吗？这些"概念"与经验事物不都有"一一对应"的关系吗？

于是想到，黑格尔哲学意义上的所谓"概念"，必另有所谓。

原来，黑格尔之所以不仅批评"直觉—直观"为"无概念"，同时还批评"知性"为"无概念"，乃在于他之所谓"概念"是与"存在""同一"的，亦即在"他者"中"保持"住"自身"，在"思维"中"保持"住"存在"，在"存在"中"保持"住"思维"的意思。

"概念"是"思维"的事，但它却是"存在"的"本质"。"存在"要"保持"住"自己"的"本质"，必为"概念"；而"概念"要有"内容"，则必为"存在"。"思维"与"存在"之"同一性"，表现为"概念"与"存在"的"同一性"。"概念"为"存在"之"本质"，而如果"本质"乃是最"真实"之"存在"，则就有理由说，唯有"概念"才是最"真实"之"存在"。黑格尔这种道理，至少杜绝了那种以为头脑里一切"幻想"出来的"概念"似乎皆可为"存在"那种误解，关键在于，黑格尔哲学之"概念"有自己的含义，有自己的理解。

"存在"要"守住"自己的"本质"，也就是要"守住"自己的"概念"。

我们已经可以看出，"概念"这种"守护"的"力量"，来自于"精神"，来自于"精神"的"自由"之"力量"——即在"他者"里"保持""自身"。"精神""阻遏""事物"之"分崩离析"，避免陷于"混沌"而保持事物之"界限"，使"事物"成其为"事物"，即保持"事物"之"本质"。"精神"要发挥如此的"力量"，则非"概念"莫属。

"概念""行使""精神"之"自由""权利"，在"非概念—他者"中，"保持"住"自己"，在"大千世界"中不"迷失""自己"，在"瞬息万变"之"流"中"树立""自己"之"标识"，"精神"通过"概念""留住""事物"之"本质"，"留住""事物自身"；"精神"通过"概念""阻遏""事物"之"瓦解"。"精神"通过"概念"使"事物""存在—存留"。

通过这个"精神"的"自由"发展，黑格尔使"概念"与"存在"、使"思维"与"存在"达到了"同一"。在黑格尔的哲学理路中，既然"事物"之"本质"才是真正的、真实的"存在"，则作为"事物本质"的"概念"，就正是那真正—真实的"存在"。

于是，黑格尔由"精神"之辩证法，进入"概念"的辩证法；而这种辩证法，又是真正的、真实的"存在"之辩证法，由此，黑格尔哲学从"现象学"进入"逻辑学"，而它们的基础，又皆为"存在论—本体论"。

"现象学"已经奠定"存在论"之基本意义，现在的问题则是："逻辑学"又如何与"存在论"成为"同一"的学问，亦即："概念"如何在"逻辑"系统中，成为"真实—实在"？

"逻辑"涉及"概念"、"判断"、"推理"，其关键在于"概念"。"改造""（传统）逻辑"的关键，也在于"转变"对于"概念"的理解。

"逻辑"的一个基本形式为"主宾（表）结构"。当这个结构运用于日常经验知识时，它的"主"和"宾（表）"有不同之"所指"，而且由于它们性质不同，在理解上不可、也不必"置换"的，"主语"不等于"宾语—表语"。譬如：

"（这）桌子是圆的。"

"他（这人）是工人。"

"主语"为一"实在"的"个体"事物，而"宾语—表语"则更加宽泛，乃是一个普遍的"概念"。这时作为"宾（表）语"之"概念"，并无"实在性"，对于"主语"这个"自我"来说，为一"他者"，为"非我"。

然而，在黑格尔哲学里，"精神"有力量在"他者"里"保持""自我"，并使"他者""返回""自我"，这个"精神"的原则在"逻辑学"里的贯彻，就使得"逻辑""主—宾""格"的关系有了新的层面，它们那种"对立"的"矛盾"关系会发生"转化"："主宾—主表"的"格位"，可以而且必定"置换"。

这就是说，"桌子""在"非常宽泛的"圆（性）"中"保持"住"自己"，"桌子"仍是"桌子"，不会在"圆（性）"中"消失"；同时，"精神"还能将"圆（性）"这个宽泛的"概念""吸收"回"主位—桌子"中去，使"主位—桌子"也得到规定，成为"圆桌"，这样"相互制约"、"相互转化"的"主—客位"的"运动"，就成为"概念"的辩证法，在这个辩证的"精神"理解中，作为"个体—实在—实体"之"主位"，把那"宽泛的"宾位"吸收回到"自身，也就使得"宾位""概念"得到"主位"那样的"个体—实在—实体"性，而不仅仅是"宾位"之"概念"使得"主位"之"概念"得到"规定"而成为"具体—现实"的，连那更加宽泛的"宾位""概念"（圆、白等属性），也得到"具体—实在"性。

于是，不仅"主位"的"东西—人、手、足、刀、尺，日月山川等"可为"实体"，就连那"宾位—表位"的"属性—偶性—红黄蓝白黑、软硬方圆等"，如"有能力""返回""主位"，则都具有"实体性"。这就是说，有了"精神"，表面"抽象"之"概念"，皆可经过"辩证发展"，转化为"存在"。

并不是说，单单"属性—偶性"就能"存在"，单纯"概念"就已经是"存在"；"概念"之"实在性—存在性"需要"精神—自由"的力量。需要一个"辩证发展""过程"。

后一个例子，"他（这人）是工人"能更加清楚地显示了这一发展过程。

就这个"判断"本身来看，"工人"的"概念"要比"他（这人）"的"概念"宽泛得多，但是按照上述意思，"他（这人）"如能（有能力）在"工人"这个宽泛的"概念"中"保持""自己"，则这个"判断"当然仍然成立，但意义则不相同。哲学理解这个"判断"着重于"自我"与"他者"的"对立和转化"。

"自我—他（这人）""经过"努力，成为"工人"，但"他（这人）"在"工人"中"保持""自己—自我"之"独立人格"，"他"仍是"他自己"；这时，在"他"成为"工人"的同时，"他"又将"工人""吸收"到"他"自身中来，使"他"有了"具体"之"规定性"，丰富、充实了"他"自己，在这个意义上，"工人"的"他"，才是"他"的"本质"，才是真正的、真实的"他自身"。

这样一种辩证的关系，说明了"真正的概念"和"真正的存在"是完全"同一"的，只是这个"真正同一"需要付出"大能量"，不是"一蹴而就"的，设想"他（这人）"如果缺乏"精神"的力量，缺乏独立之人格，则"他"将"随波逐流"，使"自己""湮灭"在更为广泛的"汪洋大海"中，没有了"他自己"。

另一方面，"他（这人）"之所以有"可能"将"自己""保存"于"他者—非自己"中，乃在于这个"他者—非自己"原本是"自己""设定—建立"的。"他（这人）"只有"经过""努力—奋斗"，才能成为"工人"。"工人"不是"天生"的。正因为"工人"是"自己""奋斗"的"结果"，"自己—我"才"有可能"将其"吸收""返回""自己"，而不至于"滞留"于单纯的"结果"中，"转化"为"他者"，"丧失""自己"。这就是说，经过"回到自身"，"自身—自我""保存"的不仅仅是一个"点—结果"，而是一个"过程"，一个"历史"。

于是，在黑格尔哲学意义上的"概念"，又是"历史性"的，因而，"存在性"与"历史性""同一"。

黑格尔在《精神现象学》中几次提到有关"上帝—神"的判断（命题），他说："上帝是存在。在这个命题里，宾词、存在，具有着主词熔化于其中的那种实体性的意义。"[1] 康德说过，"存在"不是宾词，因为它不是事物的"属性—偶性"，"存在"只属于"主词"，"主词"为"实体"，而黑格尔说，"实体"也是"主体（主词）"[2]，这就是说，"上帝"作为"实体性""主词"也必有"宾语"加以"充实"，"上帝"之"存在"，必"在"其"本质"之开显"过程"中。所以黑格尔指出，如果人们只说出"上帝"这个"词"，"只是一个毫无意义的声音，一个空洞的名称。只有宾语说出究竟上帝是什么之后，这个声音或名称才有内容和意义；空虚的开端只在达到这个终点时，才是一个现实的知识"[3]。

"现实的知识"就是"（全）过程"的"知识"，是"终始"的"知识"，是"界限"的"知识"，也是"历史"的"知识"。于是，"存在"为"过程"，为"终始"，为"界限"，为"历史"，而这一切，同样又与"概念"相通，黑格尔意义上的"概念"就是"过程—终始—界限—历史"，而这种"概念"离开"抽象"式、"符号"式意义上的"概念"已经

---

[1]　黑格尔：《精神现象学》上卷，贺麟、王玖兴译，商务印书馆1962年版，第43页。

[2]　同上书，第10页。

[3]　同上书，第14页。

相当远了。

黑格尔的"概念"乃是"现实"的"概念","存在"的"概念"。如果说,"符号—抽象"式的"概念"乃是(达到)"真知识"的"工具"的话,那么,就某种意义言,黑格尔的"辩证"的"概念",就是"真理—真知识—真实""本身",就是"事物本身","事物本质"。黑格尔"概念"的"现实性","保证"了"辩证法—哲学性逻辑"的"真理"性。

这样,与"经验知识"或"实用知识"对比,"哲学知识"或者"哲学逻辑",似乎是"颠倒"了的:不是"概念""符合""对象—他者",而是"对象—他者""符合—返回""概念","他者—对象"的"发展","必然—合乎逻辑"地"符合""辩证""概念"的发展。"现象""必然—合乎逻辑"地"开显""自己"的"本质"。

"事物"之"变化"、"发展"是有"规律"可循的,也是"合乎逻辑"的,人们以"概念"的"界限""判断"事物,以"推理"的"规则""推论"事物,以求事物变化发展之"规律",也以此"划分""真相"与"假相"之"界限"。"概念"给"哲学"以"智慧",以便在纷繁的世事中,"区分"哪些是"表面现象",哪些是"本质",亦即,哪些是"非存在"而徒俱"存在之表象(假象)",哪些则是"真存在",即使它还"尚未存在—非存在"。

在黑格尔哲学,"概念"之"必然性",亦即"历史"之"必然性"。

北京
2005 年 9 月 30 日

论海德格尔如何推进康德之哲学

不论对海德格尔的思想持何种的态度，他可以被列为21世纪最富有创造性的哲学家、思想家大概无多少疑问。

然而，海德格尔又是21世纪最博学的哲学家之一。他倒也不是上知天文，下知地理，通通都搞，但他对哲学史（当然是西方的）诸多方面的阐述，可以和专家比美。尽管古典学家有所褒贬，他对古代希腊哲学的研究，理应得到更多的重视。

有创造性的哲学家，往往容易从自己想好的一套去"理解（有时是曲解）"古人的意思，把自己的意思强加于古人，海德格尔基本上没有这个毛病。

海德格尔对待古人，当然也有自己的眼光，但他研究古人的思想途径，是按照其自身的思路，引导出适当意思来。这样，前人的思想，就可以自然而然地做了自己思想的根据和支柱，而后人也就会觉得，海德格尔的富有创造性的思想原来都是从前人那里"发展"出来的。

我们现在要来讨论的这本书，就能很清楚地表明这种"继承"和"发展"的关系。

海德格尔亲自手订《康德与形而上学问题》出版在《存在与时间》问世两年之后，应该说，是他自己思想已经成熟以后的作品，因而体现了他对康德哲学的不同于新康德主义的独特解释，这是很自然的。我们这里要研究的，不仅仅是海德格尔自己的独特性，譬如，新康德主义（卡西尔等）强调"知识论"，我就来强调"存在论"，你说一个东，我就说一个西。要做出这样表面的"对立"、"不同"，是很容易的，只要有一定的小聪明就够了；我们要研究的是：海德格尔如何从康德本身的思想，推导、体会出另一个天地来，并指出，这种天地之所以没有被彻底明了地开发、开显出来，是因为康德本人虽已接触到（遇到）了它但并未充分阐发出来，所以，就需要后人把康德自己想说而没有说清楚的问题加以进一步地澄清。这也就是说，在海德格尔看来，卡西尔等人，固然做了不少工作，有很多的成绩，但只是把康德已经做得很清楚的工作，继续做下去，增加了工作量而已；问题正在于要从康德已思考到但尚不清楚的地方入手，才能开出新天地，解决新问题。这才是"创造性"的工作。

一

海德格尔这本书的书名，说明了他对康德哲学——特别是《纯粹理性批判》——的取向："形而上学"是康德所要探讨的问题，而我们知道，这个取向，也不是没有争议的。

康德哲学以批判传统形而上学为己任，这是大家公认的，但在批判了传统形而上学之后，康德是否想建立一个自己的形而上学体系，这个问题在研究者中并无定论。

康德的《纯粹理性批判》限制"知识"于"经验"的领域，而批判传统形而上学之"僭越"，即"理性"在"知识"领域"超越"了"经验"的界限，妄图以经验知识的形式把握超越经验以外的"无限"，只能得到一些"理念"，而无经验之"对象"与其相应。

康德在抑制了理性在知识领域的僭妄之后，集中阐述了经验知识如何有确定性、必然性。康德面临着一个艰巨的任务。

因为在康德之前，英国的休谟已经确切地指出，知识如果光靠经验，则无必然性可言。经验自身不能提供"知识"必然性的"根据"。康德既然将"知识"限制于"经验"之内，则"知识"为何又有了必然性、可靠性，就成了问题。"经验知识"的"根据"应在"经验"之外。

于是，康德"知识论"的核心问题就是"先天综合判断如何可能？"

在康德看来，"知识"必定是"综合"的。所谓"综合"，是针对"分析"言。"分析"是逻辑的，而"综合"是"经验"的。我们说一个判断是"分析"的，是指它的前提已经蕴涵了它的后件在内，因而它的后件是从前提（前件）里"分析"出来的；而我们说一个判断是"综合"的，则是指它的后件并不蕴涵在前件之内，因而是"综合"进去的。因而，"分析判断"，只要"依靠""分析"前件，就能得出"后件"，但"综合判断"，必须经过"经验"，才能得到。同时，康德还认为，光靠"分析"，我们得不到"新"的知识，因此，知识之进步和积累，只有通过"经验"的不断"综合"，才有可能。

我们知道，康德这种划分"分析"与"综合"的办法，后来受到了多方面的挑战，不过那是另一种性质的问题；就康德问题本身来看，它也面临着一个尖锐的驳难："分析判断"是必然的，无关经验的，我们可以说它是逻辑的、"先天的（a priori）"；"综合判断"既是经验的、后天的，则何来其必然性、可靠性？也就是说，依靠经验综合的判断如何又具有"先天的"性质？如果我们像休谟那样，只承认"综合判断"的经验性，则我们一切经验科学的成果将失去可靠的依据，其辉煌的大厦将因基础之动摇而倾塌；如果我们要维护科学之尊严，为其合理性、必然性辩护，则必先解决"经验知识—综合判断"如何也具有像"分析判断"一样的必然性、先天性这一问题。于是，康德遂有"先天综合判断如何可能"问题的提出。

正如大家所熟知的，康德肯定了"先天综合判断"的合法性，维护了经验科学知识的可靠性、必然性，这是康德哲学的重要贡献；但如果康德的工作只停留在指出一个趋向，康德也就不成其为康德。康德工作还在于进一步问：此种"先天综合""如何"可能？也就是说，我们承认科学知识可靠性、必然性的"理由"、"根据"何在？换句话说，即，我们有什么"理由"、有什么"根据"说科学知识是可靠的，有什么"理由"和"根据"说"先天综合判断"是可能的？

康德说，这个"理由"和"根据"在"理性"（Vernunft, reason）。"理性"无关乎"经验"，它是独立自主，自由、自律，不受经验之制约的无限。"理性"是感觉材料能成为有规则之科学经验的"根据"。

"理性"的这种"超越（于经验）性"，并非康德之独创；康德的贡献在于指出"理性"在知识里的"立法"权限是"有限"的，它只限于经验领域，超出这个范围，就"非法地"（不合法地）使用了理性的权限，是为"越权"。理性之所以有这种限制，乃在于我们人类的理智是有限的，我们人类是"有限的理智者"而与"无限的理智者——神"不同。

所谓"有限"，是指"受感性的限制"而言。"人"不是一个"纯理智者"，而是兼为"感性的存在者"。人的理性，受感性的制约。人的理智，面对着一个并非其"创造"的感性客观世界，因而我们对这个世界的知识，只是有限的。人的知识，只限于这个可以为我们感觉到的客观世界，超出这个世界之外，我们一无所知。在知识范围内，理性只能为可感世界（自然界）"立法"，超出这个世界，理性并无"立法权"。

在康德看来，理性为感性所制定之"法（则）"，固受感性之限制，却不来源于"感觉材料"。这些"法"，本身是超越于感觉材料的，因而它们只是"形式"的。经验的感觉材料，要进入科学知识领域，必须遵守理性为其制定的"法则"，符合理性为其设定的"形式"；因为，这些感觉材料之所以能结构成科学知识之体系，成为必然的、可靠的，其"根据"、"理由"全在理性之法则和形式。因为这些形式和法则虽为感觉材料而设，但却不是来源于这些材料，而是来源于理性自身，这样才能保证由这些材料组成的体系具有必然的可靠性。

什么是理性为知识制定的形式和法则？它们就是大家所熟知的"感性直观的先天形式（时间和空间）"及"悟性的先天诸范畴"。正是这些理性的形式，使我们能够有科学的知识，而不至于像动物那样，完全限于感觉的本能，或在感觉范围内的经验积累；同时，也正是有这样一些理性的形式，感觉材料才能够成为我们经验知识的"对象"，而不至于只是我们生存的单纯手段。所以康德有一句不好懂的话："经验可能的条件同时也是经验对象可能的条件。"这就是说，有了理性的这些条件（形式、法则），感觉材料才能进入我们的知识，成为我们知识的"对象"。

二

上面的介绍，侧重在说明康德为科学知识寻求"基础"、"根据"，他认为，这个"基础"和"根据"在"理性"对"感觉材料"的"立法"作用。这里，事情的另一面在于：这些理性的形式原是为感性世界设定的，对于超越感性的世界并不适用。传统形而上学的"对象"是超越的（transcendent），如果硬要将这些形式强加于这个领域，则必定会产生"二律背反",故传统形而上学作为知识体系（科学），必然解体。

这就是说，在康德看来，超越"经验"以外的知识体系—"超越的知识论"是不可能的，因而，作为这种知识体系的传统形而上学也是不可能的。

传统的形而上学——将超越经验范围的问题当作经验以内的问题来处理，固是理性的"越权"行为，那么，对于那些超越于经验范围之外的问题—对象，我们究竟有没有"知识"，我们究竟如何"理解"那些超越性的对象，这些同样是康德所不可回避的问题。

所谓"超越"的"对象"，是指那些不能提供感觉材料的"对象"，这些"对象"，按康德的意思，正因其不提供感觉信息而不可能形成经验知识，于是，在这里，我们作为有限的理智者能不能有一种不同于传统形而上学的"知识"—Wissenschaft，science，而非 Erkenntnis，knowledge，就仍是一个问题。

海德格尔正是从这个缺口入手，开显出另一个境界来。

海德格尔说，你康德提出"先天综合判断如何可能"？要为经验知识找出"根据"，这很好；不仅很好，而且的确很重要，因为经验的知识的确需要一个超越的"根据"，否则，就会成为无源之水，无本之木。康德也指出，这个"源"、这个"本"不能到感觉经验里去找，因为感觉经验里找不到可靠的基石。然而，康德到无限的自由理性里去找这块基石，虽有价值，但仍未找对地方。因为按康德说，"理性"只是一种形式的"立法"作用，它是"思想"的，不是"实在"的；而寻找"基石"、"基础"、"根据"的问题是问：这"基石"、"基础"、"根据"，这"源"和"本"，"在"哪里？而按康德所指出的"根据"（先天条件），在"理性"里，在"思想"里，归根到底，都不"在"；而所谓"根据"、"基础"（Ground）虽然眼前未提供信息出来，因而可以说它"不在场"、"未显现"，但它却是实实在在地"在"那儿。至于那原则上永不提供信息的"本体"、"思想体（noumenon）"的确"不（非）（存）在"，而这种"思想体"，不能胜任地担当经验知识的"基石"、"基础"的任务，因为如何从"思想"过渡到"实在"始终是一个难题。诚如康德所揭示的，传统形而上学在这一点上，有着明显的失误；然而，我们看到，将我们关于感觉经验世界的科学知识之基础奠定在"思想—理性"形式之上，同样未能克服思想与实在的二元的分立，所以康德的哲学仍未完全脱离传统形而上学的窠臼。想要摆脱形而上学却又陷入形而上学，这正是康德哲学的症结所在。康德并非对此种困难毫无觉察，所以，尽管康德的"批判哲学"犀利如刀，而他的心态却常处于矛盾、犹疑之中。这就是我们熟悉的他遗留的几个问题：我们能知道什么，我们该做什么，我们可以希望什么，最后归于"人是什么"这样一个根本的问题。

三

在海德格尔看来，康德所谓"知识论"只限于关于"（诸）存在者"（Seiende, being）的知识，而对于作为这个"诸存在者""基础"的东西，康德说是"不可知"的。在这个意义上，康德只承认"知识论"（epistemology），不承认"存在论"（ontology），而海德格尔认为，康德所追问的"先天综合判断何以可能"的"根据"，恰恰在"存在论"。从这个意义上说，海德格尔正是由康德本人提出的问题，即正是由康德强调的"知识论"引导出"存在论"来。

何谓"存在论"？所谓"存在论"就是对"存在"有所"论"，就是关于"存在"的"知识"，是关于"存在"的"逻各斯"（Logos）。康德否认有这种知识，当然并非由于康德无知或偏执，而是因为关于"存在"的观念被传统形而上学歪曲了。从传统形而上学的立场来看，"存在"是诸存在者所共有的一种最普遍的"属性"，因而可以像其他经验属性一样，用时间、空间以及范畴来加以规范，加以"把握"。康德揭示了此种"形而上学知识体系"之虚妄，避免了人们在这条道路上做无谓的工作，可谓功莫大矣。

海德格尔强调"存在论"作为"知识论"的"基础"，并不是要人走传统形而上学的老路，因为这条路已经被康德有根有据地断定为"此路不通"，对此任何人不能忽略不计。海德格尔是要揭示，"存在"这个问题，并未因为旧形而上学的曲解而就可以不予追问。从某种意义来说，因为"存在论"被曲解而放弃追问，从而将哲学龟缩在"（经验）知识论"的范围内，只是一种回避问题的权宜之计，就学术之彻底性（Grundlichkeit）来看，并不足为法。

　　哲学不能"止于"经验（知识），这是康德非常清楚的事，所以他要致力于替知识寻求一个坚实的基础。可惜，他探讨的结果，指出这个基础归根到底却只是一些"形式"，而这些"形式"如何与"内容（感性材料）"相结合，又成了问题。

　　海德格尔说，就形而上学理解的"存在"，不仅是一个最抽象的"概念"，而且是自相矛盾的概念。"存在"为"思想体（本体）"，实际上为"不（非）存在"。旧形而上学是一个自身必然解体的矛盾的东西；在破除了旧形而上学对"存在"的曲解后，对于"存在"的知识，则正是那一切对于"存在者"知识—经验知识的真正"基石"、"基础"。于是，"知识论"的"基础"为"存在论"。这是海德格尔的学说，同时也是康德在追寻"知识论"基础时想做而没有做好的工作。

四

　　这样，海德格尔的学说就和康德的哲学直接联系了起来。一方面，从海德格尔的角度，康德的思路，或者说，在康德那里尚不十分通畅的思路，得到了疏通；另一方面，海德格尔自己的思想，就得到了康德哲学的支持，似乎康德在《纯粹理性批判》里所做的工作，竟是为海德格尔作铺垫的："知识论"必以"存在论"为基础。

　　所谓"论"，就是广义的"知识"。"知识论"就是关于"知识"的"知识"；"存在论"就是关于"存在"的"知识"。

　　关于"知识"的"知识"，不从前面那个"知识"产生，理应"早于"那种"知识"，这就是说，"关于知识的知识"是"超越""（经验）知识"的，是"纯（非经验）知识"。这个"纯粹性"是康德哲学中非常关键的意思，"纯粹性"的强调，说明康德不满足于在"经验知识"里寻求"知识"的可靠根据，所以他把自己的哲学叫做"先验哲学（transcendental philosophy）"。海德格尔说，康德所谓的"先验哲学"其实就是"存在论"（ontology），只是康德认为"存在论"这个名称过于"狂妄"，因为作为"有限理智者"的"人"，不可能具有"存在"的"知识"——在海德格尔看来，这是康德将"知识"只限于"经验"范围的结果。

　　"人"作为"有限理智者"，当然不可能拥有关于"（一般）存在"的经验知识，因而不同于、超越于"诸存在者"的"存在（一般）"，就经验科学来说，是"不可知"的。"存在"不可能成为经验科学的"对象"。然而，既然康德要替经验科学找出一个"纯粹的根基"——即不依靠经验的根基，则康德为寻求这个根基所作的一切努力，在海德格尔看来，是足以揭示我们"有限理智者"正是以关于"存在"的"纯粹知识"作为一切"经验知识"的基础的。

　　这就是说，康德关于"时间"、"空间"和"悟性范畴"所说的一切，正是在说那个作为经验知识"纯粹条件"的"存在"。

　　康德不是说"时间"、"空间"是经验知识的"先天（纯粹）直观条件"吗？很好。但这个"纯粹直观条件"并非"理性"的"先天直观形式"，而恰恰是那作为"诸存在者""根基"的"存在"的"方式"。

　　我们知道，海德格尔对康德的时空观给予了很高的评价。在通常的哲学史的理解，康德的时空观受牛顿"绝对时空"观念影响很深，这是因为康德强调时空的形式性，"时间"和"空间"好像一个绝对的"框框"那样，"包容"万物。这种理解，当然也有一定的历史根据，但确非康德的原意。于是又有人侧重康德时空的"主观（体）性"，将它与爱因斯坦的相对论联系起来，说明它不同于牛顿的绝对时空观。这些都有一定的道理，但都未能像海德格尔那样抓住康德的问题核心。

　　康德的意思是要指出：一切感性的直观之所以可能，是因为它有一个"先天（纯粹）"的"条件"——时间和空间。将"时间"和"空间"与具体的经验知识"脱离"开来，"超越"出来，从而"时间"、"空间"本身不是经验的，而是"超验的"、"先验的"，这才是康德已经说出但并未说清楚的意思，而正是这个意思，才显得康德的思想如此地不同寻常而值得我们加倍地注意。

　　通常人们都把"时间"、"空间"理解为经验的"诸存在者"的存在方式，它们或者被理解为经验运动的过程（如"生命之流"），或者被理解为"计算""时间"、"地点"的"工具"，于是就和"数（学）"合为一体。"时间"和"空间"或是经验性的，或是工具性、形式性的。然而这两种理解方式之间的矛盾，从古代芝诺悖论就已经有了清楚的揭示：连续性的经验过程，如何用断裂的工具来把握，就成了问题。显然，康德避免让时间、空间进入经验的范围，使时间、空间成为"超越的"、"先验的"、"纯粹的"，但他却将"超越的"、"先验的"、"纯粹的"归结为"形式的"，因而是"工具的"——一种"超越"、"先验"、"纯粹"的"工具"。于是，就好像我们要"玩""知识"这个"游戏（game）"就必须在"游戏"（取得知识）之前，先要一些必要的"规则"一样，"时空"和"范畴"就是那样一些"规则"；这种"博弈论"结论显然不是康德乐意接受的，因为康德的"知识论"并非"游戏论"，他的"知识论"仍是"真理论"，这是不能动摇的。

然而，康德心目中将"纯粹性"限于"形式性"，则是他将"形式"与"质料"、"思想"与"实在"分割开来的结果。在康德看来，"不入于此，则入于彼"，不是"质料"，就是"形式"，于是时间、空间则一定归于"形式"无疑。其实，不是"质料"的东西，未必一定是"形式"的、"工具"的。时间、空间的超越性不是工具的、形式的抽象性，而是"实质性的（substantial）"，时间、空间的纯粹性、超越性在于它们的"存在性（in the ontological sense）"。

于是，我们看到，从康德的知识论，我们竟能顺理成章地将时间、空间引入"存在论"—"本体论"—"形而上学"的领域，而时空进入此种领域之后，则"形而上学"已非昔日之"形而上学"，"本体论（存在论）"也已今非昔比。因为，如我们所熟知的，在过去的这类学问中，所谓"形而上者"、"本体"都是"超（无）时空"的，所以只是"思想体—只能思想的对象（问题、主题，subject, noumenon）"，而时间、空间进入之后，"思想体"就成为了"实在体"，就成为了"存在（on Sein Being）"。

这样，我们看到，康德的"时空"观对海德格尔竟有很大的帮助作用，海德格尔的核心概念——"存在（Sein）"由此而得到了坚实的支持，而我们后人也可按海德格尔自己的指引，循康德的思路，更清楚地把握海德格尔"存在"的意义所在。

五

"诸存在者"当然是"有时间（空间）"的，但它们之所以会"有时间"，是因为那作为"诸存在者"之"基础"的"存在"是"有时间"的，而不像旧形而上学所理解的那样是"无（非、超）时间"的。"无时间"的旧"形而上学"的"存在"为一个"抽象""概念"，而拥有"时间"的"存在"，则是实实在在的东西；"时间性"的"存在"，本身就是"超越"，它是"在"一切"经验科学"之前就有的"纯粹"的东西，是胡塞尔现象学所说的经过"悬搁"以后的"现象学的剩余者"。

我们似乎可以这样说，康德的"批判哲学"和胡塞尔的"现象学"，都是要将"经验"的东西"括出去"，以求"纯粹"的东西。不过在这个道路上，胡塞尔比康德走得更远。康德以为只要将"感觉材料"（sense-data）"括出去"就可以得到"纯粹"的东西，而其实他得到的只是"形式"的东西，严格讲，竟"不是东西"——"不（非）存在"；胡塞尔则将"感觉材料"连同其"形式"一起"括"了出去，亦即，将康德苦心经营的"（自然）科学"大厦通统"括"了出去，"剩下"的，才是"纯粹"的东西。

我们看到，在将"经验知识"从内容到形式彻底"悬搁"起来这方面，海德格尔和胡塞尔是一致的，在这个意义上，我们也可以说，海德格尔的工作得益于他老师的现象学；只是在彻底地"括出""经验—自然的知识"之后，对于"现象学的剩余者"他们师徒二人有着不同的理解。胡塞尔说，剩下的是"理念（Idee）"，海德格尔说，剩下的是"存在（Sein）"。

"Sein"和"Idee"当然不仅仅是名词上的区别。"理念"原是康德在否定意义上使用的一个概念。"理念"因其缺少相应的"直观对象"，而不能进入"经验知识"的领域。因此，"理念"可以看作"理性"在"知识"领域做事"越权"的"标识"，它的出现，为"理性"亮起了"红灯"。康德所理解的这种"抽象"的"理念"，已受到黑格尔的严厉的批评。黑格尔已经指出，康德所理解的"理念"之所以是"抽象"的，乃是它将"无限"、"大全"等想象为"至大无外"这类"恶的无限"，殊不知所谓"无限"恰恰是在"有限"之中，因而，"理念"在黑格尔那里是为"具体共相"，而非"抽象概念"。于是，"理念"并不像"抽象概念"那样彻底对立于"直观"，"理念"是"直观的理智"和"理智的直观"。这样，作为"理性的感性显现"的"艺术"，才会成为他的"绝对精神"的一个环节。

　　我们看到，在黑格尔那里，"直观（觉）"就已经不仅仅限于"感觉材料"的领域，而成为"超越的""精神"、"理念"世界的一个部分。

　　其实，"直观（觉）"有自己的"纯粹性"而不依靠于"感觉材料"这个问题康德也已经提出来了，他指出"时间"和"空间"作为"感觉经验"的"先天条件"已经包含了这层意思在内。

　　"时空"不是靠逻辑"推理"得来的，"时空"为直接的观念——直观（觉）；然而，"时空"又不是"感觉材料"提供的，而是那些"感觉材料"之所以能够成为我们知识"对象"从而进入我们的经验知识的必要条件。这就是说，"时空"乃是"经验知识"的"先验的""基础"。"时空"应该在"先验"、"超越"的领域内，而并不在"感觉材料"的领域内，而"时空"又是"直观"的，因而，"直观"同样也可以进入"超越"、"纯粹"的领域，这一点，在康德原本也是很清楚的。不过康德在讨论时空之先验性时，强调的是它们的"形式性"，因而认为虽然时空为一切经验知识的基础，而时空本身是"不可知"的。这或许就是日后新康德主义者常要将时空也当作"范畴（概念）"来理解的原因，好像时空一沾上"直观（觉）"，就会被"感觉材料""污染"了似的。

　　就康德的意思来看，"时空"是感性直观的"条件"，但这个"条件"本身却不在"感觉材料"之中，所以康德说它们是"先天"的、"纯粹"的，并指出，它们虽然是经验知识的"条件"，但它们本身却是"不可知"的。所以，在康德看来，"时空"既是"直观"的，又是"纯粹"的。"时空"为"纯粹直观——纯粹直觉"。

　　由康德的意思引申出来，我们可以说，在"纯粹"、"超越"、"先验"、"形而上"的层面，同样有"直观——直觉"，而不仅仅是"范畴——概念"。应该说，这是很重要的一层意思，康德揭示出来了，但他自己似乎还没有着重发挥，没有把这个意思贯彻下去，不过其创始之功不可没，这也是海德格尔充分肯定了的。

　　"时空"为"纯粹直觉"意味着什么？首先这个意思是说，在"纯粹的"、"形而上"的层次里，"理念"（Idee）不是"抽象概念"，而是"具体共相"，"理念"是"具体的"。这个意思，在康德已经觉察到，而到黑格尔则大加发挥并加以坚持了，只是康德在否定的意义上来理解"理念"，而黑格尔则在肯定的意义上大加发展，形成了一个庞大的"思辨—超越"的哲学体系。

我们在这里想指出的是：海德格尔从康德的"时空观"——"先验直观的时空观"出发，更进一步使"时空"不停留于"理念"，而是由此开发出不同于"诸存在者"的"存在"来。

在传统的形而上学里，"存在"的"超越性"自不成问题，它不是日月山川、人手足刀尺，而是这些"存在者"总体共有的属性——"存在"。然而，在传统的形而上学看来，既然"诸存在者"的"存在"是"纯粹的"、"先验的"，它就是"无（非）时空的"，所谓"超越"，就是"超越时空"。这个传统看法的问题，正如批评者所指出的，其目的是要论证"存在"，却走向了自己的反面，走向了"不（非）存在"，因为"存在"是和"时空"不可分的。

康德既将"时空"从感觉材料中"剥离"出来，成为这些感觉材料之所以成为经验知识对象的"条件"，则意味着：有一个"超感觉（材料）"、"超经验（先验）"的"时空""（存）在"。于是，"超越性"，虽然仍意味着"超经验性"、"超感觉材料性"，但却并不意味着"超时空性"。这样，我们也就有一个真正的、本源的、而又"时空"的"存在"实实在在地"在"那儿。我们看到，康德的"纯粹时空"观，保证了一个"纯粹存在"的"真实性"。这个"存在"，是"超越"的，又是"时空"的；或者更进一步可以说，因为它是"纯时空性"的，它才是"超越性"的。

正因为有了康德的"纯时空"观，海德格尔才能够顺利地把"时间"和"时间"之所以成为"时间"的"时间性（Zeitlichkeit）"严格区别开来。后者是经验时间之"本"，之"源"。

所谓"本"，所谓"源"，乃是对其"产物"而言，指的是有物"从它那里生成"，因而具有"创造性"。"本源"之"时间性"，说的是感觉经验世界中的"时间"是由它产生的，因而"纯粹时间"乃是"经验时间"的"条件"。这就是说，"纯粹存在"乃是"经验的诸存在者"的"条件"，"存在（Sein）""先于""（诸）存在者（Seiende）"，"存在论（Ontologie）""先于""知识论（Epistemologie）"，这岂不正是海德格尔要说的意思?

六

　　这样, 我们从康德对时间、空间作为感性直观的"纯粹条件", 进入了一个完全不同于旧形而上学理解的"存在"领域。这个"存在", 不仅不在虚无缥缈之中, 不在"思想"之中, 而且是"诸存在者"之所以成其为"诸存在者"的"真实条件"——是它们的"基础"、"根基"。

　　"存在"是"诸存在者"的"基础", 这个意思如何进一步理解? 从康德的思路来说, 这就意味着: 杂乱的"感觉材料"之所以能够进入我们的"知识", 之所以能够成为"知识的对象", 即"感觉材料"之所以能够成为"诸存在者"——sense—data 之所以能够成为 beings, 乃是有这个"存在"作为"根基"。这就是说, 没有这个"存在"做基础, 对于那些"感觉材料", 我们竟是"视而不见"、"听而不闻"; 那些感觉材料能够成为我们的"听闻"(知识), "基于"我们的"存在"——所谓"我们的存在"即是"人的存在", 在海德格尔, 即是"Dasein"。

　　于是, 从海德格尔的"存在论(Ontologie)"的观点看, "人"和"物"都大为改观。

　　"人"不再被仅仅理解为"能思想、有理智、会说话的动物", 甚至不是"有限的理智者", 而是"Dasein"。"Dasein"属于"Sein", 因此它是"超越"的, 但又是"时间"的, 我们说过, 它可以被理解为"Sein"的"现在时"——它是"Sein"的"在世"形态。

　　"Dasein"是海德格尔对康德所提"什么是人"这个问题的回答, 这个回答和新康德主义者的回答的重大区别, 是一目了然的。海德格尔在《存在与时间》这本奠基之作中所做的工作, 正是从"人"作为"Dasein"入手阐明"Sein"之开显的。"Dasein"之时限性、有死性在这本书里有深刻的分析。从两年后这本《康德与形而上学问题》以及他和卡西尔的辩论来看, 我们似乎有理由说, 海德格尔《存在与时间》着重对"Dasein"的分析相当一部分是针对新康德主义的, 而这种针对性, 当然也包括了康德本人在内: "人"不仅仅是"文化"、"思想"的"载体", "(哲学)人类学"

是"经验科学",对于"什么是人"的问题回答到"思想"、"文化"的层次,尚未触及"哲学—形而上学"之"根基"。

同时,我们也看到,后来海德格尔还随着他的研究重心"转移"到直接面对"Sein",相应地其分析重点也由"人"转移至"物(Ding)"。

我们在别的文章中研究过海德格尔如何"追问""(事)物",说明"自身(自己)"与"自由"、"时间"的关系,从而看出"事物自己"和海德格尔"存在论"意义下的"存在"的联系。这里我们可以进一步加以说明的是:海德格尔的"存在",也是康德想说而没有完全说清楚的"物自身—自在之物(Ding an sich)"。

我们知道,康德的"物自身"有多种的意义。一般的说,它被理解为"超越"于"现象"的"本体",在这个意义上,它是"思想体—思想"的对象(noumennon),在"感性世界"是没有的,因而它"不(非)存在";但按康德的意思,它又是"感觉"的"源泉",所以,这个"物自身"就好像"上帝的一击"那样,给予"感觉""刺激"(敲击)之后,立即"隐匿"起来,成为"不可知"。

其实,所谓"物自身"并不像"感觉材料(sense—data)"那样提供感官(sense organ)的"信息","物自身"不是"感觉材料",也不在"感觉材料"之中。"物自身"不提供"感觉材料",因此才不为"经验科学"所"知"。

如果按康德的意思,"物自身"本与"感性"有原则之区别。"物自身"为"本质",为"本身",而非"表象"(appearance)。"物自身"不"显现"。因其在"现实"之感性世界"不显现"而不能成为感性"对象";然则不能成为"感性对象"的未必不是"直观"。"物自身"作为"纯粹"之"存在"来理解,不仅可以"直观",而且是一切经验直观(直觉)的"条件"和"基础"。因此,这样的"存在"(物自身),不但可知,而且对于它的"知识"——"存在论(Ontologie)",是一切经验知识的"前提"、"根基"。

从这里,"物"—"物自身"、"物自己"、"自在之物"既具有"时间性"而有一种"纯知觉",则成为Ontologie—存在论所"论"之"对象"(Objekt),或"主题"(Subjekt)。在这个意义上,即在"存在论意义上"(ontologically),"物"才是"真(实之)物",而并非"感觉材料"向我们

"感官"提供的"表象"。

从这个意义，我们正应该说，"真（实）之物""决定""表象之物"，或"物之真理（真实）""决定""物之表象（现象）"。而这个"决定"，也就不限于"知识论"上的"反映"，而具有"存在论"的意义。

什么叫"存在论"上的"决定"？"存在论"意义上的"决定"，说的也是"存在论""决定""知识论"，即"存在""决定""知识"。这就是说："存在"为"诸存在者""提供""地平线"—"视野"—"视线"—Horizon。

"存在"既为"时间性"的，则有自己的"运行"，"存在"的"运行""决定（规定）"了人作为Dasein所能（可能）达到的"知识"程度，这就是所谓"知识可能的条件"。只有"存在"运行到一定的"时候"（到时zeitigen），自然客观的"感觉材料"才有可能成为"诸存在者"而成为我们经验知识的对象。世界上许多东西古已有之，它们的"感性材料"永远向四方发射"信息"，但对于它们的开发研究，则有一个历史的过程。世上一切"诸存在者"之所以成为"存在者"，世上之"万物"之所以成为"物"，其根据、根基在于"存在"，在于"物自身"。"存在"、"物自身"的"历史性（Geschichtlichkeit）"，乃是"存在（Sein）"和"人（Dasein）"的"历史命运"。

"存在论"（Ontologie）为"知识论"（Epistemologie）提供"地平线—视野—视线—Horizon"，也就是为它提供"视角"（perspektiv）。"视角"不是"知识论"的，不是"主体性"的，而是"存在性"的，"存在""决定"了什么样的"存在者"成为"存在者"，"决定"了"何物""进入"我们的"视野"、"视线"。

康德对于此种作为"知识论"的"前提"、"条件"、"基础"的"视野"、"视线"当然也已有所感，他曾在《纯粹理性批判》第一版中称它为"先验对象"（transcendental Objekt），因其不是经验知识对象而叫它为"X"。这一点也被海德格尔揭示了出来，加以阐述。

从某个角度来看，海德格尔的《康德与形而上学问题》，不仅是一本对前人哲学思想研究的"专著"，而且是海德格尔自己思想的一个阐发。作为"专著"来看，这本书是老老实实做学问的，所发挥之思想都能不离康德左右，因而被公认具有很高的学术性；而作为自己思想的发挥来说，又那样的严密而具有独创性。对于已具备康德哲学基本训练或对西方哲学历史发展感兴趣的学者来说，如果觉得不易进入海德格尔的《存在与时间》，那么不妨来读他的《康德与形而上学问题》，果然用心读，相信会有豁然顿悟的感觉。

海德格尔对于康德哲学的研究，为我们树立了一个榜样，一个学术性与独创性高度结合的榜样。这一点就不限于专业问题方面的结论了。

于中国社会科学院哲学所
1999 年 1 月 8 日

列维纳斯面对康德、黑格尔、海德格尔

——当代哲学关于"存在论"的争论

向"存在论"提出挑战，最为尖锐的，当以列维纳斯为代表，他因此也可以说是当代法国急进的"异"类哲学的精神之父，因为他不仅一般地强调"异—difference—defferance"，而且把这种"异"推到了极端，推到了与"存在"相"异"——"不同于'存在'"，"'存在'之外"。

列维纳斯这一"推广—扩展"具有"革命"性的意义，它不仅在根本上"颠覆—推翻—悬搁"了传统的"存在论—知识论"，而且"开创—显示"了一个"异域"，"另一个""不同于""存在—世界"的"领域"，即"价值"、"伦理"和"宗教"的"领域"或"界面"。

不是说，传统哲学中没有这些界面和领域，实际上，从古代希腊哲学以来，哲学讨论"价值—伦理—宗教"问题的论著多如牛毛，各种"哲学体系"大都包含了这方面的内容；但是，"哲学"总以"存在—知识—真理"为皈依，常在"存在论—知识论"的框架内讨论这些问题，就"哲学体系"说，则努力将它们纳入一个"存在＝知识—真理"的"体系"内，作为它的一个"环节"或"部分"。

也就是说，无论持何种观点，"价值—伦理—宗教"都在哲学的"存在论—知识论—真理论""之内"；列维纳斯的哲学，则把这部分的问题放在了"存在—知识—真理""之外"，所谓"异—不同"正是"异于"、"不同于""存在—知识—真理"。

为什么会"异于—不同于""存在—知识—真理"，列维纳斯有很深入细致的讨论和分析，他的两大支柱性著作：《全与无限》、《有别于存在和存在之外》可谓当代欧洲哲学的经典，很值得深入研究。

他的这一思路还意味着一种"颠倒"：传统将"价值—伦理—宗教"纳

入"存在—知识—真理"框架"之内"，则引向将后者作为前者的"基础"来理解，一切感情、道德以及权力政治原则上均需"服从""真理"；列维纳斯强调"存在—知识—真理""之外"来理解"价值—伦理—宗教"，于是就有一个理路可以把前者奠定在后者之上，即不是"存在—知识—真理""支配—决定""价值—伦理—宗教"，而是相反，是"价值—伦理—宗教""支配—决定""存在—知识—真理"。这样我们看到，20世纪法国急进思想家强调的"权力"支配"真理"的理论，得到了哲学深层次的支持——我们才有上述的判断：列维纳斯某种意义上乃是法国急进思想家精神之父，尽管他似乎并不属于严格的"后现代"急进哲学家。

列维纳斯的核心思路："价值—伦理—宗教""不在""存在论—知识论—真理论""之内"，以及他为此作出的论证和推论，对哲学家具有很大的吸引力，因为他的工作，并不是完全"脱离""哲学传统"的"另起炉灶"地进入"经验领域"的各种社会科学，而是从哲学传统中"走"出来，或者说是"批判"了传统存在哲学的诸种环节，层层推进，并未偏离"形而上学"的"纯粹性"，甚至还是更加"纯粹"的"形而上学"，按他自己的说法，"形而上学—元（原）物理学—超越物理学—meta—physics"本应理解为"伦理学"。在这个意义上，他已不仅把"价值—伦理—宗教"牢牢奠定在"形而上学"的基础之上——这一点，以"存在—知识—真理"为皈依的哲学体系也能做到，而是强调"伦理学""就是""形而上学"，甚至"只有""伦理学""才是""形而上学"。

"他者"之"异"

"他者—other"的问题，当然是20世纪以来法国急进哲学的共同思路，这个思路，跟德国强调"我—你—他"区别之马丁·布伯密切有关，而布伯的思想又和海德格尔相关，海德格尔也是列维纳斯十分尊重而又加以批评的先驱。

法国急进哲学强调"绝对"之"异"，也就是"绝对"的"他者"，"他"不是"另一个""自我"，"我—你—他"的"关系"，乃是"绝对"的"异"。

　　然而，如果我们说，"我—你—他"只是在"存在"的"不同形式"意义上相"异"，则我们只能在"相对"的意义上理解这种"异"，因为"我—你—他"仍有一个"共同"的基础——"存在"，于是这种"异"也就不是"绝对"的。只有当"异"的观念深入"存在"问题时，即"动摇""存在"时，"异"才是"绝对"的。

　　不过，我们知道，过去的哲学家并没有完全忽视这个问题，他们已经考虑过"存在"与"非存在"的关系，而且从这个关系的思考中，产生出非常深刻的哲学思想来，黑格尔如此，海德格尔更是如此。

　　列维纳斯要贯彻他的思路，必须挑战黑格尔和海德格尔，必须认真面对他们的问题。作为严肃的学者，列维纳斯对于黑格尔和海德格尔的问题做了认真的批判。

　　"他者"并非"另一物"或"另一人"。"另一物—另一人"都是"人"或"物"，只是"人"—"物"之间的"不同"，而不是"非物"、"非人"，甚至"非物"可以为"人"，而"非人"亦可为"物"，总之是"存在"之内的不同，是一种相对的否定，正如斯宾诺莎所说的，任何"否定"都蕴涵着"肯定"，对于"一物"的"否定"，必意味着"肯定"为"另一物"，不是"张三"，或是"李四"，总是"某物—某人"。用哲学的话来说，"物"当有"经验之物"和"超越之物"之分，康德、黑格尔作此原则的区分，后来海德格尔亦有"诸存在者"和"存在"之分。

　　这个区分就哲学来说是非常重要的。"经验之物—诸存在者"是"物理学—自然学"的"对象"，而"超越之物—存在"乃是"哲学—形而上学"的"问题"。哲学家为这个区分和为理解"超越之物—存在"，可谓殚精竭虑。

　　康德《纯粹理性批判》的工作重点，在于论证"经验之物"如何"合法地"成为"经验知识—经验科学"的"对象"，而把"超越之物—（事）物自身""括"了出去，指出这些"超越之物—（事）物自己"只是一些"理念"，不可进入"时空"，没有"直观"，因而无权成为"（经验）知识王国"的"公民"，不成其为"经验（知识）对象"。

　　既曰"经验之物—经验对象"，当然是"变化"的，这个变化，在康德意义上，归根结底，受"因果律"的"必然性"支配，因而对于经验知识—经验科学来说，是"可知的"，知道了"原因"，就知道了"结果"，反之亦然；"原因"虽不"包含""结果"，但可以"推论"，故为"先天综合"。康德知识论重点工作在于阐明这个"先天综合"如何可能。

在这个意义上，康德的"变化"观念，和他的"知识"观念一样，只"限于""经验之物"，因而只是"一物"与"另一物"的"转换"。这个观念，我们可以叫做典型的经典科学对于"变化"的观念，它是一种在"有—存在"之内的"变化"观念。这里也有"他者"的观念，但这种"他者"，仍在"诸存在者"之内，乃是"他物"，仍是"同中之异"。

然则，"在""有—存在"之外，又复何如？也就是说，"变化"不"限于""经验—知识—物理—诸存在者"之内，而是"超越—超出"了"诸存在者"之外，情形是个什么样子？

"存在"与"非存在"

哲学早已考虑到这一层关系，尽管这一层面最初是宗教向哲学提出的挑战。这种挑战集中在"无中生有"这一命题中。

哲学的"超越之物"迎接了这一挑战。

"超越之物"仍为"物"——广义的"有—存在"，但"异"于"经验之物"。

这种"超越之物"就"经验科学—经验知识"视野看来，正是那个"无"，对于"经验存在者—诸存在者"来说，它是"绝对的""异"；但就哲学来说，它仍可以理解为"存在—有"。这已是黑格尔的思路。康德奠定了"超越之物—（事）物自身"的"无"的地位——它（们）是"理念"的领域，为"空洞"的"思想—概念"，在知识范围内，不蕴涵"直观"之"内容"；而黑格尔则使这个"超越之物"的"无"，"有"了"内容"，成为"哲学知识—哲学科学"的"对象"，只是这个"对象"，并非"静止"之物，而本身就是"变化—发展"的，在这个"过程"中，在康德那里因缺乏"直观"而"永不显现"的"理念—绝对"，得以"开显"出来，成为"世界"的"历史""历程"。这样，"哲学"作为一门"科学"，才有权利以这个开显过程为研究思考的"对象"和"主（课）题"。

这样，黑格尔就将"无中生有"这个命题"化解"为一个"从无到有"的"开显—显现""过程"，于是他的奠基之作就叫做《精神现象学》，阐述"绝对精神"如何从"一无所有"，通过艰苦的矛盾斗争，"回到""自身"的"世界历程"。

正是黑格尔，在他的"无所不包"的"哲学体系"中，"他者"占据了重要的地位。"绝对精神""外（在）化—异化"为"世界"，这个"世界"作为"他者"与"精神""对立"，没有这个与"他者"的"对立"，"精神"乃是"空洞"的，"无内容"的，"片面的"；而反过来，"精神"如"在""他者"中"失去—丢失""自己"，则同样是片面的，将"物"仅仅作为"观察—静观"的"对象"，所得到的仅是"片面——个方面"的"知识"，而非"全面的""真理"。只有"在""他者"中仍能保持住"精神""自身—自己"的，此时"精神"才能"拥有四海"而又"独立自主"。

"精神"为"自由"，是一种"有内容"的"自由"，而非康德意义上"摆脱一切感觉经验"的"形式的""自由"。

"自由"进入"哲学"，引起哲学思路的大变革。

哲学既为"科学"，则当以"必然"为追求目标；然而"自由"的进入，使哲学在真正的意义上有别于经验科学，"超越之物"有了一个深层次意义上的"归宿"："哲学"以"自由（理性）"为核心，但此种"自由"，又是经过与"他者—必然"之"斗争—结合"过程的"结果—果实"，而非空洞想象的产物。"超越（之物）"与"经验（之物）""结合"了起来，"自由"与"必然""结合"了起来，"空"与"实""结合"了起来，"我"与"他""结合"了起来。

在黑格尔，有了"他者"，"精神—理性"作为"自我"，才有了内容，有了经验，有了"世界"，而不是单纯的"孤家寡人"，"哲学"才不仅仅是"内在"的"（内省）心理学"，而是"（超越）科学"，是"元—原—超越—物理学—形而上学"。

传统"形而上学"引进了"自由"的观念，不仅"诸存在者""在""变"，"本体—存在"也在"变"；"诸存在者"按"因果律""必然"地"变"，而"本体—存在"则"自由"地"变"。"本体—存在"为"自由"

的"变"。

按列维纳斯的看法，以动态的角度来理解"存在—本体"，乃是海德格尔对于哲学的重大贡献，然而我们知道，黑格尔已经在形而上学的层面，相当彻底地考虑了"变"的问题，而不把"变"限制于"经验"的层面，甚至就"他者"问题来看，黑格尔比海德格尔更加强调它"充实""本体""变"的"内容"，给予"本体—存在—自由"以"现实"的"规定性"的作用，将"自由"与"必然""统一"起来，成为一个"全面"的思想体系。

不过应该说，黑格尔虽然也讲"有—无"之"变"，指出"空洞"的"有—存在"实际上和"无—非存在"是一个意思；但是他对于"他者"的视野，基本上还是限于"经验存在者—诸存在者"之内，他的"变异"也还是与"自我"相对立的"异己"的意思多于"绝对"的"异"，因此，他的"无—非存在"很容易地落入了"存在—有"的总体范围之内。这一方面的意思，受到列维纳斯的批评，也是可以理解的。

也正是在这一方面，海德格尔不同于黑格尔。海德格尔紧紧地抓住"存在"与"非存在"的关系，而不是限于"存在"与"经验存在者—诸存在者"这一层面，展开自己的思想。

与"存在"对应的"他者"，或者说"异"于"存在"的"他者"，当是"非（不）存在"，是"存在"的"否定"。这里的"异"和"否定"，仍保持着哲学—本体论—形而上学的"绝对"意义，而不是日常经验的。

就日常经验来说，我们也可以指出"世事"犹如"过眼烟云"，"沧海桑田"，"帝王将相—才子佳人""如今安在哉"？这种感叹，易于导向寻求一种"永恒"的东西，"不变"的东西，传统"形而上学"正是走的这条思路，而为识者认为"此路不通"。

在竞相寻求出路的众多尝试中，海德格尔阐明有一种东西可以"使""非存在—不存在""存在"，而且指出，"存在"原本就是"使—（之）存在"的意思。"时间—历史""有能力""使""非存在—不存在""存在"，"时间"和"历史"就是那个"动态"的"存在"。

在海德格尔，"存在"不仅"存留"了"过去"，同样也"蕴涵"了

"未来"，"过去"和"未来"同样是"存在"的"存在方式"。"存在—现在""蕴涵"了"过去—未来"，意味着"存在""蕴涵"着"非存在"，"存在""包容"了"他者"。在这个意义上，"存在""大于""非存在"，"大于""他者"，这也是列维纳斯要着力批评的地方，尽管他对海德格尔怀有很高的敬意。

列维纳斯采取了一种反向的思路：不是"存在""包容"了"他者"，而是"他者""包容"了"存在"，因为实际上，"存在""包容不下"——"包容不了""他者"，因为这个"他者""不在""存在"之内，而在"存在"之外。"他者""大于—强于""存在"。

"存在"不是"诸存在者"，不是"经验必然"，而是"时间—历史"。法国从19世纪柏格森就有把"时间"和"自由"联系起来思考的传统，"时间"乃是"自由"，"历史"按其本质来说，也是"自由"的"历史"，不仅是"诸事件"之间的"因果"系列，在这个意义上，"自由""大于—强于""必然"；然而按照列维纳斯，这个关系就应该"颠倒"过来，"必然"要"大于—强于""自由"，因为"他者""大于—强于"作为"自我—自由"的"存在"；只是在列维纳斯这里，"必然"并不回到"经验"的层面，而是比"本体—存在"更加"超越"的"形而上学"问题。列维纳斯认为，"形而上学"不能"归结"为"存在论—本体论"，而应是"伦理学"。在这个意义上，"必然"作为"正义"——不是希腊意义上的公平、公正——"大于"作为"自我"的"自由"。"责任"不是来自"自由"，而是来自"正义"。

"伦理学"是比"本体论—存在论"更加"超越"的学问，正是"形而上学—meta—physics"的本意。在这里，胡塞尔批评的欧洲哲学"超越不够"的毛病，得到了明确的"克服"。

应该说，在列维纳斯的哲学中，伦理学问题得到了哲学上大幅度的提升，"他者"摆脱"存在论"，既不是"经验的存在者"，也不是"超越的存在"，"超越"这两者，乃是"绝对的超越"，"他者"问题不"在""存在"和"诸存在者""之内"。"诸存在者"固然"包容"不了"他者"，那表面上无所不包的"存在"，也包容不了它。

既然黑格尔、海德格尔已经把"存在—非存在"、"有—无"之"变"

在哲学上"捆绑"在一起，列维纳斯的"他者"，就既非"存在"，也非"不（非）存在"，非"有"，非"无"，而是处于"有—无""之外"的问题。我们似乎甚至不能说"他者""在""有（无）""之外"，因为它不是"在"与"不在"的问题。

"存在论"与"哲学"作为一门"学问"

列维纳斯并不是完全否定"存在论"，而是把"存在论—真理论"和"价值论—伦理学"的"关系""颠倒"了过来，将"存在论—真理论"置于"价值论—伦理学"的"制约"之下，认为前者不能包容后者，而后者则可包容前者；然则，就哲学来说，这种"颠倒"并非简单的次序排列问题，这种"颠倒"带有根本性，涉及"哲学"到底是一门什么样的学问，因为"哲学"原本就是一个"第一—原始—根源"性问题，"第一"涉及"哲学"的"根基"，因而涉及它的"性质"。

我们之所以用"学问"二字，只是想承认前贤的种种努力，把"哲学"与一般经验科学做一些区分，同时也意味着，既然是"学问"，也还可以理解为一门"特别的""科学"。广义地来说，"哲学"当是一门"科学"，或者说是"超越的科学"。

我们愿意把被列维纳斯"颠倒"了的顺序再颠倒过来："哲学"在超越的层次上包容了"艺术"、"伦理"、"价值"和"宗教"，而不是相反。在这个意义上，也就承认了"哲学"的"形而上学"，当承认"存在论—本体论"的"第一""地位"；盖因包括"哲学"在内的一切"科学"，皆以"存在"为"对象"——"哲学"的特点，或者如海德格尔所说，可以"非存在"为"对象"，而此"非存在"仍是"存在"的一个本质的方式，"时间—历史"正是"存在"的"形态"与"方式"。"哲学"不可放弃"有""无"之"变"。

"哲学"作为一门"学问"，当然有自己的特点而不同于一般日常的"知识"，这种"知识"，常常可以并需要"简约"为一个或多个"概念体系"，成为可以普遍传授的，可以重复的，因而在某种意义上是"非时间"性的"科学—学科"，从而按照某些人的观点，"经验科学"可以形成某些

"范式"，在一些"范式"指导下，多数科学家做着"常规性"的工作，以积累经验，检验"范式"，到一定程度产生"范式"性"科学革命"；严格意义上说，"哲学"并无这个"积累"的过程，"哲学家"的工作，总是在进行一种"创造""范式"的工作。哲学家当然也有"积累"，但此种"积累"，并非"经验—常规"性的，而是一种"创造性"的"累积"，"创造性"的"承续"。哲学也有"历史"，哲学史上的种种"哲学体系—学说"，乃是一座座"范式"性的"丰碑"，研究哲学史，也就是研究诸多"范式—体系—学说"之间的"创造性"的"关系"。

所谓"创造性"的"关系"，乃是"自由者"之间的"关系"，不仅仅是一种经验的"继承"或逻辑的"推理"关系。

正因为有这样一个特点，"哲学"研究、思考的"问题"，不同于一般的经验科学，它不以日常经验之物为"对象"，但绝不是没有"对象"；"哲学"的"问题"常常不能完全"概念化"为一个"论题—theme"，但绝非毫无"主题—subject"。

"哲学"作为一门"学科"，仍以"存在"为研究"主题"，仍以"存在"为思考"对象"，只是这个"存在"作为"对象"，并非完全在"客体"意义上来理解，而仍是一个"主题—主体"，不是片面地"在那里—在手边—面对着—Gegenstand—Vorhand"，该存在不仅展示为一物，展示为一"属性"，而且展示为一种"意义"，一句话，作为哲学"主题—对象"的不是"诸存在者"，而是"时间性的—历史性的—自由的""存在"。

"哲学"即使作为"形而上学"，也并不排斥"存在论—本体论"。

同样，"哲学"作为"学问—广义的知识"体系言，不拒斥"概念"，按德罗兹的话说，"哲学""创造概念"。"概念"既是"思想"与"诸存在者"之间的"桥梁"，也是与"存在"之间的"桥梁"。"概念"体现了"思维"与"存在"的"同一性"。

"思维与存在的同一性"是黑格尔哲学的一个核心思路，也是海德格尔的中心思想；康德被认为是否定这个命题的，但我们将看到，康德这个否定，是在有限的范围内起作用的，亦即在他的《纯粹理性批判》的"辩证篇"里，明显地否定了这种"同一性"，因而被批评为二元论；只是到了黑格尔，"先天的范畴"和"经验的概念"又被"结合"起来，通过历史的"过程"，由"相对"走向"绝对"，由"片面"走向"全面"，达到"同一"。

"存在"作为一个"历史性过程"，已不再是单纯的"经验之物"，不是由各种"属性"结构而成的"万物"之"一物"，也不仅是"非时间"的"必然""大籤"中的一个"铆钉"；"历史过程"就是"存在过程"，即"使存在"的"过程"，也是"使不存在"的"过程"，是"生长过程"，也是"消亡过程"，"使之有"，也是"使之无"。"存在"即"有无之变"。

这个"有无之变"的"全过程"，才是"哲学"所追求的"真理"。"学问—科学"以"真理"为"目标"，哲学理解下的"真理"，就是哲学理解下的"存在"。黑格尔说，"真理"乃是"全体"，这个"全（体）"，并不"封闭"，"全（体）"乃是"全面"，恰恰就是"无限"。"真理"为"存在"，"存在"为"无限"。

"无限"的哲学意义乃是"自由"，"不受外在因素之制约"，"自由"为"自因"，"自己""决定""自己"，因而又是"创造"。"存在"为"自由"，不断"创造""自己"；"真理"也不断"创造""自己"，不断"创造""新""概念"。"思维存在同一性"命题与"历时性"之"异"的观念之间，并无理路上的抵触。

当然，并非否认"矛盾"，恰恰相反，黑格尔是运用"矛盾"的专家，海德格尔着力分析"存在"与"非存在"的"转化"关系，同样不是回避矛盾的态度。

他们只是指出：人类"理性"或"Dasein""有能力"将"非存在"、"经验之物""化解"、"接纳"到作为"真理"的历时性—历史性过程"存在"中来，将"必然""接纳"到"自由"中来，使之"在""自然—必然"中，"保持着""自己—自由"——"掌握了的必然是为自由"。

"理性"作为"自我""有能力"在"他者"中"保持""自己"，而且"必须""在""他者"中"保持""自己"。

"知识论—真理论"是如此，那么，"价值论—伦理学"又复何如？

康德是否完全支持列维纳斯

列维纳斯对于黑格尔、海德格尔给予了很大的敬意，但将康德引为先驱，当然也是很有理由的；但我们仔细体会康德《实践理性批判》的思路，问题尚待进一步研究。

我们应该承认，康德的批判哲学，的确可以启示出列维纳斯的绝对"他者"的思路来。

康德限制知识，同时也就限制了"存在"。在康德批判哲学，特别是第一批判——《纯粹理性批判》中，"存在"只"限于""诸存在者"，即"经验的存在"、"经验之物"。

"存在"必具有"现实性"，就康德意义上的"经验知识"言，这种"现实性"乃是"经验性"，而凡"经验之物"，必具"时空性"，只有"在""时空"中的，才能是"经验之物"，就知识论来说，经验之"对象"，不仅仅是"概念"，而且必须有"直观"。可以"直观"，才能成为"存在"，成为"经验知识—经验科学"的"对象"。康德的"存在"、"经验之物"，一定进入"时空"而成为可"直观"的"对象"。"存在"不是"抽象概念"，必通过"时空"具有可"直观性"，因而必具有"现实性"。

康德知识论的主要工作，在于阐述科学知识中的"概念"和"直观"，不全是"经验"的，而是要有"先天—先于经验"的因素作为其"必然性"的"根据"；否则，一切"经验科学—经验知识"都将失去"必然性"的"基础"，而如同休谟那样，被归约为"经验之习惯"。

按照康德思想，"概念"可以是"经验"的，也可以是"先于经验—不依靠经验"的，"人手足刀尺"、"日月山川"这些都是"经验"的概念，是从经验中"概括—综合"出来的，是为"约定俗成"；但是"因果性—可能性—必然性"等等"范畴"，却不可能从"经验"中"概括"出来，它们成立的理由，不在经验，不依靠经验；但是这些范畴，又不是"分析"出来的，不是单纯形式的逻辑推论所能涵盖的。知识"范畴"，不是"分析"，而是"综合"。把握这一点，对于理解康德知识论是十分重要的。

"原因"与"结果"，当然是一种"推理"的关系，但这种关系，并非

"分析性"的。"原因"并不"蕴涵"着"结果",反之,"结果"也不"蕴涵"着"原因"。从作为"原因"的"概念"——譬如从"水—加热"这类"概念","分析"不出作为"结果"的概念"气"来。"原因"与"结果"的关系,不是"分析性"的,而是"综合性"的。

何谓"综合"?"原因"与"结果"的"综合"关系,意味着"原因"与"结果""互为""他者","原因"与"结果"就"经验之物"言,乃是两个"不同"的东西。

但是,"原因"与"结果"作为知识"范畴"又是"必然"的,可以"推论"的,从"原因",能够"推论"出"结果"来,反之亦然。"因果律"的必然性,说明了"先天综合"的可能性。"先天综合"意味着"他者"之间的"同一性","他者"之间具有"可以推论"的可能性,这种可能性,建立在"理性—在康德知识论为知性""先天性—不依赖经验"之基础之上。所以,按康德批判哲学,"他者"——主体与客体——思维与存在,在"知识论"内,具有"同一性"。

这种"他者"之间的"同一性",不仅由"知性范畴"之"先天性"来保证,而且也由"时空"之"先天性"来保证。

如果说,"知性概念—范畴"具有"先天性"尚比较容易理解,那么"时空"作为"感性直观"同样也具有"先天性",就相当的费解了。

然而,正是在"时空"特别是"时间"的问题上,康德受到了海德格尔特别的表扬,认为是非常有价值的部分。之所以如此,大概正是因为在论述作为"感性直观"之"先天形式""时空"这一部分,康德更加着重地把"时空—时间"与"存在"联系起来。"存在"必"在""时间(空间)"中;而"时空"之"先天性"实际上意味着"存在"就不仅仅可以理解为"经验性"的"诸存在者",而且意味着理解为"超越性"之"存在"的可能性,尽管康德的"先天直观"得自于"几何学"和"数学"的模式;而在《纯粹理性批判》中,将"自由—不朽—神"这类"本体""观念—理念""驱逐"出"存在"的领域之外,成为在"知识"上绝对"不可知者",成为"绝对"的"他者",它与"理论理性—思辨理性"没有"同一性"。

在这里,也许正是列维纳斯引进康德作为"存在之外"或曰"外

（于）存在"的理由所在。通过列维纳斯，我们不仅有了"存在—非（不）存在"的"对应—对等"关系，这种关系虽"相异"而又"同一"，乃是"异中之同—同中之异"；而"外存在"与"存在"的关系，则是"不对应—不对等"的关系，它们之间没有"同一性"，"外存在"乃是"绝对"的"异"。

又如康德那样，列维纳斯这个"绝对"的"他者"，"绝对"的"异"，进入与"知识论"绝无雷同的"价值论—伦理学"。

然则，康德"伦理学"对列维纳斯能够有多大的帮助？

康德在知识论里详细阐明了"诸存在者"作为"知识对象"的合法性，但是"悬搁"了"存在"作为知识对象的权益，如果人们将超越意义上"存在""下降"为经验意义上的"诸存在者"，则很有理由认为康德已经将超越性"存在"问题完全"驱逐"出哲学的范围以外，而为"伦理学—价值论"另辟途径，因而当仁不让地作为"外存在论"的历史先驱而载入史册。从这个角度来看，列维纳斯的确有很充分的根据把康德引为先行者；然而康德的整个哲学旨趣又很重视"本体—事物自身"问题，虽然在知识论中将其悬置，但并未完全判定它们为虚妄，并认为思考它们是完全合理的，从这样一种态度，我们又可以对上述列维纳斯对康德哲学的理解，产生怀疑。

康德的知识论，当然已经限制在经验"现象"之内，只有"（诸）存在（者）"才是知性知识合法的"对象"，然而，由此是否就有权利推出康德在他的"伦理学道德哲学"里同样也把"本体—事物自身""悬搁"了起来，而另起炉灶？可能不是这样的。

我们说过理解"存在"——不论经验的"诸存在者"还是超越的"存在"，有一个"共同点"把它们联系在一起，那就是它们都需要具有"现实性"，它们是实实在在的，而不是"抽象—空洞"的"概念"，不是单纯的"形式"。

那么，康德的"伦理学—价值论"是不是仅仅为单纯的形式呢？一般说，是这样，所以才引起许多的合理的批评；然而，仔细体会康德的思路，仍能看出，他也并不满足于一种形式主义的立场，而是仍想把他的"伦理—道德"思想向前推展的。道德的概念虽然不能为经验知识提供"扩展"

的材料，但却能为"伦理道德"做这种工作；只是这种工作的性质和这些可供"扩展"的材料之来源不同于在知识论里的情形。

我们知道，在康德知识论里，知识的材料来源于"感觉经验"，经过"时间空间"审核的感性材料，进入"知性概念"，形成"综合"，成为"经验知识—科学知识"；可是到了伦理学道德论，由于实践理性与思辨理性之不同，道德伦理之根据在"意志自由"，而"自由"为全无感觉经验之限制，因而已经将一切的感觉经验排除在外，这样，就"知识"角度来看，"实践理性"之"自由"当是完全没有经验材料的，因而是纯"形式"的，这一点已经受到种种严厉的批评，也是应该的；只是康德的思路并不"止于此"，康德还有下情下文。

在《实践理性批判》一开始，康德就一再强调"理性"本身就有"实践"的能力，这一层意思，很值得我们着重地加以体会。

这就是说，在康德看来，"知识"的"材料"由"感觉经验"所"提供"，而"道德伦理"的"材料"则是由"理性"自己"提供"的。"知性—知识"的材料是"外来"的，而"伦理道德"的材料则是"理性""内在—自有"的，这样，知识的"现实性"由"感觉经验"所"保证—担保"，而"伦理道德"的"现实性"，则由"理性"自己就可以"担保—保证"。

这样，康德才说，由于"理性"在"知识"中的材料是"外来的"，到底何种"材料""合适"进入，则要有个"界定"，所以，理性在"知识论"的作用要加以"限制"，不能由感觉经验提供的材料，理性就不合适—无权作"知识"来处理；但是，理性在"实践—伦理—道德"的运用，就没有这种限制的必要，因为它所需之"材料"，原本是理性自己提供的，理性自己就有能力为自己提供材料，而使理性具有"内容"，具有"现实性"。

康德这个"纯粹理性"本身就具有"现实性"的思想，在他的《实践理性批判》的"序言"中，就明确提出来了。为回答他的《纯粹理性批判》为什么不叫"思辨理性批判"这个名字时，康德特别强调了"纯粹理性"在"实践上"具有"现实性"，就具有"实践"的能力，他说：

"因为，它（指实践理性——引者）如果作为纯粹理性，实际上已有实践能力，那它就已借着事实证明它自己的实在性和它的各个概念的实在性，而反驳它有成为实在的可能性的一切辩难就是徒然的了。"①

　　这里，实际上康德已经反驳了对于他的"实践理性"缺乏"实在性"陷于"纯形式"的这种批评，他的整个《实践理性批判》的主旨之一，就在于阐明"实践理性"如何有能力具有"实在性"。所以他接着说：

　　"这个批判的任务在于指出，纯粹实践理性是存在的，并且为了这个目的而批判理性的全部实践能力。它如果在这一点上成功了，那它就无需批判纯粹能力本身以求发现理性在作这样一种要求时，是否过分僭越、超出自己的限度（如在思辨理性方面那样）。"②

　　纯粹理性本身就具有"实在性"，这个命题要能够成立，在康德哲学思路中，必须克服双重而又有联系的障碍，即"因果"与"自由"的关系，它们之间的关系，在知识论中，是被康德切断了的。

　　在知识论里，康德将"因果"限于"现象界"，亦即感觉经验的世界，超越的领域，无"因果"可言，康德将这个领域归之于"自由"，而"自由"在经验—科学—知识中，只是一个"纯思想"的"理念"，而无相应的"感觉经验"与其对应。"自由"与"经验"无关。

　　那么，在"理性"的"实践"方面，"自由"是否仍与"因果"无关呢？表面上看，好像是没有关系，所以人们常常批评康德将二者割裂开来，这一点，连黑格尔也不能例外。

　　仔细体会起来，康德可能已经注意到这个问题的存在，而且也已经作了安排，只是他当时的主要任务在于两者之间的区别，在知识论里强调它们之间的截然不同，而到了道德伦理领域里又着重强调"自由"自身的特点，两者之间的进一步关系就语焉不详，但也并非完全被忽略掉了。

　　与上面这段话相呼应，后面康德又说：

　　"因而理性世界的实在性就给我们建立起来，而且就实践方面而论还是明确建立起来的，这种明确性就理论的目的说虽会超越经验以外，而就实践的目的说却是寓于经验之内的。"③

----

①　康德：《实践理性批判》原序，关文运译，商务印书馆1962年版，第1页。
②　同上。
③　同上书，第108页。

在这里，康德不仅回应了"实践理性"对于"理论理性"之"优越性"问题，而且也回应了"超越"与"经验"之间的进一步的关系问题。在康德看来，不是"感觉经验""决定""超越理性"，而是"超越理性"亦即"实践理性"——理性的实践功能有能力"决定""感觉经验"。被"超越理性""决定"了的"感觉经验世界"，乃是一个"道德的世界"，"价值的世界"，实践的"目的"，就是要在"经验"中"保持"住"理性"的"价值"。

由"超越理性""决定""感性世界"，也就意味着前者可以—有能力"进入"后者，"转换"后者的"意义"。我们看到，这条路线，这是黑格尔以及后来的解释学/现象学所遵循的；只是由于把重点转移到这条路线上，就不像康德那样比较简单地提到，而是有详细的论证展开，"决定"或"影响"，也就成为"开显—显现"，是"超越理性—绝对精神""在""感觉经验世界"如何"开显"出来的问题了。黑格尔、狄尔泰、胡塞尔沿着"开显"之路，做出了大文章，但是文章的开头，是康德做的，万事开头难，康德创始之功，不可没也。

我们也应该看到，康德这个"开头"，也并不仅仅是一种"提示"，他也有一定的阐述。他说：

"惟有自由概念，才允许我们不必舍己外求，就能给'受制约者'和'属感性者'发现出'无制约者'和'属理性者'。"①

这里何谓"不必舍己外求"？这就是说，不必像在知识论—必然论那里，要"在""理性"之外寻求"理性""自身"的根据，亦即"在""感觉经验"世界，"依靠""感觉经验"的"材料"来"证明—明证""自身"是"属理性者"，是"无制约者"。"自由"作为"理性"的概念，以自身的"实在性"就有能力"证明—明证""自己"原本是一个"存在"，是一个"者"。这就是康德为什么在《纯粹理性批判》和《实践理性批判》里，都很强调"自由—不朽—神"这些"理念"虽然在"知识方面"没有相应的"对象"而"不可知"；但是"思维—思想"它们却完全是"合法的"；这种"合法性"甚至不完全在于它们的"无矛盾性"，而且也在于

---

① 康德：《实践理性批判》原序，关文运译，商务印书馆1962年版，第108页。

"理性"在"实践"方面的运用"保证"了它们的"现实性—实在性"。

那么"自由"又何以在"理性"的"实践"方面具有"实在性"？又何以能够就"进入""森严"的"经验世界"而又保持住"自身"的"自由"？亦即，"自由"又如何与"必然"的"因果律"相结合—协调起来？康德自己说：

"理性在这个原理（指实践原理——引者）方面就不再呼求别的东西，以为其原因性的决定根据，而只凭借那个原理就已在自身包含了那个根据，因而它在这里作为纯粹理性自己就有实践力量。"①

于是，以"自由"为核心的"理性""实践"方面的原理，自身就是一种特殊的"因果性"，这就是康德经常讲到的"自由"作为"第一因"的意义所在。

"第一因"问题从亚里士多德以来，常常受到诟病，自有其存在的缺陷，因为除了"上帝之一击"将其束诸高阁外，人们未能解决"诸多""第一者"、"诸多""自由者"之间的"关系"问题；然则在康德那个时代，"第一因"不仅仅说明"自由"之"无制约性"，而且说明"自由"如何能够"进入""因果""必然"的"知识""对象"系列，从而使"自由"也具有"内容"，具有"实在性"。"自由"转化为"（第一）因"，从而跻身于"因果"系列，当然是居于"最高"的位置。

当然，应该说，康德在为"自由—第一因"进入"经验"留下通道之后，似乎并未在这条道路上走多远，他仍然在自己设置的障碍面前停了下来，即他不能阐明在"第一"进入"第二—第三"之后，这个"意义—价值—伦理—道德"的世界，又如何与"因果"的"必然性"调和起来，实际上，在康德的"价值—伦理—道德"世界"经验"与"超越"仍然是壁垒森严地对立着，这样，他能够"看到""德行"与"幸福"僵硬地"对立"的一面，而将它们"结合"的"必然性"归于"宗教"，认为只有"神城"里，这二者才是互相可以"推论"的，因而二者才具有"因果"关系，对于尘世间的这种关系的"必然性"，只有"神"才有能力"看到"，才能"知道"。

---

① 康德：《实践理性批判》原序，关文运译，商务印书馆 1962 年版，第 108 页。

在这个意义上，我们倒是可以说，康德的"神"，也不仅是"道德"的，而且同样是"知识"的，只是这个"神"是"通过""道德—伦理—价值—自由"之"门"被引进来的，而不是从"自然—必然"这扇门被引进来的。"神"是"最高"的"德性"，也是"最高"的"智慧"。

既曰"智慧"，在古代希腊也含有"实践"意义在内，而不仅仅是"理论—思辨"的，因而总是含有"实在性"的意义在内。作为"最高""智慧"的"神"，当也包含着"最高"意义的"实在性"在内。

在这个意义上说，康德虽然将"诸存在者"意义上的"存在论""限制于""知识论"；但就强调"实践理性"自身之"实在性"言，"自由—伦理—道德—价值"之"实在性"和"存在性"在康德当无疑义。

这里，我们打算暂时结束这篇文章，我想，这篇文章已经把我们关于列维纳斯对于"存在论"所作的思考有一个回应，我觉得列维纳斯当然作出了非常深刻的阐述，但是要想在哲学上"颠倒"这个传统的"次序"，尚须进一步的探索。

北京
2006 年 8 月 17 日

从康德到列维纳斯

——兼论列维纳斯在欧洲哲学史上的意义

康德哲学在近代欧洲哲学史上具有承前启后的作用，随着历史、时间的推移，并未见逐渐淡化，相反的，在 20 世纪，直至 20 世纪末，居然有逐渐增强的趋势。如今 21 世纪刚刚开始，围绕对康德哲学的理解，回顾欧洲哲学前一阶段的发展，或许会有新的收获。

康德哲学向我们提出了什么有意义的问题

研究康德哲学是一个专门的学术问题，从历史的、社会的、逻辑的诸多方面，中西学者都已经积累了大量的研究成果，其中也有很具哲学水准的大著作。我们的着眼点，则是探讨康德对于后来欧洲哲学的影响，这些影响集中表现在一些大哲学家的哲学思想中，也就是说，我们的研究，不仅注意专门家的研究作品，而且更要注意后世的大哲学家是如何读康德的，他们的注意力集中在康德的什么问题上。这对于哲学史的研究工作来说，就是把历史的研究和哲学的研究结合起来的一条途径。

过去的哲学史的研究，常常认为康德在哲学史上的作用，在于把欧洲哲学重心由"存在论"推向了"知识论"，这当然是有根据的。

如果有哲学家的"原意"的话，康德自己当然是十分重视知识论的，他的"批判哲学"的转折点集中体现在他的第一部"批判"——《纯粹理性批判》中，而这部书，集中解决"科学知识"如何可能的问题。这个问题，凡学哲学史的，都是很熟悉的：康德自称的在哲学知识论中的"哥白尼式的革命"——由过去"主体"围绕"客观"转，转变为"客体"围着"主体"转——实际上正是把"存在论"转变为"知识论"。

然而，这种"革命—转化"仍是限制在"传统—希腊哲学传统"的框架之内进行的。这个传统，无论"存在"或是"知识"，都是静观的、空间结构性的，可谓"知识几何学"。

在这个框架内，康德的贡献在于寻求到"知识"的"先天的（a pr－iori）"根据，这个根据，不仅管了"概念"，而且管了"直观"，并通过"范畴"，把"感性直观"和"悟性概念"结合起来。

"直观"也能归"先天"管起来，这一点很重要。我们知道，感官的材料总是要由外面进来的，而外面这些材料是未经理性整理过的，是"杂多"，如何使这些杂多的材料进入"有序"的"知识王国"，则找到"直观"的"先天"根据就是关键性的一步。康德提出"时间"、"空间"作为感性直观的"先天形式"，固然有牛顿学说的背景，但是把它们作为理性的、不依赖经验的形式引进哲学，仍是康德很大的贡献，其作用有如"上帝的一击"，使得"杂多"成为"有序"—"宇宙"，建立（创造）了一个"世界—王国"。此后康德知识论的任务，就是如何管理好这个知识的王国，凡进入这个王国的"子民—分子"，都要听命于"理性"的法令，都是"必然系列"的一些"环节"。

在这个意义上，康德所谓哥白尼的革命，乃是把过去"法律围着子民转"改为"子民围着法律转"。进入这个王国的子民，要听其言、观其行，看它的"表现"，至于这些子民到底"本身"是"什么"，知识的王国，则没有"权力"去追问。

这样，康德知识论中就出现了"本体—物自体"和"现象—表象"的二元分裂。

"本体"为什么"不可知"？因为它不为感官提供直观，也就是说，它不进入"时间"和"空间"，不受"时空""直观先天形式"的"管理"，不遵守（或无关乎）知识王国的法令。遵守这个法律，一切都按照规则办事，一切都是"必然"的；而"本体—物自身"不遵守（或无关乎）这种法令，不按照这种法令办事，那么它就不是"必然"的，而是"自由"的。

于是，和"必然"相对应的"自由"，就成为康德批判哲学的另一支柱——这是他《实践理性批判》所着重论述的问题。

康德的"自由"与一切感觉经验无涉，是理性摆脱一切感觉经验的纯粹的品质，没有这种品质，人类的一切道德伦理的善恶和责任义务将化为乌有，一切都在"必然"的锁链中，道德伦理的问题将无由产生，因此，道德领域乃是完全不同于知识领域的"另类"。相对于"知识王国"来说，"自由王国"乃是"另一个"，乃是"他者"。

然而这个"他者"在康德却是"自己—物自身—我自身"。于是在这个意义上，"自身"乃是"知识—科学—经验"的"他者"，也就是说，"伦理学"乃是"知识论"的"他者"。这一点，康德哲学已经有了提示。

知识的王国之所以是"必然的"，一方面是因为它经过了"先天""逻辑"的"形式化"，另一方面也是因为它的材料来源于感觉，而感觉在知识论中，必定带有接受性和被动性，因而它是"受限制"的，"有限"的，"有条件"的，是"被决定"的，"前因""决定"了"后果"，"时间"的关系，化解为"因果"的关系。

与此相对应的，道德伦理领域则是"自由"的不受任何感觉经验限制的"无限"、"无条件"王国，在康德，是纯粹"形式"的。

在这两个王国里，"知识论"是涉及"存在"的。在康德哲学里，"存在"不是宾词，并不是某种"属性—偶性"，说某物是存在的，并不给某物增加什么，但是它却与该物的一切属性有关，它使某物成为"直观"的"对象"，成为"科学知识"的"对象"。因而，"存在"必定是"感性"的，必定"在""感觉世界"。说到"知识"，都是关于"存在"的"知识"。关于"存在"的知识，就是"存在论—论存在"，就是ontology。

"自由"则不然。在康德哲学中，"自由"是"纯形式"的，它"不—非存在"，而"非存在"就是"非知识"，不是关于存在的知识，就是"非—存在论"，"非—不是论存在的"。于是"伦理学"不是"存在论"，"ethics"不是"ontology"。

这是康德哲学已经蕴涵了的一条思路，也是列维纳斯从自己的哲学背景中相当充分地开显出来的新的形而上学之路。然而这条思想路线，也不是直接的。

从康德到黑格尔

从康德到黑格尔，其间经过费希特，而谢林比黑格尔活得还长。

我们看到，费希特已经开拓了从"伦理学"到"知识学—存在论"的道路，他以康德的《实践理性批判》作为自己的出发点，也就是说，他以"自由"作为自己"全部知识学"的"基础"，而不是像康德那样，先从"经验知识"入手，然后超越到"自由"上来，"自由"不是"知识""留有"的"余地"，而恰恰是全部哲学的"出发点"。这是康德哲学尚未清楚阐明出来的。

以"自由"为出发点导向"知识"，使得"知识"中的"感性直观"、"对象"部分有了新的视角。

康德虽然已经指出，"经验"的条件也就是"经验对象"的条件，但是其意义限于"立法"方面，即理性的法则不仅决定"经验知识"，而且决定"经验对象"；而"感觉"的接受性，仍是经验的原始的来源，因而它保持其"自身—自己"而永不向"经验知识""显现"，皆因它和理性的形式不是一个来源。

实际上，费希特是把康德那个理性"立法"条件贯彻到底，使它成为一种"创造"的力量：整个感性世界原本是"自由"的理性或"理性"的自由"创造"出来的。这就是费希特在他的《全部知识学的基础》中的所谓"绝对无条件的原理（则）"。在这个原则下，"知识"的基础不在于从"外面"接受些什么来作为加工的"原材料"，然后整理规范，而是从理性"自身—自己—自由"的"同一性—绝对性"出发，"开出"整个的知识对象的世界来。费希特以逻辑的同一命题"A是A"说明它本与A在感觉世界"存在"或"不存在"无关，无论"A"存在与否，这个命题都是正确的。从"A是A"不仅可以推出"如果A，则A"，而且可以推出"A不是－A"，也就是说，"－A"也是从"同一"的"A"推出来的。这就是说，"一"可以"推出""一分为二"。

费希特从这样一种抽象的问题开始力图说明：我们面对的大千世

界——作为科学知识对象的感性世界，原是从"同一""原则（理）""创造—开发"出来的。这里，费希特排除了康德作为感觉材料的"被动性—接受性"，不是从两个"源"，而是从一个"源"——"理性的自由—自由的理性"作为唯一的"出发点和基础"来解释"全部"的"知识论（学）"。也许我们可以说，在费希特看来，"不是理性的东西"，即"非理性的"、"感性的"东西，同样是从"理性"那里"推导"出来的，而并没有其他的来源，就像"A"跟"－（非）A"的关系那样。

这样，在费希特这个理路里，就没有藏在"表象—现象世界"后面的"不可知"的"物自体—本体"的"余地"，"（大）我—主观"设定了"非我—客观"的世界，这个"非我"既然是"我""创造"的，它就不会像古代希腊哲学家那样感到"自然"总是"隐藏"着什么，而是随着"我"的"创造"，不断地"开显"着"自己"。

"创造"乃是"自由"的本性，"自由"正是"从无到有"；而"创造"又是"行动"，是"实践理性"的领地，在这个意义上，道德、伦理、意志"创造—建立"了知识。于是我们看到，在这个方面，费希特的哲学很有些"后现代"的超前意识。费希特在"同一命题"中揭示出来的对立和矛盾，同样被黑格尔当作他的哲学体系的奠基石。黑格尔的"绝对"怎样能够"动"起来，离不开"绝对"本身含有的对立和矛盾。因为"绝对"乃是"无对"，并没有什么外在的东西和"绝对"对立，所以黑格尔常把他的矛盾称作"内在的"。这样，就既保持了"绝对"的纯洁性——不受感觉经验的"污染"，而又赋予了一种"创造"大千世界的"能动性"，使"绝对"绝不"受动"，而又"能（够）动"起来，其根据即在它那内在的矛盾和对立。

就其是"内在的能动"来说，"绝对"是"自由"，是"自己"产生"（非）（自）己"。又因为这个"绝对"是以逻辑的"同一命题"为基础，则"绝对""开显（创造）""自己（非己）"，就同样可以被理解为一个"逻辑"的"推演"过程，于是我们看到，"历史的"与"逻辑的"在这里统一了起来。

既然是"逻辑的"，则黑格尔的"绝对哲学"就很容易成为超越的知识论，"自由"与"真理"完全同一。"自由"的开显和创造，也就不再带有意志动机的意思，不再是限于伦理道德，而是"客观真理""发展"、"完成"自身的一个伟大的历程。这就是黑格尔哲学从《精神现象学》到《逻辑学》的发展轨迹，"精神"固然是一种生命的原创力，但是在《逻辑学》中，只是"绝对知识"发展的一个中间环节。

"知识"以"存在"为"对象"，它们在"绝对"的意义上是"同一"的，并不是"知识"以"人"作为"载体—主体"，而"对象"为"客体"；"绝对"乃是二者的"同一"，这样，"知识论"和"存在论"在黑格尔的"绝对哲学"中，得到了统一。"伦理精神"自身带有"片面性"而为"绝对精神"所克服。康德的《实践理性批判》真的被"下降"到"精神理性批判"领域里，在康德那里充满矛盾的"理念（论）"，堂而皇之高居于黑格尔"知识—真理"的宝座上。

现象学与海德格尔的"存在"

在这个方面，胡塞尔和海德格尔仍是在这条道路之上。

近代"现象学"起于黑格尔；新康德主义为了让康德的"物自体""开显"出来，也提出"现象学"；胡塞尔之所以领一代风骚，可能与他强调"理念"之"直接性"，而符合了19世纪"直觉主义"之潮流有关。

胡塞尔两位杰出的学生海德格尔和舍勒，后者从现象学原则批判康德"形式主义"之伦理学，倡"实质伦理学"，可惜早亡，未能充分弘扬其学说；海德格尔则置康德《实践理性批判》于不顾，仍抓住《纯粹理性批判》，特别是"时间"、"空间"作为"先天直观形式"，为自己区别于"诸存在者"的"存在"作论证，可谓用心良苦，也的确有所发明，成为20世纪最有影响的人物之一。

就哲学史的眼光来看，海德格尔的思想道路，基本上和黑格尔相近，都是努力在康德的《纯粹理性批判》范围内做文章，不过黑格尔侧重以"辩证篇""理念"来统摄全部真理，而海德格尔则侧重阐发"先验感性论"的含义，因为胡塞尔已经强调了"理念"的直接性；遂使在康德那里原就消极的"辩证"发展过程成为"多余"。

当然，海德格尔和康德又有很大的不同，从某种意义上说，与其说是海德格尔接近康德，不如说更为接近黑格尔。

　　我觉得海德格尔把"时间"观念引进"形而上学"，遂使传统形而上学的"存在"观念有了新的意义。"存在"不再是一个抽象的"概括—概念"，而是具体的、历史的、时间的，"存在"保留着动词的意义，"存在"即"使存在"，而"人"则是"存在"的一个特殊的部分，但它又不是一般的"经验的存在者"，海德格尔用了一个最普通的德文字"Dasein"。这个字中文很难翻译，最近我勉强把它译成"该在"。一方面，"该"具有"指示"（zeigen）的意思，跟德文的"da"接近；另一方面"该"还有"应该"的意思，可以理解为"到时候了"（zeitigen）①，"Dasein"作"人"理解，就意味着"人"为"该（存）在了"，亦即，"人"（到时候）"该""出现"了。后来，海德格尔常说"事件"（Ereignis），可能和他想强调"该—到时"的思想有关。

　　"Dasein"不是抽象的"人"的概念，也不是经验里的工人、农民、学生等等，因为这些也还是概念式的人，胡塞尔的现象学要寻求的是本真意义上的人，"活生生"的人，海德格尔的"Dasein"正是那不会和"肉体"混淆起来的"活生生"的人，"Dasein"属于"Sein"，不属于"Seiende"，是"Sein"的一部分，也是"Sein"的"发现者"，因为只有"人"到了"Dasein"的层面，才会提出"Sein"的问题，才会"追问""Sein"，才有这种"发现"（Befindlichkeit）。"Dasein"之所以会"追问""Sein"，乃是因为它们共享一个"（−）sein"。"Dasein"的"Da"，使"Sein""明"起来，使"Sein""到了""明"起来的"时候"。

　　"Dasein"使"Sein""明"起来，原本也是胡塞尔现象学的基本原则："意义"（理念）只向"人——活生生的人"开显出来。不过，胡塞尔这里的"直接性"为海德格尔的"时间性"所代替。海德格尔的"Sein"是一个"动态"的"过程"。

　　如何理解这个过程？也就是说，如何理解"时间性"？海德格尔很强调它的"有限性"。他说，我们通常理解的"无限时空"乃是经验科学的产物，本原意义上的"时空"是"有限的"。海德格尔这个说法，保证了他的

---

　　①　这个意思是我们的同事黄裕生先生提出的。

"该在—Dasein"和"存在—Sein"的现实性，而不陷于空洞的形式。这样，他的"时间性—Zeitlichkeit"就不同于康德的"先天直观"，也不同于柏格森的"无限绵延"。

以"有限"来保持哲学的"现实性"，是黑格尔也用过的方法。黑格尔强调他说的"无限"乃是"有限"中的"无限"，而不是脱离"有限"的另有一个抽象的"无限"——这种抽象的"无限"，黑格尔贬为"恶的无限"。正因为"有限"中孕有"无限"，所以"有限"才是"变化"的，有生有灭的，也就是说，"有限"才成为"有限"。

如今海德格尔的"Sein"本就是动态的，因而也是有生有灭的，也是"有"（存在）和"无"（非存在）同一的。

"有""无"之相互转化？突出地表现在"Dasein"的"生"和"死"的关系上。

"人"作为"有死者"，乃是古代希腊哲学的传统观念；海德格尔按照自己的思想把它理解为"会死者"——即"人"作为"Dasein"是"有能力死"的。海德格尔说，动物没有死的能力，动物的"死"，是自然的"消亡"，是由一种物质形态转换为另一种物质形态。作为"Dasein"的人，就不像这样简单。"Dasein"有一种"能力"，在它还没有"消亡—死亡"的时候，"提前进入死亡状态"。

这就是说，人作为"Dasein"不同于动物，并不在于人是有意识、有思想的，"知道"总有一天自己要死的，由此或者烦恼或者达观，作出了人生态度的选择等等，在这里，不是一个"意识"问题，而是一个"存在"问题：既然"存在"是一个"过程"，那么，"非（不）存在"也是一个"过程"，而且，这两个名称不同的过程，实际上乃是"同一"个过程。"生"的过程，也就是"死"的过程；"有"的过程，也就是"无"的过程。"使之有"和"使之无"为"一"。于是，我们看到，在动物身上乃是两种完全不同的事情，在人身上却可以是"同一件事情"。在这个意义上，我们既然说人"有能力"去"生"，当然也就有理由说，它也"有能力"去"死"。"生"、"死"、"存"、"亡"，为"有限"的"同一"过程。

从这个思想出发，海德格尔致力于开发"有限—有时限—时间性"的意义，不仅"Dasein"为"有限"，以此开显出来的"Sein"，同样是"有限的"、"时间性"的，这样，就"过程"来看，"存在"和"非（不）存在"，也是"同一"的，是同一件"事"的两个不同的视角和名称，而因其强调"有限"而理解侧重点当在"非（不）存在"这个方面。在这个意义下，海德格尔的"Sein"就不但本身不是"无限"，而且也并不像黑格尔那样"蕴涵"着"无限"和"精神"。海德格尔从"死"的角度来理解"大全"、"终结"——"自身"的"完成"（Ereignis）。

不讲"无限"，也就不必讲"超越"，不讲"理念"，只有那"自己""开显""自己"的"物自体"——海德格尔说，没有比"物自身"离我们更近的了，实际上并没有那"不可知"的"物自体"；当然我们也不必像黑格尔那样让哲学"回到""绝对"自身，"把握""无限"，尽管这种把握需要经过在"有限"中艰苦的斗争。"有限"不是哲学需得克服的障碍，而恰恰是（哲学）思想的"基础"。

列维纳斯——在海德格尔的影响下

海德格尔在刚刚过去的那个世纪，显示了越来越深入的影响。说它"深入"，是因为不仅逐渐引起了专家学者的注意和研究，而且也为具有独创性的哲学家所研究和吸收，逐渐融入新一代哲学思想的潮流中去。法国的列维纳斯就是一个很好的例证。

1995 年去世的列维纳斯，出生在立陶宛，但长期生活在法国，以法文写作，他的思想是法国当代哲学的一部分，而在人才济济、群星璀璨的 20 世纪的法国，列维纳斯闪烁着自己的光芒。

尽管列维纳斯与海德格尔的政治立场截然相反，在哲学理论上也有完全不同的思路，但他始终保持着对海德格尔的学术上的敬仰，海德格尔被放在了他开列的少数他认为最值得重视的名单之中。我们也觉得列维纳斯的思想是在法国背景条件下对海德格尔思想的改造和推进，从而开创了欧洲哲学的一个新的天地。

也许我们可以说，当代法国哲学以强调"他者"这个度为自己的特色之一，这个"他者"，固然受到马丁·布伯的启发，但是布伯的"他者"是一个客观的外在力量，而列维纳斯则把它接纳到他的"形而上学"中来，是说得最哲学、最形而上的哲学家。而相比之下，海德格尔的"Dasein"因其为"Sein"的一个部分，缺少了"他者"这个度。

承认"他者"而又不使之落入"经验科学""客观对象"的领域，从而能在哲学的层面探讨"他者"与"自己（者）—自我"的关系，乃是列维纳斯哲学理论的主要着力之处①。

我们看到，从黑格尔（包括谢林）到海德格尔，他们强调的是一种"同一哲学"，着力于理解"同一性"，当然他们也看到"多"，但都是在"同一"的框架下来理解"多"。在黑格尔，"多"是"一"的"历程"，最终回归于"一"；在海德格尔，"Dasein"既是"Sein"的一部分，则仍归于"Sein"，"Dasein"之间的关系，乃是"Mit - dasein"。

这个"同一"思想，使黑格尔对于"绝对"的把握，最终归于"概念"（Concept）；海德格尔在胡塞尔"直接—直觉"的影响下，强调"诗意"，强调对"思"的存在性的理解，但因为他的"存在"是"一"，遂使其尚待进一步的"开显"。海德格尔的思想中"他者"的度，尚待开发。

强调"同一"意味着"自身—自己—自由"为"同质"。与"自由""相异质"的则为"必然"——则是经验科学的世界。现在要问：能不能设想"异质"的"自由"？能不能设想，不能回归"一"的"自由"？按照列维纳斯以及包括萨特在内的法国现象学存在主义的理路，我们不但能够设想"异质的自由"，而且"自由"本就是异质的。"自由"为"多"——不可回归为"一"的"多"。

"自由（者）"为"多"，而且正因为是"自由（者）"，就不可能约束为"一"。于是，不是在"自由"与"必然"之间分彼此——分"我"（你）"他"，而是在"自由（者）"之间分"我""他"。

---

① 列维纳斯早年研究胡塞尔现象学，1930 年出版《胡塞尔现象学中的直觉理论》（La theorie de lintuition dans la phenomenologie de Husserl），从书的题目来看，颇具法国哲学的特色，也反映了当代欧洲哲学关注的热点问题。1947 年发表《从存在到存在者》（De l'xistence à l'existent），这本书显示了海德格尔对他的影响，以及他和海德格尔的分歧所在。早在 1961 年列维纳斯出版了他的主要著作《全体与无限》（Totalite et Infini），加上他在 1974 年出版的《存在的另类，或本质之外》（Autremnent qu'être, ou au - dela de'essence）构成他的哲学思想的主要基干。列维纳斯的著作很丰富，有几种文集出版，还出版了专门研究犹太教《塔木德》的专著，和利科、德里达等人的著作一起，显示了欧洲哲学的新的趋向和汲取的新的养分，很值得我们重视和研究。

这种"自由者"之间不可归约的关系，那是根据于"他者"并不能归结为"另一个自我"，"他者"与"自我"的关系是"异质"的。哲学既然要克服古代希腊传统的"量"的"几何学""形而上学"，就会建立一个"质"的多样性的哲学系统。

"量"的哲学为"同质者"建立秩序；"质"的哲学则为"异质者"建立"秩序"。前者是"必然"的秩序，后者则是"自由"的秩序。

"形而上学"为"伦理学"

这种"质"的哲学，列维纳斯称作"伦理学"。"伦理学"必定涉及"关系"，涉及"自由者"之间的关系。"诸自由者"的关系是"伦理"的关系。"自由的王国"乃是"伦理的王国"。

列维纳斯说，以"诸自由者"为基础的"伦理学"正是"形而上学"（metaphysics）的本来意思。

我们知道，过去人们理解的"形而上学"是"物理学之后"或者"原（元）物理学"、"超越物理学"等等，其思路是引向"存在论"（ont - ology），要寻求"万物——物理学对象"的"本源"、"诸存在的存在"。海德格尔在哲学上的巨大贡献在于他把原本是无时空、不变的"本体——本质"理解为"有时限"的、"历史的"，把"时间性"观念引进了"存在论"，然而"存在论"仍是"存在论"，尽管他后来不用任何的"论—主义"来称呼他的学说。

列维纳斯则对"形而上学"（metaphysics）有全新的理解。他认为，所谓"超越—原—元—后物理学"之所以"超越"是因为它本不是"物理学"，不是讲"存在—实体"的，而是讲"关系"的，是"伦理学"。"伦理学"（ethics）"早于—超越""存在论"（ontology）。所以，就源头来讲，我们主要在没有"存在论"（干扰）的时候讨论"伦理学"，这时候，"伦理学"就是"形而上学"，而且才是真正意义上的"形而上学"。

列维纳斯这个说法，正是根据了他的"他者"不能归约为"另一个自己—自我"这一根本前提，"他者"和"自我"之间，是一种"异质"的关系。

"存在论—本体论"（ontology）讲"同"。列维纳斯对于海德格尔的"存在"（Sein）的理解，很有启发性。一方面他强调"Sein"的"暗—玄"。同时他又强调它的动词的意义，早在20世纪40年代，他就把"Sein"译成"l'exister"①，干脆用法文的动词原型来译，比英文的动名词 Being 好，也比德文的 ist 好，因为 l'exister 没有人称，是一个纯粹的动作，因而本身是"暗"的。

"Dasein"当然是明的。但是在列维纳斯看来，"Da"既然是具体的，则就带有经验的性质，而同时强调"Sein"，仍是建立在"同（一）"的基础上；他的作为"形而上学"的"伦理学"则是"异"，为"多"，"他者"不可归约于"另一个自我"。

"（异）质"的思维方式，不同于17世纪以来的机械的几何式的"量"的思维方式，而这种思维方式，在哲学上根源于古代希腊的几何学式的思维方式。

"量化"的思维方式对于人类的实际生活有很大的贡献，它促进了经验科学的飞速发展，数学君临一切学科，就连哲学也在它的光环照耀之下。以"空间"涵盖"时间"，"存在论—本体论"以及与其相应的"知识论"成为哲学的主干。

"异质"思想随着"时间"进入哲学，日益强化。在这方面，海德格尔并不能代替柏格森的作用。是柏格森的"时间"观念，活跃了法国的"异质""热"。柏格森认为，"时间"绵延的任何"断裂"，皆是"异质"的，因而"可以分割"的"空间"乃是"异"，不是"同"。

列维纳斯把"异质"观念引入"形而上学"，指出那"超越""存在"的"善"，不是一个普遍的"理念"，而正是由"异质"的"自由者"组成的"伦理学"。

"自由""保证"了"异"，"异质"的"自由者"使其成为"多"，而不可归约于"一"，也不是由"一"加起来的"数—量"之多，乃是"质"之"多"（multiple）。

如同"存在论"研究"存在"如何从"混沌"到"有序"——成为一

---

① 参见1979年出版的 *Le temps et l'autre* 各处。

门"学问—Logos"，"伦理学"也是研究"自由"如何从"混沌"到"有序"——成为一门"学问"。"自由"和"存在"一样，原本是"暗"的、"玄"的。在形而上学的意义上的"伦理学"和在这个意义上的"物理学—存在论"一样，并不是研究经验世界（包括物理和伦理）的"秩序"，而是对这个"混沌—时间—人（或物）"的"理解"——"理解""形而上学"意义上的"人（或物）"乃是哲学的任务。

列维纳斯与中国传统哲学

列维纳斯以"伦理学"为"形而上学"，对于欧洲哲学的传统本是一个很大的冲击，但是他却强调他的哲学源自柏拉图，近取康德，而与东方哲学传统无关。

列维纳斯自觉地把自己的哲学直接接续柏拉图，认为柏拉图的"至善—最高的善"的理念，就已经蕴涵了"善""超越""存在"的意思，而不同于巴门尼德的学说。他的哲学明显地与康德的《实践理性批判》相衔接，这也是不可否认的。这其中的关系，很值得进一步研究，也是无可怀疑的。

我们这里想补充的是：正因为列维纳斯的思想的彻底性，他理应以"好客"（hospitality）的态度，"接纳"中国传统哲学的问题，以大量的不同于欧洲传统的哲学思想资源充实自己的学说。

既然列维纳斯——如同许多欧洲哲学家那样，没有较多机会接触中国传统哲学材料，中国的学者当来"替他"把这件事做下去，把他已经走到"边缘"的路继续走下去，以收资源共享、相得益彰的效果。

中国是一个"好客"的国家，在学术、在哲学上也是如此。

中国古代以儒、道互补为精神思想支柱，至佛教进入中国，经过长期磨合，儒、佛、道三家合流，佛家中国化了，儒、道两家也得到了丰富发展，加之社会历史的演变，遂有宋儒的诞生，儒家有了新面貌；中国近数百年来，西学东渐，由科技而哲学，由逻辑而形而上，又有20世纪"新儒家"学说的问世。新儒家受到大陆学者的重视和研究，当有其思想的根源。

盖因几十年来，学者学习马克思主义哲学理论，兼及其来源德国古典哲学，至改革开放以后，百废俱兴，在弘扬民族文化的旗帜下，中国传统哲学得到广泛重视，曾有结合二者的"大成智慧"之说，可见已经成为一种趋势。在此种氛围下，"新儒家"学说之被重视，乃在意料之中。

就哲学理论来说，现代新儒家也可看作中西哲学会通融合的一种成果，从贺麟先生将宋儒与黑格尔哲学结合的尝试，到牟宗三先生以康德哲学为主要借鉴，探讨儒家哲学传统，思路已经相当深入。

自从中国实行改革开放政策以来，中国哲学之"好客—兼容并蓄"的传统得到发扬。

我们将学习我们所需要学习的东西，譬如西方与分析哲学有关的思路，像严复当年那样，重视引进西方科学性思想方式；有些则是我们需要借鉴的，对于深化我国哲学传统大有好处的，譬如欧洲大陆哲学的传统，以及它的当代的形态。上述列维纳斯，就是我们要重点学习的一位。

应该说，中国近十几年来重视研究海德格尔并非偶然。海德格尔重视"历史性"、"时间性"以及"人诗意地居于大地上"这类思想能够比较容易地为中国人所理解。对他的研究，也促进了对中国传统哲学的进一步思考。

我们看到，从海德格尔到列维纳斯这条思路的进一步推进，对于理解中国传统儒家哲学则更有参考价值。

即使从表面上来看，列维纳斯的立论已经和传统儒家思想相当接近，它们都是以"伦理"作为自己学问的基础。

中国传统重伦理，而西方哲学重物理，这本是相当明显的区别，几乎成为常识。如今西方哲学家出来说，根据他们的传统，他们的"形而上学"正是"伦理学"，则迫使我们不能对这个问题停留在表面的层次上。

我们过去研究中国儒家传统的伦理观和康德相当接近，都有一个超乎个人的"至善"为其核心，然而我们也感到，我国儒家传统并不具有康德那种"纯形式"的"绝对"和"自由"的观念，遂使二者在精种实质上不容易沟通。

如今列维纳斯说，"自由"并不是最原始的，而是"被赋予"的——萨特也说，"自由"是"被注定"的，在"诸自由者"之上，尚有"正义"（justice），"正义"高于"自由"，如同"他者"高于"自我"一样。"正义"、"他者"和"自由"、"自我"之间是一种"不对称"的关系。

列维纳斯这种思路，当然也是可以和康德衔接的，因为康德的"自由"是通向"至善"的必要条件，而"天国"的至善，乃是"正义—公正"的最高裁判所，上帝掌握着这个最高的"权力"。"天国"高于"道德王国"，"宗教"高于"伦理"。

列维纳斯说，这个"上帝—神"正是"绝对的""他者"。"他者""赋予""自我"以"自己—自由"；不是"自由"是"公正—正义"的条件，相反，"正义—公正"是"自由"的条件，"他者"是"自己"的条件。

这样，中国儒家"仁"就可以得到"形而上"的理解。"仁"不是一种抽象的、绝对的"自由"，而是一种"相对"的"自由"，是在"君君臣臣父父子子"的"关系"中的"自己"，是"他者"与"自我"关系中的"自己"。"君君臣臣父父子子"固然是一种经验的社会关系的等级，但仍可以作"形而上"的理解，即，守住这种"关系"，也就是守住了"自己"。

这就是说，"自己"并非抽象"同一"，而是"异"中之"同"；守住了"异"，也就守住了"同"，反之，守住了"同"，也就是承认了"异"，而不是"同"外有一个"异"，也不是"异"外有一个"同"。

中国儒学中的"诚"、"性"等观念，都应作如是观。所谓"慎独"，也不是一般的经验道德修养，而是有一层"一"与"多"的形而上意义在内。即，表面上是"自我"的"独"，实际上仍有一个大于"我"、强于"我"、多于"我"的"他""在"。"他"使"我"成为"自己"。

"他者"与"自我"的"不对称性"，使得"被动性"进入"自由（者）的王国"。哲学的传统，历来致力于"纯粹主动"之思考，巴克莱说出"存在就是被感知"，受到狄德罗的嘲笑，然而，"被动"问题终于进入了哲学—形而上学。哲学同样应该追问"被动"之所以成为"被动"的"根据"。康德道德情操的"敬畏"，已有形而上的意味，不是客观的知识。"被动性"问题进入哲学，也意味着"感性"进入哲学，从而"存在"才实实在在地，而不是抽象概念地进入哲学，只是这一切的根据，乃在于有一个"他者"不可归约的"自我"。这样，此种"被动"才不是单纯的镜像式"反映"，而是一种实质的"关系"。

在这种关系中，也只有在这种关系中，人保持着"自己"，"保持自己"

即"保持自由"。而在关系中的自由，就不仅仅意味着"责任—忠"，同时也意味着"恕—宽恕"，"忠于"自己的"职守"和"请求""（他者）宽恕""自己（的越位或不到位）"。既然你给了我这种"自由"，则我的一切行为皆有无可推卸的"责任"，但是既然"自由"不在知识领域之内，而"不知者不罪"，我"有权（有根据）"请求你的"宽恕"。这是道德哲学研究的问题。"责任"和"宽恕"都是由形而上进入形而下的"通道"。"职责"保证社会的稳定，"宽恕"保证人民有改变的"权利"。"忠恕之道"乃是"治国安邦"之形而上根据。

列维纳斯沿着这条思路有许多对于欧洲哲学来说很新的论说，他是把柏拉图已涉及而后来没有开发出来的领域重新挖掘了出来，我们只是想补充：在他重新开发出来的界面中，中国传统哲学已经经营了数千年，理应有相当的参考价值。既然他们已经开出了这个境界，早晚也会以"好客"的态度重视研究中国的传统。

当然，欧洲哲学在另一个角度上经营了数千年，这样长时期的思考经验，维护着这个新界面保持在哲学形而上的层次，这个经验对于理解中国哲学传统的作用，近数百年来，从未被中国学者忽视过。

2006 年 8 月 17 日北京

欧洲哲学视野中的"知识"和"道德"

——读列维纳斯《存在之外》的一些感想

列维纳斯这本书的书名（*Autrement qu'etre*）就很难翻译，英译"*Otherwise than being or, Beyond essence*"，也是勉为其难，中文就更加难译，"另类存在"当然不对，"非存在—不存在"也不对，"不是存在"勉强可以，但牵涉问题也很多，如果按照一些人的用法，"存在"应译成"是"，则就会是"不是是"或者"不是个是"，那就太"不是个东西"了。不得已，我经常用"存在之外"来说列维纳斯的意思，它和英译"Beyond essence"也有点接近，只是"Beyond"或可以为是"transcendent"，那欧洲哲学传统中原本就有"超越的存在—transcendent Being"，而这个意思显然不是列维纳斯的，所以我还是用他自己常用的"outside of…"或者"other-side of…"来说"存在之外"，这个"存在之外"的前面，当然不可以按中文的习惯再加上一个"在"字。所谓"存在之外"，或者也可以说"外于存在"。

之所以有这些困难，正在于列维纳斯要打破欧洲哲学的这个"存在论—知识论"，将"道德—伦理"驾临于这个传统之上，但也包容这个传统在"道德—伦理"的意义之中，在"存在"和"知识"之"外"为"形而上学"寻求一个更加原始、更加坚实的"基石"。

在这条思路上，列维纳斯工作得非常出色，他以自己的博学和才智，将欧洲哲学的基本问题融会在自己的思路之中，系统、清楚、不厌其烦地阐述自己的思想；同时也将自己的思想奠定在当代欧洲哲学的新近成果中，特别是从近代德国哲学到 20 世纪法国急进哲学诸家的基础上，见出他融会贯通、博大精深的思想功力，甚至可以不免夸张地说，他作为哲学家，在众多的杰出人物中，竟是少数几个能与康德、黑格尔、胡塞尔、海德格尔媲美的一个代表。

列维纳斯著作很多，最为重头的大概要算《全与无限》和《存在之外》这两本书。我较早就读过《全与无限》，最近才读到《存在之外》，其实这也是他 20 世纪 70 年代的作品了。

这本书和列维纳斯其他著作一样，就文字来说，是很清楚明白的；但思想却非常细密，要读懂，也是很难的。我想一切大哲学家的著作都有这个特点：文字不是主要难点，主要的难处在于理解它的思想。就文字来说，哲学家的著作也各有特点，据说英文中培根、休谟、罗素的文字是为佳作，德文中叔本华能写"美文"，而康德的《纯粹理性批判》在文字上出名的别扭，他的哲学圈外的朋友就有所抱怨，后来两个《批判》文字上有所改进，可能也不能算是好文章。

我的外语程度不够评判文字的资格，列维纳斯用法语写作，文字方面当由专家评议；而且我大多还是读的英文或者中文译本，只是觉得他在文字表达上，也是很简洁明了的，这当然也跟他的思路清楚、缜密不可分的，他的论断在细密处也同样斩钉截铁，能使不很清楚、难以清楚的地方清楚起来，是思想的功力也是文字的功力。

一 "存在""以外—之外"复"如何"

我们不可以问"存在""以外""复何如"，"何如"的意思有一个"什么"在内，问的是"是个什么样子"；"复如何"问的就可以没有这个"什么"在内，是问一种"方式—道路—理由—理路"，用英文来说，前者"问""what"，后者则问"how—why"。因而这个"如何"的意思不是"如同""什么"——在这个意义上，"如何"就不是"何如"，而是"how to do"中的"how"，"why to do like that"中的"why"，不是"问"一个具体"目的—什么"，而是"问""根据"，"问""理由"，是一种并无"目的"的"动机"。

"问""如何"而避免首先"问""什么"是欧洲形而上学传统的一个"问题"的"转向"。

欧洲形而上学源于古代希腊，是一种科学性思想体系的"升华"，或者这种科学性思想体系倒是奠基在这个"形而上学—哲学"的基础之上的，是为"原—物理学"—"元—自然学"。这门学问的核心乃是"追问""自然""是""什么"。

"自然"是一个"花花世界"，五彩缤纷而又变化万千，从感觉直观人们就能够—有能力体会出这个世界的"什么"经常在"变"，甚至"瞬息万变"，似乎容不得人们去"追问"一个稳定的"什么"，这就意味着，当人们"追问""什么"时，人们已经"超出"了那个"变化万千"的"感觉世界"，而进入一个"理性"的"概念世界"，因而这个"什么"的问题，乃是人类"理性"的"觉醒"，本身就是一个"理性"的"问题"，是一个"超越"的"问题"，要在"大千世界"里寻求这个世界的"稳定"的"基础"，寻求一个"形而上"的"安身立命"之所，也就是"在""时间"中寻求一个"空间"，一个"立足之地"，"以不变应万变"。这一片"稳定"的"空间"就是"超越""万有—变化万千""诸存在""以外"的"根本性—本质性"的"存在"，就欧洲哲学传统来说，是"概念性"的"存在"。欧洲哲学—形而上学的传统也就是这个"概念性"的"存在论—ontology"传统。"存在论"传统乃是"概念论"传统，也是"空间科学—几何学"的传统，古代希腊哲学家认为，"空间"既然可以"简约"为一种"先天性"的"理论推理"科学，则"在""时间—变化"中的"自然"世界同样也可以"简约"为一些"概念"加以"理论推理"，使"变化"成为"可理解—可知"的。在这个传统中，"可理解"的"知识"，除去奠定在"存在论"基础之上，别无他途。"知识论"与"存在论"在"形而上学"的框架内得到了"同一性"。

欧洲这个由"追问""什么"为核心的"形而上学"传统，虽经种种曲折迂回（detour），几经"打破"、"批判"甚至"摧毁"，但"万变不离其宗"，种种"破"的工作，仍然"回归"到"立""存在论"这个"大海"中去，就是康德、黑格尔、胡塞尔甚至海德格尔，也不能完全例外；列维纳斯的工作正是努力"遏制"这个"回归"的趋势，使"存在论""一去不复返"，而"彻底""堵塞"这个"回归"之路的莫过于将这个"回归"的"轮回"纳入一种"不复回归"的"一往直前"的"汹涌波涛"之中，成为一些"自身封闭"的"漪涟"，表面在"运动前进"，实际仍在"原地"作"自我扩散"。也就是说，列维纳斯的"外于存在"的思路，恰恰"包容"了"存在论"的"历史路程"，"存在"的"问题""源于""外于存在"的"问题"，"何如""问题""源于""如何"；传统认为最为第一的"什么""问题"，却是派生的"问题"。

"问题""令人—让人""思考"，"什么"的"问题""使"人"思考""世界"的"意义"，从而"使""世界"成为"可以理解—可以认知"；但是在列维纳斯看来，要"使"世界成为"可理解—有意义"，并不一定非"问""什么"不可，甚至主要—最初并不是"问"出个"什么"。不"问""什么"反倒是世界"可以理解"的更为根本的方式。把"问题"的方式由"问""何如"转变为"如何"，也就是不通过"问""什么"就直接地"问"世界"如何—何以""有""意义"，是一种更为直接，更为原始的提"问"方式。

胡塞尔说"想"总要"想"些"什么"，"意识"总要"意识"到些"什么"（consciousness of…），这个"什么""虚位以待"，"等待着""兑现—cash in"，而这个"兑现"过程，也就是"知识""演进"的过程，这个"什么"也就是一个永远"填不满"的大"钱柜"，"什么"永远是一个"问题"，是一个得不到"绝对""解答"的"问题"，因而，这个"问题"竟是一个"怀疑论"的"陷阱"。为扫除这个"陷阱"，胡塞尔用一种"悬隔—存疑—epoche"法，以求"现象学的剩余者"，一切经验的自然—变化万千的世界都被"括了"起来，还"剩余""什么"？人们既然把一切"可疑分子"全都"拘禁"起来，"剩余者"当"无可怀疑"。作为胡塞尔的"剩余者"为"什么"，为"理念"，而海德格尔为"存在"；于是我们又"回归"到欧洲哲学这条"思维与存在同一性"的传统上来。

然则，人们在"问""什么—理念或存在"之前，尚有一个"不可怀疑"的"问题"；在"人"与"自然"的"关系"之前，尚有一个"人"与"（他）人"的"关系""问题"，这个"问题"一经"发问"，"答案"已在其中，也就是意味着，这个"问题"本身已带有"绝对"的"答案"："为了""他人"，"为他"，亦即"外于存在"。

"存在"具有"存在论—本体论"的"同一性"，"存在"是"本体论—存在论""范畴"，也是"知识论""范畴"，世界经过"理性"的

"统摄","归于"一个"贯通古今"的"概念"之中,这种理性的统摄作用,能够将一切"过去"通过"记忆""表现—显现"成为"现时",亦即经过"概念化"成为"知识"。"存在论—知识论"在"现时性"的基础上"归于""同一",也是在这个基础上,将"时间性""简约—归于""概念"的"逻辑""推演"(黑格尔);而这个"理性"的"统摄"功能,亦即是一个"同一"的"我—大我"(费希特)。在这个"理性""先天的""基础"上,我们一切的"知识"皆得以"派生"出来。

然而,这个作为"理性""同一性"支柱的"我—大我",却并非铁板一块,"我—大我"中"蕴涵"着"非我","存在"中"蕴涵"着"非存在","蕴涵"着"思维",这一点并不待列维纳斯来揭示,乃是德国古典哲学以及海德格尔所深刻地考虑过的,他们的"理性"和"存在"都是一个"矛盾体",因而是"能动—active"的,"能够—有能力""揭示""自己"的"反面",将这个"反面""开显"出来,因而"存在"、"自我"这些观念都"有能力""设定—开显"一个"非存在"、"非我"的层面来,于是"现时""有能力""开显"出"过去"来,"理性""有能力""开显"出"自然—非理性"来。

这一层工作,是传统的哲学家很认真地做过了的。

然而,"不可开显"的"反面—他者—异者"又"如何"?那个"不可开显"的"异",乃是一个"绝对"的"异","我"与"他"不具备"同一性","他"不是"我"的"开显",不是"另一个""自我",这种"关系"就不是"存在—知识"的"关系",而是"伦理—道德"的"关系",前者是"同一—平衡"的"关系",后者则是"不同一—不平衡"的"关系",而这种"关系"比起"同一"的"平等""关系"更为根本,更为深入,因为它"深藏"在这种"同一性"之中,"使"这种"同一性""破裂","使""自我—理性—自由—创造—能动"等"知识论—存在论"的"权威"发生"动摇"。

在这个意义上,不是"存在—知识""支配"着"伦理—道德",而是相反,"伦理—道德""支配"着"知识—存在"。

"权力""支配"着"真理",意味着"他者""支配"着"自我",因此,"形而上学"的"旗帜"上书写的不是"自我",而是"他者"。"我"

"为他"。

形而上学的"为他"不仅仅是经验伦理学的一种"利他主义"的道德箴言，而是必然的原则。"我""本来"就是"为他"的，"他""决定"了"我"。

"我"在"为他"中"形成"，"存在"在"道德"中"建立"；"为他""使""我""存在"，也就是"使""我""意识"到"我是我"，胡塞尔的"consciousness of…"，"self—consciousness"建立在"为他"之上，以"为他"做前提。表面上"同一"的"我"实际上为"异—他"所"支配"，"我""在""时间"中（海德格尔），并非"在世—在时间"能够"保持"着"自身"的"同一"（黑格尔），"我"既受"他者—异己"支配，则"我"亦为"异"，"日新日新日日新"，"我""在""异时性"中，"我"是"异时"的—diachronic。

如此，则"他者"又"如何"？"他者"也不是一个"什么"，"他者"不是"我"的"知识对象"，不是"在""我""面前"的"一物"，"他者"与"我"是一种"伦理道德"的关系，"我"在"认知""他"之前就已经"决定—立意""为他""服务"，"我""天生"就是"为他"的。

"我"对"他""负有""责任"；但这种"责任—义务"并非如康德所说的出自"我"的"自由"，恰恰相反，正是"我""为他""负责"，"我"才"自由"。"责任—义务"早于"自由"。于是"理性—自由—自我"不是"道德"的基础，而是颠倒过来，"道德"乃是"理性—自由—自我"的基础。"他者""决定""自我"，亦即"为他"的"责任"决定"我"之"理性—自由"。

在这种"道德—形而上学"的观点—视角下，"自我"就完全不是"能动的"，而是绝对的"被动的"，列维纳斯为强调这一被动性，再三说这种"被动性"是比一切"被动"还要更加"被动"的"被动性"。"被动性"被赋予了强烈的"形而上学"的意义。这种"绝对被动性"推演下来，导致"我"作为"人质"的观念。"人质"的"命运""操"在"他者"的手中，而"人质"乃是"无辜者"。"无辜"而"受罚"乃是"代人受过"。作为"抵押品"，"人质"是"绝对"的"为他"者。

从一个理论的—形而上的前提推导出这样一个非常现实而又可怕的观

念，虽然冠以"人性—母性"之类的美名，我们也不得不再三检讨这种理论本身。

二　"知识"与"道德"的"辩证"关系

列维纳斯的"道德—形而上学"思路，走到"人质"这一步，不能不引起人们的三思，他的思路或者有什么可以商讨的地方。

实际上，大凡经过认真严肃地思考过的思想体系，可以商讨的往往不在细节，而在基础的地方，列维纳斯的哲学也是这样，这个哲学的问题，也在一个基本点上："哲学"是否可以"绝对""外于""存在"，"道德"是否可以"绝对""外于""自由"，更进而言之，"哲学"是否可以"贬抑""自由"？

列维纳斯很清楚地知道，欧洲哲学为了维护"理性"的"自由"，做了大量深入的思考，从康德到黑格尔直至胡塞尔、海德格尔，"自由"概念由"形式"到"内容"，由"抽象"到"具体"，由"理想"到"现实"，由"观念"到"存在"，"理性"的"自由"已经成为哲学的核心概念，要将它从"哲学王国"的"王位"上"颠覆"下来，殊非易事。列维纳斯很想将康德引为知己，但康德的批判哲学恰恰不能在根本上帮助列维纳斯。

不错，康德的《实践理性批判》提供了一幅"至善智慧"的哲学图景，但这幅图景恰恰是"至善"的"存在—现实"之路，亦即"自由"与"幸福"相结合之所以"可能"的根据。康德的"至善智慧"也就是"自由""开创"的"现实"之路，是"使""自由""存在"之路，而不是"外于存在"之路。

同样不错的是康德在《纯粹理性批判》中"限制"了"知识"，他自己说是"为信仰"留有余地，我们也不妨说，是"为道德"留有余地，在这个意义上，"道德"的确在"知识""之外"。

然而，我们知道，康德"限制"的"知识"是"经验知识"；当然他认为一切"知识"都"来源于经验"，他的《纯粹理性批判》致力于寻求并建构"经验知识"的"先天性""原理—原则"，以保障"经验知识"的"必然性"，从而保障"科学知识"的"权利"。在这个思路指导下，康德强调知识的"经验性"，也强调知识的"先天性"，"经验性"通过"先天直观"和"图式—schema"与"先天范畴""结合"，成为"先验知识—transcendental knowledge"，这样使得"自然科学—物理学"成为可能。

在康德批判哲学中并不排斥"知识"的"偶然性"，并不认为一切"知识"都是"推论"出来的；康德虽然论证了"先天综合"的可能性，但认为"知识"都是"综合"的，因而是"经验"的。

康德的"先天范畴"最为主要的是"原因"和"结果"——因为亚里士多德已经指出，所谓"认识"一个"事物"，也就是"认识"它的"原因"，康德也论证了二者之间的"必然性"，但并不是说，一切现象的"原因"和"结果"都是如同数学—几何那样全是"推论"出来的，"推论"只"限于""理论性的—theoretical"，至于"实际—现实"的"因果关系"，则不是仅依靠"先天的推论"就能"认知"的。"经验知识"不仅依靠"证明"，而且依靠"证实"，而"证实"永远只是"经验"的。

这样，在"经验知识"中，"原因"和"结果"并不是靠"推论"就能"知道"的，因为"经验"总是"不完全"的，"经验"不可能"提供"任何事物的"全部"的"原因"和"结果"，因而"经验科学"是一个"开放"的"过程"，是不断探索的过程。"真理"是一个"过程"，而不是一个"完成"的"经验事实"。

在这个意义上，我们的"经验知识"总是"有限"的，在这个"经验"的"限制"的地方，在这个"经验""却步"的地方，"蕴藏"着"道德"。"必然性"的"终止"，"产生"了"自由"。

不是吗？既然我们的"经验"不可能"全"，则我们的"知识"要在"经验""系列"之"不断"中作出"判断"，我们不可能在"穷尽"一切"因果""系列"之后再作出"知识"的"判断"，我们总是在"一定—有限"的"资料"时就"作出判断"。科学家有"权利"在"一定—有限"的"资料"基础上作出"科学"的"论断"，这个"论断""有权""要求"人人都"认同"，也就是说，科学家是在提出一个"必然性"的"论断"，但在实际上，这个"论断"绝不是"教条"。

这样，科学家在"不断"中"作出""论断"，"使""不断""中断"，也"使""复杂—纷乱"的"原因"成为"有序—系统"，亦即"分清"

"主次"，"作出""选择"，就有科学家的"责任"在。

科学家"作出"这样的"论断"，已经"超越"了"经验"，"超越"了纷繁复杂的"必然""关系"，"打破"这个"锁链"，依据一个"自主—自由"的原则，也就是"理性"的原则，他的"论断""行为—作为"，已经是一个"始作俑者"，是一个"创始者—自由者"，因而也是一个"责任者"。"科学家"对自己的"论断""负有""责任"。

"科学—知识"总是在事物的"因果关系"尚未"显现"或还在"显现—开显""过程"中时，"作出""判断"，"揭示""事物"的"原因"，"科学"这种"揭示"工作，有"科学家"的"自由""权利"的"保证"，"科学家""有权""作出"这样的"判断"，因此也就有一种"责任"。"责任"来自"自由"，而不是相反。"科学家"为"揭示""因果必然"的"自由权利"而"负有责任"。

科学无须—不能"等待""一切""因果关系""全都""显现—呈现"出来才"作出""论断"，"科学家""拥有"这个"自由""论断"的"权利"，一如"哲学""无待""经验"之"全"就"有权""思考—理解—认知"这个"无限"，对这个"全"作出"判断"。"科学"与"哲学"都"拥有""自由"的"权力"，科学家和哲学家"作出"的"论断"都有"道德"的意义。任何的"作"都不仅是"理论性—推理性"的，而且是"实践性"的。

康德认为"科学知识—经验知识"运用的是"经验概念"，譬如"日月山川—人手足刀尺"，就其与"感性直观世界"有"一一对应"的关系来说，它们是具有"经验性"，是从"经验"中"概括"出来的；但是古人并不是在"穷尽""全体"的"杯子"后"概括"了"杯子"的"概念"，中国的王阳明"格竹子"、古希腊柏拉图的"鞋子"的"理念"，都蕴含了这个问题：任何"概念"——包括通常所谓"经验概念"在内，都有"理念性"，而并非只有康德那三个"物自体—自由意志、灵魂不灭和神"。一切的"概念"都含有"理念性"，这也就是胡塞尔为什么要说我们的直接"面对"的世界，就是一个"理念的世界"，而对于"感觉"的"分析"——"经验科学"乃是在这个"理念世界"基础上"发展"出来的，把这一切"后来者—后天的""括出去"，"剩余"的，也正是那个作为基础的"理念世界";而按照康德,"理念"就会是"过渡—飞跃—提示"到"道德—实践"领域的"契机",在"理念世界","知识"与"道德"是"同一"的。

"理念"是"理性""自己"的"事业",是"自由"的"设置"——在康德《实践理性批判》中叫做"悬设—postulate","理念"不是"经验"的"概括",而是一个"飞跃",一个"创始—创造",就"因果"环节系列言,"理性""判断"的出现,乃是这个"无尽""系列"的"中断",在这个意义上,"理性"的"判断"正是对于"第一因"的"揭示",而所谓"第一因"亦即"原始因",于是正是"原因"之所以为"原(始)因"的含义所在,亦即希腊人所谓的"始基—arche"的意思。"始基"乃是诸种"谱系"之中的"原始—第一",中国人所谓"鼻祖—祖师爷"。亚里士多德说"智慧—sophia—wisdom"包括两个方面,一是"始基—archas",一是"原因—aitias—causes",而"aitias—causes"原本就有"肇因"、"负责"的意思,在"无限"的"系列"中"断"出"原因—元凶",犹如"法官"的"判决",自然是责任重大的事情。

于是,即使是"理性"的"知识""判断",仍然"蕴涵"着"道德—责任"的"因子",这就是说,"理性"在"知识"问题上是要"揭示"一种"必然性",但这种"必然性"却是离不开"理性""自由"的基础,是在"自由"基地上"产生"出来的一个"理论体系",在"知识—经验知识—科学知识"领域,"理性—自由""让—令"这种"必然性""开显"出来,或者说,经过"理性—自由"作出"论断"从而"建构—建立"起来的一种"理念—概念体系"。"建立"一个"科学王国"一如"建立"一个"现实王国",都是要"负责"的,因而都是"道德性"的。

"科学家"是要"负责"的,正因为他是"自由"的。科学家的"自由"并不是由"外部""赋予"他的,不仅仅是一种"社会责任",而是"科学—知识—经验"本身就蕴涵了的,是"科学—知识"本性所"决定"了的。"科学—知识"要"判断—论断",就必定要"自由",必定会"超出""经验—知识"进入"道德"。在这个意义上,"道德""基于""知识","基于""真理","基于""存在",而不是"外于"它们。

在这个意义上,"知识"和"道德"有一种"辩证"的关系,它们都在"存在"的基础上具有"同一性"。它们都奠定在"存在"的基础上，也就是奠定在"理性"的基础上，奠定在"自由"的基础上，而不是从"存在—自由""之外"再寻求一个"正义"来"规定—开显""存在—自由"，认为这种"他者"的"正义"才是"道德"，"自由"是在"正义""支配"之下才"被意识"到的"什么"。

的确，康德的《实践理性批判》让人感到他理解的"自由"带有过多的"形式性"和"抽象性"，他的"应该"与"实在"之间不允许"转化"，也说得过于绝对，这些都常为后来者所批评；但就康德思路进程，他原本"应该"将他的"哥白尼革命""进行到底"，事实上在"实践理性"这个"领地"里，"理念"已经有了"现实性"，"应该"的意思也就是"应该"是"实在"的。这就是说，"自由"原本意味着"创造"一个新的"现实"。康德在《实践理性批判》一开始就说过，因为"实践理性"本身就有"现实—实现"的"能力—功能"，所以才用不着像他的第一部《批判》那样加上"纯粹"的字样。这就是说，在康德看来，"理性"在"知识"领域，需要"接受"一些"外来"的东西—感觉经验的材料才会有"现实性"，所以需要"审批—批判"的是"纯粹理性"的"能力—职权范围"，而"实践理性"的"现实性"原本就是"理性"自己"赋予—悬设—创造"的，他的"职权范围"没有"限制"，"纯粹理性"本就有"现实性"的"权利"。

按这个思路，"纯粹理性"本就具有"实践性—现实性"，"实践理性"比起"理论理性"不是更加"抽象"，更加"脱离现实"，恰恰它本身"就是现实"，就是"存在"。"实践理性"—"道德"的"自由"，就具有"现实性"，"应当"本意味着"应该""存在"，而"该""存在"正是海德格尔的"使—令""存在"，乃是"自由"的"道德"的"存在"。

于是我们看到，就康德"批判"哲学来说，在《纯粹理性批判》里我们看到"自由"的"趋向"，而在《实践理性批判》里，我们看到"存在"的"趋向"，前者从"存在者""走向""自由"，后者则从"自由""走向""存在者"，二者"统一"于海德格尔意义上的"存在"——"现实"的"自由"，"自由"的"现实"，在这个意义上，"道德"也就是"存在"

的，"存在"也就是"道德"的。

在这个意义上，"知识"蕴涵着—趋向着"道德"，"道德"也"蕴涵着—趋向着""知识"；由"经验知识"的"超越"，进入"自由—道德"，由"道德"又"回归""知识"，将"经验知识""提升"为"理念"的"知识"，"自由"的"知识"，是为"哲学"的"知识"，这是康德以后，直到黑格尔总其成的思路。

这条思路之所以可能，乃在于康德奠定下的基础："限制知识"，我们且搁置"信仰"问题，将后面的话改成"为道德留有余地"。"知识"这种"限制"并不意味着"科学—知识"之"无能"，而恰恰是显示出"知识""进步"的可能性，揭示着"知识"的"发展"的可能，"知识"本身"蕴涵"着"超越"自身的"趋向"，"自由""源于""知识"之"飞跃"。

"知识"——包括一切用来提供"资讯"的"科学工具"不可能提供任何事物的"全部""原因—因素"，任何事物的"知识"，皆必须一个"断定"，这个"断定"的"契机"，乃是"自由"的"萌芽"，是"不可能"中的"可能"，是"多"中之"一"，是"混沌"中的"有序"。"建立"一个"有序"的"王国"—"科学王国"，又是"自由"的产物，因而也在"有序"中"保留"了"自由"。"科学的王国"是"有序的王国"，也是"自由的王国"。

"知识"的"自我""蕴涵"着"自身"的"反面"，"蕴涵"着一个"他者—异"，"蕴涵"着"道德—自由"，但这个"他者—异"又"揭示"着"知识—自我"同样是一个"自由者"，甚至康德也正是由此而有理由—有权力在"知识"领域进行一场"哥白尼式的革命"，揭示出"理性"在"经验科学"这个"封地"上的"立法"位置、"自主""权力"，"先天性—a priori"原本是"理性""自由—自主"的一个"知性""职能"；只是出现"道德"问题后，在进入"实践""领地"之后，一切"感性"的"事物"都转化成为"理念"，一切"存在者"皆为"自由者"，问题就开始从如何"管理""感觉经验"的"材料"，转化为如何"协调""诸自由者"之间的"关系"。

列维纳斯所缺乏的正是这种"诸自由者"之间的"平等""关系"。

三　历史的知识与历史的论断

"历史"是"人""创造"的，而"人"本质上是"自由者"，"历史"是"诸自由者""关系"的"发展"，"历史"也是"真实""存在"的，"历史"是"存在"的"发展"，也是"自由""在""现实"中的"发展"和"开显"。"我"与"他"的"关系"，同样也是"自由者"之间的"关系"，而不是"主—客"、"主—奴"的"关系"。"我"与"他人"乃是一种"自由"的"平等""关系"，乃是"人人为我—我为人人"这样一种"理念—理性—自由"的"关系"。"历史—自由"的"发展"固然有许多"曲折"，因为"自由"要"开创"为"现实"，道路并不是笔直的，"周道如砥"，乃是诗人的理想，但是"方向"是"使""自由"逐渐地"成为""现实—存在"。

在这个意义上，"历史"倒不仅仅是"趋同"，而且也还是"趋异"的；并不仅仅是"万物归一"，同时也还是"一生万物"，"历史"是"自由"的"发展"，也就是"异"的"发展"，而"异"的"发展"，也就是"历时性—异时性"的，"历史""保护—发展"着"自由"，也就是"保护—发展"着"多"。"历史""使""世界""更加""丰富多彩"，"历史""使""自由""存在"，"使""异""存在"，"历史""使""人人"都成为"自由者"。

这样，"历史—历时性—异时性"就不仅仅是"道德"，而且也是"存在"，也是"知识"，它们在"存在"的基础上有一种"对立统一"的"关系"。

"历史""知识""何以可能"？按照列维纳斯，我们只有对于"历史"只有"道德"的"感受—sensibility"，而并无通常意义上的"知识"，或者说，这些"知识"总是人的主观概念"结构"起来的，而不是"真实"的"历史—历时性—异时性"，因为"知识"总以"存在"为"对象"，而"历史—时间—异时性"乃是"外于""存在"的。

"历史知识"同样是追问、探讨"历史事件"之间的"因果关系"的，"寻求""历史事件"的"原因"，如同一切"知识"那样，是"历史科学"的"可能性"的基础；但是也如同其他一切"知识"一样，"历史事件"的"因果关系"是"无尽"的，于是按照康德的哲学，"历史本身""不可知"，如同一切"事物"的"本身""不可知"一样。

"事物—历史""本身""不可知"，亦即"历史—事件"的"arche—始基—始因""不可知"，按照康德，"始因—第一因"原本不是"知识"的问题，而是"信仰"问题；然则又如德国古典哲学康德以后的发展那样，这个"始因—原因"成为"可知"的了，理由正在于"始因—原因"不是"外于""存在"，"始因—原因""存在"，只是这个"存在"乃是"蕴涵"着"道德"—"自由"的"因素—原因—始因""在内"，恰恰不是"外于"，而是"内于""存在"。

"历史学"是"科学"，不是"信仰"，也不仅仅是"道德"。"历史学"当然不仅仅是"编年史"，而且还要在这个基础上"寻求""历史事件"的"前因后果"，使之形成一个"科学体系"，"历史学"揭示"历史事件"的"必然性"，寻求"历史""发展"的"规律"。"历史学"寻求"历史"的"有效因"，使"历史"成为"有效应"的"历史"（伽达默尔—wirkend geschichte），亦即在众多"起因"中寻求"有效因（efficient cause—亚里士多德）"。

然而，"历史"既然是"人""创造"的，而"人"又是"自由"的，对于"自由"的"必然规律"的"知识"，当然就更多一层困难。"历史知识"、"历史科学"的"对象"，乃是"自由"的"存在者"，蕴涵着"诸自由者"之间的"关系"，这种"关系"乃是"自由"的"因果关系"；而且这个"关系"既是"对象—客体"的，也是"主体"的。

就"客体—对象"来说，"历史事件"—"过去的事实"之间的"因果关系"也不是"单一"的，而是"复杂"的，对于"历史事件"我们同样不可能"穷尽"它的"全部"的"起因—原因"，要在"可能的""众多""起因"中"作出""决定性"的"判断—论断"，乃是"史家"的"决断"，于是如同其他"科学家"一样，"史家"不仅是一个"科学家"，也还是一个"道德家"，"史家"的"判断—论断—决断"，"笔下"有"千钧"的重量。

作为"道德者"，"史家"不仅"断定""事实"，而且"断定""德性"。"史家"不仅"判断""事",而且"判断""人",或者"通过""事"来"判断""人",或者"通过""人"来"判断""事":但"判断"总是"判断""什么","判断""什么""事","判断""什么""人"。"时间""断""事"和"断""人",都要"负责任"。

对于"断""人",中国"史家"有深厚的传统。《春秋》以"大义""褒贬古人",严格"划分""善—恶"、"忠—奸",所谓"春秋笔法","微言大义",在行文细小处也要见出"抑扬褒贬"。"因果关系"亦即"道德关系"。

只是这个"判断"乃是"史家""作出"的,他"作出"这个"决断—评判"是有自己的"选择","史家""断史"是"自己""断"的,尽管"形成—造成"他这个"自己"的也有种种"时代—社会—个人"的"因素",但就"评判""对象"言,他既不能"掌握"该"对象"的"全部因果",则必定是"自由"地"作出""自己"的"判断"的,因而他这个"判断"并不能"保证""人人"都会"认同",盖因不能"趋同","决断—判断—裁判"才有"责任",如果都像"形式科学(逻辑—数学)"那样具有"普遍性",则"责任"问题当可"淡化";对"不全"的作出"全"的"判断",于是"责任"问题就会出现—显现。

"责任"在于"于不全处""作出""全"的"论断"。"什么""人",要看他"做""什么""事"。"事""分""大小细巨","评判者—史家"不可能"事无细巨""全部""掌握"了之后再下"判断";甚至"事"之"大小"虽有通常的"标准"可寻,但是何者为"大",何者为"小",即何者为"有效因",也是由"评判者—史家""作出"的"选择",当对其"抉择""负有责任"。

试想果有"人"能"知"一切之"因果",则无论"古往今来"凡"事"对他说来皆为"命定",他或可无须"作出""自己"之"判断",一切皆为"自明",全无"责任"可言,亦无"自由"可言,而这种"设想"之"人—存在者",是为"全知","全知"即是"知全",则舍"神"其谁?吾辈凡人——史家也是凡人,故只能在"不完全"的"资讯"条件下,"作出""完全"的"论断"来,"判定"某某"是""什么""人",对于这个"论断"当有相当的"责任",而涉及"历史人物",则更有"历史"的"责任",这种"责任"之"警示",当为"窜改—伪造""历史"者戒。

一般来说，人们"占有—掌握""事物"的"资讯"犹如"韩信将兵"，"多多益善"；不过"资讯—资料"越多，要求"判断者—科学家—史家"的"素质—才能"就"越高"，要负的"责任"也就"越大"，的确如同"将兵"，班排连长和师长军长以及元帅大元帅的"才能"和"责任"是不同的。"资料"太多，或许会让某些人"束手无策"。军事家、史家也都属于"科学家"的大范围，其理一也。

事实上，情况可能是："知"之"越多"，"断"之就"越难"；而"全知"就"无须""断"。这也许就是基督教那位"全知"的"神"，对于"人间"——他的"创造物"的一切"罪恶"并无"责任"问题的理由所在。在这个意义上，"神"倒是"外于道德"的。

于是"知识"与"道德"的"辩证法"还表现在："知"固是"德"的基础，"不知者不罪"，"动物"没有"监狱"，但"知"之"增长"也增加"德"之"断"的"难度"。有些"历史人物"当我们"掌握—占有"的"资料""增多"之后，往往会使原来的"判断"发生"动摇"。"知识"常常"化解—理解"着"道德"，因此"科学—哲学"也"化解—理解"着"宗教"，尽管这个"化解—理解"过程不会"终止"，从而没有可能"泯灭—消灭""宗教"，更遑论"道德"。

当然，道德评论的变化，也反映了"标准"随时代社会而变的问题，但是就在相同的经验标准下，因"资料"的增多，也会影响道德评价的"判断"。

史家常常感叹"人事幽冥"，往往令史家不易"作出""是什么"的"判断"，或者由于"新材料"的"发现"，"动摇"了"原有"的"是什么"的"结论—断定"。这种"动摇"，并非"史家—评判者"的"主观""理由"，而是"对象""客观"上的"理由"。出现这种情况，乃是因为"评判者—史家"不可能"穷尽""古人"所"行"的每一件"事情"，更不可能"知道""古人"在"行事"之"时"的"动机"，而只能根据"行事"所根据的"准则"来加以"判断"，但这个"准则"又是根据"事"的"因果关系""判断"的，多层的"因果""判断"，影响到它的"准确性"，从而很难"做到""盖棺论定"。当人事的"幽冥"一点一点"揭示"出来后，则往往总是"论"而"不定"。

"事情""发生"的越近，则资料一般也越多，要求"断者"的"去粗取精—去伪存真"的"功夫—素养"就越高，但尚有那"远古的""事情"，资料太少，同样也要求"断者"的"眼光"和"决断"的能力，孔子觉得"证不足"的那些时代，难于"断"，因此远近、多少都有难处，这个"难处"不仅仅是"知识性"，而且包含了因"知识性"在内的"道德性"的。

这个问题推至极处，就有列维纳斯的"不可记忆"的"远古"问题出来。所谓"不可记忆"并不是时间太久被"遗忘"，或是"记性"能力不够的问题，而是"不可能记忆"，即"不可能""呈现"为"现时"由"主体—理性"加以"综合—组合—组装—assemble"起来成为"知识"，于是"知识"被"括"了出去，只"剩余"下"道德"。

其实，这个"不可能记忆"的"远古"，也就是"未曾出现"的"原因"，是"需要""断者""作出""判断"的"原因"，在这个意义上，并不是只有"现时"才可以"断定"，"过去"和"未来"也都是可以"断定"的；"断定"的并不是"现时"，而恰恰是"事物"的"过去"，"原因—始因"本就是"过去"的。

四 "说"与"什么"

"断定—判定"也就是"说（语）"。"说"总要"说"些"什么"，"断"也要"断"点"什么"。"说—断"出个"什么"来，"不说出个什么"来，不叫"发言"，而叫"发声"。"发声"一般无"责任"可言，"犬吠"、"鸟语"，皆为"无辜"，唯有"言者"自有"责任""在"，盖因上述的理由，"说—断"皆含有"自由"因素在内。固是"言者无罪"，但"言者有责"，"罪""责"固有轻重之分，但因"言""获罪"者不可胜数，"言者"可不慎哉！于是不仅是"闻者足戒"，而且是"言者足戒"。

当然，"语言"的功能有多种，就基础论，"语言是存在的家"，"语言"住"在""自己""建筑—建构"的"家"里。这个"家"就是那个"什么"，那个"存在"。

列维纳斯既然要把"道德—形而上学"当作"外于""存在"，则"语言"也就"外于""存在"，于是"说"在"说"些"什么"（said）之前，尚有一个似乎"单纯"的"说"（saying）。这个"单纯"的"说"，不是"无辜"的，而竟然是一种"单纯""道德"的"说"。

这个"单纯"的"说"，似乎也不是"单纯"的"自言自语"，而是"有对"的，是"对""他者—他人"而"言"。按照列维纳斯，"不说什么"的"说"乃是"对""他人""责任"的"承诺"，似乎这个"说"只有一个短句："有我在—voi la—I am here—there is me"。

然则，我们知道，"承诺"预设了一个"前提"："他者—他人"为"孤儿"，为"赤贫"，因而"我""必须"——这个"必须"为"公正—正义"所"决定"——从我嘴边把面包给他。

"我""说""他者—他人"为"孤儿—赤贫"，此时"他者—他人"已是一个由"我""断定"的"什么"，是一个"said"，而不仅仅是"saying"。"我"的"责任"不在于"我"是"我"，"他"是"他"，而在于"我""说""他"是"孤儿—赤贫"，"我"就"有责任""服务"于"他"。"责任"来源于"自由"的"知"和"自由"的"断"。你既然"说""我—他者他人"是"孤儿—赤贫"，那你就得"服务"于"我—他人"。不管你的"断"有多少"资料—根据"，你的"最后"的"资料"是"无资料"，"最后"的"根据"是"无根据"，因而你既然"作出"这个"判断"，你就得"负责任"。

"我"为"自己""作出"这个"判断"——"我""说""他"是"孤儿—赤贫"——所"找出"的"理由—根据—资料"越多，"我"的"责任"似乎就越少，但是"我""找"不出"充分"而又"足够"的"理由"来为"自己"的"判断—说法""辩护"，"我"无论"说""他"是"什么"，并无"充足理由"来"维护""我"，因而"我"并无"理由""逃避""责任"。"话出如风，驷马难追"。

在这个意义上，"言—说"也是"行"的一种方式，于是，列维纳斯"said"与"saying"之"距离"也就越来越缩小。"说"是一种"断定—决断"的"行"，犹如"法官""断案"，相对而言，"断者—法官"的"责任"竟然"大于""行者"。"断者—法官"的"判决"乃是"行者"的"动机"，按照康德的意思，"善—恶"全在于"动机"，"责任"也果然在于"断者—说者—言者"。

或谓"诗人""无辜"，诚哉斯言。

包括"诗人"之"言"在内的一切"言—说"，皆是一种"思想"的表现，也是"自由"的表现，而"自由"必为"无辜"，是"思想"的"先天"的"权利"。"自由"为"有责""无辜"。"责任"是对于"另一个自由者—他人"而言，"自由者"之间的"关系"，也是"自由"的"关系"，"责任"也是"自由"的"责任"，"思想"的"问题"，必得用"思想"来解决，而不可以用"武器"来解决。"思想"的"批判"固然"代替"不了"武器"的"批判"，但是反过来，"武器"的"批判"也"代替"不了"思想"的"批判"。

"自由"是一种"开放""状态"，也是一种"开放"的"存在"，"自由"的"断"，乃是"在""不断"中的"断"，因而不是"武断"，不是"武器"的"断"，而是"思想"的"断"，因而是"开放"的"断"。"自由"必须"承认""异"的"存在"，亦即"另一个""自由者"的"存在"，即使是"我""自身"，既为"自由"之"身"，则也是"开放"之"身"，"异化"之"身"。"我"的"断"，乃是"不断"之"断"，"异化"之"断"，无论这个"异断"是"我"自己"作出"的，还是"他者—他人""作出"的。

在这个意义上，"我"与"他者—他人"乃是"自由者"之间的"关系"，"主体间"乃是"自由间"，是"平等—对等"的"关系"，"协商"的"关系"，相互承认"存在权利"的"关系"。

"我"对"他者—他人"并非"母子—父子"的"关系"，按中国传统伦常，"母"固然很可以为"慈爱"，但愿"慈母"不要"转化"为"严父"，而"父子"就在"君君臣臣父父子子"的"主—奴""关系"网中，演变下来，还是相当"可怕"的，中国历史上"因言获罪"的"文字狱"，或多或少是从这种"严父"关系中"发展"出来的，而不是从"自由者"之间的"关系"中"发展"出来的。

北京

2008 年 6 月 9 日

意义世界的埋葬

——评隐晦哲学家德里达

20 世纪 60 年代，当美国哲学界一些人正要"引进"法国的结构主义时，德里达（Jacques Derrida）向美国的同行宣布：结构主义在法国已经终结。这引起了许多人的关注。此后，美国哲学家展开了对德里达的研究、评论和对话，至今美国人仍在写"如何理解德里达"这样的题目。

的确，德里达的书很难读，加上他的博学和多产，使想弄清他的思想的人应接不暇。但我称他为"隐晦哲学家"不仅是因为文字上的原因，而且还有学理上的理由。

我们知道，有许多大哲学家的思想被认为是"隐晦难懂"的，但在学理上是有根据的，在西方大概只有古代赫拉克利特和当今的德里达两个。苏格拉底、柏拉图、亚里士多德都不能说是"隐晦哲学家"，康德、黑格尔、胡塞尔、海德格尔也都不是，尽管他们当中有些人的著作也是出名的难懂的，但他们的学说，却是"现象学"——"显现学"、"明学"、"显学"，而赫拉克利特却说："自然常欲隐藏起来。"

当然，"隐晦"主要是学说上的一种主张，并不是真的不可懂，所以，赫拉克利特是"可理解的"，德里达也是"可理解的"。

一

开门见山地说，德里达的理论上的秘密始于他那本不很受人注意的早年著作《胡塞尔〈几何学起源〉引论》。胡塞尔的《几何学起源》手稿写于 1936 年，死后由比麦尔（W. Biemel）作为附录编入《欧洲科学之危机与先验现象学》。这篇文章的篇幅不大，但德里达却为它写了足够一本书的

"引论"，其原因在于这篇文章开启了德里达的对整个欧洲哲学传统的一种态度，一种革新的态度。这种态度转变的关键性问题，是"活的现时"（living present）问题。应该承认，德里达为《几何学起源》作引论，是很有眼光的，因为这篇文章虽短，但很重要，它相当集中地表现了胡塞尔晚年的一些基本想法。

根据伽达默尔的说法，胡塞尔《欧洲科学之危机与先验现象学》中的文字是有很强的针对性的，因为那时海德格尔的《存在与时间》已发表多年，而且有了相当的影响。这师徒二位的理论倾向很不相同，为了抵制海德格尔的倾向，胡塞尔一方面要坚持住他早年所创立的现象学的基本原则，同时也要"引进"他以前未曾充分注意而为海德格尔大加发挥了的一些问题。这些问题中最主要的是历史性问题、时间性问题。

《几何学起源》是运用现象学原则来解决"历史"、"时间"、"起源"问题的一个范例。"几何学"本来是"共时性"的、推理性的科学，它如何又具有历史性、历时性呢？胡塞尔在解决这个问题时正好与海德格尔的态度相反：海德格尔认为"历史性"、"有时限性"是几何学的"共时性"、"无限性"的基础；但胡塞尔认为，正因为几何学的这种普遍性、共同性、理想性，才使历史性成为可能。

胡塞尔说，问"几何学如何起源"，并不是问第一个几何学家心里如何想的，而是问几何学如何成为一门科学，如何由纯属人心内在之想法成为人们之间可以交流的一门科学，即如何由"intrasubjective"成为"intersubjective"。在胡塞尔心目中，"客观性"、"理想性"、"科学性"保证了"主体间"的可交往性；而只有"主体间性"才又保证了"过去了"的东西不成为"无"（nothing），因而"历史"才成为"有"，才"有""历史"。

不错，几何学里抽象的、共时性的原理，无论如何重复其意义不变；但所谓"共时性"只是指"可以普遍运用"（once and for all），所以几何学并非空的传统，而是可以随时恢复它的生命力。一切演绎性的推理科学都有一个"兑现"（cashed in）的问题，一切历史之沉积（sediments）都会被重新唤醒（reactivate）其活的意义。

抽象的、公理式的几何学为什么会有这种可以"兑现"、可以"被唤醒"的特点？胡塞尔说，几何学在形成"公理"之前必定属于一个更为本源语言的世界，即几何学最初也是"说"出来的。这个以"说"、"语言"来交往的世界，是活的，又是共同的。这就是胡塞尔晚年十分强调的"生活的世界"（Lebenswelt）。在这个世界中，永远保持着"活的现时"。理想的科学（如几何学）保证我们的"生活的世界"、"活的现时"不会永远成为"历史的积淀"沉沦下去，而将历史的原始性（起源）和现实的原始性（起源）统一起来。问几何学如何起源，不必完全回到"过去"，这种"起源"在我们自己的"生活的世界"、"活的现时"、活的语言中就能体验出来。因为在一切实证的知识之前，我们必定知道：有一个未知的、但我们生活于其中的世界，不断地会成为我们专题的（thematic）、专门的科学。

胡塞尔说，这种早于专门科学的知识，是一种"视野—确定"的知识，它并不是"含糊的"，而是最明晰、最确定的。各种专门知识都以"有限"为对象，但"视野"永远是开放的（open），是最本质的"无限性"（infinity）。正是这种"无限性"保证了"历史性"。

我们注意到，就是在这篇短文中，胡塞尔指出了"写"的作用。几何学是从"语言"、"说"到"写"出"公理"，"写"使"交往"虚拟化（Virtual）。一方面，"写"的东西可以成为"沉积"；另一方面，它又可以被重新唤醒，使之自明。在胡塞尔心目中，历史就是不断地唤醒那"活的现时"，使各种"沉积""活"起来；而且，只有"科学"、"科学家"才可以避免"历史的积淀"永远"沉沦"下去。

这就是胡塞尔在《几何学起源》中所表达的基本思想。

二

不难看出，胡塞尔的以上思想是要强调推理性、理想性的严格科学（如几何学）在使"活的现时"成为可以相互交流的"共同体"方面的关键性作用。其实，关于"活的现时"的思想在胡塞尔写这个手稿的前四年，已被雅斯贝斯在他的三卷本体系性著作《哲学》中充分阐述过。雅斯贝斯把"活的现时"理解成"活的自由"，这使西方哲学中的"自由"观念在现代的哲学体系中获得坚实的基础。而我们知道，这个思想是和海德格尔的"历史性"观念针锋相对的。

我认为，不论自觉到什么程度，德里达在理论上的主要立足点是在反对这种"活的现时"的观念。

德里达仔细剖析、分解了胡塞尔的《几何学原理》，并用了许多篇幅发挥胡塞尔的思想。他认为，胡塞尔以几何学为范例研究以理想性为对象的纯科学在历史中的作用，是很有意义的；因为这个范例的理想性、观念性，补充了胡塞尔早年"本质直观"的理论。几何学研究的对象不是"本质直观"，而是康德意义下的不含直觉的"观念"（idea）；但它一旦建立，则可以"兑现"为"本质直观"。这个"观念"，由于没有直观，因而是绝对主动的，是"创造"出来的，因而也是"历史的"，有一个"起源"。几何学的普遍性，保证了"起源"的普遍性，历史就是这种"起源"、"创造"的不断重复。因此，"活的现时"是"超时间性"（supratemporality）的，也是"全时间性"（omnitemporality）的，它和康德的"观念"一样，是永远"开放"的，也是"无限"的。"无限"的"理念"（观念）不能归于任何种属（eidos，essence）之下，所以是"无以名状"的"ἄπειρον"，所以它不是精神性、概念性的，而是"纯物质性"（pure materiality）的。这样，几何学就不仅是思想的"记号"，而且有自己的物质的基础。几何学在形成自己的公式系统之前，是"地理学"（geography）。

在德里达心目中，没有那种空灵的、精神性的"活的现时"，所谓"现时"都是"过去""传"下来的，而且必定要向"未来"伸展。"现时"不可能驻留在一个"点"上，现实生活中没有"零点"（zero degree）。"现时"是"过去"的"继续"，是"未来"的"预设"（anticipation）。"过去"、"现在"、"未来"表面上看是"区别"（différence），实际上却是différance。"différance"是德里达的关键性用语，它的意思很难说清楚，因为它既不是"物"，也不是"心"，而是把"心"、"物"凝聚在一起的关键性状态。如果我们不怕过于简单，也许可以把它理解成"历史环节中的现时"。

"历史环节中的现时"不同于"活的现时"，它不是"点"。在这里，德里达离开了胡塞尔、雅斯贝斯，而接近于海德格尔：曾在、现在、将在都是"存在"的历史性状态（方式），而历史不是由一个个孤立的"点"连起来的。

基于这样一个出发点，人们将会在"传统"和"自由"二者之间作出抉择。海德格尔的学生伽达默尔对"传统"、"成见"、"有效性历史"的发挥，竟然最终形成了当代的"解释学"。尽管这一"学科"的建立，与他老师的原意大相径庭，但就西方哲学之倾向来说，毕竟也是一种发展和完善。

然而，德里达从这个"历史"的"传统"出发，却走上了另一条道路。

三

在德里达的《胡塞尔〈几何学原理〉引论》中，"différance"这一基本用语已经出现，这说明他已经有了一个相当坚实的出发点。同时，"纯物质性"概念的出现又说明了法国哲学从萨特以来将"有灵性的""身体"（Körper）观念吸收了进来，从而与海德格尔发生了分歧。

我们知道，différance 是"活的现时"的对立物，"现时"不是"活"的，而是"过去"向"未来"的"分延"（différance）。德里达的思考并未停留在此处，他继续说，"现时"既然是从"过去"向"未来"的过渡，而"过去"和"未来"都是"不在场"（absence），因此，"现时"不是"自明"（self‒evidence），不是"显现"（presence）。由此我们看到，德里达把自己同包括海德格尔在内的一切现象学者尖锐地对立起来。他甚至把一切关于"显现"的学说，都称作"形而上学"——即借助某种记号或符号来"显现"某种"意义"。因此他说，海德格尔称尼采为欧洲最后一个形而上学者，但同样的帽子也可以给海德格尔自己扣上，因为他的学说同样承认世界呈现（显现）为"存在"的"意义"。德里达认为，一切"显现"的学说，都是抓住"现时"的独立性；因为只有在"现时"、"眼下"，"意义"才"显现"出来，而"人"是这种"意义"的"见证"，事实上，"现时"只不过是"分延"，是一个综合了"过去"、"未来"的复合体，而不是一个纯净的"意义"的"境界"。

四

在这个意义下，德里达的"时间"观念又和海德格尔有了相当大的区别。我们知道，虽然海德格尔认为"时间"和"空间"不可分，但他所谓"空间"是存在的意义的"心境"，"时间"是"有限的绵延"。这就是说，"时间"在海德格尔那里，是"线性"的。但在德里达那里，"时间"则是"多面"的、"多层次"的，因而是与实在的"空间"相统一的实在的"时间"。我们应该注意，这种"面"的时间观念在德里达本人的思想和西方哲学思想的发展中都具有重要的意义。就西方哲学来说，这是具有变革性意义的观念。

"时间"与"空间"相统一的"différance"虽不是具体的"物"，但却是实实在在的东西，它是真正意义上的"生活的世界"、"历史的世界"，而不仅仅是"意义的世界"、"视野的世界"。从某种意义上说，它有相当的"物质性"，甚至是"纯粹的""物质性"；它是历史传下来的"有灵气"的"物"，是埋在土里的、孕育着未来的"种子"（seeds）。

德里达的这个思想带有变革性。尽管海德格尔的"Sein"不是概念性的、精神性的，而是存在性的（ontologisch，existenzial），但他把"存在"的问题归结为"存在"的"意义"，因而很容易地被伽达默尔把"存在的世界"发展成"意义的世界"，将"存在的历史"发展成"意义的历史"。所谓"意义的历史"就是"显现的历史"或"历史的显现"，总之是"presence"。这种态度，在德里达看来，仍然是将"历史"归结为"思想的历史"、"意义的历史"、"精神的历史"；而事实上，"历史"是实实在在的历史，而不是"哲学史"。历史不仅是思想、理解，而且是"记忆"。

这个"多面"的、纵横交错的历史观，使德里达的思想与胡塞尔、海德格尔的现象学以及伽达默尔、利科的解释学区别开来，尽管他在相当的程度上利用了他们的成果。我们由此可以说，德里达的学说，不仅是法国战后结构主义的对立物即所谓"后结构主义"，同时也是方兴未艾的解释学的对立物；如果把"解释学"也理解为"现象学"的一种，那么德里达的学说也许可以叫作"后现象学"。

五

德里达认为，追求一种"纯净"的意义、真理、思想的"知识"，这是西方人连海德格尔也在所难免的一种形而上学顽症，这个顽症的病根在于西方人有着一种单纯记录语言的表音文字，它使"语言"上升为第一位，而使"文字"处于附属的地位。一切思想、意义、真理都离不开"语言"，"语言为存在的家"（海德格尔语），殊不知表音文字不是唯一的文字，在表音文字之外，还存在着很高的文化。德里达要在西方世界破除"语音中心论"（phonocentricism），而强调"写"（l'écriture）的作用。

我们已经说过，关于"写"的作用，胡塞尔在《几何学起源》中就已指出过。这个思想后来被解释学所发挥，伽达默尔就曾指出"书写"早于"语言"，法国的利科在这方面更有相当完整的说法。一个基本的事实是："写"使"作者"（主体）处在次要的地位，而且同时使"读者"（另一个主体）也普遍化、虚拟化了；"写"摆脱了直接交谈时两个主体的心理和环境的偶然因素，从而使"写"的内容成为普遍可以理解的"意义"。用利科的话来说，"写"摆脱了"说"的"事件性"（event），而突出了"意义"（meaning）。这样，"解释学"才成为一门（人文）科学。

然而，解释学的以上说法，正是德里达所要批评的西方的"语音中心论"，即在"事件"之外去寻求"意义"的纯粹的"显现"。在西方人眼中，"写"是要把"思想"记录下来，要"他人"通过"读"去唤醒、恢复共时性的思想，即要将"他人""自我"化，将"过去""现时"化，从而使"意义""显现"出来，"兑现"出来。

德里达认为，西方人习惯于将"能指"（significant）与"所指"（signfié）分割开来，降"能指"为次要地位，以"所指"为本质、为思想、为真理。"能指"是历时性的，"所指"则为共时性的；语言学的唯一对象就是研究"所指"的共同结构，而置"能指"于不顾。在这里，大家看到，德里达以法国结构主义的理论奠基者索绪尔为主要批评目标，当不是偶然的。

为了从语音内部揭示这种"语音中心论"的虚妄性，德里达指出，即使是西方的表音文字，也并不是绝对的、纯粹的。数字的一些符号、几何学的某些图案、古代商人所用的一些记号以及普通文句中所用的标点符号，都是"念"不出声音来的，但它却有"意义"，这个"意义"不能存在于声音之中。最为有趣的例子是德里达的关键性概念——différance，在法文中发音和différence完全一样，但意义却不同，这种不同如果不"看"文字是"听"不出来的。更何况，世界上还有象形文字、楔形文字，还有中国的表音、表意相统一的文字，这些都不仅仅是语言的记录。表音文字只是西方人的传统，这种文字掩盖了文字自身的独立意义，助长了语音中心论，也即助长了逻辑中心论。

语音中心论就是逻辑中心论，因为语音及其记号是世上唯一不必或不可问"这是什么"的"东西"（物，chose）。它本身没有意义，它的"意义"在于它的"所指"。正如胡塞尔所言，"说"总要"说"点"什么"，"说"并不重要，重要的在于那个"超越的""什么"，这个"什么"即为"意义"，即为"思想"。因而"语言学"离不开"逻辑学"。

逻辑中心论将"能指"和"所指"割裂开来，把"能指归于感觉性的"而将"所指"归于理解性的。这种割裂的办法是架空"思想"，以使思想"纯净化"为借口，实际上却使其"空洞化"、"神灵化"。德里达说，逻辑中心论必定会导向神学，设定一个纯精神、纯思想的上帝。

为了纠正逻辑中心论和语音中心论，德里达将"写"的意义扩大化，使其不限于作表音的符号、"说"的"工具"，不限于"记录"和"再现"。在德里达看来，广义的"写"，在"语言"之前和在"语言"之中。所谓"在语言之前"是说人的最初的表意方式，不仅变换声音，而且变换视像，不仅有牙牙学语（babble），而且有乱涂（scribble）[①]。德里达把乱涂叫作"faire des raies"（画道道）[②]。画出来的道道为"痕迹"，早于"字母"（avant la lettre）。

"痕迹"不是"符号"，而是完全任意的。在这一点上，它和语言一样；

[①]　这是我受苏·兰格所谓"babble"的启发而作的一种发挥。

[②]　我在《书法美学引论》中曾提出"画道道"之说，当时尚未读德里达的书。中国书法艺术可能是德里达思想的一个很好的佐证，因为书法艺术的意味是"念"不出来的，它为声音所不及，非"看"不可。

最原初的语言,即海德格尔"存在"意义上的"语言",同样可以作"痕迹"观。原初的语言不仅仅以"字"来表达意思,声音的"物质性"同样也有意义。"诗"也是"痕迹","诗"不仅是"思想",而且也是"历史"。

"痕迹"没有超越的"所指"(signifié),不是"在场"(presence),但也不是"不在场"(absence),所以它不是"差异"(différence),而是"分延"(différance)。德里达的"痕迹"不是海德格尔的"存在";"分延"既非"有",又非"无",而是"变"(devenue)——人们不断地"画道道",将前面的"道道""删去"、"画掉"。因此,关于"分延"的学问,就不是存在论和本体论,而是"经济论"(économique)——这是德里达的一个很特别的思想。

这个"经济论"的思想,说明德里达所提出的"grammatologie"具有一种任意、实际而又普遍的特点。

六

德里达在1967年提出"grammatologie",为此写了很厚的一本书。这个词一般译成"文字学"当然是可以的;但广义的"写"是狭义的、记录语言的"文字"(words)出现之前就已有了。"grammatologie"以trace、différance为思考问题的基点。希腊文中r有"刻"、"划"、"画"的意思,很像中文的"文"(纹),grammatologie可谓本来意义上的"文字",为与通常意义的"文学"相区别,不妨将其译为"文(字)学"。

据后来德里达自己的解释,他无意建立"文(字)学中心论"(gr–aphocentrism)来与"语音中心论"相对立,因为他并不承认有什么"中心"。但我们看到,德里达"grammatologie"是针对"Sémiologie"、"Linguistics"提出来的。尽管他从根本上反对以Logos为中心,在反对逻辑中心论上比海德格尔走得更远,但他仍用了"logie"一词。无论如何,"grammatologie"只能被理解成对"trace"、"grapheme"、"différance"和一种"说法"。事实上,德里达的grammatologie给出过不少的"界说",如"science de l'arbitraire du sign"(人为记号的科学),"science de l'écriture avant la parole et dans parole"("说"之前和"说"之中的"写"之科学)

等等。

我们知道，建立一种不同于"自然科学"的"人文科学"（Human Science），是新康德主义以来至现代以胡塞尔为代表的一些哲学家的共同目标。海德格尔揭示了这个目标的虚妄性，从现象学走向了本源性、历史性、存在性的"思"。海德格尔之后，伽达默尔又为这个"思"建立了一门学问——解释学或释义学。

德里达不承认有一个本源性的、存在性的、纯净的"思"，反对一种超越性的纯意义的"显现"，这样就必定要把自己的学说建立在一种综合性的而不是单纯性的立场上。这种综合性的立场使他的"文（字）学"，不同于其他一些"学"。

首先，它不同于"符号书法家"。因为它一方面是完全任意的，另一方面又不把"能指"与"所指"分割开来。其次，它也不同于"（知识）考古学"。因为"痕迹"无头无尾，不是一种"现时"的"状态"（ét—at），而是一种"活动"（opéràtion）。

在德里达的思想中，"现时"当然是"活"的，但同样也意味着"死"。"写"即意味着，表现了对"生命"、"现时"的"限制"。因而，"记忆"原则上是对"无踪迹"的东西的"记忆"。"记忆"的保存，同样也是为了"现在""尚无踪迹"的东西。所以，在德里达看来，"痕迹"永远有个"无痕迹"（non－trace）相伴。不错，诚如胡塞尔所说，"起源"就在"现时"，人人都是"创始者"；但既然"眼下"即是"起源"，则"起源"就不可"追"，不可"问"。这说明"痕迹"本无头尾，"痕迹"为"分延"，而"分延"为"变"（devenir）；"变"中之"驻"，"驻"中之"变"，这才是在一切计量、实证的"动""静"以前就有的原始的"变"、原始的"写"。

在德里达看来，"文（字）学"这门学问——如果可以叫"学问"的话——可以不问"本质"，不问"起源"，而只是一种"经济之道"（L'économie），是一种"策略"（strategy），当然是一种最基本的、先于一切实际策略之前的策略①。

① 我曾把此"策略"称作原始的、本原性的"度"（original measures）。

在这里，我们看到德里达学说中的一个很严重的问题：似乎在德里达那里，"死东西"早于"活东西"，因为他的普遍的"写"，当作遗嘱看的、异己的"写"，早于胡塞尔的"活的现时"，早于海德格尔的存在性、活的"对话"。果然，德里达竟称"写"为"死的经济学"（L'économie de la mort）。

七

当然，德里达的本意并不是要把"死东西"和"活东西"对立起来，而是要探讨"死"、"活"分化之前的更为基本的世界。因此，他的"写"并不是机械、命定的活动，而是一种"游戏"（jeu）。"游戏"并无一定之"目的"，因而没有"终极"；"游戏"也没有一定的"动机"，因而没有"起源"。"游戏"没有"前因""后果"，无头无尾。这种游戏式的"写"，正是 différance，一种基本的"度"。游戏既非"在场"（presence），又非"不在场"（absence），"游戏者"因"游戏"而"在"，但这种"在"不是"显"，而是"隐"。所以，这个"游戏"是形而上学和存在论所不能及的。

德里达认为，作为"游戏"的"写"的作用，西方人没有充分认识过。他通过对卢梭的批语来发挥这方面的思想。

卢梭的启蒙主义带有鲜明的反文化传统的特色，至今仍保持着正反两面的新鲜活力。卢梭指出，科学、文化并没有给"自然""增加"任何东西，"文化"只是一种"表象"、"代表"；"代表性"的、"附带性"的"文化"压制了本源性的、自然的人的本性，是历史发展的悲剧。很明显，当今现象学派对"生活的世界"的向往，在卢梭那里可以找到相当质朴的表述。卢梭认为，"语言"应是自然情感性的，不是概念性的，而"文字"则是概念语言的"附属品"、"补充物"（supplé—mentaité）。"语言"为"源"，"文字"为"流"；"语调"（accent）为"本"，"文法"（gramma）为"末"。

不难看出，德里达是和卢梭这种态度针锋相对的。在德里达眼里，卢梭也像柏拉图、黑格尔一样，是一个"显现"论者、形而上学者。

我们前面说过，德里达认为普遍性的"写"早于直接性的"说"；套用卢梭的话来说，即"补充物"早于"物本身"。这个"补充物"为"原始的补充物"、"原始的附属物"。出现这种"矛盾"，说明"语言"的"起源"——推而广之，一切"起源"问题——是一个虚假问题，乃在于"写"出来的"道道"（trace）是要褪色、被画去的；"痕迹"被删去、褪了色，"起源"问题就出来了。"痕迹""隐"则"起源""显"。

八

"痕迹"必定会"隐"去，因为"世界"就像一个大"本子"，你也写，我也写，他也写，今天写，明天写，天天写，都重叠到一起去了；后写的把以前写的"画掉"、"杠掉"、"删掉"——掩盖起来了。如果像胡塞尔、雅斯贝斯那样认为第一次写都是"活的现时"、"现时的自由"的话，那么这个"现时"、"自由"是必定要被"掩盖"、"埋葬"起来的。如果"现时"、"自由"为"起源"，那么这个"起源"也是要被"删掉"、被"埋葬"的。这是"隐退了的起源"、"被删去的自由"。"痕迹"就像"考古学"的"地层"那样，一层层堆积起来。但痕迹总是"隐"去的，"考古学"并不能找到真正的源头，不能使它"显出来"。"考古学"并不能找到真正的"源"，而只是"流"，是"附属物"、"补充物"的原始性。

德里达曾引用弗洛伊德的"魔簿（本）"来说明这个问题。弗洛伊德说，人的无意识、梦就像一个深色涂蜡的本子，蒙上一层玻璃纸膜在上面写字，写后揭开那层纸膜，字迹就没有了，但在蜡上留下了"痕迹"，然而蒙上再写，蜡版上的痕迹就重叠上了。纸膜上的字是有意识的、清晰的；蜡版上的痕迹是模糊的，其意义被埋葬在无意识里。人不断地在纸膜上写，纸膜上的字每写一次都很清楚，但蜡版上的痕迹却越来越难辨认。德里达说，"痕迹"的确是被"删去"、"涂改过"、"隐"去了；但"隐"去的恰恰不是"无意识"的区域，而是"有意识"的区域。因为每次的"删去"、每次的"重写"都是"有意识"的，"隐"去的"写"并非"无意识"，恰恰正是"有意识的写""隐"去了。

"道隐无名"，"道道"、"痕迹"不光是"字"。按德里达的说法，一切绘画、雕塑、音乐、舞蹈、电影、戏剧等文化形式，都可以作如是观。"痕迹"是"字母"之前的原始的"写",是"字"(words)之前的写,"写"出来的是"无字书"。

在这里,我们可以看出,德里达的思想虽然很接近于海德格尔,甚至连"痕迹"的说法也是海德格尔提出来的,但他的"道道"、"痕迹"与海德格尔的"存在"、"隐"、"显"相比,另有一种境界。这就是我称他为"隐晦哲学家"的学理上的理由。

同时,从这个意义上说,德里达的"痕迹"比海德格尔的"存在"似乎更加接近于中国老子的思想。我曾经有一个想法,中国老子的"道"和海德格尔的"存在"之所以有"隐"、"显"的不同,是因为中国老子缺少"Dasein"这样一个度,即没有和"存在"处于同一层次的"人"。经验的、平常的"人"囿于声、色、货、利,"道"对他们就"隐"去了。德里达的"痕迹"之所以为"隐"、为"晦",也和他对"人"的理解有相当的关系。

九

我们看到,正是在"人"的问题上,德里达相当充分地表现了法国哲学的特点。法国曾是"我思故我在"这一思想的故乡。自从这一思想在近代受到批评以后,哲学家、思想家们曾用各种方式来理解、改造这句话。从胡塞尔的"先验的自我"到海德格尔的"我在故我思",人们的文章都做在"思"和"在"的关系上;而现在的法国人则认为,问题恰恰出在"我"字上。"人"分"我"、"你"、"他",但"你"和"他"不是"另一个""我";"人的世界"并不是一个个"我"组成的,相反,是一个个"他"组成的。这就是说,连"我"也是"他",因为今日之"我"已非昔日之"我";正因为"我"成了"他",才有"时间",才有"历史"。

当然,"他"的思想并非法国人所独有,但在法国人那里特别盛行,思考得相当彻底,这不能不说是法国人的特点,也是他们的一大贡献。对于"他"的问题,萨特、梅洛·庞蒂都曾有相当深刻的看法和相当充分的阐述。德里达在《写与区别》一书中还曾集中评介了列维纳斯(I. Levinas)的学说:"他"与"我"是对立的,"他"不能融于"我"之中;"他"对

"我"有一种"不可回归性"（irreducible），"他"不能归结为"我"，因为"他"与"我"不是"同"（same），而是"异"（difference）；"他"不是"我"的知识的"对象"（object）；"他"永远对"我"保持着相当的"神秘性"。根据这个前提，列维纳斯批评了海德格尔的"共在"（Mitsein, Mitdasein）说，指出海德格尔把"他"亦当作"Sein"，使"他"与"我"处于同一层次（same），这意味着化"他"为"我"，从而取消了"他"。列维纳斯甚至说，海德格尔的这种思想是一种"权力哲学"（philosophy of power）、"暴政哲学"（philosophy of tyranny）。我想，这是对海德格尔的最为严厉的批评，并可以部分地解释他为什么能在短暂的时间内与纳粹合作，尽管这种合作的实际原因要比思想的原因大得多。

法国人的民主、自由的传统，不允许忽视"他人"的存在和权利，"他人"就是"他人"，"他人"不是"另一个""我"。这当是在对"他人"的独立性有极为充分的认识和足够的尊重之后，才能说得出来的话。

关于"他人"的思想，同时又和法国人不仅重视"我（他）思"，而且重视"我（他）在"，并将这种"在"实实在在地理解为与"身体"的观念分不开。"心"、"身"在现代法国哲学中经常是融合在一起的。"人"不是"神仙精灵"，更不是"行尸走肉"，"人"是有血有肉、有思想、有感情的现实的"人"。

"人"为"身"之"心"、"心"之"身"。"纯粹的""心"是"透明"的，为一"显现"，但是"身"离不开"物质性"（materiality），是"不透明"的，因而"身"之"心"、"心"之"身"也是"不透明"的，最多是"半透明"的。"身"与"身"之间，因而"人"与"人"之间，既不能真正做到"心心相印"，也不能真正做到"肝胆相照"。

十

由于确立了这样一个绝对的"他"，列维纳斯就不可避免地要面对这个"他"如何与另一个"他"交流的问题。为了回答这个问题，列维纳斯提出了"vis‐à‐vis"（面对面，face to face）的观念。

首先，"他"不可能为"知识"所穷尽。心、身同一于"他"中，所以"他"与"他"的交往不能是纯精神性的"交流"（communication），而是一种实际的接触、相遇（encounter）。只有在实际的交往中，才能"理解"对方（他）；"相遇"应是具体的、实在的，不能"概念化"、"思想化"。

"他"既是绝对的"异"，因而形不成一个"视野"（horizon），因为"视野"的前提为"相同的"世界。

"面对面"不是静观的"看"（visage），"他"与"他"之间不是一种理性的关系，不是"思想"的交流，而是"目光"的"交换"。

然而，尽管列维纳斯认真地强调了"他"的意义，但他对"面"、"目光"的理解，在德里达看来仍带有"显现"的色彩。因为列维纳斯认为，"面"、"目光"是"人"的实体实质（substance），是人的本质的体现（express），而写出来的著作（written work）则不是表现而只是记号（signs）。因而"面"、"目光"为"显现"，而"写"、"作品"是居于第二位的"再现"（representation）。

德里达指出，应将列维纳斯所说的重点颠倒过来，即承认"写"、"作品"、"文本"（text）不是"自我表现"，而的确是"他"，是占主要地位的；所谓"面"、"目光"也是一种"写"，"作品"和"文本"是"他"而非"我"，是"隐"而非"显"。因而，"面"、"目光"和"写"、"作品"、"文本"一样，不可能有"现象学"（显现学）。

我们看到，列维纳斯保留了"面"、"目光"的"显现"的性质，使他所理解的"面对面""交换目光"仍是一种精神性的交流。因此，尽管他强调"他"之不可回归性而将"伦理学"定为"第一哲学"，但却又认为"面对面"的关系是一种"宗教的关系"。德里达说，如果将"面"同样理解为具有一种不可回归的外在性，那么列维纳斯的"面的形而上学"则不攻自破。

只有克服了"显性"的观念、才能把"他"和"我"统一起来，才能认真承认"他"是"我"的一种"形式"，因为"他"不是"我"的"显现"，但却也不是无"我"之"物"，只是"我"被"隐藏"了起来，没有一种显现出来的纯粹的"我"。"我"就像"活的现时"、"活的自由"一样，始终处于"缺席"（不在场，absence）的状态。"我"在"他"中，

"他"有一种外在的不可回归性;"活的现时"在"历史"的"分延"之中,"活的自由"在"死的必然"之中。在此,古代文明有两本书:基督《圣经》为"活(生命)之书",埃及有《死(死亡)书》,而后者早于前者。"活的哲学"成为"死的经济学","活东西"永远被"死东西"层层覆盖着,"死"和"活"纠缠在一起,人每活一次,就意味着死一次。德里达说,"死"是"活"的"标志"(mark),因为只有"生"的"限制"(死)才将"生"指示出来。"考古学"穷尽不了生(活)的源头;人间的书——不是"天书"——"读"不出"作者"的"活的思想",因为"读"本身亦非"活的现时",而是另一种形式的"写","读"即"改写"。"读"不是"视野"的"融合",而是"轨迹的重叠"。

"文本"(text)不是"书"(book),"书"为作者之作品,而"文本"隐去作者。"文本"之所以是开放的、可以重复的,正因为在"文本"中"活的语言"(living speech)已经消失。"读"并不是去"译解"(decipher)其原始的意义,而是承认"原意"已"隐"的一种"游戏"。"游戏"不是消极的,恰恰相反,它是积极的。"游戏"式的"读",不是"文本""意义"的"见证",而是"干预"。"读者"不是"见证者",而是"干预者"。"文本"作为"痕迹",将作者、起源、"活的现时"隐藏了起来,也将"意义"隐藏了起来。"道道"、"字迹"都可以删改,"意义"也在变化。"变化的""意义"并非"失去的""意义",亦非"意义"的"失落",而只是使"意义"成为一个"问题",因为"意义"之"缺席"而成为"问题"。

"意义"成了"问题","理解"也成了无穷的"问题";"意义"被"隐"去,"理解"被蒙上"隐喻"(metaphor)的色彩。

于是,研究纯意义、纯思想、纯概念的学问(这种学问最初是西方特有的)——哲学,就让位于广义的"文学"(literature)。

十一

"起源"已被隐去。"文字"的"起源"也就是"历史"的"起源",因为"历史"是(有)文字的历史。然而,"文字"不是"思想"、"意义"、"真理"、"逻辑"、"理性";"历史"不是"哲学史",不是"理性"的"逻辑"的展现。

"哲学"离不开"文字",因而它也有自己的"历史";但"哲学"的"历史"是"历史"的"遗忘"。"哲学"是"白色的（褪了色的）神话",是（欧洲）"白人的""学问"。因而"哲学"——形而上学的"文字",包括那些抽象的范畴、概念——都带有历史的"神话"。"读"哲学著作,并不是要使那些范畴、概念"复活",而是要使那些被形而上学隐喻磨损的原初的文本——那些写在羊皮纸（palimpsest）上的东西——重新活跃起来。

"文学"也不是一般意义上的"诗","文字"保持着它最为基本的、最为广泛的"写"的意义。"文学"不仅包括"诗",而且包括"戏剧"。"戏剧"高于"诗",因为"诗"是语词性的（verbal）,"语词"不能代替场景,"诗"必须退回到"戏剧"。

然而"戏剧"又不像"严峻戏剧"论者阿尔托（Artaud）所说是"活的场景"（活的现时）的显现——因而是不可重复的;"戏剧"仍应看作普遍意义的"写"的"文本",它在不断的删改中"重复"（重写）。

这样,无论"哲学"或"文学",都要从历史的"痕迹"的"分延"中来理解。它们的不同只在于:"文学"是历史的"记忆",而"哲学"是历史的"遗忘"。

"文学"不仅要"想",而且更要"记"。"想"固然离不开抽象、虚构,"记"也不是完全真实,因为作者的、主人公的"活的现时"是不可能"显现"的;"记"总要有所"不记",或者说,有"可记者"必有"不可记者"。因此,一切之"思"都是"再思",一切之"忆"都是"再忆"。一切之"思"和一切之"忆"都是 différance。

十二

概括起来说,德里达的学说固然未脱离法国结构主义的"家门",但接受了现象学,特别是海德格尔思想的挑战,使之有了一种新的面貌。他的立场（position）就是向海德格尔的"存在的意义"提出质问;他认为,他的 différance 早于一切存在论的"区别"（différence）,他的"痕迹之游戏"

（"画道道"）早于"存在的意义"；广义的"写"早于存在论的"说"。

的确，德里达的学说有相当深刻的地方。他的"道（道道）隐无名"的思想可补现象学（"显现学"）之不足；同时，这也说明了西方人对他们几千年来所崇拜的、确信无疑的"真理"、"思想"、"理性"、"意义"，有了一种更为切实的、历史的态度。

然而，关于"隐"、"显"的辩证关系，似乎还应进一步探讨。现象学之"显现"的思想仍应有其思考的价值。随着时间之推移，历史的积层越来越厚，但并不能因此说那最为基本的、最为本源性的生活永远被压在十八层地狱，永远不得见天日。的确，"考古学家"用"考古学"的方法并不能真正"考"出那远古的、原始的生活，但生活中的、现实的人却有体验出那种生活的可能性。

的确，"现时"原非单纯的"现时"，它同时也是"过去"和"未来"。"过去"和"未来"支配着"现时"，但"现时"也"创造"着"过去"和"未来"——"现时"不仅"创造"着"未来"，而且也"创造"着"过去"，因为"现时"同时就是"过去"。"过去"和"未来"不仅使"现时""隐藏"起来，而且也使"现时""显现"出来。

的确，"存在""隐藏"在"诸存在者"之中；"自由"一旦投入"存在者"就成为"必然"，"单纯的""自由"为"无"。然而，"历史"毕竟不同于"自然"，"历史"的"必然性"是"自由"的"必然性，是"自由者"的"必然性"。因而"历史"是"辩证"的、"矛盾"的。

"起源"不是一个经验的事实，也不是一个抽象的概念——"起源"不能成为"对象"。但"起源"却是"生活"的基础，是"人"的"生活"的源泉。"起源"常被"遗忘"，但永远不会"失落"。"哲学"与"起源"同在。

"写"不是"说"的附属物，"写"和"说"都是文明的"种子"，"哲学"正是对"种子"的思想。"历史"固然要"记忆"，但也需要"理解"，"历史"与"哲学"同根。"哲学"无"历史"为"空"，"历史"无"哲学"则"死"。

"写"的确有"遗嘱"的意味，可谓"死"的"经济学"；但因有广义的"后来的""活人"，"遗嘱"不会如同废纸，所以"写"同时是"活"

（生）的"经济学"。

的确，"我"不是在"白纸"上"写"，"我"的"心"也不是"白板"，"我"在"继续"着前人的"事"，但"我"毕竟有所"增"、"删"，"我"也在"做""事"，"我"在"写""新篇章"。果真世上并无"白纸"，那么"哲学"只能是"眉批"和"夹注"（德里达的"边缝"，marge）；就中国人的眼光来看，"眉批"和"夹注"有时也是很重要、很有价值的。

（原载《中国社会科学》1989 年第 3 期）

王国维与哲学

王国维 30 岁以前，沉潜于哲学。他主要的兴趣在康德哲学，觉得有许多难懂的地方，转而研读叔本华的书，因为叔本华非常仔细地批审了康德的哲学体系，所以王国维钻研叔本华连带对康德哲学也能有所理解了。所以王国维早年哲学的兴趣，不但是着重在西方，而且在欧洲大陆的哲学思想，这和更早的严复和康、梁的哲学兴趣又有所不同。当然在当时中国的学术界，对于欧洲大陆和英美的哲学之区别，不像现在那样清楚，但实证哲学和形而上学的分界，也还是有的。所以，我们可以看到，王国维选择了欧洲大陆的哲学，是一种根据自己的习性的自觉行为。

王国维研究哲学的时间并不长，而且其作品都写于青年时代，然而这些作品，现在读起来仍然可以感到作者的思想创造力和思考的认真缜密态度。我们完全可以同意蔡元培和贺麟的评价。蔡元培在他的《五十年来中国之哲学》一文中指出："严（复）、李（煜瀛）两家所译的，是英法两国的哲学……同时有介绍德国哲学的，是海宁王国维。"[①] 在这篇不大的文章中，蔡元培以相当的篇幅引用了王国维的文字，这自然和他本人研究德国哲学和美学有关，但也可见他重视的程度。贺麟先生在更晚的时候以《五十年来的中国哲学》为题写了一本书，书中几次提到王国维，固然对王国维贬低康德而抬高叔本华有所批评，但仍然十分肯定了他对叔本华哲学的理解，贺先生在谈过梁启超后，接着说"其次王静安先生曾抱'接受欧人深邃伟大之思想'的雄心，而他的学力和才智也确可以胜任"[②]。的确，如

---

① 见《蔡元培史学论集》，高平叔编，湖南教育出版社 1987 年版，第 184 页。
② 见贺麟《五十年来的中国哲学》，辽宁教育出版社 1989 年版，第 26—27 页。贺先生在书中批评王国维不能完全理解康德哲学的意见，现在看还是很深刻的，他说："这并不由于他缺乏哲学的根器，而是由于中国当时的思想界尚未成熟到可以接受康德的学说。"（同上书，第 92 页）

果王国维继续他的哲学研究工作，则中国 21 世纪当会多出一位哲学大师，这一点是可以相信的。

然而，王国维放弃了哲学，他放弃的理由自己说得很清楚。《静安文集续编》有两个"自序"，第一个说他如何学习哲学，很详细；第二个序就完全对哲学取了消极的态度，我们可以替它戏拟一个题目叫"告别哲学"。

这个序一开始就语出惊人："予疲于哲学有日矣。"紧接着叙述理由："哲学上之说，大都可爱者不可信，可信者不可爱。予知真理，而予又爱其谬误。"这句话说得也很直率，然后进一步道："伟大之形而上学，高严之伦理学，与纯粹之美学，此吾人之酷嗜也。然求其可信者，则宁在知识论上之实证论，伦理学上之快乐论，与美学上之经验论。知其可信而不能爱，觉其可爱而不能信，此近二三年中最大之烦闷，而近日之嗜好所以渐由哲学而移于文学，而欲其中求直接之慰藉者也。要之，予之性质，欲为哲学家则感情苦多，而智力苦寡；欲为诗人，则又苦感情寡而理性多。"①

王国维是一个常好反躬自问的人，是一个敏感型的人。其实，哲学并不排斥感情，只局限于一般理智冷静的人，未必对做哲学很够用；同时，他说哲学—形而上学"不可信"，甚至是"谬误"，则失之偏颇。即使就他喜爱的康德、叔本华、尼采的哲学，固有谬误而不可信，但也不是全无意义，就如实证的哲学，也会有不少谬误和不可信的地方，但仍然值得我们去致力一样。

从某个方面来看，王国维自觉放弃哲学，其主观性情上的原因要多于客观学问上的原因。像他这样的才智高、敏感强的人，致力于实证性强的学科，不失为最聪明的选择。王国维后来集中治史，成一代宗师，但终因过于敏感而自沉于昆明湖，年仅五十；设其投身哲学，成绩仍必辉煌，或因其内心矛盾之剧烈而更早辞世，亦未可知。

一　王国维与康德、叔本华、尼采哲学

按王国维自己的说法，他 1900 年东渡日本学习数理，次年夏天回国，

---

① 《静安文集》，"自序二"。

至 1902 年才开始广泛阅读包括哲学在内的社会人文学科的书籍，到 1903 年春天开始研读康德《纯粹理性批判》，而 1907 年《静安文集续集·自序二》出版，宣布"告别哲学"，不过四五年时间，而集中研究也只有两三年的时间。在这样短的时间内，王国维对康德、叔本华、尼采哲学的理解和把握，不能不令人钦佩，在著述上所取得的成绩，也很让人惊讶。

学哲学的人都深有所感，康德哲学是最难啃懂的。笔者从大学时代，跟郑昕先生做康德哲学的题目，毕业后又随贺麟先生继续研究，迄今四十多年，不敢言懂，每年都要重新阅读康德著作，所以王国维说他一开始读不懂康德的《纯粹理性批判》，凡读康德书的，只能表示同情。① 按贺麟先生说，王国维对康德哲学并无文字出版②，但我们看他撰写的《汗德（康德）像赞》，感到他对康德《纯粹理性批判》"分析篇"中所阐述的要点，已有概括的把握。他说到康德的"空间"（观外于空）和"时间"（观内于时），一个"外在的直观形式（空间）"，一个"内在的直观形式（时间）"，并有"因果关系——诸果粲然，厥因之随"，而且他还指出，"凡此数者，知物之式，存于能知，不存于物"，这就是说，它们都是"直观"和"范畴"的"先天形式"，不依赖于"经验之物"，这些都是康德"知识论"的核心问题；王国维还指出，这些问题，"匪言之艰，证之维艰"，说明他的困难在康德那些论证的环节。

当然，王国维对康德的理解得自叔本华，这一点他自己有明确的交代。就康德知识论本身言，他的"范畴"不仅"因果"一项，叔本华只取"因果"加上"时空"，作为他的"表象世界"的基础——根据。

叔本华是王国维最钟爱的哲学家，就其钟爱程度言，这三家的次序是：叔本华、康德、尼采。我们看到，这是一个独具一格的排列，和当时和后世对这三人的重视程度不相吻合，但王国维有他自己的原因和理由。

我们知道，叔本华哲学，力图跨越费希特、谢林，特别是黑格尔，直接康德，他对这几位老师流露出极端的不满和藐视，他在学院教席上的失

---

① 顺便提到，牟宗三先生晚年重新将康德三大批判一一译过，可能也说明，他感到对他一生哲学思想起到重大影响的康德哲学，有必要重新再理解一遍。

② 见贺麟《五十年来的中国哲学》，辽宁教育出版社 1989 年版，第 90 页。

败，更增加了他的仇恨情绪，这我们可以从他的主要学术性著作里都能突出地感到。叔本华这种情绪，当然也影响到崇拜他的王国维，他对费希特、谢林、黑格尔也流露出不值一顾的态度，越过这些人，特别是越过黑格尔来理解康德，难度就更加大①。不仅如此，我还觉得，这个态度也影响了王国维对（古典）哲学的态度，埋下了他很快就"告别哲学"的根子。

其实，叔本华和费希特、谢林、黑格尔一样，都在"化解"康德的"物自体"（Ding an sich）。

康德既然在原则上划分了"现象（表象）"和"物自体"的区别，宣布"物自体""不可知"，后继者的工作就要让这个"物自体""可知"起来，以挽救哲学—形而上学的"知识体系"。

要使"物自体（本质）""可知"，关键何在？关键在于要让"物自体"也要有他的相应的"直观—对象"。康德已经说了，一切的知识都是要有直观对象的，而"物自体（本质）"为"经验之全"，是"无限"，经验世界哪里能找出这些东西作为"对象"？你从大千世界一个一个"搜集"、"概括"无论耗时多久，也不可能出来一个"无限"、"大全"。言之凿凿。

然而，从费希特开始，承认康德的前提——即"本体"和"现象"的原则区别，但哲学恰恰不是关于一般"现象（表象）"的"经验知识"，而是"超越"这个"表象"的"绝对知识"，所以，"物自体—本体"是可知的，哲学仍然要在知识论的位置上，不过是在"居高临下"的"知识论"位置上。

"居高临下"这里是针对康德所说的"物自身"没有"直观对象"而言。"物自身"不能从经验世界"接受""材料（对象）"——因为这样"物自身"就成了感觉材料，有了"被动性"——但"物自身—本体"自己会"创造"对象，这个对象同样是可以"直观"的，因而就是"可以认知"的。哲学的认识是自上而下的，与经验的认识正相反，经验知识是自下而上的。

这对于（古典）哲学来说，是一个非常关键的思想转变，这就是说，"物自体"——长期以来哲学家所苦思冥想的"本体"，就不再可以理解为

---

① 贺麟先生有鉴于此，他的重点就放在了对黑格尔的理解上。

静止的、僵化的，而理应被理解为"能动的"、"具有创造性"的，于是，"本体"真的回到了亚里士多德的"纯活动"（pure activity）。

费希特如此，谢林如此，黑格尔亦复如是。黑格尔的"绝对精神"是有"创造性"的，这种"创造性"，不仅表现在对于感觉材料的"赋型"上——这是康德做了的工作，而且表现在"创世"上，即，"绝对精神"的"直观对象"是"自己""创造"的。这个工作，是康德在《实践理性批判》里想做而没有做好的工作。

叔本华仍然是在这个哲学的思路上。不过，他认为，黑格尔的"绝对精神"—"理念"过于"概念化"，说这些概念"创造""世界"，过于牵强；为强调"本体"—"物自体"的"创造性"，叔本华提出了"意志"论。

在这里，即在哲学的"本体"的意义上，叔本华以"意志""代替"了费希特、谢林、黑格尔的"理性—理念—精神"。我们说"代替"，并非故意"简单化"叔本华。在"本体"的地位，以"意志""代替""理性"，其意义并不"简单"。

首先"意志"作为"本体"不在"时空"、"因果"之内，不构成经验之知识对象，这是"本体"所共有的特性；但叔本华并不把他的"意志"作"第一因"看，"意志"只是在冥冥中"支配""表象（现象）"，"本体"与"现象"的关系，并非"第一个""因果关系"，而这是从康德到黑格尔一致的共识，也是叔本华批评康德的主要之点。于是，我们看到，如果康德的"物自体—本体"尚可由费希特、谢林、黑格尔"挽救出来"由哲学之"思辨"加以"认知"的话，叔本华的"意志"则永不可见天日，也就是说，永远是一个"黑暗的地方"。这就是为什么叔本华贬损黑格尔而相当表扬康德的原因——原来，叔本华在"意志"的名义下把康德的"物自体"牢牢地埋入了地下。

然而，既曰"意志"，比起"理性"来，当然更是一个"创造"的"力量"，"意志"不甘心于躺在地底下。它"支配"着包括人在内的一切感性材料以及经过"理性"加工过的一切"科学"，以作为自己的"手段"，使之为自己服务。

同时，"意志"既然以"理性"为自己的工具手段，它本身也就不再是理性概念式的,而是活生生的实际力量,它"创生"出来的"世界"也就可以不是光有概念没有现实对象的"空洞的形式"。在这个意义上,它也比黑格尔他们更容易地让"本体"也具有"直观性"。

不过,"意志"既然以"理智"为手段开出"表象世界",则以此世界为对象的经验科学,最终要受"意志"的支配,因此也受"利害关系"的支配。我们看到,在这里,居于"本体"地位的"意志",叔本华又让它带有了"利害关系"的性质,而这种关系,就哲学的传统来言,进不了"本体"的领域,属于"感性"的范围。在这里,叔本华的"意志"降为人的"七情六欲"(生活之欲)。于是,包括叔本华自己在内,也常常以"七情六欲"来理解他的"意志",而把"本体"的意义置于脑后。

王国维也正是从这个"七情六欲"的角度来理解叔本华的"意志",而对于它的"本体"的意义,往往只是理论的,而未能予以深究。王国维的思想重点在于如何"克服"这个"七情六欲",而达到包括审美艺术和哲学的对世界"静观"态度。叔本华说,只有在"克服"了"意志"之后,才开显出一个柏拉图所谓的"理念"(Idee)的世界来。

从王国维介绍叔本华的文章来看,他对于叔本华的"意志"作为"本体"的思想当然是把握了的,但侧重点却在于发挥他的"摆脱意志"开显艺术静观境界这一面,而对于"意志"作为"本体"的一面,未及深究。王国维讨论叔本华的重头文章《叔本华之哲学及教育学说》(收《静安文集》第三篇),就是着重发挥了"知识,实生于意志之需要","知力,意志之奴隶",以及"由意志生,而还为意志用者也",而后则重点讲解叔本华"暂时""解脱"之道:提倡"纯粹无欲之我"的"(艺术、德性)直观"。王国维在教育上主张强调"直观",从而重视艺术美育,在其论教育的论文、杂感、"小言",甚至《奏定经学科大学文学科大学章程书后》,随处可见。

叔本华在"本体"与"现象"之间嵌入柏拉图的"理念论",也来自康德。康德说,物自体在现象界只是一个"理念",而非经验知识。黑格尔他们说,"理念"是更高的知识,正是哲学的知识,"本体"的知识。叔本华既把"本体"理解为"意志",而要人"克服"了意志(本体)之后才出现"理念",并说这个"理念"为"意志"的"客体化",然而"意志"既已被"克服",如何又能"客体化"?所以这个"理念"无疑给理解他作为本体的"意志"设置了障碍，而不去对这个本体的意志做深入的探讨，从而满足于一般感性的"生活欲求"（七情六欲）之经验常识的理解。这自然不是王国维的问题。

尼采的"意志"，就没有叔本华的那副阴沉沉的面孔。

尼采的"意志论"当然得自叔本华，这是尼采本人也承认的；但恰恰在对于"意志"的理解上，与叔本华有精神上的不同。尼采的"意志"具有传统上"本体"的彻底的"创造性"，它使世界有一个天翻地覆的变化——所谓"价值的颠覆"，所以尼采的"意志"有强力的改天换地的气派，这种精神是与叔本华、也是与王国维格格不入的。王国维对于世事采取的是一种保守的态度，这是和叔本华"克服（退出）意志""静观世界"的态度一致的，尽管叔本华本人的性格并非像王国维如此地内向。

王国维有一篇文章专论叔本华与尼采，尼采关于"意志自由"全出自叔本华，其"超人"说也和叔本华"天才"说同出一辙。① 所以他说："吾人之视尼采，与其视为叔氏之反对者，宁视为叔本华之后继者也。"② 其实，尼采与叔本华的区别王国维是看出来了的，因为叔本华的"天才"，无论怎样"疯癫"，仍是一个"观者"；而尼采的"超人"，则不是一个"（旁）观者"，而是一个"作者"，一个"（新价值的）创造者"，是"始作俑者"。王国维在这篇文章的结尾，引用《列子》的寓言，批评尼采道："彼有叔本华之天才，而无其形而上学之信仰，昼亦一役夫，夜亦一役夫，醒亦一役夫，梦亦一役夫，于是不得不弛其负担，而图一切价值之颠覆。"③ 可见，此间区别，王国维已了然于心，只是趋向不同而已。他批评尼采"无形而上学的信仰"，也是很有见地的，尼采确实要颠破那包括"形而上学"在内的一切固有的价值观念，而"从无到有"地"创造"一个新天地，所以他的"形而上学"的确不是"信仰"，而是"知识"，故其学说，不仅"可爱"，而且"可信"。而在这一方面，尼采又不是王国维所批评的"实证主义"的④，他的"意志"恰恰不是"受制于""七情六欲"的，而是"自

---

① 见《静安文集》中《叔本华与尼采》一文，《王国维遗书》第 5 卷，上海古籍出版社。
② 同上。
③ 同上。
④ 同上。

由"的。在这个意义上，也是"本体"的。尼采的工作正是要破除那从柏拉图以来的"理念"，揭示它的虚幻性。撤除了"理念"这一虚幻的屏障，"意志"就能直接活跃于现实的世界，勇往直前地"开创"自己的新天地。这个精神，是王国维所不能接受的。

二　王国维与中西哲学的会通

在哲学工作方面，王国维不仅仅介绍、研讨了西方哲学——康德、叔本华、尼采哲学，特别是叔本华哲学，而且还努力把它和中国哲学的传统结合起来研究，应该说，他是我国在专业哲学问题上开创中西哲学交流、贯通的先驱者之一。

王国维对于中国的哲学，比起对于西方的哲学来，在材料上和思考上当然更为成熟，所以他在讨论中国哲学的传统问题时，总是贯通古今，左右逢源，显得那样得心应手；不过，我们看到，在他几篇专论中国哲学的文章中，却努力利用了他的西洋哲学的训练，使这些传统的问题，有一个更加坚实的理论基础，从而更加清楚明了地有一个解决途径。在这项工作上，王国维的成绩虽然还是初步的，在做中西哲学沟通时，有时不免有勉强的地方，但他的努力方向还是要把这两者融会贯通起来，不是乱贴标签，借以唬人的。

1904 年，王国维发表了两篇重要的论文，《论性》（原名《就伦理学上之二元论》）和《释理》，时年 29 岁。过了两年，又发表《原命》。这三篇文章涉及中国哲学传统中三大范畴：性、命、理，王国维都有相当深入的思考，可惜现在讨论中国哲学的都不很重视王国维的研究成果，而研究王国维的，往往侧重点自然就集中到他的文学、美学和史学上去；我孤陋寡闻，就我所知，在众多的研究著作中，只陈元晖先生的《论王国维》介绍讨论了这三篇文章。①

《论性》是王国维用力甚多的大文章，古今中外历史上有关"性善—性恶"的不同意见，都提纲挈领地有所讨论，最见作者学问功底之深厚，尤

---

① 见《陈元晖文集》下卷，福建教育出版社 1993 年版。

其是文章一开始，就与众不同，他把康德"二律背反"的论证方法运用到这个问题上，使问题一下子就明朗起来。

之所以开门见山地提出"性"问题之"二律背反"，王国维的意思是要指出：既然许多年来对于"性善"、"性恶"问题各执一词，各执一理，争执不下，则按康德处理形而上学问题之二律背反的精神，就应该老老实实承认该问题在经验知识上是"不可知"的，不该长期争论下去，浪费才力精力。所以王国维在文章结尾处说："予故表而出之，使后之学者勿徒为此无益之议论也。"① 我们看到，这篇文章的开头和结尾都是运用康德的意思。

中国历史上"性善"、"性恶"之对立，早期以孟子与荀子为代表。这个问题之所以争论不休，是因为讨论的原本是"性"之"本（体）"问题，而所举论证则全是经验的，王国维说，"苟执经验上之性以为性，则必先有善恶二元论起焉"②，而王国维把"性无善无不善说，及可以为善可以为不善说"称作"超绝的一元论"，认为孔子（告子）近乎这个思想。③ 对于"超绝一元论"言，自不会发生矛盾，但一旦进入经验层次，如求有一统一理论，则矛盾骤起，陷于善恶二元论。这就是说，只有在把"性"作为本体，而所论问题又是经验的这个时候，"二律背反"式的矛盾才会出现，如果光就经验而言，"性"自然就有"善"有"恶"，并无"矛盾"可言。

如果把"善"、"恶"问题限于经验范围，则本体之"性"自无"善"、"恶"可言，则这里所谓"超绝一元论"必能自圆其说；但问题在于："性"有"本体"和"经验"两个层次，"善恶"当也可以有"本体"和"经验"两个层面的不同。其实，"善恶"如着重在"道德"的意义，则按康德的《实践理性批判》就必定会有"本体"的意义。

这里的关键在于如何理解"性"。如果我们静态地把"性"理解为"性质（quality）"，则趋向于一种经验科学的"对象"，也有"质地""好坏"的区别，但这是相对而言，并没有绝对的意义；然而如果我们动态地理解"性"，则可以趋向于"超绝"地将"性"理解为"纯粹行为"，实际

---

① 见《王国维遗书》第 5 卷，上海古籍出版社。
② 同上。
③ 同上。

上就是我们上面讨论的叔本华的"意志",康德的"物自体",黑格尔的"绝对精神"。如果没有这个"绝对的""动",那么以后如何进入经验的世界,区分经验的善恶——按不同时代、社会的具体实际的伦理道德标准来区分的"善恶"如何出来,就成了问题。

中国哲学有没有这个"动"的传统?当然是有的。《易经》里"生生之谓易"就是这个意思,后来用"生生"来说"仁","仁"也是"动"的;《老子》书所谓"无",也是一个"动"的"生力"。直至宋儒,也还有王国维提到的程明道发挥《易》的思想,说出"万物皆有春意"这样的话来,不过王国维认为"其所谓'善'乃生生之意,即广义之善,而非孟子所谓'性善'之'善'也"①。不过这个"善",倒的确具有形而上的意味,正是值得深思的地方。

不错,孟子的"性善"是经验的伦理学概念,好像一个人的固有的"性质—品质"所以会有"性恶"论与之对立,但是"生生"的"善"却是"至高的善",是中外哲学家都说过的"至善"②。

然而,中国的哲学家常常在这个问题上又为相反的说法所左右,不容易把这个道理贯彻到底。所谓相反的道理,就是王国维批评的经验的道理。《礼记》上说,"人生而静,天之性也;感于物而动,性之欲也"。其实,"感于物而动"乃是"被动",而不是"主动",不是"自动"、"自由",这当然是经验的。所以,宋儒一方面讲"生生之道是谓易(善——《易》之道断'吉[善]'、'凶[恶]')",一方面又讲"万物静观皆自得",于是,这个"生"也是"有感而发",而不是"原发性"的,不是叔本华讲的"意志"(自由)。

中国传统哲学中,对于西方近代以来强调得很厉害的"自由"概念,体会相对较弱③。在传统思想中,中国哲学的"自由",不出庄子"庖丁解牛"和孔子的"从心所欲而不逾矩"的范围,这在王国维的思想上也有所反映。

---

①　《论性》,见《王国维遗书》第5卷,上海古籍出版社。

②　参考康德《实践理性批判》里的两种意义的"至善"和《大学》里的"止于至善"。

③　古代希腊人对于这种绝对的自由也无深切的体会,西方人的自由观念固然与他们后来的社会实际有关,而在哲学理论上却是与基督教思想交锋中逼出来的。

《原命》是王国维讨论"决定论"——determinism，王国维译做"定业论"，以区别 fatalism，他译为"定命论"——和"意志自由论"的一篇短文。在这篇文章中，王国维很敏锐地看出了在我国传统哲学中实无"决定论"和"意志自由论"的坚硬的对立，他说："通观我国哲学上，实无一人持定业论者，故其昌言意志自由论者，亦不数数觏也。"① 因为没有一个冲击的力量使二者分化，于是在中国传统思想的视野中，凡事既必有前因后果，则"意志"则不能"完全（绝对）""自由"；不过，既然凡事都是人做的，"事在人为"，人做了事，总会有一定的"责任"。于是，王国维在很清楚地介绍了康德、叔本华的"意志自由论"后，进一步发挥叔本华对康德的批评，指出"动机律"虽不是自然的"因果律"，但仍为行为之一种"决定"，则不可否认。因此，一切的行为，无论意识到与否，都是"被决定了的"，而之所以没意识到这种"决定"，乃是因时间久远被遗忘了，于是王国维的结论是："故吾人责任之感情，仅足以影响此后之行为，而不足以推前此之行为之自由也。予以此二论之争，与命之问题相联络，故批评之于此，又使世人知责任之观念，自有实在上之价值，不必借意志自由论为羽翼也。"②

王国维这种对待"自由"的态度，和我国固有传统思想倾向有关，也是和他笃信叔本华非理性的意志论有关。这种关系，在他论述"理"的文章表现得最为清楚。

《释理》也是王国维很下力气的一篇文章。他首先从历史和文字上考证了中外关于"理"字的意义，读这一部分，现在都能感到他在 30 岁的时候就有如此的学术根基，不能不令人钦佩。

他在作了一番字义考据和历史阐述之后，指出"所谓理者，不过'理性'、'理由'二义，而二者皆主观上之物也"③，他说都是主观的，自是根据康德、叔本华的说法，可暂时不论；我们这里要讨论的问题是他把"理性"仅限于一种"工具"、"手段"的地位，因而，不承认"理性"和"伦理学"有极密切的关系，这是他跟随叔本华反对康德的一个消极的结果，

---

① 《静安文集续编》，见《王国维遗书》第 5 卷，上海古籍出版社。

② 同上。

③ 同上。

而这也和他上述对于"自由"的态度不可分。

我们已经指出，叔本华认为"理性"归根结底是为"意志"服务的，这种理性当然不是自由的，本身也没有什么伦理道德的意义，可以为善，也可以为恶，这一点，王国维文中举了不少历史的例证。然而，我们看到，从康德到黑格尔这一条德国古典哲学的路线，正在于强调了理性的绝对能动性，因而就不是一般的从经验出来的"理智"，而是一种先于经验的东西，他们把它和"理智"区别开来，叫作"理性"。这样，就与叔本华密切相关的德国古典哲学来说我们所谓"理"，就一分为二，一个是普通意义上的"理智"，德文为 das Verstehen，英文译作 understanding，而哲学意义上的"理性"，德文原文为 die Vernunft，英文才译做 reason。①。

应该说，德国古典哲学做出这种区别，并不完全出自武断。"静态"的"理智"，在古代希腊已经摆脱了当下直接的"实用"态度，把"事物"作为"知识"的"对象"来"研究"，已是一种"解脱"和"自由"，希腊人在科学性思维方式上对人类有极大的贡献；然而这种思想方式，归根结底确是要为人的生存服务，是一种"工具理性"，因为它是"静观"的，固不涉伦理学，正如王国维指出的，这种"所谓实践理性者，实与拉丁语之 prudentra（谨慎小心）相似，而与伦理学上之善，无丝毫之关系者也"②；然而，康德之"实践理性"，正是在强调"理性（Vernunft）"之"实践性"而与"理论理性"（知识静观式）相区别，所以，正是这个理性才真正是涉及伦理道德问题。

这个"理性"既是"实践"的（不是"理论"的），则它是"（行）动"的，而唯有这个"理性"的"行动"才可能不受任何感性材料的支配，而完全出自"自动"、"自由"。我们看到，用希腊式的"静观""自由"来理解"自由"不够了，知识的自由是相对的，道德的自由才是完全独立自主的。这种完全独立自主的"行为"，才能"开显"出一个"绝对推卸不掉"的"责任"来。这就是说，"理性"在任何"（客观）情况"

---

① Die Vernunft 的中文译名比较一致，大多译为"理性"；das Verstehen 的译名不统一，有译"悟性"，也有译"知性"。

② 《静安文集》，见《王国维遗书》第 5 卷，上海古籍出版社。

下，都是可以保持"自身自由"的。只有在这个意义上，我们才有权谈
"责任"，也只有在这个意义上我们才有权谈善、恶；没有了这层意义，一
切都是相对的，都是处理世事的"权宜之计"。

我们看到，德国古典哲学"理性"的这层意思，被叔本华反对掉了，
他只承认静观性的理智，而不承认那个高于它的"理性"，而在这个关键的
地位，代之以他的"非理性"的"意志"。从这方面来看，王国维没有把持
住从康德以来"理性"与"理智（知性、悟性）"的原则区别，应该说，
是叔本华的"非理性的意志论"挡了他的眼睛。

唯有"理性"才能"自由"，也唯有它才是"善—至善"，所谓"生生
之谓易"，"只是善"，才是"皆有春意"，"万紫千红总是春"。

叔本华的"意志"既为"非理性"的，则它在伦理道德上是什么？

我们想说，它或许就是那个"原罪"，那个"本原的罪"，是人类"第一
次""犯罪"。只有在这个意义上，才能理解为什么叔本华这个作为"本体—
自在之物—本质"的"意志"，竟然"需要""摆脱"，才能得到"自由"。

三　王国维的美学思想

从"摆脱—解脱"才能说到叔本华、王国维的美学思想的哲学基础。

我们知道，"美学"可以从诸多的方面来研究，从康德到黑格尔，都有
自己的美学思想，而这些思想又和他们的哲学体系紧密相连，是他们各自
的哲学体系的一个部分。叔本华也不例外。王国维的美学思想既来自叔本
华，以此来贯穿到具体的文学作品中去，当也和哲学分不开。王国维后来
研究中国文学，特别是对于中国戏剧开创性的研究，当然不必都和他的哲
学观点扯到一起去，但谈到美学，不能离开哲学。

王国维的美学，最重要的当是他 1904 年 29 岁时的《〈红楼梦〉评论》。

按叶嘉莹先生所说，王国维此文最初发表于 1904 年，"比蔡元培所写
《〈石头记〉索隐》要早十三年……比胡适所写的《〈红楼梦〉考证》要早
十七年……比俞平伯写的《〈红楼梦〉辨》要早十九年"[①]；当然，《红楼

---

① 叶嘉莹：《王国维及其文学批评》，广东人民出版社 1982 年版，第 175 页。

梦》之探讨不自蔡元培、胡适诸人始，这从王国维此文的"余论"中可以见出。其时王国维已经批评了《红楼梦》研究中的索隐派，批评了非得找出书中人物在现实中的所指来方肯罢休的倾向，而他的研究重点则是哲学的、美学的和伦理的。

王国维看《红楼梦》，全是一种得自叔本华的哲学眼光，而不仅仅是一般的文学批评①，然而如前文所说，叔本华哲学自身，因为把作为"本体"的"意志"理解为非理性的盲动，就很容易降为感觉（感官）的七情六欲，从而给人带来"痛苦"，为要"摆脱"此种痛苦，则要另寻"解脱"之道。"意志"成了一种需要"克服"的东西，从而从根本上动摇了它作为"本体"的基础。在这种意义上的"本体—物自体"，只能是"最原始的恶"，它接受了（被动于）"最原始的诱惑"，而坠入了"生生（生活）"之"苦海"。为逃出苦海，叔本华汲取了古代希腊哲学的全部精华——特别是柏拉图的"理念论"，指出，只有"摆脱"生生之欲，对事物采取超功利的静观态度，亦即审美、哲学的态度，"生活的世界"才会"开显"为一个纯净的"理念（Idee）的"世界，从"生活世界"逃避到"理念世界"，是叔本华的"解脱"之道。于是，文学艺术、哲学（当然还有宗教）这些吃不得、用不得的学问，成了从生活世界（吃用世界）解脱出来的途径。但是，那个生生之欲的"意志"，毕竟居于"本体"的位置，要想彻底摆脱它是不可能的，所以叔本华认为这种摆脱只是暂时的。所以，人们把叔本华哲学称作"悲观主义"的，自有其理由。

王国维的《〈红楼梦〉评论》正是从生活之欲的"无厌"作为生活之本质说起，论说到"痛苦"之不可避免，而要摆脱此种欲海和苦海，则"非美术何足以当之"？《红楼梦》正是通过贾宝玉等人之经历，揭示人世之虚幻与痛苦，是我国文学作品中可以与歌德《浮士德》以及古代希腊悲剧媲美的伟大悲剧。王国维认为，我国这种悲剧性作品不多，《红楼梦》乃一特例。

王国维理解《红楼梦》全从叔本华哲学出发，以无所不在的"意志"作为生活之本质，"意志"是"本体"的，"生活"是"现象"的，人生不

---

① 关于文学作品的哲学性批评，参阅牟宗三《水浒的世界》，《学问的生命》，台湾三民书局 1994 年版。

过是"意志"的"表象"而已。王国维对《红楼梦》作此理解的根据在该书作者的楔子中，而一般对这个楔子"女娲氏炼石补天"只做寓言铺垫来看，王国维却从中看出全书（人生）故事（现象、表象）的"根源"，这块"灵性已通"的石头，因"不得入选，遂自怨自艾，日夜悲哀"。按叔本华的理论，即使是未炼之顽石，同样也是有"意志"的，不过是很低级的一种普遍的"力（势）"，等到"通灵"之后，这种"意志（欲望）"变得炙热而强烈起来，它所表现出来的"现象、表象"就清楚明朗起来，成为可歌可泣的"故事"。

所以王国维说："此可知生活之欲之先于人生而存在，而人生不过此欲之发现也。"①紧接着，王国维说的话就很值得推敲，他说："此可知吾人之堕落，由吾人之所欲，而意志自由之罪恶。……由此一念之误，而遂造出十九年之历史，与百二十回之事实，与茫茫大士、渺渺真人何与?"②

我们知道，"恶"之根源，乃是基督教以及西方哲学的难题之一。按照西方从希腊以来的传统的办法，把一切感官、感性的东西归于"恶"的根源一边；而理性理智的东西，则归于"善"的一边。这种归法，当然简洁干净，但失之绝对，特别是完全否定人的感觉情欲的合理性，过于不合人情；更为严重的，自基督教"创世说"确立后，世间一切都是"神"从无到有"创造"出来的，则，"恶"岂不也是"神"造的?"全知、全能、全善"的"神"如何会创造一个"恶"来? 所以，基督教中有那思想彻底的神学家像奥古斯丁这样的就提出"恶"不来自"自然（感觉、感性）"，而来自"自由"。这样一来，把"恶（罪）"责推到了"人"（的"自由意志"）身上，与"茫茫大士、渺渺真人"无涉了。

"通灵之石"，既无才补天，则理应安命乐天，顺其自然，偏偏要"起意"坠入凡尘，以逞一己（自我）之私欲，造成了人间的悲剧，实为"咎由自取"。《红楼梦》作为文艺作品——广义的"美术"，揭示了人间现象的虚妄性，所以有一种"美术品"之"解脱"作用。

用叔本华哲学来解释《红楼梦》，当然也会暴露叔本华哲学本身的问

① 《静安文集》，见《王国维遗书》第 5 卷，上海古籍出版社。
② 同上。

题。如果光说"红尘虚幻",世事皆为"过眼烟云",则佛家思想更为透彻;只是牵扯到"意志自由",就会增添诸多麻烦。

在叔本华哲学,"意志"既为"本体",当然是"自由"的,是"纯粹的主动",而绝不"受(被)动",但"意志"又是"生活之欲",这个"欲",当"有所欲",于是必"受制于""所欲"之对象,在这个意义上,这个"欲"又是"不自由"的。因其"不自由",才"痛苦",才反过来又"(欲)求""解脱"。王国维意识到了这个问题,他在《论性》里问:"然所谓拒绝生活之欲者,又何自来欤?"①"拒绝生活之欲"的"欲"乃是"受制于""生活欲望之痛苦",故要求"解脱"之。

在《〈红楼梦〉评论》第二章"《红楼梦》之精神"一开头,王国维引诗人Buerger②所问人间事物来自何处,又复归于何处,答案自在"生活之欲"中,而"生活之欲"实是一个"生活之必然",是一个命定的铁律,但却又要归于"意志自由","咎由自取",这又是叔本华把"意志""非理性化"的一个苦果。设若"意志"为"理性"的,则它至少在理论上可以自圆其说地"摆脱"感性、感官、感觉之"受动",从而达到一个与感觉世界原则不同的世界,这个意志如果为"恶",当然只是"咎由自取","责无旁贷"。

叔本华为要"摆脱""生活欲望"之苦,仍需借助"理性",他的"解脱"之道,正是从古代希腊柏拉图以来的"理念论",而一切文学艺术所开显的正是这个"摆脱了实践意志"的"理念"的世界。

将艺术之对象作"理念"观而与"现实"世界区别开来,乃是从康德到黑格尔一贯的做法。康德在《判断力批判》里强调的"审美之无功利性"其根据并非出自"(审美)经验",而是出自他的"批判哲学"之理论;同时,"艺术"是黑格尔"绝对理念"发展的一个阶段,而不是"经验知识"范围里的事。不同的是叔本华既以"非理性之意志"为"本体",则他这个"理念"就是比"意志"次一等的东西,不是最根本的东西,所以在叔本华,最后支配一切的仍是这个"非理性的意志",所以他说"理念"的

---

① 《静安文集》,见《王国维遗书》第5卷,上海古籍出版社。

② Gottfried August Buerger,1747—1794,德国著名诗人,叔本华最为欣赏者,见《静安文集》中王国维译叔本华论遗传。《王国维遗书》第5卷,上海古籍出版社。

"解脱"只是暂时的，最终还都得在"意志"的笼罩之下，因为你毕竟要"回到"现实的生活中去。

叔本华这个悲观的思想，给了王国维以深刻的影响，他在《〈红楼梦〉评论》第四章向叔本华提出的质疑，正是把"解脱"之暂时性发展到"不可能性"的一种趋向，遂有"无生主义"与"生生主义"之议，在肯定《红楼梦》"救济"价值的同时，感到"解脱之事，终不可能"①，只是加重了叔本华已经很深的悲观色彩。

王国维后来从词学上提出"境界（意境）说"，已经成为美学和文艺批评上通常的语言，可见影响之大、之深；就其哲学思想的基础来说，自有中国传统哲学的渊源，当仍以叔本华所运用了的"理念"论为理解的关键。这个"理念论"，在西方哲学中固是源远流长，但到叔本华，因为"受制于""意志"而更具有虚幻缥缈的"理想世界"色彩，面对这个世界，适足徒增悲悯之情，在情趣上又不同于柏拉图、黑格尔之"理念"；不过"境界"作为"理念世界"，其为"具体共相"——作为"个体"与"一般"、"主体（有我）"与"客体（无我）"之统一融合，而作为"本体（本质）"之"开显"，这个理解的路数，则是相通的。王国维用它来体味"词"、"曲"和"剧"的意义，的确有开创之功，这已是大家的共识。

（作者附记：四十多年前作者刚从大学毕业，写过两篇论王国维"境界"的文章，当时陈翔鹤先生正编《文学遗产》，不嫌它们浅陋，都给予发表，并约见谈话，予以鼓励。后来陈先生突然故去，我一直发愿，要好好写一篇谈王国维的文章。蹉跎岁月，未能偿愿。适吴小如老师命为《燕京学报》作文，遂草就此文，一来向吴先生交卷，二来也为怀念陈翔鹤先生。）

1999 年 9 月 17 日于
中国社会科学院哲学研究所
（原载《燕京学报》新 9 期，1999 年 9 月）

---

① 《静安文集》，见《王国维遗书》第 5 卷，上海古籍出版社。

"思无邪"及其他

《论语》"为政"孔子说，"诗三百，一言以蔽之，曰：思无邪"。

"思无邪"出自《商颂》，形容郊外牧马之气势，"思无邪"居末首，谓"思无邪，思马斯往"，前面几首与其相配的，依次为"思无疆，思马斯臧"，"思无期，思马斯才"，"思无斁，思马斯作"。按这个意思，"思无邪"似与前面不很匹配。前三句都是说"思"无可限制，没有尽期的意思，最后出来一个"邪""正"的问题，殊不可解；于是或以为乃孔子按自己的意思去发挥。

不过孔子的发挥，在深层次的意义上，或也可贯通全诗。

后来叫作《诗经》的那三百多首诗，在古代可能也是作为学习的教材用的，但都具有社会和政治的意义，或许是由官员搜集存放起来作为读本来推广的，这类教本，汉代厘定为六种——诗、书、礼、乐、易传、春秋，更古似乎还有其他的书籍像"三坟、五典、八索、九丘"等，都失传了。

将民间流传的诗歌收集、整理，作为教育人民的材料，在古代应是一个通例，古代希腊如此，埃及、印度等，无不如是；即使到了现代，知识分子也常常收集、整理、创作诗歌来帮助教育群众；"为艺术而艺术"，大概是晚近的一种思潮，强调艺术的特殊性，也要看如何理解艺术，实际上仍是时代社会的一种声音，只是比古代更加复杂，环节更加曲折丰富而已。古代的诗歌，大都具有鲜明的社会政治意义，这种意义，也正是孔子筛选流传诗作的标准。孔子说，"诗三百，一言以蔽之，曰：思无邪"，"无邪"是他的遴选尺度。

一 "诗"与"思"

孔子说"思无邪"，"思"与"诗"是有关系的。"诗"的本质在"思"。

"思"不仅是抽象的"思维","思"在原始的形态上与"诗"的密切关系，表明了"思"原本不是抽象概念式的，而是具体生动的。

"思"在古代，意义是很丰富的，这种原始的丰富性，一直留存在现代语言中，只是一谈到"思"，人们常常会认为只有那用抽象概念的"思想"才是其"严格"的、真正的意义。

"思"原本是具体的，具有时代性、历史性。抽象的思维是"非时间性的"，即无关乎"时间"的，这是一种逻辑式的形式性思维，这种思维当然是很重要的，对人们的实际生活有很大的作用；但是它还不能涵盖"思"的本意。

什么叫"时间性"的"思"？"时间"大体分作"过去—现在—未来"。"思"不仅仅是"立足""现在"，"回想""过去"，"筹划""未来"；实际上"思"，在本原的意义上，或许可以说是经常"立足—（站）在""未来"的立场上，这样"现在"也是"时间—历史"的一个"环节"，因为"现在"也会"成为""过去"。"现在"的"完成"，就是"过去"。一切的"完成"都成为"过去"，"站在""未来""看"一切，都是"过去"。这样，"思"就有"思念"的意思，而且是很本质的意思。柏拉图说，"知识"就是"回忆"，当有另一层的意思，但按此处的意义或也可说得通。

反过来说，只有"有"了"未来"，才"有""过去"。凡没有"未来""前途"的，也都没有"过去"，没有"历史"。人们只是因为有了"未来"，才能有"过去"，有"历史"。不是"现在""存留""历史"，而是"未来"才"存留""历史"。所谓"子子孙孙永享"是也。于是，有了"未来"，才有了"思念"，没有"未来"，也就没有"念头—念想"，断了"念想"，也就断了"历史"。此为"无后"，这对于"家"，对于"国"来说，在古代，都是"大逆"。

于是，"思"，就是"思前"、"想后"，而无"想后"，则无"思前"；或者把"前""后"反过来用，亦复如是。

上述那首诗，也体现了这样一种历史性的"思"。前三段强调的是"思无疆"、"思无期"、"思无斁"，亦即强调的是永久的意思。子孙万代可以永久"思念"下去，犹如良马，可以永久奔驰，悠悠万载，无边无垠，何等的深远！

"思""什么"？"问女何所思？"（《木兰辞》）"思"和这个"什么"不可分。胡塞尔说，"（思）想"，总要"（思）想"些"什么"，这个"什么—what—Was"涉及诗的内容。

《礼记》上说，"诗言志"。"志"一般理解为"意志"，"意志"为"愿望"，是一个"理想"。既说是"理想"，则尚未"实现"，当然更未成为"过去"，"理想"属于"未来"。

然而，这里的"志"，又可解为"标志"，把已然的事物"标志"出来，是为"志"。那些事物已经过去，诗人把它们"标志"出来。于是"诗"虽面向未来，但又以"回忆"的形式出现，可见，"过去"与"未来"息息相通，甚至可以互换。还是《木兰辞》说，"问女何所忆？"

"理想"与"回忆"原不可分，柏拉图的"理念论"与"回忆说"是为一体。站在"未来""理想"的立场，"过去"是为"过去，""现在"又何尝不是"过去"？因为"现在"即将"过去"。

诗人将包括"即将过去—现在"的"事"，"标志"出来，这个"事"，就是他的"思"，他的"志"的内容，那个"什么"。

诗人为什么要把那些"事""标志"出来？诗人将那些事标志出来，是为了"保存—存留"。诗人要将那些"已经不存在"，或者"正在不存在（消失）"的"事""存留—保存"下来，"传诸久远"，诗人的作品，保存了"存在"，不使"消失"，使之"存在"。"诗"保存了"事"，保存了"（历）史"。

大千世界，芸芸众生，人生之无常，觉今是而昨非，而"今是"也会成为"昨非"，甚至"今是"就是"昨非"，"是""非"不是一般道德论的意义，而是存在论的意义，"存在"与"非存在"交替出现，原本也是"一"。苏东坡说，"盖将自其变者而观之，则天地曾不能以一瞬；自其不变者而观之，则物与我皆无尽也"（《前赤壁赋》）。自其"非存在"观之，一切皆归于"无"；然则世间尚有"存在"在。"诗"就是使"存在（什么—事）""存在"的一种方式。"诗"为"思（想）"方式，也是"存在"方式。"诗"将"存在""标志"出来。

"诗"不仅仅是将"过去"的一些"事实—facts"列举出来，或者揭示诸事实之间的因果关系，不是将已经"消失"了的事实"存放"在"语词"之中，"诗"中的"事情"并未"消失"，并未成为"非存在"，"诗"

不使"事物""消亡"，甚至"挽救"事物之"消亡"。

如从实际"功用"角度看事物，世间万物，莫不"被消耗"，就具体事物言，莫不从"有"到"无"，海枯石烂，日月沧桑，然则此情绵绵又并非仅仅为诗人的夸张。并非是这个精神性的"思"，反倒比"石头"还要"坚硬"；只是说，"诗"不"消耗"任何"事物"，而只"存留""事物"，甚至包括它自己所用的"语言"。

"话"出如风，人们常是"得意"而"忘言"。语言作为交往的"工具"，的确只是一种"形式"，其"意义—意思"是主要的，"理解"了"意思"，"语言"的"形式"是次要的。

"诗"的语言则不同。"诗"不"消耗"自己的"语言"，并非"得意"就"忘言"。"诗"的"意"和"言"，不可分割。"意"就"住""在""言"里。"诗"的"什么"与"是—存在"不可分。"诗"的语言不是"抽象"的语言。

"诗言志"，"言"和"志"不可分，二者合而成为一种"存在"方式。"诗"固为"意识形态"，但也是一种"存在形态"，体现了"意识"与"存在"的同一性，"思维"与"存在"的同一性，因为它们都不是抽象的，而是具体的，时代的，历史的。

"诗"中的"事"不是抽象的"事实"，不是某种或某些抽象的"属性"所能概括得了的。何谓具体的、历史的、时代的"事"？

"事"是"人""做"的，"人"是生活在一定的历史、时代条件之中，是有"限制"的，于是"人"之所作所为，也都是具体的、有限制的。亦即，"事"都有其"情况—status"，亦即希腊人以及晚近福柯说的"ethos"，所以，我们说"事物"，也说"事情"，"事物"是有"情况"的，不是抽象的。

这个"事物"的"情况"之"情"，不仅仅是"感情—情绪"这类的主观欲求和情绪，而带有客观的历史性。它是"事物"的实际—真实"情况"，而不是"事实"属性之间的单向关系。

如果把的"历史学"作为一般的编年史——如同古代希腊人那样，则无怪乎亚里士多德要说，"诗比历史还真实"（《诗学》）。此种"历史"，只是单纯地记录"过去"了的"事实"，而"诗"则是全面地"存留"着"历史"的"存在"。"历史"记载着"非存在（过去了的，现已不存在的)",而"诗""标志"着"存在"。"历史"面向"过去","诗"则面向"未来"。单纯的"历史"竟然可以是"非时间性"的,"诗"才是"时间性"的。既然一切现实、真实的东西都是"时间性的",于是,就古代希腊的情况来说,亚里士多德就有理由说"诗比历史还真实"。

二 "邪"与"正"

孔子说,他筛选的三百篇"诗",有一个总的标准和特点,就是"思无邪"。

"邪"与"正"对,"无邪"即是"正"。"正"在古代儒家思想里占据重要的核心地位,这是历代学者的共识。

在古代儒家思想里,"天下—天道、天命之下"万物各自有"性",这个"性",不仅仅是事物的自然属性,而是原始的、本源的"性",类似于西方哲学的"事物自己—物自体—物自身",但在古代儒家那里这个"自己",被"天命""定了""位","知"了"天命"后,才"知""自己"的"位"——按孔子自述,他是50岁以后才"知天命"的;然则,"天命"固然难知,仍然为"可知的",而不像在康德哲学里那样属于"不可知"的领域。

"天""命—令"什么?其实,"天"是"命—令"一个"名"。"名"有"正"与"不正—邪"的问题。孔子所谓"思无邪"跟他的"正名"观念密切相关,而不仅仅是一般意义上的"端正思想态度"的问题。

孔子谓诗三百篇"思无邪"乃是指,诗中所说,都是"名正言顺"的"事情"。

譬如开篇《关雎》,"窈窕淑女,君子好逑",言天下男女爱慕之情,"淑女"、"君子"其"位"既定,其性得自于"天命",于是此诗"言也顺"、"名也正",乃天下之正声,人伦之大义,后世虽禁锢如宋儒,不可夺也。炎黄子孙仰仗孔子厘定之功,得以保护男女爱慕正当之情欲,美其名曰男女之"大欲",这与西方耶教亚当、夏娃之"原罪"观念,大相径庭。耶教"原罪"观念,固有其深刻之处,但不若中国"大欲"观念之切近情理,而且以"天命"之下万物之"自己"——男女各自之"自己"之间的本质关系，受到"（上）天（命）"之保护，也有自身的理路。

"天命之为性"（《中庸》）。"性"乃是万物之"本性"，万物之"自己"，既得自于"天"，就带有某种"神圣性"，匹夫（凡人）不可夺也。

"命名"乃是一件"神圣"的事情。当然，具体起名字都是"人为"的，这样"名"就有"正"与"不正—邪"的区别，"名"如果"正"了，这个"名"也就具有"神圣性"。

何谓"神圣性"？这里"神圣"相对于"世俗"而言，"神圣"与"凡人"相对。

古代希腊对于"凡人"与"神圣"二者区分得比较清楚。"凡人"和"神圣"都是"生命体"，只是"凡人"的生命比较短暂，生活的能力比较弱，处境也比较悲惨；相对而言，奥林匹斯山上的"诸神（圣）"活得较长，力量较大，处境也比较快乐。古代希腊人有一种朦胧的观念，"凡人"是"有死的"，"诸神"是"不死的"。在这个意义下，凡生命力超出凡人的，都具有某种神圣性。古人没有望远镜，抬眼望天，天空的日月星辰，似乎亘古不变，而俯视大地万物，却如过眼云烟，瞬息万变，于是形成一个观念，"天"是永恒的，因而是神圣的，"地"则是变幻的，因而是世俗的。古代希腊的"望天者"——那些经常做哲学思考的人，或因观察天象，或只是昂头思想，常无视足下之坑坑洼洼而跌倒，遂得此雅号——如此，中国的"天不变，道亦不变"亦复如是。

然则，"天""地"之间固有某种"关系"，"变者"受"不变者"支配，"世俗的"受"神圣的"支配，以致"变"中有"驻"。地上何者为"变"？又有何者为"驻"？

地上事物之所以有"驻"，也会有某种神圣性，也正是因为地上有了"人"这样一个族类。这个族类，固然被希腊人称作"有死者"，但毕竟介乎"天—地"之间，是能成为"有智慧者"，而"智慧"也带有"神圣性"。

古代希腊人，对于"诗"，有两种不同的理解，一是"模仿"，一是"灵感"，而后者似乎是更加"通神"的，因此被强调万物"理念"的柏拉图接纳进他的"共和国—理想国"；然而，"模仿"也不是简单复制，不仅仅是形式的，而可以理解为对于事物之"神圣性"之揭示，在这种理解下，被柏拉图的弟子亚里士多德所接受，而他的持这种观点的《诗学》，成为欧洲文艺理论、美学的正统。"模仿"和"灵感"两种观念的区别，现在猜度起来，也许源于两种不同的文艺体裁，我们看到，直到晚近，莱辛尚有"造型艺术"与"抒情艺术"区别之论，以"现实主义"与"浪漫主义"不同艺术精神写出了《拉奥孔》长篇论文。

无论如何，"人"介乎天地之间，与"神圣"的东西有一种"沟通"的关系，这在古代，是许多民族共同的观念，中国也不例外。

中国古代"神圣"观念，最初大概也是"智慧型"的，古代儒家注入了"道德规范"的观念，使"圣"和"神"有了区别，而"圣"原本也是"聪明智慧"的意思。

古代的"神"和"上帝"也是似乎有区别的，"神"只是说的能知"阴阳变化"，所谓"阴阳不测是为神"，至今汉语仍保存了这层意义，而并非如基督教那样是一个人格的超越者。有能力把握变化莫测者，就是能与"神""沟通"的"人——占卜者、巫师等"。能掌握阴阳不测者自己就能顺应这种变化，而在流变中永生，所以"神仙""不死"。"神仙"为"仙家"，不是"神（家）"，"仙家"住在"山"里，云游四海，永久"快活"，是我国道家的理想；儒家注入"圣人"观念，强调的是"坚定性"，"万变不离其宗"，也是"永久性"的"圣明者"。

然而，"人"总归是"有死者"，"有死者"如何"不死"，"凡人"如何会具有"神圣性"，是一个须得面对的问题。以古代希腊为文明摇篮的欧洲诸国，有一个"灵魂不灭"观念，这在柏拉图对话《斐多》篇中，有原始而又清楚的表达。中国古代对于"人"作为一个族类之生命绵延，也有多种说法，道家与儒家也许有不同的解释方式，比较突出的，也许是由祖先崇拜延续下来的传统观念。

人靠自身的繁殖绵延自己的生命。当人们的思想已经成熟到有能力反省这种自身绵延现象时，就会有种种解释。从这里，产生出儒家对于生命绵延的历史性观念，而在这种绵延观念中，"名"居于核心地位。

当人们反思这种绵延现象时，人们发现，原来人间的事情，竟然全都是"名存实亡"的。这就是说，"实"是不可能很持久的，当"实"消亡之后，只有"名"尚能延续一个阶段——"名"的寿命大于"实"，相比之下，"实"为"小年"，而"名"为"大年"，故有"名垂青史"之说，可见"名"实在是比"实"更重要、更神圣的。

这种骨子里头重名轻实的思想，有许多的弊病，已受到很多的批判，这个批评当然是很应该的，因为这种重名轻实的思想的确产生了慕虚名轻实事的不良影响；然则究其底里，当是求"实""名"之长存，而并非完全教人徒慕虚名的，为此，孔子有"正名"之论。

"虚名"为"邪"，"实名"为"正"，"正名"仍以"实"为准则，"名"不副"实"，则非"正名"，然则这个"实"并非全"指"事物之经验存在，而是真实之本质，"名"要符合事物的"本质"，才是"真正"的"名实相符"。与事物"本质"相一致的"名"才是"（真）正（的）名"，"正名"即是事物"自身"。"事物自身"随"名"而传诸久远。"语言是存在的家"，"存在"随"语言"而流传、延续。

"徒有虚名"尚有一层意思："名""实"不符，问题出在"实"的方面，因为"实"随时事而变，有了一个"名（位）"，就要行这个名位的事情，如果做不到，则是典型的"名不副实"，"徒有虚名"。

在现实生活中，要想做到"名""实"相符，是不很容易的。孔子说，"君子疾没世而名不称焉"（《卫灵公》），一方面是说君子死后没有得到"正名—好名声—令名"，另一方面或许也意味着自己一生做得不好，与"君子"的称号不相符合。不但"名"要"符合""实"，而且"实"也要"符合""名"。

同时，在中国古代，人的"名分"，可以"继承—遗传"，至少传个两三代，天子和封国之君，更是"子子孙孙永葆"的。

就哲学的理解来说，"思（想）"靠"概念"，"名"是不可缺少的。"思无邪"意味着，所思之"名"，皆是"正名"，而不是普通的"名字"。孔子说："小子何莫学夫诗。诗可以兴，可以观，可以群，可以怨。迩之事父，远之事君，多识于鸟兽草木之名。"（《阳货》）

孔子这句话，是理解古代诗（经）作用的根据之一。"兴"、"观"、"群"、"怨"说的是社会作用，"鸟兽草木之名"说的是知识作用，大体是对的；但是如果进一步再问何谓"兴、观、群、怨"，就不很详细，"鸟兽草木之名"大概也不全是说的自然的知识。"诗"固是一种教本，但可能不全是科学知识性的，而是社会政治性的，是人文性的。

　　"兴、观、群、怨"大概是一套礼仪形式，"兴"是"起（始）"，礼仪程式的开始，"观"是"陈示"，"群"是观者一起参与合唱之类的，"怨"也许是讥讽时弊，发牢骚的意思——在古代，对于不合"名分—名位"的事情进行批评指责是正当的行为，民人对这些"邪"事发怨言，是在位者须得听取的。伯夷叔齐不食周粟，向着新朝的人难免也有批评，孔子为他们辩诬，当子贡问他，"伯夷叔齐何人也？"孔子回答一语定性，"古之贤人也"，再问他"怨乎？—有什么可批评的吗？"孔子曰："求仁得仁，又何怨？"于是，在《雍也》篇里，孔子说的"伯夷叔齐不念旧恶，怨是用希。"其中"不念旧恶"乃是具体到他们两位贤人身上的"仁"的标准，达到这个标准，别人也就没有什么可以抱怨、批评的了。

　　兴、观、群、怨是一种礼仪，所以孔子才说，"迩之事父，远之事君"。"君王"以"诗"来款待客人和臣民下属，当不成问题；"事父"则不可以现在的小家庭来想象。现在的小家庭会有诗歌演唱卡拉 OK，但不会是一种礼仪形式，而古代的家庭大概很大，可能是一个家族，这样"父亲"犹如"国君"，"事父"犹如"事君"。

　　接下来"多识鸟兽草木之名"除了有明显的知识性意思外，大概也有社会政治的作用。古代社会作为一个整体，涵盖了人们居住的环境，涵盖了周围视野的一草一木，鸟兽草木也都被赋予了社会生活的意义，而并不单纯作"自然对象"观，"诗经"中的这些品类，也都有象征的意义。

　　诗的兴、观、群、怨具有礼仪形式的意思，当然并不像孔子研究、演习的"周礼"那样有固定的一套程式，所以有时它又和"礼"、"乐"分别开来说的，《泰伯》篇里空子说，"兴于诗，立于礼，成于乐"，这大概又是一套更大的仪式过程，起兴是诗，继之以礼，以乐而告终。"诗"可以当作"开篇"，然后有一些礼仪，最后奏乐结束。

　　仪式—礼仪当然更有"邪""正"的区别。鲁国的季氏就因为用了不合身份的"八佾"作乐起舞，被孔子斥为"是可忍也，孰不可忍也"（《八佾》），"怨"就不"希"，而是"怨是用多"了。

　　"礼仪"是保证—帮助"正名"的，是"正名"的一个重要环节，也是使"正名—已正之名"得以持久延续的一个重要环节。"诗"作为"（正）名"的存在方式，也是礼仪的一个重要组成部分，这一点在孔子思想中也是明确的。

于是，在古代，诗、书、礼、乐似乎是完全相通的，都具有"传诸久远"、"子子孙孙永葆"的"神圣性"。"诗"是实现这种神圣性的方式之一。"诗"使"正名—令名"传诸久远。

海德格尔在1943年为写于1929年《什么是形而上学》一文所做的补充中说过，"思者述说存在，诗人为神圣之物命名"①。

诗人是"神圣之物"的"命名者"。并不是说诗人为这些事物另起一些特别的名字，而是意味着诗人将这些名字接纳到诗里来，保存其神圣性，使之传诸久远，因而，"命名—names"是为"叫出这些事物的名字—Namengebung—Namenanruf"。

于是，孔子所谓"多识鸟兽草木之名"还有一层形而上的意思，这些名字并非一般常识之名，认识了它们也不仅是增加了常识，而是认识到那"久远"的—或许已经"失传"了的"名字"，学诗就能使之"流传"下来，使"失传"的事物—"名"接续下来，流传下来，正是意见带有神圣性的事情，因此，在孔子心目中，学诗不仅仅是增加常识—知识，而且是可以"事父事君"的"大事"。

"传诸久远"就是使之"有""未来"。神圣之物不仅有"过去"，也不仅有"现在"，而且更重要的是有"未来"。

"传诸久远"乃是"长存—永存"，所以海德格尔把"诗人"与"思者"并称，谓"思者""述说""存在"。

三　"有"与"无"

"有—存在—存有—在"为一义，不仅仅指抽象的"是"。抽象的"是"乃是逻辑的联系动词，而"存在论—本体论"意义上的"是"，乃是含有"是什么"那个"什么"的存在动词。没有"是"的"什么"只是"理念论"；没有"什么"的"是"，则只具逻辑、语法功能，从亚里士多

---

① 我用的是 Walter Kaufmann 编辑并英译的 *Existentialism*, *From Dostoevsky to Sartre*, New American Library, 1975。

德开始，就可以用符号代替，而无论胡塞尔还是海德格尔都是要超越这种单纯的符号论的。这个思想，也是与更早的从康德到黑格尔的德国哲学古典传统一致的。

然则，这个"是什么"的"什么"有一个发展的过程，也有一个从"抽象"到"具体"的发展过程。黑格尔说过，抽象的"有"，和"无"是一个意思。

不仅抽象的"有""无"是一个意思，"有—无"如作"时间"的过程观，也是一个意思："有"的过程，同时也是"无"的过程。"有—无"乃是同一个过程。

世间万物都"在""时间"之中，经验的事物都有个产生—发展—消亡的过程。黑格尔说，凡"有限者"都会"消亡"，世上没有万古长存的东西；然则事物在物质形态上的"消亡"，并不意味着事物的影响—作用的完全"消失"，事物"意义"的"存在"，大于—寿于事物作为"实物"的"实存"，用海德格尔的话来说，即，"存在""大于—寿于""诸存在者"；亦即黑格尔意义上的"无限"就"在""有限"之中，"有限"之中"有""无限"。"有"中"有""无"，"无"中"有""有"。

"名"是在"有限"之中"保存"了"无限"。"名""存""实""亡"，"实"虽"亡"，而"名"尚"存"。"名""保存"了"无"，也"保存"了"有"。凡"保存—存留"下来的"有"和"无"，都具有"神圣性"，因为它"大于—寿于""实有"。

"诗"正是这种"保存—存留""有—无"的形式，是"有—无"的"神庙"，"神圣性""住"在"诗"里——海德格尔所谓"语言是存在的家"。

海德格尔所谓"语言是存在的家"，表面上看起来有点荒谬，但他的意思并非说"存在""住在""如风"的"话"里（话出如风），好像"存在"是那样的虚无缥缈，那样的随心所欲；理解海德格尔这句话的关键还在于他对于"存在"和"语言"都有自己独特的解释，而这种表面看来很独特的见解，却是最为基本而为常识所经常忽略的。

海德格尔区分"存在"与"诸存在者"，"存在"不是经验的实物，"存在"是事物的"本质"，而这个"本质"又非仅仅是"主观思想"的

"概念"，它却是实实在在的"存在"，是事物的全过程，"从无到有"，也是"从有到无"。所以人们常说，海德格尔的"存在"是"时间性—历史性"的。"存在"并非"瞬时性"，而是"历时性"。

"存在"不是"（抽象）概念"，不"住在""（主观）思想"里。

然而在原始（本原）的意义上，"（存）在"与"思"同一，因为"思"在本原意义上亦非"抽象"的。"思"与"在"在"时间性—历史性"上"同一"。"时间—历史"已经蕴涵了"意识"的"度"。

于是"思"与"在"都"住在""语言"里。

这里，"语言"并非理解为"交往（流）工具"。

一般"工具"，以"功用"为归依；作为"工具性""语言"，亦以"意义"为归依，人们"交流"的是"意义"，"交往"的也是"意义"。于是有各种的"语言——汉语、英语、德语、法语等等"，但"意义"为"一"，所以不同语言，原则上可以"翻译"，而一旦"意义"得以"交流"，则语言形式已经完成任务，所谓"得意忘言"是也。凡交往性工具语言，无不具有"得意忘言"的特点。作为交往工具语言的"意义"可以"脱离"具体语言形式，在这个意义下，它们是"抽象"的。

然而，"诗"的语言就与一般交往工具性语言不同，它是不能"得意忘言"的。人们欣赏诗作，并非只是理解诗中说言的语词意思，而是连同"诗的语言"一起领会的。所以人们常常感到"诗的语言"是很难——甚至是不能"翻译"的。在"诗"里，"语言"与"意义"同在一一同一。脱离开"诗的语言"的那种"意义"，乃是"无家可归"的一堆抽象概念，它们可能也合逻辑的形式，但却是干巴巴的、孤零零的，在"现实"生活中无所依托，漂泊流浪，似乎可以"到处为家"，实际只是孤苦无依，没有生活的养分——没有食物，没有水，没有床，总之没有"自己"的"家"。

"家"总是具体的，"四海"同样是"家"；"古今"亦复为"家"。"家""在""时空"中，"在""历史"中。

"诗"的"语言"，不随"交往"完成而被"消耗"掉。一切"工具"固然比使用工具的人更加稳定，更加经久，但终究会被"消耗"；但"诗的语言"不被"消耗"，如同哲学的"思"一样，不会像经验科学那样，在形成（完成）了"定理—公式"之后，"思"就消失在它们之中。"哲学"不"消耗""思"，而使"哲思"绵延；"诗"不"消耗""语言"，而使"语言"成为"存在"的"家园"。

于是"思—诗—史"成为一体。

"诗三百，一言以蔽之，曰思无邪。"

"诗"与"思"已为一体；"无邪"，必得其"正"，"正"必得其"仁"——"仁"者于人伦（群）关系中得其"正"位（天命之性），于是"正"必得其"传"，必得其"寿"，"仁者寿"。"思无邪"乃是"思"之"正"位，亦是"诗"之"性命"；"天命"之"性"，得"性命"即得"生命"，乃是"活"东西，而"活东西"当得其"传"，得其"寿"，"传诸久远"，绵延不绝。"思无邪"，则"诗"必为"史"，"有""过去"、"现在"和"未来"，"有""历史"，"有""流传"，"有""时间"，即"在""时间"中，或"时间"中之"在"。

"思无邪"，"邪"、"正"皆不仅可作道德解，亦可作本体观。

"思无邪"，"思者""无邪"，"思者""无辜"，"诗人"亦"无辜"。"思者—诗人""天真—无邪—无辜"。

"思"这种思念（对过去），这种欲念（对未来），皆得其"正"，是为"天真"。"无邪"即"天真"，"天然之真实"，"天命"之"性"，"自然而然"之"性"，乃是"本性"。

尽管"过去"已往—不存在，"未来"尚未存在，但"思无邪"则"必""存在"，"必"为"有"，因为天下之"正名"必为"天真—天然真实"，必为"有"。"名不正，言不顺"，则"事不成"，"不成"之"事"，"不成其为事"，为"无事"，为"无"。"思有邪"则终将"事不成"，终将归于"无"。

于是，"思者述说存在，诗人命名神圣者"，思者—诗人皆"无邪"。"思者—诗人"得天下之"正"，皆为"无辜"。孔子以儒家宗师，为"诗""定性"："诗三百，一言以蔽之，曰：思无邪。""思者—诗人"何辜？

（作者补记：本文打至六七千字时，因操作失误，保存了一个空白文件，沮丧万分，因无法恢复原来的思绪，打算放弃；同事陈志远先生利用五一长假，找出文本大部分，欣喜望外，遂得以完成此文。只是打断多时，后续部分，已不尽人意，奈何。）

2004 年 5 月 27 日于北京